Dor *e* Cuidados Paliativos – Terapia Ocupacional *e* Interdisciplinaridade

Errata

Página 288: onde se lê Capítulo 12 – Kátia Magdala Lima Barreto / Valéria Moura Moreira Leite

leia-se: Capítulo 12 – Marcella Guimarães Assis Tirado / Kátia Magdala Lima Barreto / Valéria Moura Moreira Leite

NOTA

O conhecimento médico está em constante mudança. Conforme novas informações se tornam disponíveis, tornam-se necessárias mudanças no tratamento, procedimentos, equipamentos e uso de drogas. O editor e as autoras têm, conforme é possível, tomado cuidado para assegurar que a informação fornecida neste texto seja precisa e atual. No entanto, aconselha-se aos leitores a confirmarem que a informação cumpre com a última legislação e padrões da prática.

A EDITORA

Dor *e* Cuidados Paliativos – Terapia Ocupacional *e* Interdisciplinaridade

MARYSIA M. R. PRADO DE CARLO

marysia@fmrp.usp.br.

Terapeuta Ocupacional graduada pela Pontifícia Universidade Católica de Campinas. Mestre e Doutora em Educação pela Universidade Estadual de Campinas. Pós-doutora pela Faculdade de Medicina da Universidade de São Paulo. Professora da Universidade de São Paulo. Coordenadora do Curso de Terapia Ocupacional e Professora das áreas de Fundamentos de Terapia Ocupacional e Terapia Ocupacional Hospitalar da Faculdade de Medicina da Universidade de São Paulo de Ribeirão Preto. Coordenadora do Laboratório de Investigação sobre a Atividade Motora Humana em Integração Psicossocial de Ribeirão Preto. Membro do Grupo de Cuidados Paliativos da Universidade de São Paulo, em Ribeirão Preto.

MÔNICA ESTUQUE G. DE QUEIROZ

megq@uol.com.br.

Terapeuta Ocupacional graduada pela Universidade de São Paulo. Coordenadora da Equipe Interdisciplinar de Cuidados Paliativos em AIDS e Terapeuta Ocupacional da Seção de Reabilitação do Instituto de Infectologia Emilio Ribas. Consultora Técnica do Programa Nacional de Doenças Sexualmente Transmissíveis e AIDS do Ministério da Saúde. Aluna do Curso de Post Grado en Cuidados Paliativos, Pallium Latinoamerica, Buenos Aires, Argentina.

ISBN: 978-85-7241-726-6

CIP-BRASIL. CATALOGAÇÃO-NA-FONTE
SINDICATO NACIONAL DOS EDITORES DE LIVROS, RJ.

D344c

De Carlo, Marysia M. R. Prado (Marysia Mara Rodrigues do Prado)
Dor e cuidados paliativos – terapia ocupacional e interdisciplinaridade / Marysia Mara Rodrigues do Prado de Carlo, Mônica Estuque Garcia de Queiroz. – São Paulo : Roca, 2007.

Inclui bibliografia
ISBN: 978-85-7241-726-6

1. Terapia ocupacional. 2. Dor – Tratamento. 3. Tratamento paliativo. 4. Doentes terminais – Cuidado e tratamento. I. Queiroz, Mônica Estuque Garcia de. II. Título.

07-3746. CDD 615.85152
CDU 615.851.3

2008

EDITORA ROCA LTDA.
Rua Dr. Cesário Mota Jr., 73
CEP 01221-020 – São Paulo – SP
Tel.: (11) 3331-4478 – Fax: (11) 3331-8653
E-mail: vendas@editoraroca.com.br – www.editoraroca.com.br

Impresso no Brasil
Printed in Brazil

Dedicatória

Para nossos pacientes, que nos permitem entrar em suas vidas e nos ensinam o que é a dor e o sofrimento e quais são suas estratégias de enfrentamento.

Para nossos familiares, que nos fazem lembrar que é preciso querer viver bem, um dia de cada vez, aproveitando todos os momentos, felizes ou não, que a vida nos traz.

Quem morre?

Morre lentamente quem não viaja,
quem não lê, quem não ouve música,
quem não encontra graça em si mesmo.
Morre lentamente quem destrói o seu amor-próprio,
quem não se deixa ajudar.

Morre lentamente quem se transforma em escravo
do hábito,
repetindo todos os dias os mesmos trajetos,
quem não muda de marca, não se arrisca a vestir
uma nova cor
ou não conversa com quem não conhece.

Morre lentamente quem evita uma paixão,
quem prefere o negro sobre o branco
e os pontos sobre os "is"
em detrimento de um redemoinho de emoções
justamente as que resgatam o brilho dos olhos,
sorrisos dos bocejos,
corações aos tropeços e sentimentos.

Morre lentamente quem não vira a mesa
quando está infeliz
quem não arrisca o certo pelo incerto
para ir atrás de um sonho,
quem não se permite pelo menos uma
vez na vida
fugir dos conselhos sensatos.

Morre lentamente, quem passa os dias
queixando-se da sua má sorte
ou da chuva incessante.
Morre lentamente, quem abandona um
projeto antes de iniciá-lo,
não pergunta sobre um assunto que
desconhece
ou não responde quando lhe indagam
sobre algo que sabe.

Evitemos a morte em doses suaves,
recordando sempre que estar vivo exige
um esforço muito maior que o simples
fato de respirar.
Somente a perseverança fará com que
conquistemos
um estágio esplêndido de felicidade.

Pablo Neruda

Prefácio

Ao ser convidado para prefaciar esta pioneira obra entre nós sobre a atuação da Terapia Ocupacional em Dor e Cuidados Paliativos, lembrei-me de ter guardado em meu computador algo que lera já havia alguns anos sobre o assunto.

Tratava-se da posição oficial da American Occupational Therapy Association (AOTA) perante Cuidados Paliativos e que, em razão de sua clareza e importância, permito-me transcrever na íntegra a tradução:

A AOTA acredita que as pessoas podem levar uma vida produtiva e significativa, a despeito de uma doença terminal, e que a terapia ocupacional oferece uma atuação essencial nesse processo. A filosofia de *hospice* afirma que:

"O morrer é um processo normal, resultado ou não de doença. O *hospice* existe nem para apressar, nem para adiar a morte. Antes, o *hospice* existe para afirmar a VIDA, ao providenciar apoio e cuidado para aquelas pessoas que estão na última fase de uma doença incurável, para que possam viver plena e confortavelmente o melhor possível. O *hospice* promove a formação de comunidades de cuidadores que são sensíveis às necessidades dos pacientes e de suas famílias nessa ocasião, para que fiquem livres para obter o grau de preparação mental e espiritual para a morte que lhes seja satisfatório"[1].

Em complementação a isso, a base filosófica da terapia ocupacional inclui as seguintes premissas[2]:

a. "O Homem é um ser ativo cujo desenvolvimento é influenciado pelo uso de atividades propositadas."
b. "Os seres humanos são capazes de influenciar sua saúde física e mental e seu ambiente social e físico por meio de atividades propositadas"; "a vida humana produz um processo de adaptação contínua que promove a sobrevivência e a auto-realização". É reconhecido que "fatores biológicos, psicológicos e ambientais podem, a qualquer tempo, interromper o processo de adaptação durante o ciclo de vida e que quando a adaptação é prejudicada, pode ocorrer disfunção."

Os conceitos de domínio (a habilidade de assumir o comando de si próprio) e de adaptação (a habilidade de fazer alterações para manter o domínio) são básicos para a prática da terapia ocupacional. Por meio de técnicas de conservação de energia (por exemplo, sentar durante o banho de chuveiro ao invés de ficar de pé) e modificação ambiental (como o uso de caneta especialmente adaptada para escrever uma carta), o pessoal da terapia ocupacional está capacitado a assistir o paciente e os familiares para aliviar as dificuldades relacionadas à perda do controle, à perda da função, à perda da dignidade e aos sentimentos de isolamento e retraimento. A atividade propositada engaja tanto a mente quanto o corpo e serve como meio de expressão pessoal, ponto de conexão entre os indivíduos e meio de manter a independência e a integridade.

A filosofia de *hospice* e a base filosófica da terapia ocupacional compartilham a meta de ajudar as pessoas que sofrem de doenças potencialmente mortais a adaptarem-se às mudanças de vida, a fim de viverem de modo pleno e confortável o melhor possível. Ambas reconhecem a importância dos ambientes físicos e sociais e procuram estimular as comunidades cuidadoras e o meio terapêutico a apoiarem os pacientes terminais e seus cuidadores. Nas doenças terminais, é essencial que os ambientes físico e social do paciente se adaptem em consonância com mudanças de habilidades, necessidades e escolhas. Os avanços tecnológicos atuais nos cuidados da saúde podem ser vistos ou considerados como impessoais. Melhorar as relações pessoais e assistir o paciente a manter independência e integridade e algum controle sobre o ambiente é uma das funções dominantes na terapia ocupacional.

Como o processo mórbido afeta as atitudes e funções do paciente, a terapia ocupacional o auxilia a manter seu desenvolvimento com as tarefas do dia-a-dia e as atividades nas áreas de trabalho (como a capacidade de digitar), lazer (como a capacidade de jogar cartas) e cuidado pessoal (como escovar os dentes). Um plano de programa, incluindo metas, é desenvolvido pelo terapeuta, pelo paciente e pela família e em seguida integrado ao plano geral da equipe de *hospice*. As alterações na habilidade funcional podem ocorrer de modo rápido, requerendo reajustes contínuos no tipo, no ritmo e no número de atividades. Essas adaptações permitem ao paciente exercer participação satisfatória em atividades que fomentam um sentido de competência e domínio pessoal. Enquanto se auxilia o paciente a manter um nível máximo de domínio, a família e o cuidador são também ajudados a manter expectativas positivas e realistas ao se ajustarem à doença e aos seus impactos no estilo de vida.

O pessoal da terapia ocupacional, como participantes da equipe de *hospice*, auxilia no ajustamento global pessoal e social do paciente e da família durante o período de evolução da doença terminal. Depois da morte do paciente, podem oferecer apoio à família enlutada e auxiliá-la a reassumir suas funções e a assumir novas, após a perda do ente querido.

A AOTA apóia de maneira incondicional o desenvolvimento de serviços de *hospice* e acredita que a terapia ocupacional é essencial à equipe, cujo objetivo de qualidade de vida é para ser alcançado. A terapia ocupacional auxilia na realização de um plano assistencial abrangente que se direcione de modo adequado aos temas relacionados às atividades diárias do paciente e da família, de trabalho, lazer e cuidado pessoal. Por envolver o paciente e a família no processo de adaptação, a qualidade de vida é melhorada e o paciente torna-se capaz de reter algum grau do significado e do domínio de sua vida perante a perda funcional.

Embora o leitor raramente se dê ao trabalho de ler o prefácio, a colocação da posição oficial da AOTA esclarecerá, em muito, o que está escrito nas páginas deste livro.

As autoras estão de parabéns por trazerem à luz suas experiências nesse campo de ação da área da saúde, tão útil ao resgatar a autonomia do ser humano.

Marco Tullio de Assis Figueiredo

Doutor em Medicina pela Universidade Federal de São Paulo/Escola Paulista de Medicina. Sócio Fundador da International Association for Hospice and Palliative Care, Houston, Estados Unidos. Professor da Disciplina Eletiva de Cuidados Paliativos da Universidade Federal de São Paulo/Escola Paulista de Medicina. Chefe do Setor de Cuidados Paliativos da Disciplina de Clínica Médica da Universidade Federal de São Paulo/Escola Paulista de Medicina. Coordenador do Capítulo de Cuidados Paliativos da Sociedade Brasileira de Clínica Médica. Sócio Honorário da Associação Brasileira de Cuidados Paliativos e da Academia Nacional de Cuidados Paliativos.

Referências Bibliográficas

1. NATIONAL HOSPICE ORGANIZATION. Hospice philosophy. In: *Standards of a Hospice Program of Care*. Alexandria National Hospice Organization, p. 3, 1981.

2. AMERICAN OCCUPATIONAL THERAPY ASSOCIATION – AOTA. Minutes of the 1979 Representative Assembly. LIX Annual Conference. *Am. J. Occupat. Ther.*, v. 33, n. 11, p. 780-813, 1979.

Bibliografia Complementar

DELRICH, M. The patient with a fatal illness. *Am. J. Occupat. Ther.*, v. 28, n. 7, p. 492-432, 1974.

GAMAGE, S. L.; MCMAHON, P. S.; SHANAHAN, P. M. The occupational therapist and terminal illness: Learning to cope with death. *Am. J. Occupat. Ther.*, v. 30, n. 5, p. 294-299, 1976.

PIZZI, M. Occupational therapy in hospice care. *Am. J. Occupat. Ther.*, v. 38, p. 252-257, 1984.

TIGGES, K. The treatment of the hospice patient: From occupational history to occupation role. *Am. J. Occupat. Ther.*, v. 37, n. 4, p. 235-238, 1983.

Apresentação

E se, de repente
A gente não sentisse
A dor que a gente finge
E sente
Se, de repente
A gente distraísse
O ferro do suplício
Então, eu te convidaria
Pra uma fantasia
Do meu violão
Canta, canta uma esperança
Canta, canta uma alegria,
Canta mais.
Chico Buarque de Holanda

A dor, a morte e os sofrimentos humanos em geral permeiam as práticas dos terapeutas ocupacionais em diferentes contextos (hospitalar, ambulatorial, domiciliar e comunitário) e em suas múltiplas áreas de atuação, como na atenção a pacientes oncológicos, reumatológicos, com afecções traumatortopédicas, com doenças sexualmente transmissíveis (DST)/síndrome de imunodeficiência adquirida (AIDS, *acquired immune deficiency syndrome*), entre outras. Entretanto, muitos desses profissionais ainda não se reconhecem como atuantes no campo da "dor e dos cuidados paliativos".

Segundo J. Strong[1], o primeiro registro de atividade da Terapia Ocupacional (TO) no campo do alívio da dor foi apresentado por Grant em 1978, em Sidney, Austrália, durante a Décima Conferência da Associação Australiana de Terapia Ocupacional. Desde então, o trabalho da Terapia Ocupacional no alívio da dor é desenvolvido em equipes multidisciplinares. Ainda de acordo com essa autora, é importante ressaltar "que a International Association for Study of Pain (IASP) reconheceu a contribuição da Terapia Ocupacional no controle da dor com a publicação, em 1995, do currículo para graduação de terapeutas ocupacionais e fisioterapeutas" (p.44).

No Brasil, há terapeutas ocupacionais que desenvolvem sua prática clínica em "dor e em cuidados paliativos", porém, poucos trabalhos descrevem a participação e o papel do terapeuta ocupacional nessas equipes. Portanto, há necessidade de delinear serviços de TO e documentação sobre trabalhos desenvolvidos, apresentar a outros profissionais o papel do terapeuta ocupacional no tratamento da dor, desenvolver estudos sobre a eficácia do tratamento e "refinar" estudos e sistemas de mensuração (não apenas da dor, mas também da própria eficácia dos tratamentos no controle e redução da dor).

É preciso apresentar "como" o terapeuta ocupacional pode assistir a pessoas com dor – o hiato de conhecimentos sobre a contribuição da TO para o tratamento da dor é um dos motivos para este livro, assim como o foi para Strong, conforme mencionou no prefácio do seu livro *Chronic Pain – the occupational therapist's perspective* (1996). Nos dois casos, pretende-se que o livro seja um guia para profissionais e estudantes a respeito de como tratar pessoas com dor, em diferentes *settings* terapêuticos, como clínicas de dor, hospitais gerais, hospitais pediátricos, etc.

Este livro decorre também da necessidade de mostrar aos próprios terapeutas ocupacionais que é momento para incrementar nossa atuação profissional num campo de crescente interesse nacional e internacional, pois há um grande trabalho a ser feito por esses especialistas na atenção a pessoas com dor e em serviços de cuidados paliativos. É importante que os terapeutas ocupacionais também reconheçam suas possibilidades de atuação junto a pessoas sem possibilidades de cura, com todas as questões resultantes da condição de proximidade da morte.

Portanto, este não pretende ser um livro definitivo, mas por meio dele pretende-se discutir princípios e experiências práticas sobre o trabalho da Terapia Ocupacional no manejo da dor e em cuidados paliativos.

Na primeira parte do livro, há capítulos considerados mais "básicos ou fundamentais", escritos por diversos profissionais de outros campos de conhecimento, com temas relevantes para os dois eixos do projeto – "dor" e "cuidados paliativos". Assim, nos Capítulos 1 e 2 os autores apresentam questões de saúde mental relacionadas à dor e a cuidados paliativos. No Capítulo 3, são apresentados conceitos fundamentais sobre classificação, fisiopatologia e epidemiologia da dor. No Capítulo 4, aborda-se o tema das relações em equipes multiprofissionais e no Capítulo 5, são discutidos procedimentos de avaliação em dor e cuidados paliativos.

Na segunda parte do livro, há capítulos teórico-práticos escritos por terapeutas ocupacionais, nos quais serão abordados os fundamentos e princípios para a prática da Terapia Ocupacional em dor e cuidados paliativos, recursos terapêuticos utilizados e discussões sobre aspectos práticos propriamente ditos.

Por fim, este livro é um instrumento de nossa intenção, enquanto terapeutas ocupacionais engajadas em atividades de assistência, ensino e pesquisa, de apresentar, propor a discussão e valorizar nossa atuação junto ao paciente que se sente à margem de toda as relações pessoais, afetivas e comunitárias em razão de seus desconfortos e sofrimentos. Em nossa ação, podemos propiciar o contato do indivíduo com a atividade, com o fazer, apresentando uma possibilidade de vida com qualidade e significado.

Segundo Jung, quando o indivíduo olha para fora, ele sonha. Quando olha para dentro, desperta. Que esse possa ser o início de um novo despertar em nossa prática clínica e acadêmica.

Marysia Mara Rodrigues do Prado De Carlo*
Mônica Estuque Garcia de Queiroz

Referência Bibliográfica

[1] STRONG, J. *Chronic Pain – the Occupational Therapist's perspective*, London: Churchill Livingstone, 1996, 171p.

* Autora e organizadora de três livros: "Se essa casa fosse nossa... Instituições e processos de imaginação na educação especial", Plexus / Summus, 1999; "Terapia Ocupacional no Brasil", Plexus / Summus, 2001; "Terapia Ocupacional – Reabilitação Física e Contextos Hospitalares", Editora Roca, 2004.

Colaboradores

Aline Rodrigues Sorcinelli
alinesorcinelli@ hotmail.com

Terapeuta Ocupacional graduada pelo Centro Universitário São Camilo. Especializada em Reabilitação em Neurologia Infantil pela Universidade Estadual de Campinas. Mestranda em Distúrbios do Desenvolvimento pela Universidade Presbiteriana Mackenzie. Terapeuta Ocupacional do Hospital Israelita Albert Einstein.

Ana Claudia Trombella Barros Kovacs
anaclaudia_kovacs@ yahoo.com.br

Terapeuta Ocupacional graduada pela Universidade Federal de São Carlos. Mestre em Educação Especial pelo Programa de Pós-graduação em Educação Especial da Universidade Federal de São Carlos. Terapeuta Ocupacional do Departamento de Atendimento Domiciliar da Unimed São Carlos.

Ana Luiza Ferrer
aluizaferrer@ ig.com.br

Terapeuta Ocupacional graduada pela Pontifícia Universidade Católica de Campinas. Especializada em Arteterapia pelo Curso de Extensão do Departamento de Psiquiatria da Faculdade de Ciências Médicas da Universidade Estadual de Campinas. Mestre em Saúde Coletiva pelo programa de Pós-graduação da Faculdade de Ciências Médicas da Universidade Estadual de Campinas.

Andréa Garboggini Melo Andrade
andreagmelo@yahoo.com.br.
Terapeuta Ocupacional graduada pela Escola Bahiana de Medicina e Saúde Pública. Especializada em Terapia da Dor e Cuidados Paliativos pela Escola Bahiana de Medicina e Saúde Pública. Terapeuta Ocupacional da Unidade Pediátrica do Hospital Geral Roberto Santos. Professora do Curso de Terapia Ocupacional da Escola Bahiana de Medicina e Saúde Pública.

Betina Sílvia Beozzo Bassanezi
betina@boldrini.org.br
Médica Anestesiologista graduada pela Sociedade Brasileira de Anestesia. Coordenadora do Grupo de Dor do Centro Infantil Boldrini, Campinas.

Ciomara Maria Pérez Nunes
ciomara_nunes@uol.com.br
Terapeuta Ocupacional graduada na Pontifícia Universidade Católica de Campinas. Professora do Departamento de Terapia Ocupacional da Escola de Educação Física, Fisioterapia e Terapia Ocupacional da Universidade Federal de Minas Gerais. Especializada em Terapia Funcional pelo Programa de Residência no Hospital de Doenças do Aparelho Locomotor Sarah Kubitscheck de Brasília. Especializada em Terapia Ocupacional em Reabilitação pelo Instituto F. Brunetti, Ancona, Itália. Mestre em Psicologia Social, área de concentração "Ergonomia" pela Universidade de Brasília. Doutoranda em Psicologia Social e do Trabalho pela Universidade de Brasília. Coordenadora Geral da Pós-Graduação *Lato Sensu* em Especialização em Terapia Ocupacional da Universidade Federal de Minas Gerais (2006-2007) e Coordenadora da área de ênfase em Saúde e Trabalho (2004-2005).

Daniela Aparecida de Godoi Gonçalves
daniela_agg@yahoo.com.br.
Cirurgiã-dentista graduada pela Faculdade de Odontologia da Universidade Estadual Paulista em Araraquara. Especializada em Dor Orofacial e Disfunção Temporomandibular pelo Conselho Federal de Odontologia. Mestre em Neurociências pela Faculdade de Medicina da Universidade de São Paulo de Ribeirão Preto. Doutoranda em Reabilitação Oral com ênfase em Dor pela Faculdade de Odontologia da Universidade Estadual Paulista em Araraquara.

Dirce Maria Navas Perissinotti
dircelko@uol.com.br
Doutora e Mestre pela Faculdade de Medicina da Universidade de São Paulo (FMUSP). Psicóloga com especialização em Neuropsicologia pelo Conselho Federal de Psicologia; Psicanálise pela Escola Brasileira de Psicanálise; Hipnose pelo Hospital do Servidor Público Municipal de São Paulo; Gestalterapia e Análise Existencial pelo Instituto Eko; Neuropsicanálise pelo Centro de Estudos, Investigação e Pesquisa em

Neuropsicanálise; Didática do Ensino Superior pela Pontifícia Universidade Católica de São Paulo. Ex-coordenadora de Psicologia Hospitalar do Hospital e Maternidade Mattarazzo (1979-1986). Psicóloga Concursada do Instituto Central do Hospital das Clínicas da FMUSP (1991-2007). Ex-membro do Grupo de Dor da Clínica Neurológica do Hospital das Clínicas da FMUSP (1997-2004). Membro do Centro de Dor e Neurocirurgia Funcional do Hospital 9 de Julho; da Equipe de Controle da Dor da Disciplina de Anestesiologia da FMUSP; da Sociedade Brasileira de Psicanálise – Grupo de Estudos das Relações Corpo-Mente; da Sociedade Brasileira para o Estudo da Dor; da Association for Applied Psychophysiology and Biofeedback. Membro Diretor do Center Studies and Research in Neuro-Psychoanalysis da International Society of Neuro-Psychoanalysis e Instituto Simpósio Brasileiro e Encontro Internacional sobre Dor (SIMBIDOR).

ELISA MIRANDA AIRES
emaires@uol.com.br.
Especializada em Dor e Cuidados Paliativos pela Santa Casa de Misericórdia de São Paulo e pelo Instituto Pallium, Buenos Aires, Argentina. Mestre em Doenças Infectocontagiosas pela Coordenadoria dos Institutos de Pesquisa da Secretaria de Estado da Saúde. Médica Infectologista do Instituto de Infectologia Emilio Ribas. Ex-coordenadora da Equipe de Cuidados Paliativos do Instituto de Infectologia Emilio Ribas.

JOÃO AUGUSTO BERTUOL FIGUEIRÓ
jfigueiro@uol.com.br
Médico Clínico e Psicoterapeuta do Centro Multidisciplinar de Dor do Hospital das Clinicas da Faculdade de Medicina da Universidade de São Paulo. Coordenador do Programa Nacional de Educação Continuada em Dor e Cuidados Paliativos da Associação Médica Brasileira e Proponente ao Ministério da Saúde do Programa Nacional de Assistência a Dor e Cuidados Paliativos do Ministério da Saúde. Membro Fundador da Liga de Dor do Centro Acadêmico Oswaldo Cruz da Faculdade de Medicina da Universidade de São Paulo. Membro Fundador e Presidente do Conselho Cientifico da Organização não Governamental Aliviador; Membro Fundador e Diretor da Organização da Sociedade Civil de Interesse Público (OSCIP) Instituto Brasileiro da Dor. Membro Fundador e Diretor Científico do Instituto Zero a Seis

JOSÉ GERALDO SPECIALI
speciali@netsite.com.br
Coordenador do Setor de Cefaléia e Neuralgias Craniofaciais do Hospital das Clínicas de Ribeirão Preto. Professor Associado de Neurologia da Faculdade de Medicina da Universidade de São Paulo de Ribeirão Preto.

JOSÉ GILBERTO CUKIERMAN
cukierman@uol.com.br
Coordenador de Saúde Mental do Centro Multidisciplinar de Dor do Hospital das Clínicas da Faculdade de Medicina da Universidade de São Paulo. Especializado em

Psiquiatria pela Associação Brasileira de Psiquiatria. Sanitarista pela Faculdade de Saúde Pública da Universidade de São Paulo. Especializado em Psicodrama pelo Instituto Sedes Sapientiae.

Josimari Melo de Santana
josimelo@infonet.com.br
Fisioterapeuta graduada pela Universidade Tiradentes, Aracaju, Sergipe. Especializada em Dor pela Sociedade Brasileira para o Estudo da Dor. Ex-presidente da Liga de Dor de Ribeirão Preto (2005-2006). Mestre e Doutora em Ciências da Reabilitação pela Faculdade de Medicina da Universidade de São Paulo de Ribeirão Preto. Pós-doutoranda pelo Neurobiology of Pain Laboratory/Pain Research Program, Department of Physical Therapy and Rehabilitation Science of the University of Iowa, Iowa City, Estados Unidos.

Kátia Magdala Lima Barreto
katmag@nlink. com.br
Terapeuta Ocupacional. Professora do Curso de Terapia Ocupacional da Universidade Federal de Pernambuco. Especializada em Saúde do Idoso pela Fundação Instituto Oswaldo Cruz. Mestre em Saúde Pública pelo Centro de Pesquisas Aggeu Magalhães/Núcleo de Estudos em Saúde Coletiva/Fundação Instituto Oswaldo Cruz. Vice-coordenadora do Projeto de Extensão "Vivendo e Convivendo com a Dor" do Ambulatório de Dor do Hospital das Clínicas da Universidade Federal de Pernambuco.

Luzia Iara Pfeifer
luziara@fmrp.usp.br.
Terapeuta Ocupacional graduada pela Universidade Federal de São Carlos. Mestre em Educação Especial e Doutora em Educação pela Universidade Federal de São Carlos. Professora do Curso de Graduação em Terapia Ocupacional da Faculdade de Medicina da Universidade de São Paulo de Ribeirão Preto. Coordenadora do Laboratório de Ensino e Pesquisa em Terapia Ocupacional e Infância. Professora da disciplina "Desenvolvimento Infantil e Saúde Pública" do Programa de Pós-graduação em Saúde Comunitária.

Mara Villas Boas de Carvalho
carvalho-mara@uol.com.br
Professora Doutora pela Escola de Enfermagem da Universidade de São Paulo. Mestre em Educação pela Pontifícia Universidade Católica de Campinas. Professora do Centro Universitário da Fundação de Ensino Octávio Bastos, São João da Boa Vista, São Paulo. Enfermeira do Serviço de Cuidados Paliativos e Controle da Dor.

Marcella Guimarães Assis Tirado
mga@ufmg.br
Terapeuta Ocupacional. Professora Adjunta do Departamento de Terapia Ocupacional da Universidade Federal de Minas Gerais. Especializada em Gerontologia pela Sociedade Brasileira de Geriatria e Gerontologia. Doutora em Demografia pela Universidade Federal de Minas Gerais.

Maria Carolina Ortiz Whitaker
carortiz@terra.com.br
Enfermeira da Unidade Especial de Tratamento de Doenças Infectocontagiosas do Hospital das Clínicas da Faculdade de Medicina da Universidade de São Paulo de Ribeirão Preto. Doutoranda do Programa de Pós-graduação em Enfermagem em Saúde Pública da Escola de Enfermagem da Universidade de São Paulo de Ribeirão Preto/Centro Colaborador da Organização Mundial da Saúde para o Desenvolvimento da Pesquisa em Enfermagem.

Maria Júlia Kovacs
mjkoarag@usp.br
Professora Livre-docente do Instituto de Psicologia da Universidade de São Paulo. Coordenadora do Laboratório de Estudos sobre a Morte.

Milene Pescatori Packer
mavami@terra.com.br
Terapeuta Ocupacional graduada pela Pontifícia Universidade Católica de Campinas. Especializada em Dependência Química pela Unidade de Pesquisa em Álcool e Drogas da Universidade Federal de São Paulo. Mestranda pelo Departamento de Saúde Mental da Faculdade de Ciências da Universidade Estadual de Campinas. Terapeuta Ocupacional do Esquadrão da Vida de Indaiatuba. Animadora Cultural da Brinquedoteca Terapêutica Ayrton Senna do Centro Infantil Boldrini, Campinas, São Paulo.

Regina Aparecida Garcia de Lima
limare@eerp.usp.br
Enfermeira. Professora Associada do Departamento de Enfermagem Materno-infantil e Saúde Pública da Escola de Enfermagem da Universidade de São Paulo de Ribeirão Preto/Centro Colaborador da Organização Mundial da Saúde para o Desenvolvimento da Pesquisa em Enfermagem. Membro do Grupo de Cuidados Paliativos da Universidade de São Paulo em Ribeirão Preto.

Rosa Maria de Araujo Mitre
rmitre@iff.fiocruz.br
Terapeuta Ocupacional graduada pela Sociedade Unificada Augusto Mota. Especializada em Psicopedagogia Clínica pela Universidade Estadual do Rio de Janeiro. Mestre e Doutora em Ciências na área de Saúde da Criança e da Mulher pela Fundação Instituto Oswaldo Cruz. Coordenadora do Programa Interdisciplinar de Assistência, Ensino e Pesquisa "Saúde e Brincar" do Instituto Fernandes Figueira/Fundação Instituto Oswaldo Cruz. Professora Colaboradora da Pós-graduação em Saúde da Criança e da Mulher do Instituto Fernandes Figueira/Fundação Instituto Oswaldo Cruz. Membro do Grupo de Cuidados Paliativos em Pediatria do Instituto Fernandes Figueira/Fundação Instituto Oswaldo Cruz.

Silmara Nicolau Pedro da Silva
silmaranicolau@terra.com.br
Terapeuta Ocupacional graduada pela Universidade Federal de São Carlos. Mestre em Ciências pela Faculdade de Medicina da Universidade de São Paulo. Especializada em

Reabilitação do Membro Superior e Terapia da Mão pela Faculdade de Medicina da Universidade de São Paulo. Especializada em Reumatologia para Fisioterapeutas e Terapeutas Ocupacionais pela Universidade Federal de São Paulo. Terapeuta Ocupacional do Hospital Universitário da Universidade de São Paulo.

VALERIA MEIRELLES CARRIL ELUI
velui@fmrp.usp.br

Terapeuta Ocupacional graduada pela Pontifícia Universidade Católica de Campinas. Mestre em Bioengenharia pelo Programa Interunidades da Escola de Engenharia de São Carlos e Faculdade de Medicina da Universidade de São Paulo de Ribeirão Preto. Doutora em Saúde Pública pela Escola de Enfermagem da Universidade de São Paulo de Ribeirão Preto. Ex-terapeuta Ocupacional da Seção de Reabilitação Neuromuscular do Hospital das Clínicas da Faculdade de Medicina da Universidade de São Paulo de Ribeirão Preto. Membro do Grupo de Cirurgia da Mão e Microcirurgia do Departamento de Bioengenharia, Medicina e Reabilitação do Aparelho Locomotor da Faculdade de Medicina da Universidade de São Paulo de Ribeirão Preto. Membro da Sociedade Brasileira de Terapeutas da Mão. Professora do Curso de Terapia Ocupacional da Faculdade de Medicina da Universidade de São Paulo de Ribeirão Preto. Professora do Curso de Terapia Ocupacional da Faculdade de Medicina da Universidade de São Paulo de Ribeirão Preto. Coordenadora do Serviço de Terapia Ocupacional do Hospital das Clínicas de Ribeirão Preto.

VALÉRIA MOURA MOREIRA LEITE
vmmleite@hotmail.com

Terapeuta Ocupacional. Professora Assistente do Departamento de Terapia Ocupacional da Universidade Federal de Pernambuco. Especializada em Saúde do Idoso pela Fundação Instituto Oswaldo Cruz. Mestre em Saúde Pública pelo Centro de Pesquisa Aggeu Magalhães/Núcleo de Saúde Coletiva/Fundação Instituto Oswaldo Cruz. Coordenadora do Projeto de Extensão "Vivendo e Convivendo com a Dor" do Ambulatório de Dor do Hospital das Clínicas da Universidade Federal de Pernambuco.

WALKYRIA DE ALMEIDA SANTOS
walkyriasantos@graacc.org.br

Terapeuta Ocupacional graduada pela Pontifícia Universidade Católica de Campinas. Responsável pelo Setor de Terapia Ocupacional no Instituto de Oncologia Pediátrica da Universidade Federal de São Paulo. Membro da Associação Brasileira de Linfomas e Leucemias.

Índice

Dor e Cuidados Paliativos na Perspectiva Interdisciplinar

Parte
I

Índice da Parte

978-85-7241-726-6

Dor e Cuidados Paliativos em Saúde Mental

Capítulo *1*

Índice do Capítulo

Dor em Saúde Mental

Dirce Maria Navas Perissinotti
José Gilberto Cukierman
João Augusto Bertuol Figueiró

Introdução

As queixas dolorosas são reconhecidamente responsáveis por alta busca de assistência à saúde no mundo. Desde os primórdios da história humana, inúmeros recursos são dirigidos ao enfrentamento do sofrimento associado com essas queixas. Bilhões de dólares são destinados ao seu alívio e outro tan-

978-85-7241-726-6

to é investido em pesquisa à procura por respostas que promovam o retorno do bem-estar. Chegam a ocupar 80% das consultas no sistema de saúde e são os sintomas que mais freqüentemente levam o paciente a procurar o médico. Vêm apresentando aumento da sua prevalência em razão da associação com hábitos de vida sedentários, estresse, aumento da sobrevida, crescimento da prevalência de doenças crônicas, modificações do meio ambiente e decréscimo da tolerância do homem moderno ao sofrimento.

A expressão "saúde mental" admite inúmeros significados, desde aquele que se refere à auto-estima, ou capacidade de estabelecer relações afetivas com outras pessoas, até transtornos orgânicos que induzem comportamentos completamente atípicos. Pessoas mentalmente saudáveis vivenciam vasta gama de emoções, incluindo tristeza, raiva e frustrações, assim como alegria, amor e satisfação. Ao mesmo tempo em que são caracteristicamente capazes de enfrentar desafios e mudanças da vida cotidiana, sabem procurar ajuda quando têm dificuldade em lidar com traumas e transições importantes: perda de pessoas queridas, dificuldades conjugais, problemas escolares e profissionais, ou condição médica crônica.

A Organização Mundial da Saúde (OMS) define *saúde mental* da seguinte maneira[1]:

978-85-7241-726-6

> *Nas distintas culturas, os estudiosos definiram de diversas formas a saúde mental, conceito que abarca, entre outros aspectos, o bem-estar subjetivo, a percepção da própria eficácia, a autonomia, a competência, a dependência intergeracional e a auto-realização das capacidades intelectuais e emocionais. A partir de uma perspectiva transcultural, é quase impossível chegar a uma definição exaustiva de saúde mental. Admite-se, entretanto, que o conceito de saúde mental é mais amplo do que a ausência de transtornos mentais.*

Tradicionalmente, encontram-se inúmeros textos que definem doenças mentais, pois parece mais simples e usual do que definir a saúde mental. Assim, caracterizar a saúde mental é mais do que estabelecer a ausência de transtorno mental.

O estudo das características da saúde mental deve priorizar a habilidade do indivíduo de apreciar a vida e cultivar o presente, pois naturalmente necessitamos planejar o futuro e aprender por meio de experiências passadas. Consideram-se também outras condições, como a resiliência, ou seja, a habilidade para enfrentar as adversidades, a capacidade de integrar diferentes condições da vida, a flexibilidade com respeito às expectativas de vida. A flexibilidade emocional pode ser tão importante quanto a cognitiva. Também a capacidade de atualização, pois pessoas mentalmente saudáveis são as que se inserem no processo de atualização de seu potencial, dando forma a relacionamentos interpessoais saudáveis.

Componentes psicocomportamentais, afetivos, psicossociais e cognitivos corroboram o agravamento ou o apaziguamento dos sintomas. Ao seu lado, aspectos simbólicos e imaginários presentes na composição da síndrome dolorosa intervêm de modo decisivo no efeito das estratégias curativas, inclusive modificando sua eficácia[2]. Processos psicológicos modulam de maneira significativa as queixas dolorosas e como os quadros álgicos se apresentam[3]. O ingrediente subjetivo da dimensão dolorosa é inseparável, peculiar e muitas vezes pode estar transmutado como opção somática do sofrimento emocional. As possibilidades de associações entre dor e afecções psiquiátricas são: dor secundária a doenças psiquiátricas ou a condições psicológicas, doenças psiquiátricas secundárias à dor e comorbidades (doença médica e psiquiátrica concomitante, sem relação de causa e efeito)[4,5].

As comorbidades psiquiátricas podem exercer importante papel na ampliação da sintomatologia dolorosa, de modo que ao não serem tratadas podem contribuir para tornar crônica a dor.

Quando a dor se torna crônica, o problema se magnifica, pois se aliam ao sintoma primário dor outros fatores que conjugados favorecem sua manutenção e facilitação, ou são responsáveis por eliciá-la e incrementá-la[6]. O comprometimento das atividades de vida diária e de lazer, ocupacionais e relacionais compromete o estado de doença e conseqüentemente seu abrandamento[7].

978-85-7241-726-6

Condições Facilitadoras da Cronicidade

Reconhecem-se algumas condições psicológicas como facilitadoras da cronicidade. Porém, estudos qualificados e reconhecidos não evidenciaram que a estruturação psicológica seja fator determinante de sua ocorrência[8]. Essas condições podem ser classificadas com a utilização de traços caracterológicos exacerbados com evidência pouco sutil na prática clínica. Comportamentos de evitamento das responsabilidades no trabalho e no domicílio, excessiva preocupação com sintomas somáticos, abuso dos recursos de assistência à saúde com características alusivas à hipocondria, comportamento doloroso, inapropriado ou exagerado, inatividade excessiva, estado de apatia, desmotivação, sentimento de inferioridade, baixa auto-estima, sentimentos auto-depreciativos, abuso de fármacos, ou não adesão prolongada aos tratamentos dão indícios de condição psicológica favorável a tornar crônicos os sintomas dolorosos[7]. Portanto, nesses casos, faz-se necessário o encaminhamento dos doentes com dor crônica para tratamento psicológico adequado e especializado[7].

Turk e Gatchel propõem quadro algoritmo para melhor compreensão da instauração do processo de cronicidade da dor[9]. De um evento agudo, a dor aguda se estende ao longo do tempo e se torna dor crônica. Três estágios são estabelecidos para melhor compreensão didática. Observa-se que em um primeiro momento, quando o estado de dor ainda é agudo, a angústia psicológica inicial associa-se a ele, estado razoável esperado do ponto de vista psicológico. Em um segundo estágio, ao longo do tempo, observa-se o desenvolvimento ou a exacerbação de problemas psicológicos em indivíduos com pré-disposição. Em um terceiro estágio, a incorporação ou a consolidação de atitudes psicopatológicas ou de comportamentos doentios são encontradas. Portanto, mudanças físicas induzem alteração de atividade de vida diária e mudanças emocionais, o que gera como respostas angústia emocional, tensão e estresse, cujo efeito de exacerbação influi no limiar da dor.

Conceituar a depressão e a ansiedade se faz então necessário. Os estados depressivos (o estar deprimido) e as patologias depressivas (o ser deprimido), assim como a ansiedade (o ser desassossegado) e os estados ansiosos (estar desassossegado) são situações clínicas bastante diferentes que merecem a atenção do clínico.

Segundo Sonenreich, a depressão se caracteriza pela *lentidão* dos processos psíquicos em um campo vivencial *estreitado*[10], ao passo que a ansiedade se caracteriza pela *aceleração* dos processos psíquicos dentro de um campo vivencial *estreitado*. Por outro lado, o autor define a mania como a *aceleração* dos processos psíquicos em campo vivencial *alargado*.

Alterações de humor ou de afetividade, como a tristeza quando envolve sofrimento e limitações, baixa auto-estima, anedonia, alterações do apetite, alterações do sono, falta de energia, sensação de fadiga, sentimentos de desvalorização e de culpa, pensamentos a respeito da morte, ideação suicida, prejuízo das funções cognitivas como memória, atenção e concentração, dificuldade em tomar decisões, perda de interesse nas atividades da vida diária (AVD), diminuição nos cuidados de higiene, sensibilidade às rejeições, queixas somáticas como cefaléia, obstipação, dores difusas ou erráticas, infância e puberdade e irritabilidade são sintomas comuns em doentes com dor crônica, mas também das patologias mentais como as anteriormente mencionadas.

Nos indivíduos cuja dor incide de modo concomitante ao estado terminal, aliada aos aspectos psicológicos do doente com dor crônica, encontrar-se-ia ainda um estado de ansiedade difuso e inespecífico em decorrência de sentimentos de ameaça, com medo e angústia. Isso porque a ansiedade gera e se alimenta de tensão e apreensão, eliciando hiperativação do sistema nervoso autônomo pela própria ausência do perigo concreto. Cabe então ao profissional psicólogo de-

978-85-7241-726-6

compor a ansiedade em medos e preocupações específicas, auxiliando o doente a identificar seus processos internos que, embora inconscientes, estão presentes e são fatores complicadores do processo de elaboração. Os sentimentos de medo e ameaça, quando não manejados, dificultam a possibilidade de seu reconhecimento e a ameaça decorrente da frustração e do sentimento de fracasso reforça a baixa auto-estima.

A iminência da morte, ou a própria debilidade física e a sensação de esvaziamento psíquico induzem a sensação e o processo de pesar ou luto e o estado depressivo, sem, no entanto, haver necessariamente transtorno depressivo. O pesar é a emoção natural diante da percepção subjetiva de perda, uma vez que o estado depressivo antecipatório presta-se como preparação diante das perdas iminentes de capacidade laborativa e para o relacionamento interpessoal, surgindo a depressão reativa diante de perdas efetivas que se traduzem como dificuldade de enfretamento.

Os doentes com poucas possibilidades de cura, ou mesmo em situação terminal, defrontam-se, portanto, com dificuldades de muitas ordens, pois lidar com o desconforto e a incapacitação, suportar procedimentos, tratamentos e processos institucionais e procurar relacionamento adequado com os cuidadores exige grande investimento psíquico, havendo nesses doentes pouca energia psíquica disponível. Além do que foi citado, é por demais avassalador preservar as relações com familiares e amigos, o equilíbrio emocional e a auto-imagem e preparar-se para um futuro incerto. Daí a colaboração do profissional psicólogo na formação das equipes de cuidados paliativos em doentes com dor crônica.

A perda da integridade física, efetiva ou fantasiada, é assunto deveras importante, pois o corpo, além de instância biológica, constitui-se de auto-imagem e quando há perda de função corpórea concreta, somática, acresce-se a perda de identidade, pois o homem se organiza de modo psíquico em decorrência da integridade física. Manter a integridade psíquica deve visar a melhora da auto-estima, facilitando as possibilidades de utilização do corpo como entidade criativa, por mais parcas que sejam, buscando otimizar o autocontrole, mesmo que com o uso do pouco controle restante, preservando em especial o senso de controle e a auto-estima e minorando a frustração, o desamparo e a culpa.

Outra ameaça a que se submetem os indivíduos com dor e em estado terminal é a rejeição social. De modo diverso do doente com dor crônica, em que a conduta clínica psicológica é manter o interesse nas relações e tarefas cotidianas, evitando que a doença se torne o foco central de preocupação, na fase terminal a conduta psicológica principal deve ser aquela que garanta a disponibilidade apenas na medida em que o doente o desejar. Assim, dedicar-se a assuntos

978-85-7241-726-6

978-85-7241-726-6

inacabados, esclarecer conflitos, aceitar emoções ambíguas, procurar soluções aceitáveis e reafirmar o significado das relações relevantes serão de utilidade ímpar na condução e no manejo de intervenções psicológicas.

Sabe-se que ao lado da dor física existe a dor da vida para todos os seres humanos, a dor das decepções, das frustrações e das expectativas malogradas. A dor existencial impõe o medo de regredir e perder contato com a realidade concreta, causando no indivíduo perda de interesse e introversão maiores do que seu estado natural lhe impõe. A presença humana, mesmo que silenciosa, é confortadora e essencial, pois além do conforto, adota conotação de alento às pequenices do ser humano compartilhado.

O receio pelo futuro do corpo antes e após a morte, a mutilação, a decomposição e o enterro prematuro, dependendo das concepções culturais, dos significados idiossincrásicos e das crenças, quando encobertos e não manifestados, serão motivos de sofrimento. Deve-se permitir ao doente escolher os meios de dispor do corpo e providenciar informações apropriadas, auxiliando-o na elaboração da angústia diante do desconhecido que é a morte.

Como vemos, a avaliação dos aspectos psíquicos em pacientes com dor crônica é bastante ampla. Além dos aspectos subjetivos e comportamentais associados com o processo do adoecer crônico dos quadros dolorosos em especial, também iremos nos defrontar com parte da demanda que se constitui de pacientes com alterações mentais mais graves, quadros em que o diagnóstico psiquiátrico e a terapêutica medicamentosa específica se fazem necessários.

Assim, verificamos que são três as categorias de associação entre dor e patologia psiquiátrica:

- Dor secundária à patologia psiquiátrica ou às condições psicológicas.
- Patologia psiquiátrica secundária à dor.
- Comorbidade (doença médica e doença psiquiátrica concomitantes, sem relação de causa e efeito).

Podemos perceber, então, a importância da participação do profissional de saúde mental nas clínicas de dor e cuidados paliativos. A importância desse profissional se faz sentir desde a avaliação do paciente.

São várias as funções dos psicólogos e psiquiatras na equipe de dor: aplicar tratamentos psicológicos e psicofármacos, quando obtida a necessária formação, tratar doenças psiquiátricas comórbidas, contribuir com seus conhecimentos sobre psicofarmacologia, em especial no que tange às interações medicamentosas, e oferecer subsídios a outros profissionais que estejam lidando com situações problemáticas no relacionamento com o doente[11,12].

Existem aspectos essenciais na avaliação psicológica e psiquiátrica da dor crônica. Deve contemplar a experiência da dor do indivíduo no contexto da vida, os aspectos da vida pregressa dos doentes e suas vivências anteriores de dor, o impacto que a dor gera no desempenho e na construção psicológica dos doentes e a influência da ansiedade e da depressão nos quadros álgicos[3,13,14].

Resultados favoráveis ou não das intervenções terapêuticas prévias poderão guiar futuras intervenções. Deve-se avaliar a capacidade laboral e a duração do período de trabalho perdido em razão das doenças ou da dor; a interferência da dor na vida social e familiar; os estados de ânimo que podem ser verbalizados, como "fadiga" e "cansaço"; o sono, a atividade sexual, os relacionamentos interpessoais e as expectativas em relação aos tratamentos.

Sugeriu-se que a síndrome dolorosa orgânica pudesse resultar de depleção serotoninérgica no cérebro, em especial na região do núcleo magno da rafe, resultando em diminuição da eficiência do sistema inibitório serotoninérgico[15].

A redução da atividade serotoninérgica relaciona-se a anormalidades do sono e à depressão. É possível que dor e depressão compartilhem os mesmos substratos anatômicos representados pelo sistema de punição do cérebro. Depressão e dor crônica apresentam interfaces neuroquímicas superponíveis, representadas, por exemplo, pela hipoatividade serotoninérgica[16].

Segundo Figueiró, a avaliação psicológica e psiquiátrica em doentes com dor crônica deve abranger os seguintes aspectos[4]:

- Identificar fatores psicológicos, psicodinâmicos e comportamentais que influam na natureza, na gravidade e na persistência do processo de dor crônica e nas conseqüências da incapacitação.
- Determinar correlações psicorganogênicas.
- Identificar aspectos de pré e comorbidade que influam no processo de cronicidade da dor.
- Identificar reforçadores ambientais e familiares.
- Propiciar intervenções adequadas dos programas de assistência aos pacientes portadores de dor crônica.
- Situar o paciente em sua condição "queixosa".
- Avaliar as metas e expectativas terapêuticas.
- Objetivar mudanças de atitude perante a situação-problema.

978-85-7241-726-6

Condições Psicopatológicas e Dor

- *Depressão*: anedonia, tristeza, dificuldades de sono e de alimentação, problemas volitivos e redução do campo vivencial.

- *Transtornos ansiosos*: pânico ou ansiedade generalizada, sem alívio com analgésicos.
- *Transtornos somatiformes*: queixas físicas inexplicáveis por diagnóstico físico, associadas a fatores psicológicos.
- *Transtorno fictício com sintomas físicos*: enganar o médico para manter o papel de doente.
- *Simulação*: sabotar informações, comportamento anti-social, achados somáticos mutáveis, adesão errática ao tratamento e ganhos externos.
- *Estados dissociativos*: amnésia (parcial), ansiedade, pesadelos, *flashbacks*, evitação conflitante de relacionamentos próximos.
- *Síndrome dolorosa crônica*: enfatizada na incapacidade física e na negação da importância dos fatores interpessoais no sofrimento.
- *Transtornos dolorosos sexuais*: dispareunia e vaginismo.
- *Psicose*: pensamentos ilógicos e bizarros, atribuições ilógicas de causa e efeito.
- *Transtornos de personalidade*: capacidade diminuída de enfrentar a dor.
- *Transtorno conversivo*: sintomas motores e sensitivos, além de dor ou sintomas sexuais, que não podem ser explicados de forma médica ou cultural, mas que estão associados com fatores psicológicos.
- *Hipocondria*: preocupação persistente, durante pelo menos seis meses, com medo ou idéia de doença, apesar de exames negativos e confirmação.
- *Transtorno doloroso*: o foco predominante das queixas é a dor que causa sofrimento ou déficit funcional; relaciona-se a fatores psicológicos.
- *Transtorno somatiforme indiferenciado*: uma ou mais queixas físicas não explicadas do ponto de vista médico, ou que causam sofrimento ou disfunção nitidamente desproporcionais ao problema durante pelo menos seis meses.
- *Transtorno somatiforme (SOE)*: sintomas somatiformes que não preenchem os critérios para transtorno somatiforme (por exemplo, sintomatologia transitória de fadiga ou de hipocondria)[17].

978-85-7241-726-6

A depressão freqüentemente acompanha o sentimento de desamparo. Alguns autores chegam a propor que a dor crônica é uma forma de depressão. Outros propõem quatro formas de relação entre dor e depressão, a saber[18,19]:

- Dor como sintoma de depressão.
- Depressão como fator complicador de dor crônica.
- Dor e depressão ligados e indissociáveis.
- Dor e depressão coexistentes, mas sem relação causal.

Em geral, é possível determinar a relação e a seqüência temporal entre as variáveis dor e depressão. Experiências e sensação de perda, incapacidade e luto real, simbólico e/ou imaginário são com freqüência parte integrante e mantêm a relação causal da depressão em doentes com dor crônica[20].

978-85-7241-726-6

Terapêuticas Psiquiátrica e Psicológica e Seus Objetivos

Além dos aspectos clínicos e terapêuticos, o psiquiatra da clínica de dor deve familiarizar-se com a farmacologia e a psicofarmacologia, em especial no que tange às relações de interações medicamentosas. Os doentes que com freqüência utilizam analgésicos, muitas vezes usam opióides, anticonvulsivantes, antidepressivos, antiarrítmicos, bloqueadores de canal de cálcio e benzodiazepínicos, de modo isolado ou, como ocorre mais comumente, em associação com medicamentos específicos para tratar a doença causal, como por exemplo, quimioterápicos nas neoplasias.

Um dos medicamentos mais utilizados para o tratamento da condição dolorosa crônica é o antidepressivo, em especial o tricíclico (ADT). De modo diverso ao tratamento da depressão, em que o patamar do tricíclico pode consumir três semanas, o efeito analgésico pode ser observado após cinco dias de uso[11,21].

Os antidepressivos apresentam efeito analgésico em razão de sua ação direta no sistema supressor de dor serotoninérgico rostrocaudal, originado do tronco encefálico e que se projeta nas células nociceptivas do corno posterior da medula espinal, promovendo bloqueio da recaptação de serotonina e noradrenalina pelas vias supressoras de dor. É possível que exerça ação direta ou indireta nos receptores opióides. Além de aliviar a dor, normalizam o sono, estabilizam o humor propiciando eutimia, melhoram o apetite e são miorrelaxantes. Atuam também nos níveis sinápticos de dopamina, alteram a atividade de neurotransmissores neuromoduladores, tais como a substância P, o hormônio liberador da tirotropina e o ácido gama-aminobutírico. Possivelmente atuam como antiinflamatórios, como bloqueadores de prostaglandinas, de canais de cálcio e de receptores de histamina. Alguns estudos têm sugerido uma relação do eixo hipotalâmico-hipofisário-adrenal. Há doentes com depressão maior que apresentam níveis elevados de cortisol e beta-endorfina no líquido cefalorraquidiano, que podem estar relacionados a certa insensibilidade à dor aguda, mas a uma menor tolerabilidade à dor crônica. O bloqueio da recaptação de noradrenalina, serotonina e dos receptores de H_1 histamina, adrenérgicos e colinérgicos parece justificar a maior eficácia dos ADT em relação aos antidepressivos inibidores da recaptação seletiva da serotonina ou inibidores seletivos de recaptação de serotonina e noradrenalina no tratamento da dor[11,22-24].

Além dos procedimentos psicofarmacoterápicos, extremamente importantes, as estratégias de intervenção psicológica são necessárias em muitos doentes com dor. As de uso mais comum dirigem-se principalmente à implicação do doente no tratamento global, pois a dor é sintoma multifatorial e o tratamento é multidimensional[25].

Os elementos básicos do acompanhamento psicológico devem direcionar-se ao favorecimento da aprendizagem e ao gerenciamento dos estresses físico e psíquico, fornecendo suporte para o desenvolvimento de atitudes comportamentais positivas e mobilizando recursos internos relativos a questões motivacionais e ao desejo de investir nas mudanças das condições de vida[26].

As técnicas mais comumente utilizadas são as seguintes:

- *Psicanalítica*: reestruturar a forma de funcionamento mental por meio de interpretações, pois no inconsciente atemporal, por essência, atualizam-se dramas resultantes das situações dos eventos do cotidiano. Os *insights* resultantes trazem efeitos que facilitam a elaboração dos conflitos, solucionando-os.
- *Cognitivista*: possibilitar novos hábitos de pensar (método de construção do conhecimento), tornando as emoções compreensíveis e desenvolvendo atitudes mais eficientes diante dos problemas.
- *Condicionamento operante*: reduzir a intensidade de estímulos, reforçando-os de modo negativo ou positivo como meio de solução de problemas.
- Biofeedback *e relaxamento*: técnicas que aumentam a habilidade de controle voluntário das atividades fisiológicas por meio de intervenções psicofísicas.
- *Hipnose*: influenciar a percepção e o comportamento, por intermédio de leis da sugestão e breve alteração do estado de consciência (transe hipnótico).

Evidenciar a representação psíquica que o doente tem da dor e procurar restabelecer o fortalecimento interno, ou seja, compatibilizar as idealizações e descaracterizar as criações fantasiosas da situação de cronicidade e do sofrimento associadas com a situação de dor, são os objetos principais do tratamento psicológico, o que deve também incluir as condições de incapacidade física e psíquica, pois se preconiza sua dissociação da condição de doença[26,27].

Devem-se esclarecer quais são as condições da dinâmica psíquica preexistentes à situação de dor e as condições psicoafetivas e cognitivas que interferem tanto na percepção do fenômeno quanto nas condições de resposta

978-85-7241-726-6

à dor, pois o seu sistema supressor constitui-se de estruturas centrais e periféricas do sistema nervoso, uma vez que tanto estímulos internos quanto externos deflagram seu funcionamento[26,28].

Portanto, as intervenções psicológicas devem enquadrar-se dentre as que auxiliam o sistema nervoso a modular a percepção dos estímulos dolorosos e o sistema supressor de dor, de modo a habilitar o indivíduo ao seu enfrentamento, inclusive as psicodinâmicas[26].

978-85-7241-726-6

Alternativa Psicoeducativa

Programas psicoeducativos mostraram-se eficazes e condizentes com estruturas assistenciais dedicadas à promoção da saúde pública. Contemplam, com diferentes estratégias e enfoques práticos, algumas das questões relacionadas ao problema da cronicidade da dor. Não se caracterizam como tratamentos clínicos, portanto curativos, mas trazem efeitos eficazes quando incluídos nos programas assistenciais[29].

Considerações Finais

É apropriado concluir que os profissionais psicólogos e psiquiatras, cada qual com sua especialização, tenham função ativa na equipe assistencial de cuidados ao doente com dor crônica. Inclui-se também a consultoria no planejamento e na execução de diversos programas relacionados ao alívio do sofrimento do doente com dor crônica, desde a prática de intervenções clínicas orientadas diretamente ao atendimento aos doentes, cuidadores e familiares até o auxílio no gerenciamento de programas de assistência pública e privada, adequando as necessidades da demanda institucional e populacional e gerando como produto a compatibilização socioeconômica dos diversos níveis de expectativas psicossociais.

Conduta detalhada pode ser encontrada em Cukierman (2005) e em Perissinotti e Perissinotti, textos que descrevem de modo pormenorizado a ação do fármaco e sua psicodinâmica[29,30].

Cuidados Paliativos em Saúde Mental

Maria Júlia Kovacs

No século XXI, observam-se diferentes mentalidades sobre a morte, como aponta P. Aries[31]. Uma das predominantes é a que considera a morte como tema interdito e tabu, trazendo a idéia de que deve ser combatida a todo custo e vista como fracasso e vergonha, configurando o verdadeiro erro médico que é o combate à morte e não à doença. Em razão dessa mentalidade podem ocorrer sérios entraves na comunicação entre pacientes, familiares e equipe de cuidados, principalmente quando há o agravamento da doença. É também nessa forma de encarar e combater a morte que podem ocorrer algumas das mortes indignas de nosso tempo, prolongadas, com grande sofrimento e muitas vezes solitárias[32].

Na década de 1950, observou-se uma contestação a essa abordagem tão refratária à morte, a partir dos trabalhos de duas autoras: Elisabeth Kübler-Ross e Cicely Saunders. Retomaram a importância de acompanhar o processo de adoecimento e, no seu agravamento, cuidar dos sintomas incapacitantes e do sofrimento na esfera psicossocial e espiritual, enfatizando a preocupação com a pessoa doente e seus familiares. Essa mentalidade permitiu o grande desenvolvimento dos cuidados no fim da vida, parte fundamental dos programas de cuidados paliativos[33,36].

O desenvolvimento da tecnologia médica, dos diagnósticos e tratamentos cada vez mais sofisticados levou ao prolongamento da vida, embora nem sempre tenhamos garantia da sua qualidade, principalmente no caso de pacientes gravemente enfermos. Muitas doenças puderam ser eliminadas. Outras, outrora fulminantes, atualmente não o são mais, tornando-se crônicas. Entretanto, mesmo com a sofisticação dos tratamentos, com freqüência os pacientes se queixam de intenso sofrimento, configurando processos distanásicos[32]. Muitos pacientes gravemente enfermos reclamam de dores, mas como se acredita que são sintomas normais no transcurso da doença, além de muitos outros, acabam por não receber o tratamento adequado a essas circunstâncias.

Segundo Saunders, existem dois paradigmas vinculados à ação de saúde: o curar e o cuidar. No paradigma do curar, o investimento é na vida a qualquer preço, em que a medicina de alta tecnologia tem um papel preponderante e as práticas mais humanistas ficam em segundo plano. No paradigma do cuidar, há uma aceitação da morte como parte da condição humana, levando-se em conta a pessoa doente e não somente a doença, enfatizando-se aspectos multidimensionais da doença e a dor total, como preconiza Saunders[33].

978-85-7241-726-6

Com freqüência, pessoas portadoras de uma doença grave sentem medo ao imaginarem o fim de sua vida. Dizemos genericamente que as pessoas têm medo da morte. Mas de que morte têm medo? O que se tornou tão assustador a ponto de as pessoas ficarem com muito mais medo do processo de morrer do que da própria morte?

Observam-se atualmente alterações significativas nas formas de morrer, principalmente no que concerne ao processo de morrer, que se estendeu. Há predominância de doenças crônicas, incluindo-se cardiopatias, câncer e enfermidades neurológicas. A síndrome de imunodeficiência humana adquirida (AIDS, *acquired immune deficiency syndrome*) trouxe a volta das doenças infecciosas. Um grande número de pacientes com AIDS terá dor e por medo do vício de drogas analgésicas muitos não tratarão sua dor. Os grandes medos são o subtratamento da dor e o supertratamento na unidade de terapia intensia (UTI) – configurando um grande paradoxo. Talvez esse seja o motivo para um debate tão grande sobre eutanásia, suicídio assistido e cuidados paliativos[32].

Pesquisas indicam que 90% dos pacientes gostariam de morrer em casa e 70% esperam que o médico os acompanhe até o fim da vida. Os maiores temores são em relação à doença crônica, à dor e à obstinação terapêutica, prolongando o processo de morrer[37].

Surgiu no século XX um conceito que tem sido profundamente questionado nos dias de hoje. Trata-se do conceito de "paciente terminal", colocado aqui entre aspas, pois ainda é utilizado apesar de todos os problemas que provoca. É um conceito com contornos indefinidos e que conduz à estigmatização por outros. Ora se considera a doença com prognóstico reservado, ora a proximidade da morte. Essa confusão é freqüente com pacientes com câncer, que hoje têm amplas possibilidades de tratamento e recuperação. Por outro lado, justamente por causa de tantos avanços e possibilidades de tratamento, muitos pacientes gravemente enfermos têm aumentado o seu tempo de vida. Do ponto de vista psicossocial, o atributo terminal pode condenar o paciente ao abandono por se ter a idéia de que "não há mais nada a fazer", a uma naturalização da dor e do sofrimento, já que a morte está próxima. Sabemos que falar de "pacientes terminais" traz tantos problemas, mas ainda não surgiu outro termo mais adequado. Temos utilizado a expressão "paciente com doença avançada". De qualquer forma, esse assunto demanda muitas discussões.

Pacientes com doença avançada podem ter vários sofrimentos, constituindo o que Saunders denominou de dor total[33]. O agravamento da doença traz vários sintomas físicos que em conjunto tornam a vida difícil. Acompanhando esse declínio físico, surgem sintomas de sofrimento em várias esferas, tais como: medo de ficar sozinho, tristeza pelo abandono dos planos da vida, perda das pessoas próximas, dependência e medo da morte.

As principais necessidades de pacientes gravemente enfermos são:

978-85-7241-726-6

- Ter o controle da dor e de outros sintomas.
- Ter controle sobre a própria vida.
- Não ter o seu sofrimento prolongado.
- Não ser sobrecarga para a família.
- Estreitar laços familiares e com pessoas significativas.

978-85-7241-726-6

O prolongamento artificial da vida é um terror para muitas pessoas que buscam uma morte natural. Muitos relatam medo da aparelhagem para manutenção da vida, querem dignidade, ter o controle sobre a própria morte e tomar decisões. Para os familiares e a equipe de saúde, o mais difícil é ver alguém sofrendo e sentirem-se impotentes. Pacientes esperam que seu médico esteja presente, acompanhando sua situação.

É importante saber o que leva o paciente a pedir para morrer. Entre os maiores problemas relatados pelos pacientes estão: sensação de desamparo, falta de apoio e percepção de não ter controle. Situações que podem ser sentidas como piores do que a dor. Família não disponível é uma das causa mais freqüentes para o pedido de morte[37].

Às vezes, a depressão é associada ao pedido para morrer. É muito difícil fazer o diagnóstico diferencial de depressão e outros sintomas presentes quando do agravamento da doença. Existe uma naturalização do sofrimento e da dor no câncer que isenta profissionais da equipe de saúde da preocupação de cuidar desses sintomas. Doenças como o câncer provocam alterações de apetite, sono e disposição física, o que pode gerar confusão entre os sintomas da doença e a presença da depressão.

Há fatores que ajudam o diagnóstico diferencial de depressão, envolvendo o início dos sintomas antes da doença e o uso contínuo e intenso de drogas ou álcool. Dor e depressão se potencializam, aumentando a vulnerabilidade e o sofrimento no fim da vida. Infelizmente, poucos pacientes recebem medicação específica para depressão, sendo mal cuidada, principalmente no fim da vida.

Verificamos as seguintes preocupações em pacientes gravemente enfermos[38]:

- Não poder se despedir dos familiares.
- Estresses em relação à vida das pessoas próximas.
- Não ser perdoado.
- Não poder se reconciliar com pessoas significativas.
- Não poder alcançar e falar com seu médico.
- Dúvidas e questionamentos religiosos.
- Sofrimento emocional intenso.

A perda de si é vivida quando há o adoecimento e propicia que se trabalhe o luto antecipatório, o luto que ocorre antes da morte[39]. Essa antecipação permite a elaboração das perdas durante o processo de vida, trazendo significado para a existência. Muitas pessoas vão perdendo os papéis que desempenharam ao longo da vida: de profissional, de genitor que tinha uma série de responsabilidades e atividades em relação às crianças, de amante, entre outros[40].

É fundamental saber o que significam e representam a dor e o sentimento que podem estar presentes na situação de doença grave e aproximação da morte[41]. Um dos aspectos importantes para fazer o trabalho do luto é reconhecer os sentimentos que estão lá na sua qualidade e intensidade, para que possa haver a elaboração. Na época atual, na sociedade ocidental, muitas pessoas não têm autorização para se emocionar, não podem expressar sua dor. Esse fato acaba causando adoecimento e aumento dos casos de depressão nos dias de hoje[40,42].

O processo de luto antecipatório envolve as perdas do adoecimento: da saúde, do corpo perfeito, dos papéis profissionais, conjugais, parentais, perdas de outras pessoas, perdas de si. Há um caráter preventivo em trabalhar a dor, elaborar um sentido e conversar sobre isso com familiares e profissionais. É muito importante trabalhar o luto antecipatório nas instituições hospitalares. Não é prerrogativa somente de psicólogos, outros profissionais da área de saúde também podem colaborar nesse processo.

978-85-7241-726-6

É uma preparação para a morte, que já se sabe que vai ocorrer. Consideramos interessante o trabalho de Kübler-Ross, com atenção para o que denomina de estágio da depressão, que no caso da aproximação da morte não tem conteúdo patológico, mas favorece um processo de interiorização, uma preparação para a própria morte, um direcionamento da energia para dentro de si[35,36]. Muitas vezes, o paciente está debilitado e isso não deve ser compreendido como rejeição das pessoas e sim como preparação para o processo final da morte.

A autora fala sobre o silêncio, a calma e, principalmente, sobre a presença acolhedora. Muitas vezes, as pessoas perguntam: sobre o que devem conversar, ou o que fazer? Não há necessidade de falar ou fazer. O que se propõe é muito semelhante à mãe e ao pai que velam uma criança pequena, que estão lá olhando, vendo se está tudo bem. Essa presença acolhedora é importante. Infelizmente, a rotina hospitalar, como está configurada, dificulta esse tipo de silêncio e recolhimento.

As pessoas querem morrer com dignidade. Mas nos perguntamos, o que seria morrer com dignidade? O que se busca? Por que as pessoas pedem para morrer? Na verdade, a morte é um processo natural da vida. Quando as pessoas pedem para morrer, supomos que alguma coisa não esteja bem, talvez o sofrimento esteja muito intenso[43,44]. Não se trata de desqualificar esse pedido, mas compreendê-lo. Às vezes, o sofrimento é intolerável. Em alguns casos, a morte pode ser a finalização de uma existência, envolvendo o desejo de planejar a própria morte.

Os familiares podem pedir para que se apresse o processo da morte de seu ente querido por não suportar o sofrimento muito intenso e sentem muita impotência e sobrecarga. Hoje em dia, observa-se a diminuição do número de cuidadores, o que sobrecarrega o cuidador principal. O aumento do tempo da doença e a presença de vários sintomas incapacitantes tornam o cuidado do paciente gravemente enfermo uma tarefa muito complicada, o que pode impedir sua permanência em domicílio, gerando culpa pela impressão de não se estar satisfazendo um desejo do doente.

Muitas vezes o pedido significa "fica comigo", "estou com medo", "conforta-me", "estou com dor". Esses pedidos, em muitos casos, podem ser atendidos. Não se está propondo eutanásia ou suicídio. Oferecer logo um calmante quando se ouve esse pedido pode impedir que o paciente diga o que tem para dizer.

Pedir para morrer é diferente de pedir para matar[44]. Nem sempre um pedido para morrer é um pedido de eutanásia. Há uma diferença grande entre o pedido de ajuda no processo de morte, buscando-se qualidade e dignidade, e a eutanásia, que envolve um ato para provocar a morte.

Os familiares ficam muito assustados quando ouvem esse pedido, podem se sentir rejeitados, ou tendo que tomar uma atitude rápida. Observamos atualmente a diminuição do número de cuidadores e o aumento do tempo da doença, o que representa ter que cuidar de pessoas em grande sofrimento por muito tempo, às vezes por anos. Há pessoas vivendo em alta dependência por vários anos. É realmente uma situação que sobrecarrega os familiares, que não conseguem tratar em domicílio, tendo que internar várias vezes, o que implica em dificuldades financeiras. O cuidado com os familiares é extremamente importante, porque há um processo de luto a ser trabalhado com a pessoa viva. Às vezes, os familiares pedem a morte do ente querido porque não agüentam ver tanto sofrimento e sentem-se impotentes[45].

978-85-7241-726-6

O sofrimento pela percepção de não estar fazendo o melhor possível persegue o familiar. O cuidador principal pode estar sobre grande risco de colapso, porque muitas vezes se esquece da sua própria vida e não se cuida. A energia psíquica fica vinculada inteiramente aos cuidados com o doente, podendo resultar na ambivalência entre o desejo de sobrevivência da pessoa querida e o desejo de que morra para alívio do sofrimento de todas as partes.

Com a proximidade da morte, torna-se muito urgente buscar a comunicação efetiva, lidar com assuntos inacabados, as prioridades, as escolhas e aquilo que as pessoas precisam. As relações significativas podem ser reatadas durante todo o processo da vida, mas na proximidade da morte esses aspectos se tornam prioridades. É fundamental resgatar o desejo, a vida, o prazer, tudo o que são valores em qualquer momento da existência.

O agravamento da doença e a proximidade da morte podem perturbar seriamente a comunicação entre paciente, familiares e equipe de saúde, provocando o que se conhece como conspiração do silêncio. É uma tentativa de mútua proteção, mas que denuncia várias fragilidades. A doença e seu agravamento, por vezes, alijam a pessoa de sua humanidade, podendo ocorrer infantilização, superproteção e diminuição do seu poder de decisão e escolha; um ataque à autonomia e à dignidade.

Observa-se que:

978-85-7241-726-6

- Não se fala sobre o que está acontecendo, ocultam-se sentimentos, há um esforço para que a verdade não seja dita.
- A energia gasta para evitar a expressão da verdade é retirada da comunicação, a qual pode se tornar superficial, já que falar de si pode denunciar algo sobre o que não se pode falar.
- Há um distanciamento para não se confrontar com a situação vivida, tornando-se impossível olhar nos olhos que denunciam o que está acontecendo.
- Desenvolve-se um sentimento de solidão e incerteza.

O que se propõe é um espaço para uma comunicação efetiva, enfatizando a expressão dos sentimentos, os quais mesmo apontando para questões dolorosas, não as aumentam, mas permitem o compartilhamento. A comunicação aberta favorece sentimentos de pertença, coesão e familiaridade, promovendo qualidade de vida[46].

A bioética traz reflexões importantes sobre os valores das pessoas e a questão da morte como fenômeno significativo no final da existência. A autonomia da pessoa é um valor e a possibilidade de escolha deve ser mantida enquanto for possível, com os conflitos que possam surgir, envolvendo a aproximação da morte e a busca da dignidade. Devem ser preservados os sentidos da vida e da existência, a história e seu lugar no mundo, a qualidade de vida e a dignidade no processo de morrer, último ato humano[38].

Dignidade significa a possibilidade de existir com o menor sofrimento possível até os últimos momentos da vida, uma busca que compete aos profissionais envolvidos no cuidado a pacientes gravemente enfermos em uma abordagem multidimensional.

Para que a dignidade seja preservada, é preciso garantir a competência, a possibilidade de oferecer ao doente o esclarecimento sobre o que está acontecendo, sobre o diagnóstico, as opções de tratamento, o prognóstico e tudo mais que se deseje saber. É fundamental que se garanta uma comunicação aberta e clara e ao mesmo tempo sensível a seu possível desejo de não querer saber tudo.

A autonomia é outro requisito fundamental para garantir a dignidade, constituindo-se no direito de poder assumir controle sobre a própria vida, tomando decisões sobre si em conjunto com a família e a equipe de saúde, no que se refere ao seu tratamento, ao curso da vida, ao local onde deseja permanecer até o fim da vida e ao planejamento da sua morte[47].

Cuidados paliativos são cuidados ativos totais para pacientes cuja doença não responde mais ao tratamento curativo. É prioritário o controle da dor e de outros sintomas e problemas de ordem psicológica, social e espiritual. É uma abordagem que melhora a qualidade de vida do paciente e de seus familiares, que enfrentam uma doença que ameaça a vida[48].

Os cuidados paliativos tiveram um grande desenvolvimento a partir das obras de Kübler-Ross e Cicely Saunders e se referem mais a uma filosofia e a procedimentos de cuidar do que a um local específico. Busca-se alívio e conforto de sintomas incapacitantes, acolhendo familiares que passam por momentos difíceis ao conviver com o sofrimento do doente. Não é tarefa fácil e demanda a especialização dos vários membros da equipe. Pode ser compreendido de maneira errônea como um tratamento de segunda linha, um prêmio de consolação quando a cura não é possível. Essa concepção é responsável por preconceitos em relação ao encaminhamento de pacientes a serviços especializados, o que ainda observamos no Brasil, embora tenham sido criados vários serviços de cuidados paliativos nos últimos anos.

Apresentamos a seguir o trabalho esperado dos profissionais de saúde mental nos cuidados a pacientes gravemente enfermos e seus familiares.

A escuta é um elemento muito importante nos cuidados a pacientes gravemente enfermos com múltiplos sintomas, uma forma de saber melhor como cuidar. O que se observa é que os pacientes querem saber se haverá uma pessoa significativa por perto, se serão tomadas medidas extraordinárias e se terão o seu sofrimento prolongado.

Nos cuidados a pacientes gravemente enfermos é importante, além de tratar sintomas físicos, cuidar de assuntos como:

978-85-7241-726-6

- Favorecer a qualidade de vida dos pacientes nas diversas dimensões: psíquica, social e espiritual.
- Comunicação entre pacientes, família e equipe.
- Favorecer a expressão e a conclusão de assuntos inacabados.
- Reconhecer as prioridades nas várias etapas da vida.
- Manter ou despertar o desejo, as necessidades, ou o que é mais significativo até o fim da vida.
- Favorecer a busca da dignidade durante todo o processo de cuidados.

- Estimular e buscar os recursos internos do paciente.
- Favorecer a autonomia do paciente.
- Trabalhar a aproximação da morte.
- Trabalhar o luto antecipatório dos pacientes e familiares[49].

Para pacientes que já não conseguem mais falar, estão fatigados, necessitam de sono e repouso e não conseguem fixar a atenção por longos períodos, há a demanda de outras formas de cuidado. A presença silenciosa do terapeuta, seu contato físico, segurando as mãos e realizando cuidados de maternagem, como ajeitar o travesseiro ou oferecer água, podem ser procedimentos muito bem vindos. Atividades de relaxamento e visualização também se mostram benéficas, promovendo alívio da tensão e da dor[50,51].

Uma doença fatal pode ser um momento de evolução e crescimento. Essa idéia é desenvolvida por Kübler-Ross em seu livro *Morte: estágio final da evolução*[36].

É importante buscar um sentido de vida e de existência para o desejo de viver. Acompanhamentos psiquiátrico e psicológico são muito importantes no final da vida, cuidando principalmente de sentimentos de desamparo e solidão. São indicados os grupos de pacientes que trabalham o significado no final da vida[52].

Segundo esse autor, são seis os domínios que envolvem o bem-estar no fim da vida:

978-85-7241-726-6

- Boa qualidade de vida.
- Controle da dor e dos sintomas.
- Bom funcionamento físico, psíquico e social.
- Bem-estar espiritual.
- Paz mental.
- Recursos espirituais.

Grupos com pacientes gravemente enfermos podem lidar com a espiritualidade e o significado da vida envolvendo arteterapia, meditação espiritual e psicoterapia centrada no significado. O significado da vida muda com o tempo e morrer pode mexer profundamente com isso. A autonomia, tão importante em todas as fases da vida, pode ser prejudicada com o agravamento da doença e o estímulo do livre arbítrio e da liberdade de escolha envolvem a maneira como as pessoas gostariam de viver os últimos momentos da vida[38].

Dor sem sentido dificulta sua elaboração[34]. O sofrimento sendo expresso e elaborado pode adquirir significado. É importante diminuir a dor sem apagar o sentido.

Os cuidados de saúde mental incluem o trabalho com familiares, constituindo-se a unidade de cuidados, já que a doença não atinge só o paciente e sim toda a família, que pode sofrer grande desestruturação[53]. Por isso, é muito importante uma cuidadosa avaliação dos padrões de relacionamento e formas de comunicação da família, cujos membros passam por diversas fases no enfrentamento da doença, nem sempre coincidentes. Daí a importância de levar em conta as necessidades de cada membro da família. Atender o grupo familiar abre a possibilidade de trabalhar a comunicação, que pode ficar abalada quando do agravamento da doença.

Especial atenção deve ser dada ao cuidador principal, que pela grande proximidade com o paciente pode incluir contato direto e cotidiano com a dor e o sofrimento e que muitas vezes tem que tomar decisões nem sempre fáceis. Com freqüência abandonam suas próprias necessidades e por isso correm grande risco de adoecimento físico e psíquico, já que a carga de sofrimento pode ultrapassar seus recursos internos. Observa-se que esses cuidadores não recebem a atenção necessária, uma vez que em várias ocasiões se afirma que os cuidados são para o paciente e os próprios cuidadores acham que se pedirem ajuda estarão desviando os cuidados de quem mais precisa. Por essas razões, a equipe de saúde mental em cuidados paliativos deveria dedicar parte significativa do seu trabalho ao cuidado a familiares[49].

978-85-7241-726-6

Profissionais de saúde necessitam de cuidados quando têm em seu cotidiano o tratamento de pacientes gravemente enfermos, que podem envolver situações de estresse prolongado, convivendo com dor, sofrimento e impotência. A equipe de saúde mental faz parte do grupo e também precisa desses mesmos cuidados, que deveriam ser oferecidos por profissionais especializados, em horário de trabalho. A equipe de saúde mental pode ajudar trabalhando os aspectos de comunicação com pacientes e familiares, o manejo de pacientes que manifestam sintomas como raiva, depressão, medo e ansiedade e a compreensão das atitudes e comportamentos de pacientes e familiares diante da aproximação da morte. Uma proposta muito interessante é o Grupo Balint, de supervisão de saúde mental a profissionais de área clínica, trabalhando aspectos da relação do profissional de saúde e pacientes e familiares[54,55].

Entre as principais modalidades de cuidados que se propõem a cuidadores, citamos as seguintes:

- Atividades de lazer para a pessoa ou para a equipe, que estreita os laços de amizade e companheirismo.
- Psicoterapia, cuidados psicológicos, plantão psicológico como espaço para cuidar da dor e do sofrimento e ampliar o autoconhecimento.

- Cursos, *workshops* e vivências abordando temas relativos a cuidados paliativos, como dor, morte, perdas, processo de luto, comunicação de más notícias. Transmissão de conhecimento de forma significativa para o profissional é também uma forma de cuidado.
- Supervisão individual e em grupo com discussão dos casos atendidos, lidar com as dúvidas, debater formas alternativas de cuidados e esclarecer pontos obscuros podem trazer mais abertura de discussão e favorecer o sentido de competência e o trabalho em equipe, diminuindo o sentimento de solidão.

Tendo em vista o que se discutiu neste capítulo, será a ortotanásia um novo conceito? Significa a morte no momento certo, nem apressada como no caso da eutanásia e nem prolongada como no caso da distanásia. A ortotanásia é a grande e importante tarefa dos programas de cuidados paliativos.

Ajudar no processo de morrer não significa cometer o ato da eutanásia. Trata-se de diminuir ao máximo o sofrimento, os sintomas incapacitantes e permitir a expressão de sentimentos, as despedidas, o término de assuntos inacabados e o alívio e o controle de sintomas, principalmente a dor e o desconforto respiratório. Ao se tomar decisões, é muito importante envolver pacientes, familiares e equipe de saúde.

De maneira geral, a morte com dignidade envolve o significado final da existência e por isso é importante que se possa garantir o que são fatos relevantes na vida do paciente, principalmente as pessoas que são significativas para que as despedidas possam ser efetuadas, ressignificar relações importantes e tudo mais que se sabe que o paciente gostaria para si e que pode ser providenciado.

Quando não se sabe quais são os principais valores e desejos da pessoa à morte, é fundamental que, em uma sociedade que considera o tema tabu, se possa conversar a respeito, lidar com os preconceitos e possibilitar o exercício de uma comunicação efetiva.

Os cuidados paliativos são formas de educação para a morte, para o paciente, os familiares e os profissionais de saúde, já que propõem o convívio diário com as perdas do adoecimento e da proximidade da morte, sendo o luto antecipatório uma forma de compartilhar os sentimentos e o sofrimento em relação a essas perdas. Mas a principal tarefa dos profissionais e gestores é evitar os processos distanásicos, informando e esclarecendo pacientes, familiares e demais profissionais de saúde[47,56].

978-85-7241-726-6

Referências Bibliográficas

1. COSTA, J.S. Mesa Redonda: a importância da família na saúde mental. Disponível em http://www.sppc.med.br/mesas/juarescosta.htm, 2002.

2. PERISSINOTTI, D. M. N. *Estudo de Condições Psicológicas e de Qualidade de Vida de 50 Doentes com Cefaléia Crônica Decorrente de Síndrome Miofascial Cervical*. São Paulo, 2001. 134p. Dissertação (Mestrado) – Faculdade de Medicina, Universidade de São Paulo.

3. CRAIG, K. D Emotional aspects of pain. In: WALL, P. D.; MELZACK, R. (eds.). *Textbook of Pain*. New York: Churchil Livingstone, 1994.

4. FIGUEIRÓ, J. A. B. Aspectos psicológicos e psiquiátricos da experiência dolorosa.. In: CARVALHO, M. M. M. J. (ed.). *Dor, um Estudo Multidisciplinar*. São Paulo: Summus, 1999.

5. MCBETH, J.; MACFARLANE, G. J.; SILMAN, A. J. Does chronic pain predict future psychological distress? *Pain*, v. 96, p. 239-245, 2002.

6. TEIXEIRA, M. J. Fisiopatologia da dor. *Rev. Med. São Paulo*, v. 76, n. 1, p. 7-20, 1997.

7. PERISSINOTTI, D. M. N. Adesão aos tratamentos: perfil de um ambulatório especializado. *Rev. SIMBIDOR*, v. 2, n. 1, p. 1-16, 2001.

8. LOESER, J. D.; MELZACK, R. Pain: an overview. *Lancet*, v. 353, n. 9164, p. 1607-1609, 1999.

9. TURK, D.; GATCHEL, R. J. *Psychological Approaches to Pain Management*. New York: The Guilford Press,1996.

10. SONENRICH, C.; ESTEVÃO, G.; SILVA FILHO, L. M. A. *Psiquiatria: propostas, notas, comentários*. São Paulo: Lemos, 1999. p. 155-168.

11. BRYSON, H. M.; WILDE, M. I. Amitriptyline, a review of pharmacological properties and therapeutic use in chronic pain states. *Drugs & Aging*, v. 8, n. 6, p. 459-476, Jun. 1996.

12. CUKIERMAN, G. Avaliação e tratamento psiquiátrico do doente com dor crônica. In: V SIMPÓSIO BRASILEIRO E ENCONTRO INTERNACIONAL SOBRE DOR. São Paulo. Anais do *V Simpósio Brasileiro e Encontro Internacional Sobre Dor.* São Paulo, p. 166-171.

13. KANNER, R. *Pain Management Secrets*. Philadelphia: Hanley & Belfus, 1997.

14. TEIXEIRA, M. J.; PIMENTA, C. A. M. Avaliação do doente com dor. In: TEIXEIRA, M. J.; FIGUEIRÓ, J. A. B. *Dor: epidemiologia, fisiopatologia, avaliação, síndromes dolorosas e tratamento*. São Paulo: Moreira Jr., 2001.

15. YAKSH, T. L. Wilson PR Spinal serotonin terminal system mediates anticiception. *J. Pharmacol. Exp. Ther.*, v. 208, p. 446, 1979.

16. GRAEFF, F. G.; BRANDÃO, M. L. *Neurobiologia das Doenças Mentais*. São Paulo: Lemos, 1999.

17. AGUIAR, R. W.; CALEFFI, L. Dor crônica. In: FRÁGUAS JR, R.; FIGUEIRÓ, J. A. B. *Depressões em Medicina Interna e em Outras Condições Médicas: depressões secundárias*. Atheneu: São Paulo, 2000. p. 414-415.

18. RUOFF, G. E. Depression in the patient with chronic pain. *J. Fam. Pract.*, v. 43, p. 25-33, 1996.

19. DOHRENWEND, B. P. Why is depression comorbid with chronic myofascial face pain? A family study test of alternative hypotheses. *Pain*, v. 83, p. 183-192, 1999.

20. SAGNA, C. L. Lesiones sensibles a la palavra. In: GORALI, V. (ed.). *Psicoanalisis y Medicina: dolencia hacia el síntoma*. Buenos Aires: Atuel, 1996.

21. RANI, P. U.; SHOBHA, J. C.; RAO, T. R. An evaluation of antidepressants in rheumatic pain conditions. *Anesth. Analg.*, v. 83, p. 371-375, 1996.

978-85-7241-726-6

22. VON KNORRING, L.; AMAY, B. G. L.; JOHANSOSSON, F. et al. Pain perception and endorphin levels in cerebrospinal fluid. *Pain*, v. 5, p. 359, 1978.

23. WARD, N. G.; BLOOM, V. L.; FAWCETT, J. et al. Urinary 3-methoxi-4-hidroxyphenethyleneglycol in the prediction of pain and depression relief with doxepin: preliminary findings. *J. Nerv. Ment. Dis.*, v. 171, n. 1, p. 55, 1983.

24. EISENDRATH, S. J. Psychiatric aspects of chronic pain. *Neurology*, v. 45, p. S26-S34, 1995.

25. PERISSINOTTI, D. M. N.; FIGUEIRÓ, J. A. B. Psicoterapias: indicação, modalidades e tratamento para o doente com dor crônica. In: FIGUEIRÓ, J. A. B. et al. (ed.). *Dor e Saúde Mental*. São Paulo: Atheneu, 2004. p. 93-104.

26. PERISSINOTTI, D. M. N. Compreendendo o Processo Doloroso – a dor como traição. In: QUAYLE, J. M. B. R.; LUCIA, M. C. S. *Adoecer: interações entre o doente e sua doença*. São Paulo: Atheneu, 2003. p. 78-93.

27. TEIXEIRA, M. J. Tratamento da dor crônica. *Rev. Hospital das Clínicas*, v. 10, p. 16-25, 1997.

28. DWORKIN, S. F. Behavioral and education modalities. A review. *Oral Surg. Oral Med. Oral Pathol. Oral Radiol. Endodont.*, v. 83, n. 1, p. 128-133, Jan. 1997.

29. CUKIERMAN, J. G. Avaliação e tratamento psiquiátrico do doente com dor crônica. In: TEIXEIRA, M. J.; GUERTZENSTEIN, E. Z.; CUKIERMAN, G.; PORTNÓI, A. (eds.). *Saúde Mental e Dor*. São Paulo: Roca, 2005. cap. 10. (no prelo)

30. PERISSINOTTI, D. M. N.; PERISSINOTTI, E. Fundamentos psicoterápicos e psiquiátricos das psicoterapias no controle da dor. In: PIMETA, C. A. M. et al. *Enfermagem e Dor*. São Paulo: Atheneu, 2003. (no prelo)

31. ARIES, P. *História da Morte no Ocidente*. Rio de Janeiro: Francisco Alves, 1977.

32. PESSINI, L. *Distanásia. Até Quando Prolongar a Vida?* São Paulo: Editora do Centro Universitário São Camilo/Loyola, 2001.

33. SAUNDERS, C. *Hospice and Palliative Care. An Interdisciplinary Approach*. Londres: Edward Arnold, 1991.

34. SAUNDERS, C. A personal therapeutic journey. *BMJ*, v. 313, p. 274-275, 1996.

35. KÜBLER-ROSS, E. *Sobre a Morte e Morrer*. São Paulo: Martins Fontes, 1969.

36. KÜBLER-ROSS, E. *Morte: estágio final da evolução*. Rio de Janeiro: Record, 1975.

37. CHOCHINOV, H. M.; WILSON, K. G.; ENNS, M. et al. Desire for death in the terminally ill. *Am. J. Psychiat.*, v. 152, p. 1185-1191, 1995.

38. KOVÁCS, M. J. Autonomia e o direito de morrer com dignidade. *Bioética*, v. 6, p. 61-69, 1998.

39. FONSECA, J. P. *Luto Antecipatório*. Campinas: Livro Pleno, 2004.

40. PARKES, C. M.; MARKUS, A. (eds.). *Coping with Loss*. Londres: BMJ Books, 1998.

41. KOVÁCS, M. J. Avaliação da qualidade de vida em pacientes oncológicos em estado avançado da doença. In: CARVALHO, M. M. J. (ed.). *Psico-oncologia no Brasil: resgatando o viver*. São Paulo: Summus, 1998. p. 159-185.

978-85-7241-726-6

42. FRANCO, M. H. P. *Estudos Avançados Sobre o Luto.* Campinas: Livro Pleno, 2002.

43. HENNEZEL, M. *La Muerte Intima*. Barcelona: Plaza e Janes, 1996.

44. HENNEZEL, M. *Nós Não Nos Despedimos*. Lisboa: Notícias, 2001.

45. ROLLAND, J. Helping families with anticipatory loss. In: WALSH, F. M. C.; GOLDRICK, M. *Living beyond loss. Death in the family.* Nova York: Norton, 1991. p. 144-163.

46. SILVA, M. J. P. Comunicação com pacientes fora de possibilidades terapêuticas: reflexões. In: PESSINI. L.; BERTANCHINI, L. (eds.). *Humanização e Cuidados Paliativos.* São Paulo: Loyola/São Camilo, 2004. p. 263-274.

47. KOVÁCS, M. J. Bioética nas questões de vida e morte. *Bol. Psicol.*, v. 14, n. 2, p. 95-167, 2003.

48. PESSINI, L. A Filosofia dos Cuidados Paliativos: uma resposta diante da obstinação terapêutica. In: PESSINI. L.; BERTANCHINI, L. (eds.). *Humanização e Cuidados Paliativos.* São Paulo: Loyola/São Camilo, 2004. p. 189-208.

49. KOVÁCS, M. J. Atendimento psicológico em unidades de cuidados paliativos. *Rev. Bras. Med.*, p. 56, n. 8, p. 786,795, 1999.

50. CALLANAN, M.; KELLEY, P. *Gestos Finais – Como Compreender as Mensagens, as Necessidades e a Condição Especial das Pessoas que Estão Morrendo.* São Paulo: Nobel, 1994.

51. CESAR, B. *Morrer Não se Improvisa.* São Paulo: Gaia, 2001.

52. BREITBART, W. Espiritualidade e Sentido nos Cuidados Paliativos. In: PESSINI. L.; BERTANCHINI, L. (eds.). *Humanização e Cuidados Paliativos.* São Paulo: Loyola/São Camilo, 2004. p. 209-227.

53. PARKES, C. M. Psychological aspects. In: SAUNDERS, C. *Hospice and Palliative Care. An Interdisciplinary Approach.* Londres: Edward Arnold, 1991.

54. CARVALHO, V. A. Cuidando do Cuidador. In: PESSINI. L.; BERTANCHINI, L. (eds.). *Humanização e Cuidados Paliativos.* São Paulo: Loyola/São Camilo, 2004. p. 305-319.

55. ESSLINGER, I.; KOVÁCS, M. J.; VAICIUNAS, N. Cuidando do Cuidador no Contexto Hospitalar. *O Mundo da Saúde*, v. 28, n. 3, p. 277-283, 2004.

56. KOVÁCS, M. J. *Educação para a Morte. Temas e Reflexões.* São Paulo: Casa do Psicólogo, 2003.

978-85-7241-726-6

Bibliografia Complementar

BERLINCK, M. T. (ed.). *Dor.* São Paulo: Escuta, 1999.

BLANCAR, M. H. Elegir el sufrimiento para tener el amor. In: GORALI, V. (ed.). *Estudios de Psicosomática*. Buenos Aires: Atuel, 1994. v. 1.

CASTRO, M. L. S. Do modelo neurofisiológico à metapsicologia. In: JUNQUEIRA, F. (ed.). *Corpo Mente: uma fronteira móvel*. São Paulo: Casa do Psicólogo, 1995. p. 299-320.

COSTA-ROSA, A. *Práticas de Cura nas Religiões e Tratamento Psíquico em Saúde Coletiva.* São Paulo, 1995. Tese (Doutorado) – Instituto de Psicologia da Universidade de São Paulo.

DEJOURS, C. *O Corpo entre a Biologia e a Psicanálise*. Porto Alegre: Artes Médicas, 1995.

GAUDERER, E. C. *Os Direitos do Doente – Um Manual de Sobrevivência*. Rio de Janeiro: Record, 1993.

GREEN, A. Neurobiologia e psicanálise. In: JUNQUEIRA, F. (ed.). *Corpo Mente: uma fronteira móvel*. São Paulo: Casa do Psicólogo, 1995. p. 15-36.

KOVÁCS, M. J. Pacientes em estágio avançado da doença, a dor da perda e da morte. In: CARVALHO, M. M. J. (ed.). *Dor um Estudo Multidisciplinar.* São Paulo: Summus, 1999. p. 318-337.

LEDOUX, J. *O Cérebro Emocional: os misteriosos alicerces da vida emocional*. Trad. de T. B. dos Santos. São Paulo: Objetiva, 1998.

NASIO, J. D. *O Livro da Dor e do Amor*. São Paulo: Jorge Zahar, 1997.

978-85-7241-726-6

Classificação, Fisiopatologia e Epidemiologia da Dor

Capítulo 2

José Geraldo Speciali
Daniela Aparecida de Godoi Gonçalves

Índice do Capítulo

978-85-7241-726-6

978-85-7241-726-6

Introdução

Do ponto de vista neurofisiológico, a dor é um tipo de sensibilidade. Reconhecem-se no capítulo das sensibilidades: as superficiais (tátil, térmica e dolorosa) e as proprioceptivas ou profundas (cinético-postural, vibratória ou palestésica e pressão profunda)[1].

As sensibilidades especiais, como visão, audição, olfação e gustação são denominadas sensibilidades sensoriais.

Alguns termos são utilizados para caracterizar as alterações da sensibilidade: anestesia (ausência de qualquer tipo de sensibilidade), hipoestesia (diminuição de qualquer tipo de sensibilidade), parestesia (sensações de formigamento, queimação, ou outras sem estímulos que as provoquem), disestesia (sensação desagradável provocada por estímulos não aversivos).

A sensibilidade térmica é definida como a capacidade do indivíduo de reconhecer diferenças de temperatura entre os extremos de 10 e 45°C. Estímulos mais frios ou mais quentes podem ser interpretados como dolorosos.

A sensibilidade profunda diz respeito ao reconhecimento das posições das várias regiões do corpo sem o auxilio da visão. Reconhecemos onde e como estão as pernas, os braços, etc., pelas informações recebidas por sensores especiais dispostos em músculos, ossos e articulações. Uma das formas de examinar a sensibilidade profunda é colocar um dos membros em determinada posição e solicitar à pessoa que descreva essa posição estando de olhos fechados, ou colocar um diapasão vibrando ou não em saliências ósseas para que seja reconhecida a presença ou a ausência dessa vibração. Reconhece-se a pressão profunda por meio de uma pressão com a ponta do dedo (digitopressão) em região muscular, articulação, osso, ou tendão. Se a pressão for aumentada, ou se a estrutura examinada estiver sensibilizada, pode surgir dor.

A sensibilidade dolorosa tem vias e receptores destinados exclusivamente à sua recepção e transmissão, mas outros estímulos não dolorosos, dependendo da intensidade, podem ser sentidos como dor, como relatado anteriormente. Alguns termos são usados para caracterizar alterações da percepção dolorosa: alodinia, hiperalgesia, hiperpatia, causalgia e neuralgia[2].

Alodinia é a dor provocada por estímulo que normalmente não provoca dor. O exemplo mais comum é dor provocada por estímulo tátil na pele queimada pelo sol.

Hiperalgesia é a resposta exagerada a um estímulo doloroso. É um tipo de hiperestesia (aumento na percepção de qualquer tipo de sensibilidade, como por exemplo, a hiperestesia térmica – estímulo térmico provocando maior percepção que a esperada para a intensidade do estímulo aplicado).

Hiperpatia é uma síndrome dolorosa, caracterizada por reação exacerbada a estímulos repetitivos ou supraliminais aplicados a uma região hipoestésica.

Neuralgia é a dor na distribuição de um nervo periférico. Pode se manifestar por dor paroxística, em pontadas e de curta duração, mas nem sempre uma neuralgia se manifesta com essas características.

Causalgia é a dor resistente aos tratamentos usuais, em geral muito intensa, associada com alterações autonômicas locais (edema, rubor e alterações tróficas de pele, músculos e ossos).

978-85-7241-726-6

Caminhos das Sensibilidades

Todos os tipos de sensibilidade são levados desde a periferia até o córtex cerebral por três neurônios[3].

Os primeiros neurônios estão no gânglio sensitivo, na raiz posterior da medula, como um apêndice dessa raiz. Esses neurônios têm ramificações periféricas que se anexam aos nervos (que em geral são sensitivo-motores), terminando nas estruturas destinadas a recolher os estímulos sensitivos (como pele, músculos, articulações, tendões). Os estímulos sensitivos são captados pelas terminações dessas ramificações periféricas dos primeiros neurônios por meio de sensores especiais que transformam o estímulo aplicado sobre eles (tátil, térmico, doloroso, ou

978-85-7241-726-6

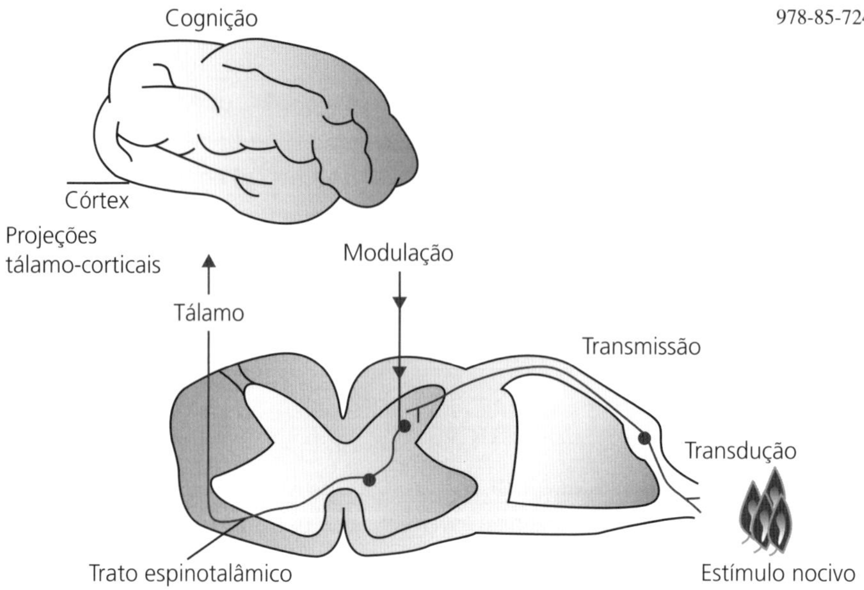

FIGURA 2.1 – Neurônios sensitivos: o primeiro localizado no gânglio da raiz posterior da medula, o segundo na coluna posterior da medula e o terceiro no tálamo. Fases da nocicepção.

proprioceptivo) em potenciais de ação que caminham por esses axônios até os segundos neurônios da sensibilidade.

Os segundos neurônios das sensibilidades estão no corno posterior da medula ou região equivalente, como por exemplo, no núcleo do nervo trigêmeo no tronco cerebral. A única exceção é quanto aos segundos neurônios da sensibilidade proprioceptiva, que estão na região bulbar do tronco cerebral (núcleos grácil e cuneiforme).

Os terceiros neurônios da sensibilidade estão no tálamo e daí, as sensibilidades são levadas ao córtex cerebral para o processamento final, tornando-se conscientes (dor, tato, etc.) ou não (propriocepção).

O caminho da dor não é diferente: os estímulos ativam as terminações periféricas do primeiro neurônio e há transformação dessa ativação em potenciais de ação que são levados pelos caminhos neuronais descritos anteriormente até o córtex cerebral (Fig. 2.1).

A dor vai para o segundo neurônio através de axônios do primeiro neurônio desmielinizados (C) ou pouco mielinizados (Aδ, A-delta). Os axônios Aδ levam a sensibilidade dolorosa e do frio. Os C levam a sensibilidade dolorosa, da coceira e do calor.

Classificação da Dor

Segundo Merskey, pode-se classificar a dor segundo cinco eixos[4]:

- *Eixo 1*: região acometida – cabeça, tórax, abdome, membro superior, etc.
- *Eixo 2*: sistema acometido – sistema nervoso, musculoesquelético, cutâneo, gastrointestinal, etc.
- *Eixo 3*: características temporais da dor – contínua, recorrente, paroxística, etc.
- *Eixo 4*: intensidade – fraca, moderada, forte, lancinante, etc.
- *Eixo 5*: etiologia – genética, inflamatória, traumática, neuropática, psicogênica, etc.

No eixo 3 ainda está inserida a duração dos sintomas: menos de um mês, de um a seis meses, mais de seis meses.

Essa classificação é de 1986 e alguns conceitos foram modificados, principalmente quanto à intensidade (mensuração), à origem e à duração da dor.

978-85-7241-726-6

Classificação Quanto à Origem

- *Somática*: em tecidos cutâneos e profundos.
- *Visceral*: em vísceras abdominais, torácicas e pélvicas.
- *Neuropática*: decorrente de lesão/disfunção do sistema nervoso central ou periférico.
- *Psicogênica*: conseqüência de transtornos emocionais ou mentais. Esse tipo de dor não pode ser confundido com simulação (muito rara).

Classificação Quanto à Duração

- *Dor aguda*: é uma dor necessária. Informa que algo não está bem e desencadeia processos de defesa. Por exemplo, a dor do infarto do miocárdio, a cefaléia da meningite, ou da ruptura de aneurisma cerebral, etc. Está temporalmente associada com uma agressão ao organismo. Desaparece quando a agressão passa. Em geral, responde bem aos analgésicos. A causa da dor aguda é evidente.
- *Dor crônica*: é dor desnecessária. Não tem função de alerta. Provoca isolamento social, estresse (inclusive familiar), sofrimento e sintomas emocionais (depressão), causando incapacidades no trabalho, no relacionamento familiar e social e no lazer.

A dor crônica pode ter origem demonstrável – dor crônica nociceptiva – como nos exemplos da atrite crônica, da cefaléia crônica diária, entre outras. Porém, a dor crônica pode não ter sua etiologia demonstrável, nesses casos sendo muito provável tratar-se de dor neuropática. Os profissionais da saúde menos preparados podem sugerir origem emocional, agravando sobremaneira a situação de desalento do paciente.

Conceitos de Dor Doença e Dor Total

A dor que o paciente relata é a dor que sente. Esse paradigma não pode ser esquecido. Mesmo a dor psicogênica não pode ser menosprezada pelos profissionais da saúde.

Dor total é um conceito que deriva desse posicionamento perante um paciente com dor crônica. Terá influências psíquicas, sociais, físicas e espirituais. Todos esses aspectos devem ser avaliados.

Dor doença é o termo aplicado à dor crônica, desnecessária, de causa não demonstrada pelos exames subsidiários e que desafia os tratamentos indicados.

978-85-7241-726-6

Fisiopatologia da Dor Aguda

Na percepção dolorosa (nocicepção) estão envolvidos quatro processos: transdução (transformação do estímulo doloroso em potencial de ação na fibra aferente), transmissão, modulação e cognição da dor[5,6].

Transdução

A lesão periférica (Fig. 2.2) induz uma cascata de eventos locais, como redução do pH e liberação de substâncias químicas. Algumas dessas substâncias ativam diretamente as terminações sensitivas (neurotransmissores), ao passo que outras potenciam (sensibilizam) a neurotransmissão. No processo de transdução dos estímulos nociceptivos estão envolvidos, como mostra a Tabela 2.1, a estimulação e a sensibilização dos receptores periféricos. Na maioria das vezes, surge inflamação local após a lesão inicial, que mantém a dor por alguns dias.

Transmissão

A passagem do estímulo do primeiro para o segundo neurônio envolve liberação pré-sináptica (pelo neurônio aferente) de glutamato, aspartato e substancia P (Fig. 2.3). O glutamato e o aspartato atuam nos segundos neurônios por meio de receptores ácido alfa-amino-3-hidroxi-5-metil-4-isoxazol propiônico (AMPA), N-metil-D-aspartato (NMDA) e cainato, ao passo que a substância P utiliza receptores neurocinina-1 (NK_1). Na passagem do estímulo nociceptivo do primeiro para o segundo neurônio, a transmissão não é direta, mas se faz por interneurônios que têm a função de modular o estímulo vindo da periferia, encaminhando-o para o tálamo após essa modulação (Fig. 2.4). Na medula, as terminações nociceptivas chegam à região mais periférica da coluna posterior, as zonas chamadas de lâminas I e II de Rexed (Fig. 2.5). A partir daí, os feixes ascendentes originados nos segundos

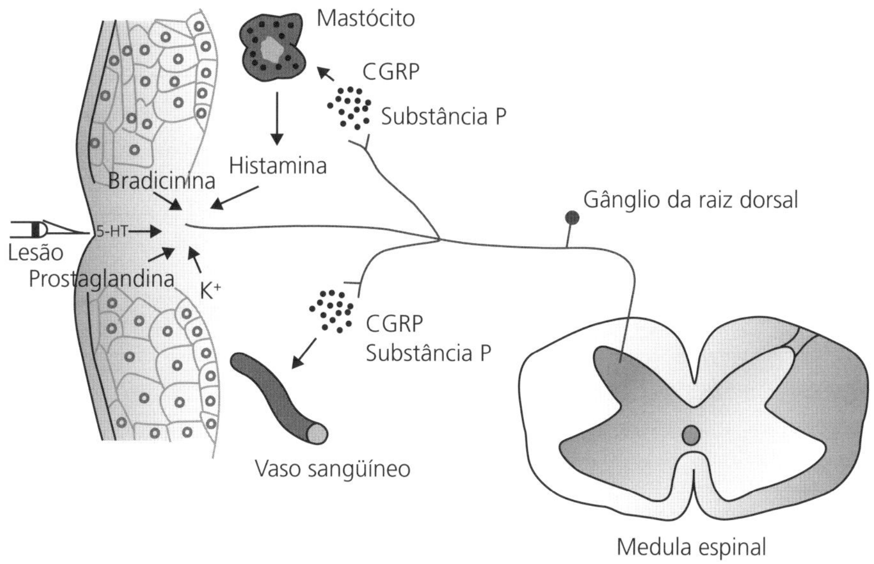

FIGURA 2.2 – Lesão tecidual e suas conseqüências. 5-HT = serotonina; CGRP = peptídeo relacionado ao gene da calcitocina.

978-85-7241-726-6

neurônios sobem carregando as informações dolorosas, já moduladas em nível medular, para o tálamo (terceiro neurônio da sensibilidade), através dos tratos espinotalâmicos, fazendo ou não sinapse em núcleos do tronco cerebral (Fig. 2.4).

Os tratos espinotalâmicos sobem pelo lado oposto ao da entrada na medula (Fig. 2.5). A via direta (da coluna posterior da medula ao tálamo) ou via neo-espinotalâmica termina no núcleo ventrolateral do tálamo e daí caminha para as áreas sensitivas primárias do córtex cerebral e áreas motoras, sendo responsável, principalmente, pela percepção sensorial da dor. As vias indiretas são:

- Via espino-retículo-talâmica.
- Via retículo-mesencefálico-talâmica.

TABELA 2.1 – Substâncias químicas que ativam ou sensibilizam nociceptores

Substância	Fonte	Enzima de síntese	Efeito na fibra eferente
Potássio (K^+)	Células lesionadas		Ativação
Serotonina (5-HT)	Plaquetas	Triptofano hidroxilase	Ativação
Bradicinina	Plasma	Calicreína	Ativação
Histamina	Mastócitos		Ativação
Prostaglandina	Células lesionadas	Cicloxigenase	Sensibilização
Leucotrienos	Células lesionadas	5-lipoxigenase	Sensibilização
Substância P	Aferentes primários		Sensibilização
CGRP	Aferentes primários		Sensibilização

CGRP = peptídeo relacionado ao gene da calcitocina.

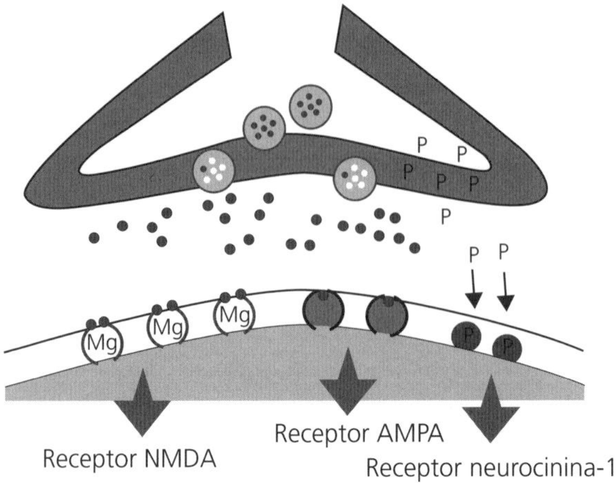

FIGURA 2.3 – Sinapse entre o primeiro e o segundo neurônio nociceptivo e os neurotransmissores envolvidos. AMPA = ácido alfa-amino-3-hidroxi-5-metil-4-isoxazol propiônico; NMDA = N-metil-D-aspartato.

978-85-7241-726-6

A primeira faz sinapse na substância reticular mesencefálica e depois no tálamo medial e a segunda faz sinapse no mesencéfalo e se projeta depois nas estruturas do sistema límbico (hipotálamo, amígdala e áreas corticais, frontal e do cíngulo anterior). As vias indiretas são responsáveis pelas conexões dor-motivação/emoção e pelas reações do indivíduo à presença de dor.

Modulação

Modulação compreende os processos pelos quais a transmissão dolorosa é facilitada ou inibida. Os estímulos dolorosos originados na periferia, quando chegam aos segundos neurônios da medula ou ao núcleo do nervo trigêmeo, são modu-

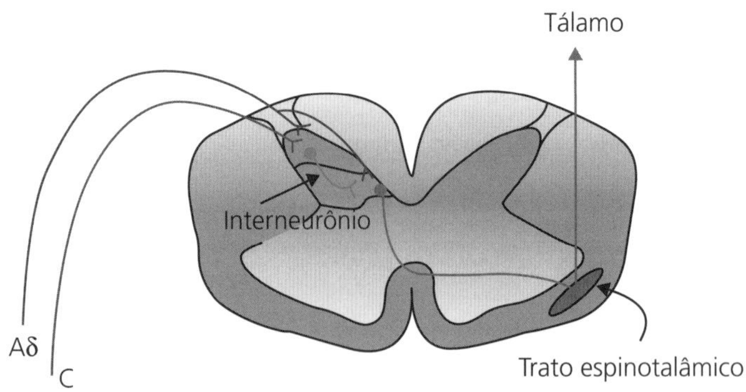

FIGURA 2.4 – Interneurônios da substância gelatinosa de Rolando e trato espinotalâmico.

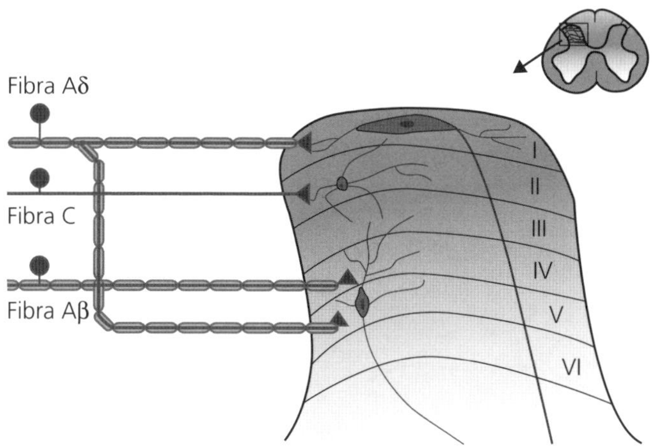

FIGURA 2.5 – Terminações das fibras eferentes Aβ, Aδ e C na coluna posterior da medula.

lados por meio de dois sistemas: local (teoria do portão) e inibitório descendente proveniente de regiões do tronco cerebral.

A teoria do portão foi elaborada por Melzack e Wall[7]. Segundo ela, as fibras grossas ativariam os neurônios na substância gelatinosa de Rolando (coluna posterior da medula), ao passo que as finas os inibiriam. Esses neurônios, quando ativados, inibiriam ou dificultariam a transmissão de impulsos nociceptivos – fechamento do portão (Fig. 2.6). Por essa teoria, a estimulação das fibras C (presença de dor) inibiria o interneurônio inibitório, que por sua vez deixaria de inibir a transmissão da dor para o tálamo. A ativação de fibras do tato (fibras Aδ) ativaria a inibição dos interneurônios e, portanto, a passagem da dor em direção ao tálamo estaria dificultada.

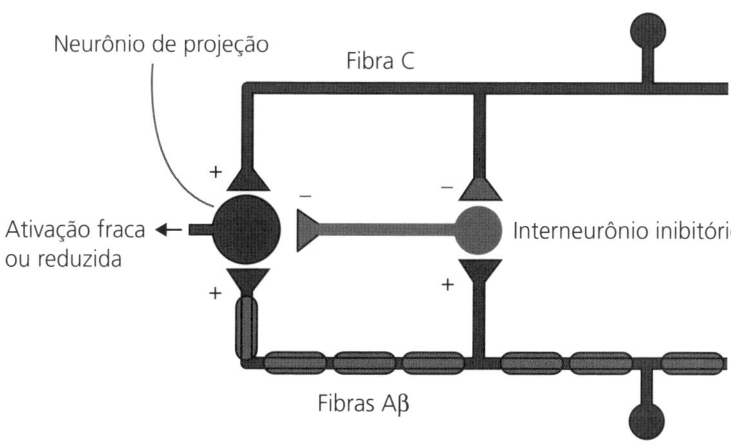

FIGURA 2.6 – Ilustração da teoria do portão.

978-85-7241-726-6

A modulação por meio das vias descendentes do tronco cerebral envolveria projeções originadas na substância cinzenta periaquedutal, no núcleo magno da rafe (serotonérgico) e no *locus caeruleus* (noradrenérgico)[8] (Fig. 2.7, *A*). A modulação descendente inibiria direta ou indiretamente os interneurônios excitatórios

978-85-7241-726-6

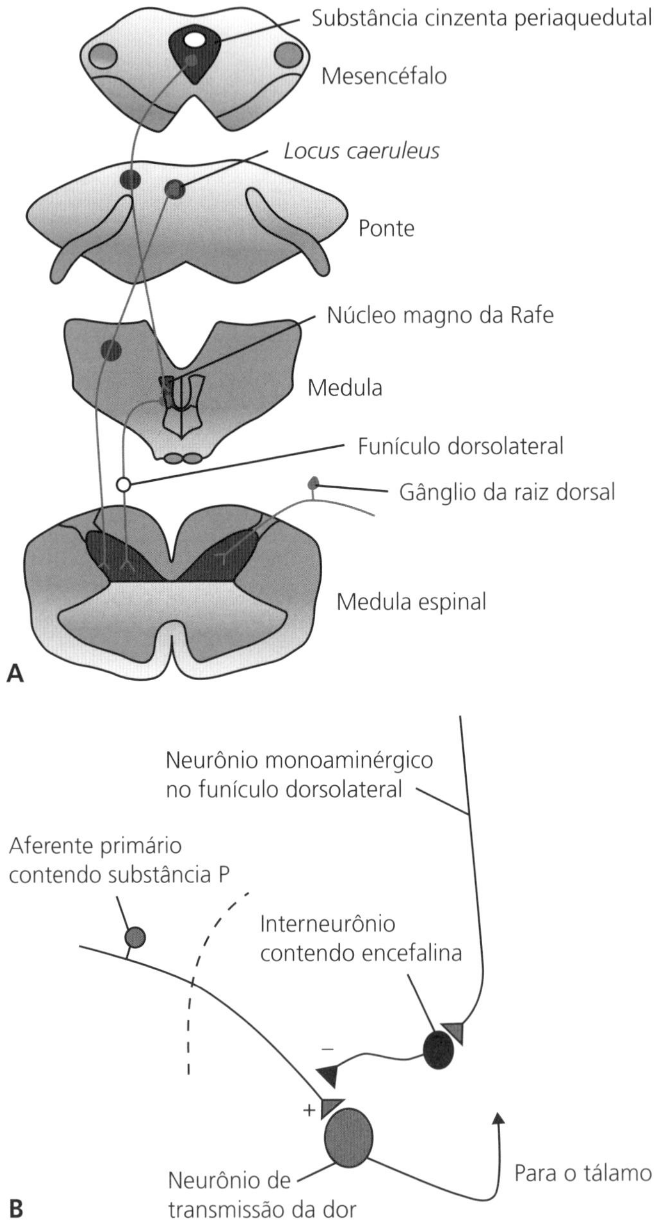

FIGURA 2.7 – (*A*) Vias inibitórias descendentes, da região periaquedutal, do *locus caeruleus* e do núcleo magno da rafe. (*B*) Interneurônio encefalinérgico.

e/ou ativaria os interneurônios inibitórios da transmissão do primeiro para o segundo neurônio nociceptivo. As vias descendentes serotonérgicas e noradrenégicas também ativariam, em nível medular, neurônios encefalinérgicos que inibiriam, via receptores de opióides, a transmissão anteriormente citada (Fig. 2.7, *B*).

978-85-7241-726-6

Cognição

A dor produzida na periferia finalmente chega ao córtex cerebral, sendo percebida como uma sensação desagradável pelas áreas da sensibilidade, principalmente a região parietal anterior. Através das vias indiretas, com interneurônios no nível do tronco cerebral, chega ao sistema límbico e outras áreas afetivo-motivacionais, adquirindo, portanto, a sua plenitude de expressão – a dor total (Fig. 2.8).

Uma interessante observação vem do conceito de modulação nociceptiva difusa. A dor maior e a situação de extremo estresse, ou que requeira atenção exclusiva pode inibir por mecanismos corticais difusos a dor total.

Uma vez resolvida a agressão provocadora da dor aguda, os receptores periféricos deixam de ser ativados e toda a cascata de eventos envolvidos cessa, desaparecendo com isso a dor, a qual cumpriu sua função de alerta e proteção.

Fisiopatologia da Dor Crônica

As dores crônicas podem ser classificadas em nociceptiva crônica (somática ou visceral), neuropática e mista.

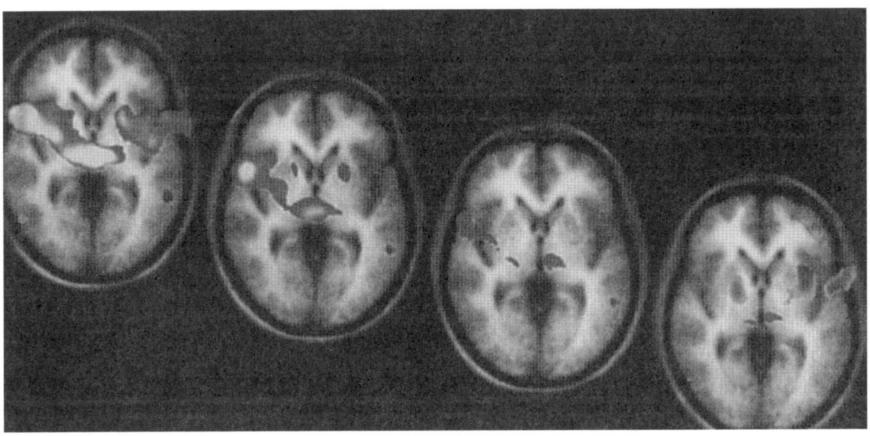

FIGURA 2.8 – Imagem por ressonância magnética funcional mostrando aumento da atividade neuronal com o aumento da estimulação dolorosa.

As dores nociceptivas crônicas, como as da artrite crônica, devem ter mecanismos parecidos com os citados anteriormente, somando-se aspectos de dor inflamatória crônica. Outras formas de dor crônica são as associadas com as lesões por esforços repetitivos (LER) ou com os distúrbios osteomusculares relacionados ao trabalho (DORT), possivelmente mantidas pela repetição dos mecanismos algogênicos explicados para a dor aguda. As fisiopatologias dessas dores crônicas não serão objetos de estudo deste capítulo. Dor neuropática é aquela iniciada ou causada por lesão primária ou por disfunção no sistema nervoso central ou periférico, que se torna independente do estímulo inicial provocador[9]. As dores neuropáticas crônicas iniciadas no sistema nervoso periférico ocorrem na neuralgia pós-herpética, na polineuropatia diabética, na neuralgia trigeminal e na síndrome dolorosa complexa regional. As iniciadas no sistema nervoso central ocorrem nos acidentes vasculares cerebrais, na esclerose múltipla, nos traumatismos raquimedulares, entre outras causas.

978-85-7241-726-6

Uma das formas de apresentação de dor neuropática crônica é a que aparece após lesões ou traumatismos, contusões, cicatrizes cirúrgicas, calos ósseos, etc. Em razão das modificações que ocorrem no sistema nervoso periférico e central após essas agressões, alguns pacientes, ao invés de apresentarem completa remissão da dor ao cessarem os estímulos nociceptivos agudos, podem desenvolver dor crônica, desnecessária e incompreensível depois de dias, meses ou anos. Outros pacientes, mesmo sem a percepção ou a lembrança da agressão provocadora da dor aguda, podem desenvolver dor crônica, iniciando então uma penosa peregrinação por consultórios, muitas vezes sem serem compreendidos pelos profissionais de saúde que os atendem.

Os sintomas relatados pelos pacientes com dor neuropática são característicos: parestesia (queimação, ferroada, coceira, ou formigamento), disestesia e dor em pontada (lancinante, choque elétrico). A pele afetada pode ser sentida como diferente, ou esquisita. A dor pode ser em facada, ou parecer profunda e enfadonha. Dois sintomas/sinais são muito característicos da dor neuropática: alodinia e hiperalgesia. Os sintomas relatados para a alodinia são de não suportar roupas, lençóis, ou mesmo o vento por causa da dor que provocam. A presença de alodinia pode ser demonstrada por meio de estímulos térmicos (frio ou calor), ou mecânicos aplicados nas áreas afetadas. A hiperalgesia representa a resposta exagerada a um estímulo doloroso.

Uma publicação recente apresenta substanciais evidências indiretas de que as pessoas que sentem mais intensamente a dor aguda são as mais propensas ao desenvolvimento da dor crônica[10]. Outra possibilidade, ainda não comprovada, é a de que o tratamento incompleto e inadequado da dor aguda facilitaria a cronicidade da dor e o surgimento da dor neuropática no futuro.

Muitas vezes, é impossível separar dois tipos de dor crônica (nociceptiva e neuropática), pois com freqüência ambas possuem características clínico-fisiopatológicas de uma e de outra, classificando-se então como dor crônica do tipo misto.

Outras dores crônicas, como a fibromialgia e as cefaléias primárias, não pertencem às categorias anteriormente descritas. Woolf as chama de dores crônicas funcionais e entende que são provocadas por disfunções encefálicas[11].

Fisiopatologia da Dor Neuropática

978-85-7241-726-6

Os mecanismos fisiopatológicos envolvidos na modulação da dor aguda dirigem-se à redução dos estímulos transmitidos da periferia para os centros superiores, principalmente corticais, pelo sistema do portão (segmentar) e vias descendentes inibitórias do tronco cerebral.

Já na dor neuropática ocorre o inverso. As modificações que ocorrem nos neurotransmissores e nos neurônios determinam facilitação e potenciação dos estímulos dolorosos enquanto caminham em direção aos centros superiores. Esse fenômeno é conhecido pelo nome de sensibilização.

Exemplifiquemos esses fatos com a análise daquilo que ocorre quando se fere uma região do corpo, como um braço. A dor da fase aguda pode ser aliviada por meio de estímulos táteis leves em torno do ferimento. Tais estímulos, carreados pela fibras Aδ, ativarão os interneurônios da substância gelatinosa de Rolando (coluna posterior da medula), que por sua vez reduzirão a passagem dos estímulos dolorosos trazidos pelas aferências das fibras C (portão segmentar). Passada a fase aguda e se o local do ferimento continuar sensível e doloroso, pode-se inferir que os processos fisiopatológicos mantenedores da dor devem ser diferentes dos que ocorreram na fase aguda. Não há mais o ferimento que originou a dor aguda, tampouco os processos inflamatórios conseqüentes à lesão. Nessa fase, constatamos uma inversão de resposta: o mesmo estímulo tátil poderá exacerbar a dor local, ou mesmo provocá-la (alodinia), comprovando a mudança ocorrida.

Os terminais nociceptivos na pele, nos ossos, nos músculos, nas articulações, nos tendões, ou nas vísceras, uma vez lesionados, podem desencadear fenômeno de sensibilização, que por sua localização chama-se sensibilização periférica. Por sua vez, os neurônios da coluna posterior da medula e os demais da cadeia nociceptiva, por serem estimulados de modo exagerado pela sensibilização periférica, podem apresentar alterações anatômicas (neuroplasticidade) e de neurotransmissão que facilitam e potenciam os estímulos nociceptivos até sua estação final em regiões encefálicas. É a sensibilização central. Esses dois fenômenos são essenciais ao surgimento e à manutenção da dor neuropática.

Sensibilização Periférica

978-85-7241-726-6

Após um tempo variável de poucos dias a anos, a lesão de um nervo periférico poderá dar início a uma série de descargas ectópicas intensas e prolongadas, que serão projetadas para os segundos neurônios da cadeia sensitiva, na coluna dorsal da medula (Fig. 2.9, *A*). Com o passar do tempo, outras terminações nociceptivas próximas da área lesionada também poderão gerar potenciais de ação nos nervos, aumentando a área sensível: é a hiperalgesia primária (Fig. 2.9, *B*)[12]. O aumento da área sensível é conseqüência da liberação do fator de regeneração neuronal pela terminação nervosa lesionada.

As descargas ectópicas são conseqüências do aumento da disponibilidade de canais de sódio (tanto os sensíveis quanto os insensíveis à tetrodotoxina) em vários locais, inclusive no neuroma de "amputação", em áreas de desmielinização focal ao longo do axônio e nos neurônios do gânglio da raiz dorsal[13]. Como conseqüência, o bloqueio desses canais de sódio no local da origem da dor, com medicações administradas por via oral (carbamazepina, lamotrigina, amitriptilina), ou aplicadas na pele (anestésicos locais, capsaicina), tem importante efeito analgésico nesses casos.

Sensibilização Central

O bombardeio de potenciais de ação das aferências nociceptivas se faz através das fibras C, atuando sobre os neurônios da lâmina I da coluna posterior[14]. Essas

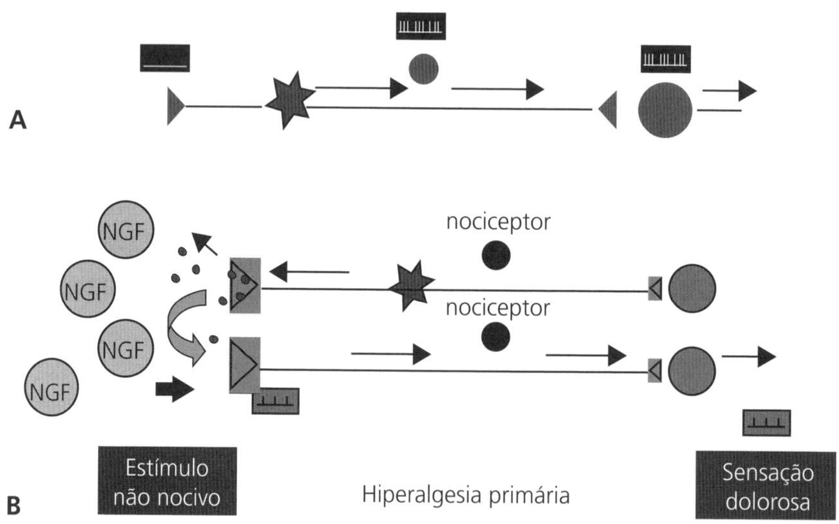

FIGURA 2.9 – (*A*) Lesão do aferente com maior disponibilidade dos canais de sódio. (*B*) Um dos mecanismos de hiperalgesia primária. NGF = fator de crescimento nervoso.

fibras provocam potenciais pós-sinápticos longos que podem durar até 20s. A repetição desses estímulos, com intervalos breves, provoca somação temporal desses potenciais de ação, produzindo o fenômeno conhecido como *wind-up* nos neurônios da coluna posterior, tornando-os facilmente excitáveis. O ganho na excitabilidade se dá à custa da hiperexcitabilidade dos receptores NMDA. O glutamato liberado pelas terminações pré-sinápticas, agindo nos receptores NMDA e AMPA, facilita a entrada de cálcio para o segundo neurônio da cadeia nociceptiva. Isso também ocorre com os receptores NK_1, nos quais age a substância P, que facilita da mesma forma a entrada desse íon cálcio para o segundo neurônio[15]. Com a entrada de cálcio, íon positivo, no segundo neurônio da cadeia sensitiva, o potencial de repouso desse neurônio torna-se menos negativo e, portanto, hiperexcitável[16].

A hiperestimulação dos segundos neurônios, em geral, não se faz apenas no nível de entrada dos estímulos periféricos, mas ascende e descende aos neurônios da coluna posterior colocados em níveis superiores e inferiores em relação ao nível da entrada dos estímulos periféricos, provocando hiperatividade desses neurônios, surgindo assim a ampliação do local dolorido: hiperalgesia secundária.

Além das alterações de neurotransmissão, alterações anatômicas podem ser vistas na coluna posterior da medula em modelos de dor neuropática de ratos e camundongos. As fibras Aδ normalmente recolhem na periferia informações dos estímulos táteis e as encaminham para os segundos neurônios da lâmina II da coluna posterior da medula. Quando há lesão das fibras C, os dendritos terminais das fibras Aδ, por um processo de brotamento (*sprouting*), formam neo-sinapses com os neurônios da lâmina I (que normalmente repassam os estímulos dolorosos para níveis craniais) e assim a estimulação tátil da pele se transforma em dor[14]. Esse seria um dos mecanismos da alodinia e da potenciação da dor (Fig. 2.10).

978-85-7241-726-6

Papel do Sistema Nervoso Simpático na Sensibilização

O sistema nervoso simpático freqüentemente está envolvido na manutenção da dor neuropática. Estudos experimentais demonstram alterações neuroquímicas nos gânglios sensitivos, tais como produção de neurotrofinas, citocininas neuroativas e fator inibidor da leucemia, que podem caminhar retrogradamente pelo axônio e alcançar a periferia, local da lesão, e induzir aí e também nos neurônios do gânglio dorsal brotamentos de nervos simpáticos (Fig. 2.11)[17]. O envolvimento autonômico em todo o primeiro neurônio nociceptivo facilitaria a entrada de sódio nos terminais lesionados, nos seus axônios e nos corpos celulares, mantendo e potenciando o estímulo doloroso[18]. Como o sistema nervoso simpático atua nos vasos locais e possui funções de manutenção do trofismo da pele, dos fâneros (pêlos e unhas),

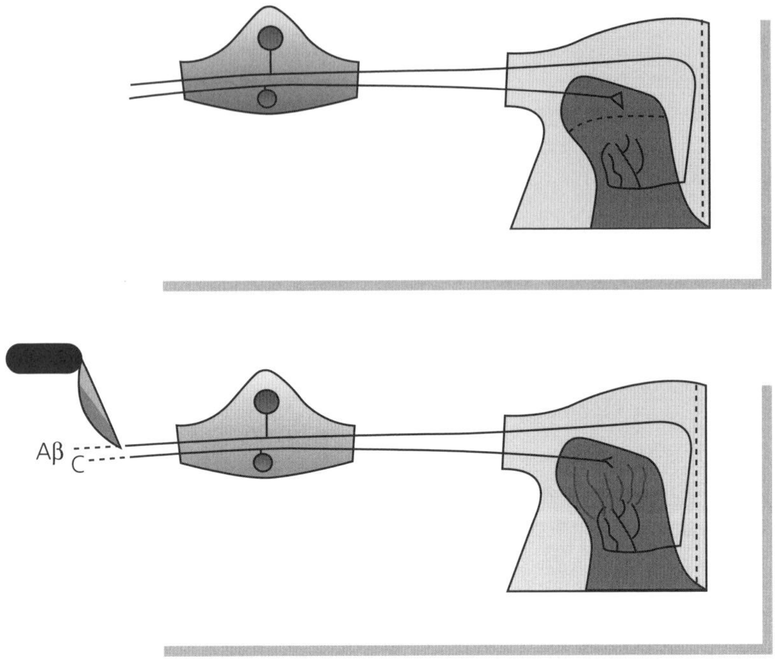

FIGURA 2.10 – Normalmente, as aferências Aβ (tato) terminam na lâmina II da coluna posterior da medula. Após lesão periférica, seus neobrotamentos ligam as aferências provenientes de estímulos táteis aos segundos neurônios nociceptivos.

978-85-7241-726-6

dos ossos, dos músculos e das articulações, haverá mudanças significativas no membro afetado, com o surgimento da chamada "distrofia simpático-reflexa".

Modulação Central na Dor Neuropática

A maior parte das vias moduladoras descendentes encefálicas da dor parte da substância cinzenta periaquedutal que possui numerosos receptores opióides e peptídios. A estimulação dessa região provoca analgesia. As eferências periaquedutais passam pela região rostral ventromedial do bulbo e daí para os neurônios da coluna posterior da medula. Outros tratos descendentes mantêm sinapse com os neurônios da coluna dorsal, via *locus caeruleus* (noradrenérgicas) e via núcleos medianos da rafe (serotonérgicas). É possível que outras vias inibitórias, como as colinérgicas, as glicinérgicas e as gabaérgicas, estejam envolvidas na modulação da nocicepção. Normalmente, as vias nociceptivas descendentes reduzem a entrada da dor modulando os segundos neurônios. Suspeita-se que essas inibições estejam deficientes na dor neuropática de longa duração, possivelmente em conseqüência da hiperestimulação crônica vinda dos processos de sensibilizações periféricas e centrais (Fig. 2.12).

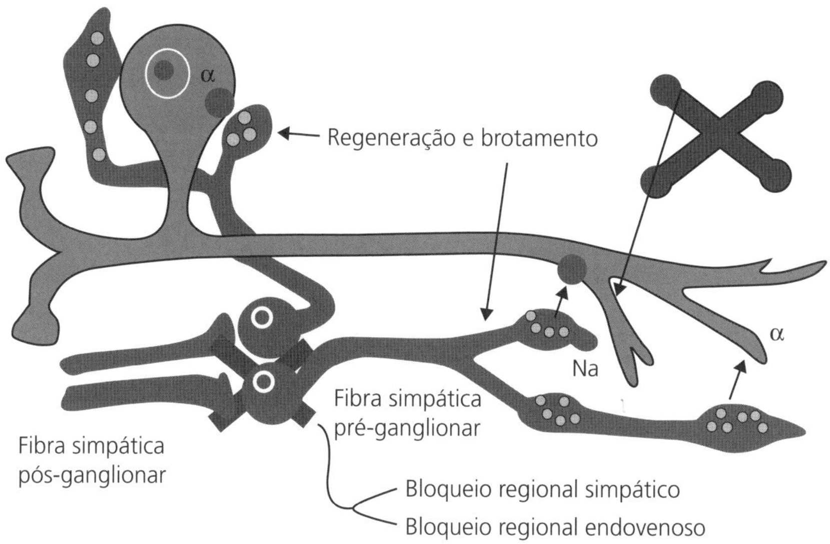

FIGURA 2.11 – Brotamento do sistema nervoso simpático, suas conseqüências e tratamento.

978-85-7241-726-6

Dor Neuropática Central

Dor neuropática central é uma condição neurológica causada por lesão ou por disfunção do sistema nervoso central, incluindo cérebro, tronco cerebral e medula. Pode ser provocada por acidente vascular cerebral, esclerose múltipla, tumores, epilepsia, traumatismo medular, traumatismo cerebral ou parkinsonismo[19].

Os sintomas são muito variados, mas em geral a dor é moderada ou de forte intensidade, constante, que piora com toque, movimentos, emoções, mudanças de temperatura, podendo acometer todo o corpo ou regiões restritas a mão ou pé. O tipo de dor é também muito variado: urente, em pressão, lacerante, agulhada, com surtos de dor aguda intoleráveis. Às vezes, a dor é acompanhada por perda da sensibilidade ao tato. Pode se iniciar logo após a disfunção ou a lesão, ou pode surgir muitos anos depois da fase aguda da doença provocadora.

Admite-se que as lesões nas vias espinotalâmico-corticais propiciariam o aparecimento de descargas neuronais ectópicas, como ocorre nas lesões do sistema nervoso periférico, e a partir dessas, a propagação para regiões craniais provocaria as manifestações clínicas. Lesões da medula são mais facilitadoras de dor neuropática central do que as do cérebro.

Em média, 69% dos pacientes com lesão medular relatam dor e 33% relatam dor de forte intensidade[20]. Os sintomas dolorosos podem se apresentar no nível da lesão (conseqüência da lesão local, ou da siringomielia secundária), ou abaixo do nível da lesão, em regiões normalmente hipoestésicas. Nesse caso, admite-se lesão completa da coluna posterior da

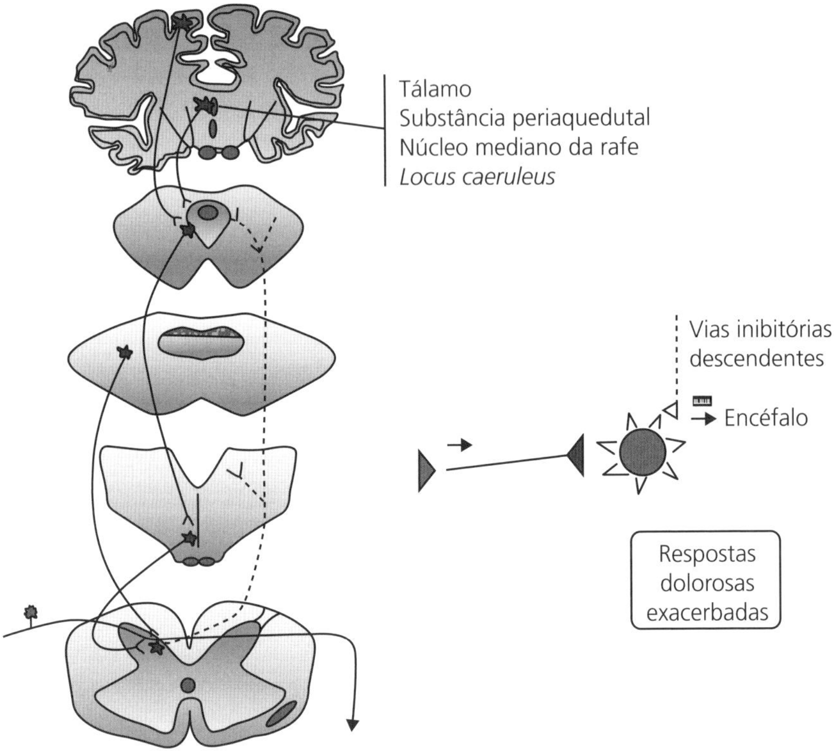

FIGURA 2.12 – Na dor neuropática, as vias descendentes centrais inibitórias deixam de exercer seu papel na transmissão da dor do primeiro para o segundo neurônio nociceptivo.

978-85-7241-726-6

medula. Pode ser explicada por sensibilização no local da lesão medular, ou por perda dos mecanismos inibitórios centrais[21].

Nos acidentes vasculares cerebrais (AVC) a dor aparece alguns meses após infartos que envolvem o tálamo. Não é freqüente, ocorrendo em 0,6 a 1,6% dos AVC[22]. Pode se manifestar como dor espontânea ou evocada (alodinia e hiperpatia) por estímulos cutâneos. Os mecanismos fisiopatológicos envolvem os dois tipos principais de sensibilidade: protopática e epicrítica. A primeira é responsável por dor e temperatura e a segunda por sensibilidade tátil, pressão, vibração e cinestesia. Esses dois tipos de sensibilidade se projetariam em regiões talâmicas diferentes, a protopática em núcleos mediais e a epicrítica em núcleos talâmicos laterais. Haveria um sistema de portão nesse local. Os núcleos laterais inibem os mediais. A dor talâmica seria conseqüência da lesão dos neurônios da sensibilidade epicrítica e liberação dos da sensibilidade protopática. Daí a síndrome talâmica ou de Dejerine-Roussy: hemi-hipoestesia tátil e das sensibilidades profundas com dor provocada por mínimos estímulos cutâneos ou por movimentos[23]. Ainda se admite um papel importante do sistema nervoso simpático, pois os membros acometidos se apresentam com edema, alterações de coloração e temperatura da pele e do trofismo.

Tumores encefálicos raramente causam dor neuropática central.

Na esclerose múltipla constatou-se a presença de dor central em 27,5% dos pacientes. Em 4,9% encontraram-se sintomas de neuralgia trigeminal, em 87% dor nos membros interiores e em 31% nos membros superiores. A fisiopatologia da dor na trigeminalgia envolve desmielinização central (núcleo ou projeção sensitiva quintotalâmica) ou periférica e descargas ectópicas[24].

Dor como manifestação de epilepsia ocorre em 2,8% dos epilépticos. O foco irritativo cerebral, em geral, é detectado na região parietal. Cerca de 10% dos que têm dor epiléptica referem-na como cefaléia.

O primeiro sintoma relatado pelo paciente na síndrome parkinsoniana pode ser dor. É contínua, de moderada intensidade e acomete principalmente os membros e a região paravertebral. Possivelmente, tem origem central[25]. Após meses ou anos, a síndrome parkinsoniana se tornará evidente.

978-85-7241-726-6

Dor do Câncer

Estima-se que entre 70 e 90% dos pacientes com câncer avançado tenham dor. As dores do câncer podem ser classificadas em somáticas, viscerais e neuropáticas[26]. Esses três tipos podem estar presentes em um mesmo paciente, configurando fisiopatologia mista.

Dor somática pode ser causada pela invasão neoplásica de ossos, articulações, músculos ou tecido conjuntivo. Outras causas são fraturas ósseas, espasmos musculares reacionais e incisão cirúrgica. A dor por invasão óssea é a mais freqüente. É de forte intensidade, latejante e de difícil controle, mesmo com o uso de terapias multimodais. Aparece em 6% dos cânceres não metastáticos e em 33% dos pacientes com metástases.

Dor visceral tem características peculiares. Órgãos sólidos como pulmão, fígado e rins são insensíveis à dor, que aparece apenas quando as estruturas capsulares e adjacências são envolvidas. A distensão das vísceras ocas também provoca dor. Dor visceral é freqüentemente difusa e pouco localizada, muitas vezes referida em estruturas não viscerais, dificultando a descoberta da sua origem. Pode vir acompanhada de náuseas e vômitos.

Dor neuropática resulta da lesão ou da inflamação do sistema nervoso periférico ou central. A dor neuropática pode ser conseqüência de[26]:

- Compressão ou invasão de nervos, plexos, raízes ou medula.
- Ato cirúrgico.

- Tratamento do câncer.
- Infecções oportunistas em pessoas debilitadas (herpes-zoster).

É mais freqüente quando regiões ricas em inervação sensitiva são manipuladas por cirurgia ou por radioterapia, como ocorre no câncer da mama. A dor pós-mastectomia tem grande componente neuropático. Algumas quimioterapias (por exemplo, vincristina) provocam neuropatias dolorosas.

A dor neuropática de cânceres com invasão abdominal pode estar associada com dor visceral.

As características básicas das dores neuropáticas, como queimação, pontadas, parestesia, ferroada, ardor, coceira, formigamento, dor lancinante, em choque elétrico, podem não ser percebidas, pois poderão ser inibidas pela presença de uma dor maior, como a nociceptiva, retardando o início do tratamento específico.

É fundamental o conhecimento pela equipe de saúde de que as dores do câncer têm, em geral, fisiopatologia mista. A politerapia é a mais eficaz, com a associação de medicamentos que atuam na dor nociceptiva visceral com os que atuam na dor neuropática.

978-85-7241-726-6

Epidemiologia da Dor

Introdução

A ocorrência de dor, em especial crônica, é crescente[27]. Muitas hipóteses elaboradas por pesquisadores da área procuram explicar esse aumento, entre elas a existência de novos hábitos de vida, modificações do meio ambiente, maior longevidade dos indivíduos, maior sobrevida dos doentes com afecções fatais e o reconhecimento de novas condições álgicas[28]. Essa realidade, além de gerar estresse físico e emocional nos pacientes e profissionais envolvidos, também é um fardo econômico e social para a sociedade.

Os fatores que determinam a freqüência e a distribuição da doença ou dos estados fisiológicos em uma comunidade são estudados pela epidemiologia, cujo foco é a população total e tem como objetivo a prevenção e a classificação da doença[29].

As duas variáveis medidas pelos estudos epidemiológicos são incidência e prevalência. A incidência avalia o número de casos novos de uma doença em determinado período de tempo em uma população e a prevalência avalia o número de pessoas com uma doença em determinado tempo em uma população. A incidência é utilizada de preferência para doenças de curta duração, ao passo que a prevalência o é para doenças crônicas. Segundo Crombie, as últimas definições de epidemiologia indicam que estudos dessa natureza têm dois objetivos distintos:

estudar a distribuição da doença e descobrir seus determinantes, ou seja, investigar a associação entre os potenciais fatores de risco e o desenvolvimento da doença para tentar identificar quais fatores são verdadeiramente causais[30].

Os estudos epidemiológicos têm grande potencial para contribuir no controle das dores crônicas, mas na prática esse potencial ainda não foi explorado de modo adequado. A epidemiologia da dor tem sido menos estudada que a de outras doenças como o câncer e as doenças cardiovasculares, provavelmente pelas muitas barreiras teóricas e metodológicas que dificultam essas pesquisas. Grande parte dessas dificuldades parece ser decorrente da própria natureza da dor crônica, da ausência de claras definições para os grupos diagnósticos e das dificuldades práticas no desenvolvimento de pesquisas epidemiológicas dessa natureza[31]. Além disso, as comparações entre os dados dos estudos também apresentam dificuldades principalmente em razão das grandes variações na composição das amostras, nos métodos de coleta dos dados e nos critérios usados para definir a dor crônica[32].

Uma revisão sistemática feita em 2003 pela International Association for Study of Pain (IASP) mostrou que em média 35,5% dos indivíduos sofrem de dores crônicas no mundo. Apesar das dificuldades já citadas para se comparar resultados dessas pesquisas, de maneira geral a dor crônica parece ser mais prevalente entre as mulheres[32-37]. Alguns autores acreditam que a dor crônica seja também mais prevalente em pessoas idosas do que nos jovens[38]. Entretanto, grande variação tem sido observada com relação à prevalência de dor crônica em diferentes faixas etárias. O tipo de dor, o gênero e as características culturais parecem ser fatores que influenciam fortemente essas variações.

Iremos aqui rever de modo breve alguns dados da literatura a respeito da prevalência de dor crônica, procurando abordar suas características gerais. Em seguida, alguns dados da prevalência de tipos específicos de dores crônicas bastante comuns na população serão revistos.

Dor Crônica, Gênero e Idade

978-85-7241-726-6

Homens e mulheres apresentam diferenças com relação à dor, não apenas na prevalência, mas também na percepção e na maneira como cada gênero vivencia tal processo[39,40]. De acordo com Unruh, as mulheres relatam dor em mais áreas do corpo, e com maior freqüência e intensidade que os homens[41]. Para LeResche, a relação entre gênero e dor crônica não parece ser simples[42]. Os padrões diferem de acordo com a condição dolorosa e a prevalência gênero-específica, para a maioria das condições varia no decorrer da vida. Assim, embora as mulheres pareçam ser mais afetadas pela dor na maioria dos casos, essa afirmação não pode ser generalizada. Por exemplo, a dor associada com doenças como a artrite reumatóide, a osteoartrite, as cefaléias e a fibromialgia são mais comuns nas mulheres, ao passo que gota, espondilite anquilosante e doenças coronarianas são mais prevalentes entre os homens[33]. Os dados referentes à prevalência de dores nas costas e no peito, por exemplo, não são consistentes o suficiente com relação a gênero e idade[42].

Em geral, as dores musculoesqueléticas apresentam predominância entre as mulheres[35]. As dores provenientes de afecções específicas do aparelho locomotor são mais prevalentes entre indivíduos com 55 a 64 anos de idade ou mais[35]. A prevalência de cefaléia não-enxaquecóide parece decrescer com o tempo, pelo menos entre as mulheres. Já as dores da enxaqueca e da disfunção temporomandibular (DTM) são marcadamente mais prevalentes entre as mulheres e parecem seguir uma curva em forma de sino com o pico nos anos reprodutivos[43,44].

Um levantamento sobre a prevalência de cefaléia, DTM e dor em outros locais do corpo, realizado na cidade de Ribeirão Preto, São Paulo, no ano de 2003, encontrou maior ocorrência de cefaléia entre as mulheres ($p < 0{,}001$), sendo a enxaqueca e a cefaléia tensional episódica as mais prevalentes. As mulheres também foram mais afetadas por dores em outras áreas do corpo ($p < 0{,}05$), assim como os indivíduos com idade entre 21 e 45 anos ($p < 0{,}05$)[37,45].

Realizou-se uma revisão sistemática incluindo 13 estudos sobre epidemiologia da dor crônica desenvolvidos em diferentes países da América do Norte e da Europa e na Austrália[32]. De acordo com esse estudo, 35,5% dos indivíduos (31% entre os homens e 39,6% entre as mulheres) sofrem de dores crônicas no mundo.

Fatores biológicos, psicológicos e sociais parecem interagir para produzir as diferenças observadas na prevalência de dor crônica entre homens e mulheres. A maior sensibilidade biológica a estímulos, o menor limiar de dor e a maior aceitabilidade social quanto às queixas dolorosas parecem ser alguns dos fatores que podem explicar as maiores taxas de prevalência de dor crônica entre as mulheres.

978-85-7241-726-6

Dor em Crianças

O último *Dia Global Contra Dor*, promovido pela IASP em 17 de outubro de 2005, teve como tema a dor em crianças. A entidade alerta para a necessidade urgente de melhorar o tratamento da dor em crianças, tanto por razões humanitárias e éticas quanto pelo fato de que a dor, além de afetar as crianças, pode contribuir para a incapacidade e o sofrimento ao longo da vida[46,47]. Apesar desse reconhecimento, a prevenção e o alívio inadequados da dor em crianças ainda são bastante comuns. Embora se conheça muito sobre a fisiologia e a conduta na dor em crianças, várias barreiras ainda bloqueiam a aplicação desse conhecimento na prática clínica[48,49]. Uma barreira muito importante é o escasso conhecimento acerca da prevalência das diferentes dores em crianças[50,51].

A dor recorrente na infância provém de causas complexas e multifatoriais, o que pode dificultar o levantamento de sua prevalência. De acordo com Pesquin *et al.*, dor abdominal, cefaléia, dor nas extremidades ("dores do crescimento"), dor torácica e no dorso são experimentadas por mais de 30% das crianças de forma ocasional ou freqüente[52]. A ocorrência de dor na criança, mesmo quando de pequena intensidade, pode interferir na vida familiar e escolar, causando estresse emocional e financeiro[53]. Essas dores chamadas "funcionais", que carecem de fundamento patológico, podem ser causadas por disfunções neurofisiológicas sutis, difíceis de se diagnosticarem clinicamente, sendo, portanto, minimizadas com freqüência pelos clínicos[54].

978-85-7241-726-6

Dor Crônica e Relacionada à Doença na Infância

A dor é o sintoma inicial de muitas doenças da infância. Dor oncológica é preocupação constante nos países desenvolvidos e foco de atenção das organizações não governamentais[55]. O grande número de crianças vivendo em países em desenvolvimento sofre sobrecarga adicional de dor associada com diversas condições endêmicas comuns nos países mais pobres, como a dor associada com malária, vírus da imunodeficiência humana (HIV, *human immunodeficiency virus*)/síndrome de imunodeficiência adquirida (AIDS, *acquired immune deficiency syndrome*) e anemia falciforme[49].

Outras condições passíveis de provocarem dor crônica diária ou quase diária em crianças são artrite juvenil, enxaqueca e doença intestinal inflamatória[49]. As crianças também podem apresentar dor neuropática por síndrome complexa de dor regional e por lesão de nervo periférico ou da medula. Ainda não estão esclarecidos completamente os fatores de risco para o desenvolvimento de dor crônica na infância, mas a ocorrência de dor prévia não tratada é um possível fator significativo. A existência de dor crônica nas crianças afeta e é influenciada por fatores familiares e observam-se altos níveis de incapacidade entre crianças nessas condições[56,57]. Além disso, crianças com dor crônica parecem estar em maior risco de desenvolver dor crônica na vida adulta[58].

A dor em crianças com doença terminal é causada por efeito cumulativo da doença progressiva, procedimentos invasivos, o próprio tratamento e o estresse psicológico. Os tratamentos da dor e de seus efeitos no contexto domiciliar são grandes desafios salientados por diferentes autores[55,59,60].

Apesar de o fator emocional desempenhar importante papel na dor crônica infantil, assim como no adulto, ainda não se encontram dados epidemiológicos documentando a prevalência de dor crônica causada por estresse emocional. Segundo revisão feita por McGrath, muitos estudos têm indicado altas prevalências de queixas somáticas recorrentes em crianças, mas o atual critério diagnóstico para disfunções relacionadas à somatização não está desenvolvido de modo apropriado, levantando a possibilidade da verdadeira prevalência dessas desordens poder estar significativamente subestimada em crianças e adolescentes[58].

Dor em Idosos

As dores crônicas parecem acometer mais os indivíduos idosos que os jovens, ao contrário da dor aguda que parece apresentar as mesmas taxas de prevalência nas diferentes faixas etárias. Esse aumento na prevalência da dor crônica entre os idosos não se mantém após a sétima década de vida.

O local da dor é a maior fonte de variações entre os diferentes estudos de prevalência da dor crônica nos idosos. As dores crônicas mais freqüentes entre os idosos são as provenientes de articulações, costas, pernas e pés, ao passo que parece haver redução na prevalência de dor visceral e cefaléias. De acordo com revisão feita por Helme e Gibson, a prevalência da dor crônica nos estudos revisados varia de acordo com a área do corpo[61]. A diferença na prevalência de cefaléia, que é maior nas mulheres de meia idade do que nos homens da mesma faixa etária, parece diminuir em indivíduos com mais de 70 anos[36,62]. As dores abdominais e viscerais, também mais comuns nas mulheres na faixa etária de 18 a 40 anos do que nos homens da mesma idade, são aproximadamente iguais entre os indivíduos idosos[36,63,64]. Por outro lado, as diferenças de prevalência entre os gêneros de dores nas costas, articulações, pernas e múltiplas queixas parecem se preservar em idades avançadas[63,65,66].

Os resultados obtidos em levantamento feito com amostra representativa da população da cidade de Ribeirão Preto, no ano de 2003, corroboraram esses achados: abdome, costas, membros superiores e inferiores apresentaram aumento estatisticamente significativo entre os indivíduos com 61 a 65 anos de idade em comparação aos entrevistados mais jovens[67].

De maneira geral, as diferenças entre os gêneros nos relatos de dor crônica parecem diminuir nos últimos anos da vida, ao menos para certos tipos de dor, mas são necessárias mais pesquisas entre idosos para esclarecer por completo esse assunto.

Prevalência de Diferentes Dores Crônicas

978-85-7241-726-6

Lombalgias

A dor crônica na coluna lombar é um dos mais freqüentes problemas de saúde e afeta de modo significativo a qualidade de vida dos indivíduos[68]. Sua prevalência na população geral varia de 8 a 45% e parece ser maior entre as mulheres[67,69,70].

978-85-7241-726-6

De acordo com Teixeira[27], a prevalência de lombalgia ocorre em 70% dos brasileiros. Baker e Merskey, em 1967, encontraram lombalgia crônica em 10 a 15% dos trabalhadores[71]. Um levantamento feito na cidade de São Paulo pelo Instituto Datafolha entrevistou 1.072 trabalhadores, dos quais 69% apresentaram queixa de algum tipo de dor crônica associada com o trabalho (LER/DORT). Entre os afetados, 41% relataram dor crônica nas costas, sendo esse o tipo mais freqüente em tal amostra[72]. No levantamento populacional realizado no ano de 2003, em Ribeirão Preto, 29,4% dos indivíduos com algum tipo de dor persistente nos últimos seis meses sofriam de dor nas costas, sendo mais prevalente entre as mulheres e o tipo de dor mais comum entre os indivíduos com 61 a 65 anos de idade[67].

A lombalgia também pode ocorrer em crianças. Em dois estudos distintos, Salminen e Taimela encontraram 7,6 a 34% de lombalgia entre crianças e adolescentes. A prevalência parece aumentar com a idade[73,74].

Fibromialgia

Fibromialgia é uma condição musculoesquelética crônica caracterizada por dor difusa e hiperalgesia[75]. Apesar de não ser fatal, a fibromialgia afeta a qualidade de vida e está associada com excessiva utilização do sistema de saúde[76].

Em 1990, o American College of Rheumatology (ACR) publicou os critérios diagnósticos para fibromialgia[77]. De acordo com esses critérios, os indivíduos são diagnosticados como portadores de fibromialgia se houver dor crônica generalizada ou espalhada pelo corpo e múltiplos pontos dolorosos localizados (*tender points*). Para que preencha os critérios para dor generalizada, o indivíduo deve relatar dor no esqueleto axial, nos lados direito e esquerdo do corpo, acima e abaixo da cintura. Dor com duração mínima de três meses foi considerada crônica nesse critério. Com relação aos múltiplos pontos dolorosos, pelo menos 11 de 18 pontos anatômicos previamente especificados devem estar presentes quando pressão de 4kg é aplicada sobre eles[78]. Desde a definição pela ACR dos critérios diagnósticos, estes têm sido amplamente utilizados.

De acordo com Wolfe, a prevalência de fibromialgia em uma amostra de base populacional americana foi de 2%[79]. Nesse estudo, a prevalência entre as mulheres variou entre 1% (na faixa etária de 18 a 29 anos) e 7% (dos 70 aos 79 anos). Entre os homens, a prevalência aumenta com a idade, atingindo o pico entre 70 e 79 anos. Buskila *et al.* observaram 6,2% das 338 crianças com 9 a 15 anos de idade apresentando fibromialgia. Nessa amostra, as meninas eram duas vezes mais afetadas que os meninos[80].

Resumidamente, os estudos epidemiológicos sobre fibromialgia em amostras populacionais, apesar das diferenças metodológicas e de definições, mostram que a prevalência aumenta com a idade até aproximadamente a sexta década de vida, decrescendo levemente a partir de então. É mais comum entre as mulheres e tende a ser mais prevalente entre os indivíduos com baixo nível educacional[78].

978-85-7241-726-6

Cefaléia

A cefaléia é uma condição dolorosa bastante freqüente na população. É raro encontrar um indivíduo que nunca tenha experimentado uma crise sequer em toda a sua vida. De acordo com Rasmunssen, a prevalência de cefaléia ao longo da vida é de 93% nos homens e 99% nas mulheres[81]. É também a queixa mais freqüente nos ambulatórios de neurologia geral e o terceiro diagnóstico mais comum em ambulatórios de clínica geral[82].

As taxas de prevalência populacional da cefaléia variam nos diferentes estudos que têm sido apresentados. De acordo com metanálise sobre levantamentos de prevalência de cefaléia e enxaqueca realizada por Scher, Stewart e Lipton, as taxas de prevalência de cefaléia em mulheres variam com a idade, com pico aproximadamente entre 30 e 40 anos de idade. Entre os homens, essa prevalência mostrou-se linear, não sendo alterada pela idade[83].

Em estudo epidemiológico populacional da prevalência de cefaléia realizado na cidade de Ribeirão Preto, entre os 1.230 indivíduos entrevistados por telefone, 44,9% apresentaram algum tipo de cefaléia, a maioria mulheres. Os tipos de cefaléia mais encontrados nesse estudo foram a cefaléia tensional episódica (16,2%) e a enxaqueca sem aura (14,3%)[45]. Um fato interessante observado nesse levantamento foi que 53,24% dos indivíduos com cefaléia também relatavam sintomas compatíveis com disfunção temporomandibular ($p < 0,01$)[37].

Em outro estudo realizado em uma população brasileira, 27% dos entrevistados apresentaram queixa de dor persistente na cabeça nos últimos seis meses. Essa também foi a dor que mais incomodava e entre os indivíduos que relataram cefaléia, 37% a consideravam intensa[72].

Com base nos dados disponíveis sobre a prevalência de cefaléia, pode-se observar que os resultados variam amplamente nos diferentes estudos disponíveis e essa variação pode ser explicada por diferenças sociodemográficas das populações estudadas, na área geográfica investigada e na metodologia empregada[83].

Disfunção Temporomandibular

Disfunção temporomandibular (DTM) é um termo coletivo que engloba vários problemas clínicos, envolvendo a musculatura da mastigação, as articulações temporomandibulares (ATM) com suas estruturas associadas, ou ambas[29]. Apesar da taxa de prevalência variar nos estudos disponíveis, é uma condição prevalente e que pode causar grande sofrimento pela própria dor e pela limitação da função. Segundo Lipton e Stewart, os dados disponíveis sobre DTM sugerem que a curva de incidência – idade e gênero específicos – seja similar à da enxaqueca, com pico na adolescência e declinando de modo lento com o aumento da idade[84]. É mais comum nas mulheres, com taxas de prevalência de aproximadamente o dobro que para os homens[36,83].

Um grande estudo populacional transversal coorte de 1.016 indivíduos comparou cinco diferentes condições de dores crônicas, incluindo a DTM, e mostrou que a dor crônica causada por ela tem sobrecarga e impacto individual similares à dor nas costas, às cefaléias graves e às dores no peito e abdome[36]. Sendo então prevalentes e com potencial para interferir na função e na qualidade de vida dos indivíduos, esforços deveriam ser direcionados para um maior entendimento da DTM, assim como de sua prevenção e tratamento.

978-85-7241-726-6

Dor Neuropática

Dor neuropática define-se como dor iniciada ou causada por lesão ou disfunção no sistema nervoso. Um levantamento observacional transversal foi realizado em 36 unidades de neurologia da Espanha, sendo 24 centros de atendimento primário e 12 hospitais. Um total de 13.555 diagnósticos foi coletado. A dor neuropática representou a oitava condição dolorosa mais freqüente, com prevalência de 3,88% nas unidades de neurologia. Nos centros de atendimento primário encontrou-se prevalência de 2,92% e nos hospitais de 6,09%[85].

Entre os norte-americanos, a prevalência de neuralgia do trigêmeo é de 155 casos para cada 1.000.000 de habitantes. Dados similares foram encontrados na Itália[86]. Em Rochester, Estados Unidos, a incidência anual de neuralgia do trigêmeo foi de 4,3 novos casos para cada 100.000 habitantes, apresentando-se maior nas mulheres. Segundo Teixeira, a neuralgia do trigêmeo predomina nas mulheres, no lado direito e na segunda e terceira divisões do nervo trigêmeo[87]. Entre os pacientes de esclerose múltipla, 4% são acometidos por neuralgia do trigêmeo[27].

Diagnosticaram-se 15% de neuralgia pós-herpética entre os pacientes atendidos no Centro de Dor do Hospital das Clínicas da Faculdade de Medicina da Universidade de São Paulo (HC-FMUSP)[88]. Acomete o tórax em 53 a 55% dos casos, a face em 17 a 25%, a região cervical em 10 a 20%, a região lombossacral em 11 a 17% e é generalizada em 1 a 1,8% dos casos[27].

A síndrome complexa de dor regional (SCDR), outro tipo de dor neuropática, foi diagnosticada em 8,5% dos casos desse tipo de dor na Unidade de Triagem do Centro de Dor do HC-FMUSP[88]. As mulheres representaram 77% dos casos. A causalgia é mais rara e, assim como a SCDR, é mais comum em jovens, compatível com a maior ocorrência de lesões traumáticas nessa fase da vida[89].

978-85-7241-726-6

Dor e Câncer

Apesar do maior conhecimento em cuidados paliativos, ainda há pacientes com câncer que não recebem alívio adequado para dor. Em levantamento feito entre 309 pacientes de câncer internados na Noruega, 51% relataram estar sentindo dor[90].

O câncer é responsável por 5% dos casos de dor crônica, sendo a segunda causa de morte no estado de São Paulo e a terceira causa de dor entre os doentes que procuraram a Unidade de Triagem do Centro de Dor do HC-FMUSP[91].

A prevalência de dor associada ao câncer varia entre 29 a 57%[92-94]. E é relatada como muito intensa em 25 a 30% dos doentes[95].

Dor e Síndrome de Imunodeficiência Adquirida

A prevalência estimada de dor em pacientes com AIDS é alta, em torno de 30 a 80%, aproximadamente a dos pacientes com câncer[96-99]. A intensidade é também semelhante ou ainda maior nos pacientes com AIDS que nos casos de câncer. A dor nesses doentes compromete muitos aspectos da qualidade de vida e aumenta de modo funcional e psicológico a morbidade[99].

As pacientes com AIDS tendem a apresentar mais de um tipo de dor, envolvendo mais que um local e aumentando em intensidade conforme a doença progride. Em um estudo coorte envolvendo mais de 500 ambulatórios para pacientes com AIDS, realizado por pesquisadores do Memorial Sloan-Kettering Cancer Center em Nova York, a prevalência de dor foi de 25 a 30% entre os pacientes em estágios iniciais de AIDS e por volta de 50% em estágios mais avançados[96]. Nos pacientes hospitalizados, a taxa de prevalência ficou entre 50 e 60%[97].

Dor neuropática é comum em AIDS. Cerca de 30% dos pacientes desenvolvem a chamada neuropatia periférica do HIV, cujas características são sensação de queimação distal simétrica, formigamento e agulhamento[100].

Outras condições dolorosas comuns em AIDS são dor abdominal, cefaléia, dor oral, na pele e nas articulações[101]. Barone *et al.* encontraram prevalência de 12 a 25% de dor abdominal[102]. A dor abdominal aguda é um desafio diagnóstico que pode necessitar de tratamento cirúrgico. Em estudo realizado por Ferat-Osorio *et al.*, durante dois anos foram colhidos dados de pacientes com AIDS apresentando dor abdominal. Dos 232 pacientes hospitalizados acompanhados, 34 apresentaram dor abdominal aguda, sendo 32 homens e duas mulheres, com idade média de 32 anos[103].

Karus *et al.* realizaram levantamento com base em auto-relato de pacientes de três programas de cuidados paliativos em doentes com AIDS no Alabama, em Baltimore e na cidade de Nova York, totalizando 255 indivíduos. Trinta e dois sintomas foram investigados. Em média, os pacientes relataram 10,9 a 12,7 sintomas, sendo a dor um dos mais citados, sempre em associação com altos níveis de estresse[104].

Considerações Finais

A importância do conhecimento dos fenômenos envolvidos na produção e na manutenção da dor aguda e crônica é demonstrada pela sua elevada incidência/prevalência na população, desde os recém-nascidos até a velhice.

A dor é necessária, é um alerta e salva vidas em muitas situações. Pessoas que não sentem dor não sobrevivem por muitos anos. A dor, no entanto, pode ser um carrasco que provoca perdas imensuráveis quando é crônica e já não tem mais as funções de alerta e de proteção.

Neste capítulo, procurou-se expor os mecanismos pelos quais um estímulo nociceptivo agudamente aplicado a um local do nosso corpo produz dor, a qual, chegando à consciência, influencia e é influenciada pelo nosso psiquismo.

Procurou-se também explicar os mecanismos fundamentais, neuroquímicos e de neuroplasticidade, que transformam a dor aguda em dor crônica, sem finalidade e com conseqüências perversas sobre a vida social, familiar, profissional, psíquica e espiritual dos pacientes que sofrem da dor doença.

A epidemiologia da dor foi e está sendo estudada em muitos países ao redor do mundo, mas ainda há muito a ser feito nesse campo, em especial nas dores crônicas. Novos estudos populacionais com melhores definições de amostra, coleta dos dados, e conceitos podem colaborar de modo substancial para o esclarecimento de quantos são os afetados por dores crônicas na população mundial. Já os estudos envolvendo pacientes serão sempre grandes desafios. Como dito pelo Dr. Manoel Jacobsen, em 2003: "A percepção que o indivíduo tem da necessidade de assistência é que determina a demanda pelo tratamento e é baseada na experiência subjetiva que o indivíduo tem sobre dor e seu simbolismo."

978-85-7241-726-6

Referências Bibliográficas

1. SPECIALI, J. G. Semiotécnica neurológica. *Medicina (Rib. Preto)*, v. 29, p. 19-31, 1996.
2. DRUMMOND, J. P.; MÁRQUEZ, J. O. *Dor Neuropática*. Curitiba: Evidence, 2005. p. 237-247. (Glossário).

3. DORETTO, D. *Fisiopatologia Clínica do Sistema Nervoso*. São Paulo: Atheneu, 1996. cap. 6, p. 153-184.

4. MERSKEY, H. Classification of chronic pain, descriptions, of chronic pain syndromes and definitions of terms. *Pain*, supl. 3, p. S217, 1986.

5. DRUMMOD, J. P. Fisiopatologia. In: DRUMMOND, J. P.; MÁRQUEZ, J. O. *Dor Neuropática*. Curitiba: Evidence, 2005. cap. 2, p. 35-54.

6. WOOLF, C. J. Dissecting out mechanisms responsible for peripheral neuropathic pain: implications for diagnosis and therapy. *Life Sciences*, v. 74, p. 2605-2610, 2004.

7. MELZACK, P.; WALL, P. D. Pain Mechanisms: a new theory. *Science*, v. 150, p. 971-978, 1965.

8. SANDKULLER, J. The organization and function of endogenous antinociceptive systems. *Prog. Neurobiol.*, v. 50, p. 49-81, 1996.

9. MERSKEY, H.; BOBDUK, N. Classification of chronic pain. 2. ed. Seattle: IASP, 1994, 240p.

10. DIATCHENKO, L.; SLADE, G. D.; NACKLEY, A. G. et al. Genetic basis for individual variation in pain perception and the development of a chronic pain condition. *Hum. Mol. Genet.*, v. 14, p. 135-143, 2005.

11. WOOLF, C. J. The possibility of mechanism-specific pharmacologic management of pain. *Ann. Intern. Med.*, v. 140, p. 441-451, 2004.

12. WOOLF, C. J.; MA, Q-P.; ALLCHORNE A. et al. Peripheral cell types contributing to the hyperalgesic action of nerve growth factor in inflammation. *J. Neurosci.*, v. 16, p. 2716-2723, 1996.

13. WAXMAN, S. G. The molecular pathophysiology of pain: abnormal expression of sodium channel genes and its contribution to hyperexcitability of primary sensory neurons. *Pain*, suppl. 6, p. S133-S140, 1999.

14. COSTIGAN, M.; WOOLF, C. F. Pain: molecular mechanisms. *The Journal of Pain*, v. 1, n. 3, suppl. 1, p. 35-44, 2000.

15. NOGUCHI, K.; KAWAI, Y.; FUKUOKA, T. et al. Substance P induced by peripheral nerve injury in primary afferent sensory neurons and its effect on dorsal column nucleus neurons. *J. Neurosci.*, v. 15, p. 7633-7643, 1995.

16. SIVILOTTI, L. G.; THOMPSON, S. W.; WOOLF, C. J. Rate of rise of the cumulative depolarization evoked by repetitive stimulation of small-caliber afferents is a predictor of action potential windup in rat spinal neurons in vitro. *J. Neurophysiol.*, v. 69, p. 1621-1631, 1993.

17. SCHWARTZMAN, R. J. Explaining reflex sympathetic dystrophy. *Arch. Neurol.*, v. 56, p. 521-522, 1999.

18. JANIG, W.; LEVINE, J. D.; MICHAELIS, M. Interactions of sympathetic and primary afferent neurons following nerve injury and tissue trauma. *Prog. Brain. Res.*, v. 113, p. 161-184, 1996.

19. AMÂNCIO, E. J.; TEIXEIRA, M. J. Dor central. In: DRUMMOND, J. P.; MÁRQUEZ, J. O. *Dor Neuropática*. Curitiba: Evidence, 2005. cap. 11, p. 199-230.

20. NICHOLSON, B. D. Evaluation and treatment of central pain syndromes. *Neurology*, v. 62, n. 5, suppl. 2, p. S30-S36, Mar, 2004.

21. EIDE, P. K. Pathophysiological mechanisms of central neuropathic pain after spinal cord injury. *Spinal Cord*, v. 36, p. 601-612, 1998.

978-85-7241-726-6

22. ANDERSEN, G.; VESTERGAARD, K.; INGEMANN-NIELSEN, M. et al. Incidence of central poststroke pain. *Pain*, v. 61, p. 187-193, 1995.

23. LEIJON, G.; BOIVIE, J.; JOHANSSON, I. Central Post-stroke Pain – neurological symptoms and pain characteristics. *Pain*, v. 36, p. 13-25, 1989.

24. OSTERBERG, A.; BOIVIE, J.; THUOMAS, K. A. Central Pain in Multiple Sclerosis – prevalence and clinical characteristics. *Eur. J. Pain*, v. 9, p. 531-542, 2005.

25. DEVULDER, J.; CROMBEZ, E.; MORTIER, E. Central pain – an overview. *Acta Neurol. Belg.*, v. 102, p. 97-103, 2002.

26. REGAN, J. M.; PENG, P. Neurophysiology of cancer pain. *Cancer Control.*, v. 7, p. 111-119, 2000.

27. TEIXEIRA, M. J.; TEIXEIRA, W. G. J; KRAYCHETE, D. C. Epidemiologia da dor crônica. In: TEIXEIRA, M. J; BRAUM FILHO, J. L.; MARQUEZ, J. O. et al. (eds.). *Dor Conceito Interdisciplinar*. Curitiba: Maio, 2003. cap. 2, p. 53-66.

28. MAILIS, A.; PAPAGAPIOU, M. Profile of patients admitted to the pain facility of a university affiliated acute care hospital. *Pain Clinic.*, v. 6, p. 71-82, 1993.

29. OKESON, J. P. (ed.). *Dor Orofacial – Guia para Avaliação, Diagnóstico e Tratamento. Academia Americana de Dor Orofacial*. Trad. K. D. Franco. São Paulo: Quintessence, 1998. 287p.

30. CROMBIE, I. K. The potential of epidemiology. In: CROMBIE, I. K.; CROFT, P. R.; LINTON, S. J. et al. (eds.). *Epidemiology of Pain – Task Force on Epidemiology of the International Association for the Study of Pain*. Seattle: IASP Press, 1999. cap. 1, p. 1-6.

31. CROMBIE, I. K.; DAVIES, H. T. O. Requirements for epidemiological studies. In: CROMBIE, I. K.; CROFT, P. R.; LINTON, S. J. et al. (eds.). *Epidemiology of Pain – Task Force on Epidemiology of the International Association for the Study of Pain*. Seattle: IASP Press, 1999. Cap 3, p. 17-24.

32. INTERNATIONAL ASSOCIATION FOR STUDY OF PAIN. Pain – Clinical updates – how prevalent is chronic pain. *Internat. Assoc. Study of Pain*, v. 11, n. 2, Jun. 2003.

33. BERKELEY, K. J. Sex and chronobiology: opportunities for focus on the positive. *News. Internat. Assoc. Study of Pain*, Jan. 1993.

34. STERNBACH, R. A. Survey of pain in the United States: the nuprin report. *Clin. J. Pain*, v. 1, p. 49-53, 1986.

35. TEIXEIRA, M. J. Epidemiologia da dor. In: TEIXEIRA, M. J.; FIGUEIRÓ, J. A. B. (eds.). *Dor: epidemiologia, fisiopatologia, avaliação, síndromes dolorosas e tratamento*. São Paulo: Moreira Jr, 2001. p. 1-7.

36. VON KORFF, A.; DWORKIN, S. F.; LERESCHE, L. et al. An epidemiologic comparison of pain complaints. *Pain*, v. 32, p. 173-183, 1988.

37. GODOI, D. A. G. *Estudo Epidemiológico Populacional da Prevalência de Desordem Temporomanbibular na Cidade de Ribeirão Preto*. Ribeirão Preto, 2004. 99p. Dissertação (Mestrado) – Faculdade de Medicina de Ribeirão Preto, Universidade de São Paulo, 2004.

38. HELME, R. D.; GIBSON, S. J. Pain in older people. In: CROMBIE, I. K.; CROFT, P. R.; LINTON, S. J. et al. (eds.). *Epidemiology of Pain – Task Force on Epidemiology of the International Association for the Study of Pain*. Seattle: IASP, 1999. cap. 8, p. 103-112.

39. BERKLEY, K. J.; HOLDCROFT, A. Sex and gender differences in pain. In: WALL, P.; MELZACK, R. (eds.). Textbook of pain. 4. ed. London: Churchill Livingstone, 1999. p. 951-965.

978-85-7241-726-6

40. FILLINGIM, R. B. (ed). *Sex, gender and pain. Progress in pain research and management.* Seattle: IASP, 2000. v. 17.

41. UNRUH, A. M. Gender variations in clinical pain experience. *Pain*, v. 65, p. 123-167, 1996.

42. LERESCHE, L. Gender considerations in the epidemiology of chronic pain. In: CROMBIE, I. K.; CROFT, P. R.; LINTON, S. J. et al. (eds.). *Epidemiology of Pain – Task Force on Epidemiology of the International Association for the Study of Pain*. Seattle: IASP, 1999. cap. 5, p. 43-52.

43. DWORKIN, S. F.; HUGGINS, K. H.; LERESCHE, L. Epidemiology of signs and symptoms in temporomandibular disorders: clinical signs in cases and controls. *J. Am. Dent. Assoc.*, v. 120, p. 273-281, 1990.

44. GOULET, J.-P.; LAVIGNE, G. J.; LUND, J. P. Jaw pain prevalence among French-speaking Canadians in Quebec and related symptoms of temporomandibular disorders. *J. Dent. Res.*, v. 74, p. 1738-1744, 1995.

45. FERNANDES, L. C. *Estudo Epidemiológico Populacional da Prevalência de Cefaléia na Cidade de Ribeirão Preto.* Ribeirão Preto, 2004. Dissertação (Mestrado) – Faculdade de Medicina de Ribeirão Preto, Universidade de São Paulo.

46. WALCO, G. A. et al. In: SCHECHTER, N. L.; BERDE, C. B.; YASTER, M. (eds.). *Pain in Infants, Children, and Adolescents.* 2. ed. Philadelphia: Lippincott, Williams and Wilkins, 2003. p. 157-170.

47. FRANCK, L. S.; LEFRAK, L. For crying out loud: the ethical treatment of infants pain. *J. Clin. Ethics.*, n. 12, v. 3, p. 275-281, 2001.

48. MCGRATH, P. A. Children – Not simply "Little Adults". In: MERSKEY, H.; LOESER, J. D.; DUBNER, R. (eds.). *The Paths of Pain 1975-2005.* Seattle: IASP, 2005. p. 433-446.

49. INTERNATIONAL ASSOCIATION FOR STUDY OF PAIN. Pain – Clinical Updates – Why children's pain matters. *Internat. Assoc. Study Of Pain*, v. 13, n. 4, Sept. 2005.

50. MCGRATH, P. A. *Pain in Children: nature, assessment and treatment.* New York: Guilford, 1990.

51. GOODMAN, J. E.; MCGRATH, P. J. The epidemiology of pain in children and adolescents: a review. *Pain*, v. 46, p. 247-264, 1991.

52. PERQUIN, C. W.; HAZEBROEK-KAMPSCHREUR, A. A.; HUNFELD, J. A. et al. Pain in children and adolescents: a common experience. *Pain*, v. 87, n. 1, p. 51-58, 2000.

53. HUNFELD, J. A.; PERQUIN, C. W.; DUIVENVOORDEN, H. J. et al. Chronic pain and its impact on quality of life in adolescents and their families. *J. Pediatr. Psychol.*, v. 26, p. 145-153, 2001.

54. AAP. Subcommittee on Chronic Abdominal Pain. *Pediatrics*, v. 115, n. 3, p. 812-815, 2005.

55. WORLD HEALTH ORGANIZATION – WHO. *Cancer Pain Relief and Palliative Care in Children.* Geneva: WHO, 1998.

56. MCGRATH, P. A.; HILLIER, L. M. (eds.). *The Child with Headache: diagnosis and treatment.* Seattle: IASP, 2001. 292p.

57. BURSCH, B.; WALCO, G.A.; ZELTZER, L. Clinical assessment and management of chronic pain and pain-associated disability syndrome. *J. Dev. Behav. Pediatr.*, n. 19, v. 1, p. 45-53, 1998.

58. MCGRATH, P. A. Chronic pain in children. In: CROMBIE, I. K.; CROFT, P. R.; LINTON, S. J. et al. (eds.). *Epidemiology of Pain – Task Force on Epidemiology of the International Association for the Study of Pain*. Seattle: IASP, 1999. cap. 7, p. 81-102.

978-85-7241-726-6

978-85-7241-726-6

59. MCGRATH, P. A.; BROWN, S. C. Paediatric palliative medicine – Pain control. In: DOYLE, D.; HANKS, G. W. C. (eds.). *Oxford Textbook of Palliative Medicine*. Oxford: Oxford University Press, 2003.

60. GALLOWAY, K. S.; YASTER, M. Pain and symptom control in terminally ill children. *Pediatr. Clin. North Am.*, v. 47, p. 711-747, 2000.

61. HELME, R. D.; GIBSON, S. J. Pain in elderly. In: JENSEN, T. S.; TURNER, J. A.; WIESENFELD-HALLIN, Z. (eds.). *Proceedings of the VIII World Congress on Pain*. Seattle: IASP Press, 1997. p. 919-944.

62. D'ALESSANDRO, R.; BENASSI, G.; LENZI, P. L. et al. Epidemiology of headache in the republic of San Marino. *J. Neurol. Neurosurg. Psychiat.*, v. 51, p. 21-27, 1988.

63. TIBBLIN, G.; BENGTSSON, C.; FURNESS, B.; LAPIDUS, L. Symptoms by age and sex. *Scand. J. Prim. Health Care*, v. 8, p. 9-17, 1990.

64. BRATTBERG, G.; PARKER, M. G.; THORSLUND, M. The prevalence of pain amongst the oldest old in Sweden. *Pain*, v. 67, p. 29-34, 1996.

65. LAVSKY-SHULAN, M.; WALLACE, R. B.; KOHOUT, F. J. et al. Prevalence and functional correlates of low back pain in the elderly: the Iowa 65 + rural health study. *J. Am. Geriatr. Soc.*, v. 33, p. 23-28, 1985.

66. MOBILY, P. R.; HERR, K. A.; CLARK, M. K. et al. An epidemiologic analysis of pain in the elderly: the Iowa 65 + rural health study. *J. Aging and Health*, v. 6, p. 139-154, 1994.

67. GODOI, D. A. G.; SPECIALI, J. G. Levantamento populacional da prevalência de dor crônica em diferentes áreas do corpo. (no prelo).

68. DIONE, C. E. Low back pain. In: CROMBIE, I. K.; CROFT, P. R.; LINTON, S. J. et al. (eds.). *Epidemiology of Pain – Task Force on Epidemiology of the International Association for the Study of Pain*. Seattle: IASP, 1999. cap. 18, p. 283-298.

69. GIROLAMO, G. D. Epidemiology and social cost of low back pain and fibromialgia. *Clin. J. Pain*, suppl., v. 7, p. S1-S7, 1991.

70. LAU, E. M.; EGGER, P.; COGGON, D. et al. Low back pain in Hong Kong: prevalence and characteristics compared with Britain. *J. Epidemiol. Community Health*, v. 49, p. 492-494, 1995.

71. BAKER, J. M.; MERSKEY, H. Pain in general practice. *J. Psychosom. Res.*, v. 10, p. 383-387, 1967.

72. INSTITUTO DATAFOLHA DE PESQUISA. Prevalência de LER/DORT entre os trabalhadores da cidade de São Paulo. Jul. 2001. Disponível em http://www1.folha.uol.com.br/folha/datafolha/po/ler_dort_06102001.shtml

73. SALMINEN, J. J. The adolescent back pain and disability in 14 year-old schoolchildren. *Acta Paediatr. Scand.*, v. 315, suppl. p. 1-122, 1984.

74. TAIMELA, S. et al.. Pain resulting from central nervous system pathology (central pain). In: BONICA, J. J. (ed.). *The Management of Pain*. 2. ed. Philadelphia: Lea and Febiger, 1990, p. 264-280.

75. INTERNATIONAL ASSOCIATION FOR STUDY OF PAIN. Pain – Clinical updates. Fibromyalgia syndrome: prevalent and perplexing. *Internat. Assoc. Study of Pain*, v. 11, n. 3, Sep. 2003.

76. BOMBARDIER, C. H.; BUCHWALD, D. Chronic fatigue, chronic fatigue syndrome, and fibromialgia. Disability and health-care use. *Med. Care,* v. 34, n. 9, p. 924-930, 1996.

77. WOLFE, F.; SMYTHE, H. A.; YUNUS, M. B. et al. The American College of Reumathology 1990 criteria for the classification of fibromialgia: report of the multicenter criteria committee. *Arthritis Rheum.*, n. 33, p. 160-172, 1990.

78. MACFARLANE, G. J. Fibromyalgia and chronic widespread pain. In: CROMBIE, I. K.; CROFT, P. R.; LINTON, S. J. et al. (eds.). *Epidemiology of Pain – Task Force on Epidemiology of the International Association for the Study of Pain*. Seattle: IASP, 1999. cap. 9, p. 113-123.

79. WOLFE, F.; ROSS, K.; ANDERSON, J. et al. The prevalence and characteristics of fibromialgia in the general population. *Arthritis Rheum.*, n. 38, p. 19-28, 1995.

80. BUSKILA, D.; PRESS, J.; GEDALIA, A.; et al. Assessment of non articular tenderness and prevalence of fibromialgia in children. *J. Rheumatol.*, n. 20, p. 368-370, 1993.

81. RASMUSSEN, B. K.; JENSEN, R.; SCHROLL, M. et al. Epidemiology of headache in a general population-a prevalence study. *J. Clin. Epidemiol.*, v. 44, p. 1147-1157, 1991.

82. FERRI DE BARROS, J. E.; NITRINI, R. Which patients does the neurologist assist? Basis for a curriculum in neurology. *Arq. Neuropsiquiatr.*, v. 54, n. 4, p. 637-644, 1996.

83. SCHER, A. I.; STEWART, W. F.; LIPTON, R. B. Migraine and headache: a meta-analytic approach. In: CROMBIE, I. K.; CROFT, P. R.; LINTON, S. J. et al. (eds.). *Epidemiology of Pain – Task Force on Epidemiology of the International Association for the Study of Pain*. Seattle: IASP, 1999. cap. 13, p. 159-170.

84. LIPTON, R. B.; STEWART, W. F. Prevalence and impact of migraine. *Neurol. Clin.*, n. 15, p. 1-13, 1997.

85. MONTERO HOMS, J.; GUTIERREZ RIVAS, E.; PARDO FERNANDEZ, J. et al. Epidemiological study of prevalence, incidence and neuropathic pain characterization in neurology units. PREVADOL study. *Neurologia*, v. 20, n. 8, p. 385-389, 2005.

86. BUSCAINO, G. A. Fisiologia della nevralgia essenziale del trigemio. *Acta Neurol. (Napoli)*, v. 35, p. 137-144, 1980.

87. TEIXEIRA, M. J. *A Rizotomia Percutânea por Radiofreqüência e a Descompressão Vascular do Nervo Trigêmeo no Tratamento das Algias Faciais*. São Paulo, 1984. 425p. Dissertação (Mestrado) – Faculdade de Medicina da Universidade de São Paulo.

88. TEIXEIRA, M. J. Epidemiologia clínica da dor. *Rev. Med.*, v. 78, p. 36-54, 1999.

89. OMER, G. E. Peripheral nerve injuries: 45 year Odyssey and quest continues. In: OMER, G. E.; SPINNER, M.; VAN BEEK, A. (eds.). *Management of Peripheral Nerve Problems*. 2. ed. Phipadelphia: WB Saunders, 1998.

90. HOLTAN, A.; KONGSGAARD, U. E.; OHNSTAD, H. O. Cancer pain in hospitalized patients. *Tidsskr. Nor. Laegeforen.*, v. 17, n. 125, n. 4, p. 416-418, 2005.

91. TEIXEIRA, M. J. Editorial. *Rev. Med.*, v. 74, p. 52-54, 1995.

92. BONICA, J. J. Treatment of cancer pain: current status and future needs. *Pain Res. Ther.*, v. 9, p. 589-616, 1985.

93. HIRAGA, K.; MIZUGUCHI, T.; TAKEDA, F. The incidence of cancer pain and improvement of pain management in Japan. *Postgrad. Med. J.*, v. 67, p. S14-S25, 1991.

94. LARUE, F.; COLLEAU, S. M.; BRASSEUR, L. et al. Multicenter study of cancer pain and its treatment in France. *BMJ*, v. 310, p. 1034-1037, 1995.

95. RAJALA, U.; KEINANEN-KIUKAANNIEMI, S.; UUSIMAKI, A. et al. Musculoeskeletal pains and depression in a middle-aged Finnish population. *Pain*, v. 61, p. 451-457, 1995.

96. BREITBART, W. et al. Academy of Psychosomatic Medicine. XXXVIII ANNUAL MEETING, Atlanta, 1991. *Proceedings of XXXVIII Annual Meeting*, 1991.

97. SINGER, E. J.; ZORILLA, C.; FAHY-CHANDON, B. et al. Painful symptoms reported by ambulatory HIV-infected men in a longitudinal study. *Pain*, v. 54, p. 15-19, 1993.

98. LEBOVITS, A. H.; LEFKOWITZ, M.; MCCARTHY, D. et al. The prevalence and management of pain in patients with AIDS: a review of 134 cases. *Clin. J. Pain*, v. 5, p. 245-248, 1989.

99. INTERNATIONAL ASSOCIATION FOR STUDY OF PAIN. Pain – Clinical updates. Pain in AIDS: a call for action. *Internat. Assoc. Study of Pain*, v. 4, iss. 1, Mar. 1996.

100. CORNBLATH, D. R.; MCARTHUR, J.C. Predominantly sensory neurophaty in patients with AIDS and AIDS-related complex. *Neurology*, v. 38, p. 794-796, 1998.

101. O'NEILL, W. M.; SHERRAD, J. S. Pain in human immunodeficiency virus disease: a review. *Pain*, v. 54, p. 3-14, 1993.

102. BARONE, S. E.; GINGOLD, B. S.; ARVANITIS, M. L. et al. Abdominal pain in patients with acquired immune deficiency syndrome. *Ann. Surg.*, v. 204, p. 619-623, 1986.

103. FERAT-OSORIO, E.; GUZMAN-VALDIVIA, G. G.; ROSALES, B. L. et al. Clinical characteristics and follow-up of patients with AIDS and acute abdominal pain. *Gac. Med. Mex.*, v. 141, n. 5, p. 357-362, 2005.

104. KARUS, D.; RAVEIS, V. H.; ALEXANDER, C. et al. Patient reports of symptoms and their treatment at three palliative care projects servicing individuals with HIV/AIDS. *J. Pain Symptom Manage*, v. 30, n. 5, p. 408-417, 2005.

978-85-7241-726-6

Processo Avaliativo, na Perspectiva Multiprofissional, em Dor e Cuidados Paliativos

Capítulo

3

978-85-7241-726-6

ÍNDICE DO CAPÍTULO

978-85-7241-726-6

Características Gerais do Processo de Avaliação

Elisa Miranda Aires

Introdução

O principal objetivo dos cuidados paliativos é uma abordagem multidimensional eficaz dos sofrimentos (controle de sintomas) nas esferas física, psíquica, social e espiritual, o que se traduz em melhora da qualidade de vida. Para que isso ocorra, é fundamental uma prévia e detalhada avaliação dos sintomas. A avaliação visa conhecer a causa, o mecanismo fisiopatológico subjacente e o impacto do sintoma na vida do paciente, como também de seus cuidadores e/ou familiares.

Na prática clínica, o trabalho deve ser realizado por uma equipe multiprofissional. A identificação dos sintomas é o primeiro passo, seguida da avaliação detalhada, para só depois realizar-se a abordagem. Para isso, seguem-se, em geral, alguns princípios[1]:

- *Atenção acurada*: é freqüente o paciente omitir alguns sintomas seja por dificuldades de comunicação, por não querer preocupar o médico e a equipe, por considerar normal a fase de doença, por não querer ser um "mau paciente", entre outros motivos. Assim sendo, para uma correta avaliação, é necessário: ouvir com atenção, perguntar ativamente, olhar ativamente (ver fácies de sofrimento e comportamento doloroso) e ter empatia para com o paciente. Quando ele não se comunica, é necessária uma atenção redobrada ao comportamento e algumas alterações físicas para a identificação dos sintomas.

- *Avaliação multiprofissional*: em geral, o paciente é avaliado por cada profissional, que detecta os sofrimentos globais e específicos de cada área com discussões em equipe para uma atuação integral e integrada.
- *Medição do impacto do sintoma na qualidade de vida do doente*: fundamental para se saber a prioridade na abordagem, pois é comum pacientes em cuidados paliativos terem muitos sintomas concomitantes.
- *Avaliação do prognóstico*: muito importante, pois dependendo da expectativa de vida, as abordagens poderão variar (mais curativa, ou mais paliativa).
- *Diagnóstico etiológico e/ou fisiopatológico de cada sintoma*: passo fundamental antes da abordagem. Por exemplo, dor em pacientes com câncer. Do ponto de vista etiológico, pode ser causada pelo tumor, por seu tratamento, ou por outra causa não relacionada. Do ponto de vista fisiopatológico, pode ser classificada como nociceptiva (somática ou visceral) ou neuropática, cujo tratamento depende fundamentalmente de uma boa avaliação e de diagnóstico correto.
- *Explicação e discussão do planejamento das ações com o paciente e/ou o cuidador*: visa o respeito à autonomia e a melhoria da auto-estima com a participação do paciente e do cuidador em todo o tratamento. É necessária explicação com linguagem simples.

978-85-7241-726-6

Dificuldades no Processo de Avaliação

Há várias dificuldades na realização de uma correta avaliação. As principais são[2]:

- *Dificuldade na definição de alguns sintomas*: por exemplo, a fadiga pode ser percebida como fraqueza muscular ou sonolência; a confusão mental como alteração da concentração, pensamento desorganizado, esquecimento, ou alucinação. Isso pode dificultar a avaliação.
- *Subjetividade na avaliação*: o auto-relato do paciente é, em geral, a fonte primária de informação e, portanto, está sujeito a falhas[3,4].

Os sintomas em geral são avaliados por escalas que podem ser:

- *Unidimensionais*: avaliam apenas a intensidade do sintoma.
- *Multidimensionais*: avaliam aspectos físicos e psicossociais dos sintomas.

Para que a subjetividade seja um pouco mais objetivada, pode-se lançar mão de alguns recursos, como por exemplo: medida de saturação de oxigênio em pacientes com queixa de dispnéia, contagem dos episódios de êmese em pacien-

QUADRO 3.1 – Aspectos mensuráveis de sintomas relatados por pacientes

- Dimensões específicas (características dos sintomas)
  - Freqüência
  - Gravidade
  - *Distress* (ou mal-estar geral)
- Impacto dos sintomas em outros aspectos da vida
  - Outros sintomas físicos e psicológicos (por exemplo, humor, função, lazer, etc.), recursos sociais e econômicos, família
- Impacto global dos sintomas
  - Aspectos multidimensionais: bem-estar geral ou qualidade de vida relacionada à saúde

978-85-7241-726-6

tes nauseados e assim por diante, ou a utilização de escalas observacionais (pelo profissional), discutidas mais adiante.

- *Sintomas com experiências multidimensionais*: qualquer sintoma referido pelo paciente pode influir em vários aspectos da vida e deve ser considerado na avaliação. Os aspectos mensuráveis dos sintomas estão apresentados no Quadro 3.1.
- *Mutabilidade dos sintomas*: os sintomas podem mudar com o tempo e, portanto, devem ser reavaliados com freqüência.

Como exposto anteriormente, o objetivo da avaliação é conhecer a causa, o mecanismo fisiopatológico e o impacto dos sintomas na vida do doente. Para isso, é essencial a história médica e psicossocial, em detalhes no Quadro 3.2.

QUADRO 3.2 – História médica e psicossocial dos pacientes

História médica
- Dos sintomas
  - Cronologia
  - Freqüência
  - Gravidade
  - Fatores de melhora e piora
  - Intervenções terapêuticas prévias, eficazes ou não
- Dos pacientes
  - Grau de mal-estar geral
  - Conhecimento do paciente sobre a extensão da doença
  - Exame físico detalhado
  - Exames laboratoriais e de imagem para elucidação diagnóstica

História psicossocial e espiritual
- História familiar
- Recursos sociais/econômicos
- Impacto da doença e dos sintomas na qualidade de vida do paciente e da família
- Sofrimentos espirituais gerados pelos sintomas

Escalas e Questionários de Avaliação de Sintomas

São muito usados os instrumentos simples de avaliações de múltiplos sintomas concomitantes, também denominados *cheklist*. Apesar de sua grande utilidade, apresentam algumas limitações: falta de adequada validação e incapacidade de avaliar aspectos multidimensionais dos sintomas[5,6]. Em cuidados paliativos, um dos mais empregados é o *Edmonton Symptom Assessment System* (ESAS) que avalia oito sintomas, entre outros[5].

São inúmeros os instrumentos de avaliações multidimensionais. Em geral, são mais complexos e também mais completos. Os mais utilizados são:

- Memorial Symptom Assessment Scale *(MSAS)*: fornece informação multidimensional sobre grupos diversos de sintomas (32 sintomas físicos e psicológicos com intensidade, freqüência e medidas de mal-estar geral), que, em termos gerais, contempla as informações contidas na Figura 3.1[7].
- Rotterdam Symptom Checklist *(RSCL)*: avalia 30 sintomas físicos e psíquicos e oito itens adicionais para tentar definir o impacto dos sintomas na atividade física e psíquica[8].
- Symptom Distress Scale: é uma escala com 13 itens que avalia 11 sintomas (nove físicos e dois psicológicos), medindo freqüência, intensidade e mal-estar geral[9].

978-85-7241-726-6

Instrumentos Específicos para Avaliação de Outros Sintomas

Fadiga

É muito difícil defini-la e pode ser confundida com fraqueza muscular, letargia, sonolência e distúrbio de humor (principalmente depressão). Tem prevalência de 40 a 70% em pacientes com câncer avançado[10].

Para a avaliação, podem-se utilizar:

- *Escala unidimensional*: semelhante à Escala Visual Analógica de dor, ou seja, mensura somente a intensidade da fadiga.
- *Escalas multidimensionais*: as mais conhecidas são *Piper Fatigue Scale* (PFS), *Lee Fatigue Scale*, *Fatigue Assessment Questionnaire*, *Functional Assessment of Cancer Therapy*, *Brief Fatigue Inventory*, *Cancer Fatigue Scale*, *Schwartz Cancer Fatigue Scale* e *Multidimensional Fatigue Inventory*[11].

Durante a última semana, você teve tais sintomas e com que freqüência (1 = raramente, 2 = ocasionalmente, 3 = freqüentemente, 4 = quase constantemente)			
Sintoma	Freqüência (1 – 4)	Gravidade (1 – 4)	*Distress* (1 – 4)
Dificuldade de concentração			
Dor			
Falta de energia			
Tosse			
Nervosismo			
Boca seca			
Náusea			
Sonolência			
Fraqueza em mãos e pés			
Insônia			
Empachamento			
Problemas urinários			
Vômitos			
Dispnéia			
Diarréia			
Tristeza			
Sudorese			
Preocupação			
Problemas de interesse ou atividade sexual			
Prurido			
Anorexia			
Tontura			
Disfagia			
Irritabilidade			
Úlceras orais			
Alteração do sabor de alimentos			
Perda de peso			
Alopecia			
Constipação			
Edema de braços e pernas			
"Eu não gosto de mim"			
Alterações na pele			
Outros			

FIGURA 3.1 – Informações contidas na *Memorial Symptom Assessment Scale* (MSAS).

978-85-7241-726-6

A PFS é composta por 41 itens, avalia a gravidade, o *distress* (mal-estar geral) e o impacto da fadiga e pode ser medida com números como nas escalas visuais analógicas.

Demência

As principais ferramentas para avaliar são *Mini Mental Status* e *Blessed Orientation Memory Concentration Test*[12]. A primeira é a mais utilizada e avalia diversos aspectos cognitivos por meio de perguntas e desenhos e, a seguir, é medida sob a forma de escore.

Delírio

O delírio é um sintoma muito freqüente nas fases finais em pacientes com câncer, chegando a 85% de prevalência[13,14]. Os instrumentos mais utilizados para medi-lo são: *Confusion Assessment Method-135*, *Delirium Symptom Interview*, *Delirium Rating Scale* e *Memorial Delirium Assessment Scale* (MDAS)[15,16].

978-85-7241-726-6

Dispnéia

A Escala Visual Analógica (VAS) é a mais comumente utilizada para medir o grau de dispnéia em doentes com doença avançada, mas é pouco sensível e pobremente reprodutível. Uma mais completa é a escala de Borg modificada[17]. Outras avaliam as conseqüências da dispnéia em relação às limitações na função, como a *Modified Medical Research Council Dyspnea Scale* (MMRCDS) e a *American Thoracic – Therapy Impact Questionnaire Society Five Level Scale of Breathlessness* (ATS 5).

Porém, as escalas mais promissoras parecem basear-se em exercícios padronizados e graduados, ainda em estudo[18,19].

Qualidade de Vida

A qualidade de vida (QV) é um conceito fundamental em cuidados paliativos e possui múltiplas definições (conceito uni ou multidimensional):

- Bem-estar global, bem-estar social (nível de educação, econômico e crescimento industrial), satisfação, necessidades humanas mínimas (biológicas, relacionamentos próximos, ocupação com significado, mudanças). Calman a define como a relação inversa entre expectativas individuais e percepção de uma dada situação (quanto menor a diferença, maior a QV)[20].

A QV em cuidados paliativos leva em conta, além do controle de sintomas, a função física, o bem-estar psicológico e o espiritual, o envolvimento da família e as perdas. É uma medida dinâmica e, às vezes, difícil de ser avaliada em um paciente terminal.

Há vários instrumentos específicos para medir a QV em cuidados paliativos, tais como: *Schedule for the Evaluation of Quality of Life* (SEIQOL), *Therapy Impact Questionnaire* (TIQ), *McGill Quality of Life Questionnaire* (MQOL), entre outros[21,22].

Para final de vida, a QV pode ser medida por meio dos seguintes domínios: manejo de sintomas, o quanto se evitou o inapropriado prolongamento da morte, senso de controle do paciente, alívio de sofrimentos, estreitamento de relacionamento com as pessoas queridas[23].

Barreiras à Conceituação e de Atitudes ao Uso de Medidas de Sintomas

É inquestionável a importância de medidas objetivas para uma boa avaliação de sintomas. Porém, há inúmeras barreiras ao seu uso mais amplo. São elas:

- *Falta de medidas validadas para muitos sintomas comuns*: muitos estudos utilizam apenas *cheklist*, sem referência à avaliação das características dos sintomas e seu impacto.
- *Dificuldade de se medir alguns sintomas, principalmente em pacientes com distúrbios cognitivos*: há algumas escalas comportamentais que medem desconforto, mas são pouco exploradas[24,25].
- *Paciente com múltiplos sintomas concomitantes*: o melhor instrumento de medida seria o de mal-estar global (*distress* global). Os pacientes com câncer avançado têm uma média de 11,5 sintomas, simultaneamente (variando de 0 a 25).
- *Estado geral debilitado*: por condições clínicas e falta de cooperação dos pacientes para responder a instrumentos mais complexos, principalmente nas últimas horas de vida (50% dos pacientes se comunicam 12h antes da morte e menos de 10%, 1h antes da morte)[26].

978-85-7241-726-6

Avaliação do Paciente com Dor

Josimari Melo de Santana

Introdução

A dor continua sendo uma das grandes preocupações da humanidade, desde a origem da espécie humana ocorrendo debates sobre as teorias da causa, da natureza e do propósito da dor, com base no princípio de que seria uma forma de punição. A palavra *pain* ("dor", na língua inglesa) deriva da palavra latina *poena*, que significa penalidade ou castigo.

Segundo o Comitê de Taxionomia da International Association for the Study of Pain (IASP), conceituou-se a dor como uma experiência sensorial e emocional desagradável associada com um dano tecidual real ou potencial, descrita em termos dessa lesão[27].

A dor não é uma simples extensão da lesão física, sendo bastante influenciada por ansiedade, depressão, expectativa e diversos outros fatores psicológicos. Trata-se de uma sensação autônoma, independente, como o são os sentidos da visão, do tato e da audição. Exerce uma função protetora, alertando os indivíduos para a ocorrência de lesões teciduais, permitindo que mecanismos de defesa ou de fuga sejam adotados, considerada também uma interpretação cerebral de estímulos captados por estruturas nervosas existentes na pele, nas vísceras e nos tecidos osteomusculares, encarregadas de registrar e comunicar qualquer anormalidade de pressão, temperatura ou eletricidade[28].

A dor representa ainda uma combinação de sensações subjetivas que seguem a ativação de nociceptores. Essas sensações variam em termos de qualidade, podendo apresentar efeitos sérios no bem-estar físico e emocional do indivíduo; as sensações dolorosas podem variar desde uma leve irritação até uma dor intratável, intensa, que pode ser insuportável, tendo como objetivo principal a proteção e que surge quando há lesão tecidual.

A avaliação é um passo inicial importante da abordagem do paciente com dor, demandando não só a determinação do problema físico do paciente, mas também dos componentes psicológicos, sociais e espirituais do seu sofrimento. Não há como mensurar a dor quando não existe um padrão, uma vez que a dor possui caráter subjetivo e individual. Portanto, a participação de uma equipe de profissionais habilitados se torna imperiosa para a tarefa de avaliação e mensuração da dor[29].

978-85-7241-726-6

A Agência Americana de Pesquisa e Qualidade em Saúde Pública e a Sociedade Americana de Dor descrevem a dor como o quinto sinal vital que deve sempre ser registrado ao mesmo tempo e no mesmo ambiente clínico em que são avaliados os outros sinais vitais. A Sociedade Americana para a Medicina de Emergência, em sua reunião anual realizada em 2001, também reconheceu a importância de mensurar e registrar a percepção da dor, tanto aguda quanto crônica, sendo necessário determinar se esta limita a atividade física ou altera o sono do paciente e qual o grau de alívio obtido com medicamentos ou procedimentos analgésicos utilizados prévia e atualmente.

Em decorrência dessa ênfase na mensuração da dor, diferentes instituições de saúde têm recomendado atualmente que os pacientes sejam questionados se estão sentindo dor no momento da admissão para tratamento e também durante a evolução clínica. O grande desafio para o controle da dor se inicia justamente em sua avaliação e mensuração, já que é subjetiva e pessoal, variando de modo individual de acordo com vivências culturais, emocionais e ambientais.

A avaliação da dor percebida pelo paciente é sempre necessária, não só para a escolha da forma mais adequada para o controle álgico em cada caso, mas também para detectar a necessidade de suporte psicológico específico. Assim, torna-se necessária uma abordagem multidimensional na avaliação dos atributos da dor, que incluem intensidade, duração e localização, características somatossensoriais e emocionais que a acompanham.

978-85-7241-726-6

Em razão de ser uma experiência subjetiva, a dor não pode ser determinada de modo objetivo por instrumentos físicos que usualmente permitem o registro de medidas de peso corporal, altura, temperatura, pressão sangüínea e pulso, já que não há um instrumento padrão que permita a um investigador mensurar essa experiência interna, complexa e pessoal. Essa realidade mostra a dificuldade na avaliação da dor, desenvolvendo-se várias escalas e formas de avaliação na tentativa de objetivar características subjetivas, que inclusive variam conforme a idade, o nível cultural e os grupos etnoculturais do paciente com dor[30].

Uma adequada e detalhada mensuração da dor possibilita determinar se os riscos ou as falhas de qualquer tipo de terapêutica adotada são anulados pelo problema clínico, permitindo ainda a escolha do tratamento mais seguro e eficaz. A abordagem eficiente da dor viabiliza examinar sua natureza, suas origens e seus correlatos clínicos de acordo com as características emocionais, motivacionais, cognitivas e de personalidade do cliente. Algumas vezes, apenas medidas grosseiras, como dor presente ou dor ausente, são necessárias para as intervenções clínicas, mas para a compreensão do fenômeno e a avaliação da eficácia dessas intervenções são necessárias medidas mais sofisticadas, tanto da intensidade quanto das respostas afetivas associadas com a dor.

Algumas instituições hospitalares brasileiras estão incorporando a seus serviços a mensuração da dor considerada como o quinto sinal vital, embora esta seja uma prática originada e bem implantada em outros países. No âmbito hospitalar, a avaliação dos sinais vitais é uma das grandes rotinas da equipe de enfermagem.

Na prática da enfermagem, é relativamente comum a detecção da dor, mesmo que sem o necessário refinamento, e a tentativa de seu alívio. Dessa forma, independentemente de ser rotina padronizada oficialmente na instituição e em muitas unidades de internação, o registro da dor e a sua comunicação à equipe multidisciplinar visando seu tratamento são práticas relativamente constantes[5]. Em geral, a equipe de enfermagem não subestima a dor dos pacientes. O que ocorre, mais por despreparo do que por má vontade, é a inadequação dos serviços, principalmente quanto a aspectos organizacionais e documentação do quadro geral do paciente. Por isso, a normatização da mensuração da dor como quinto sinal vital é importante. A detecção adequada da dor, por si, possui a grande importância de trazer atrelada a necessidade de sua resolução. Então, essa prática torna-se aliada da enfermagem, pois a presença desta última nas unidades de internação, 24h por dia, tem como principal finalidade cuidar e proporcionar conforto.

O tratamento da dor deve ser entendido, de forma mais coerente, como multidisciplinar, o que cria a necessidade de autonomia e apropriada comunicação entre todos os profissionais da área de saúde. Além disso, é importante que a abordagem relativa à avaliação da dor seja multiprofissional e apresente caráter de padronização, ou seja, independentemente do profissional que faça a avaliação da dor de qualquer paciente, as características e a forma da abordagem devem ser mantidas o mais semelhante possível para os diferentes investigadores, no intuito de obter melhor interpretação dos dados, tornando o procedimento familiar a todos, colaborando para o monitoramento do problema[31].

978-85-7241-726-6

Anamnese

Na anamnese, o primeiro passo é colher a queixa principal sobre a dor do paciente. Essa anamnese deverá ser colhida, inicialmente, de forma livre, em que o terapeuta não deve oferecer qualquer direcionamento às informações do paciente. O paciente é apenas instruído a falar sobre sua dor, com sua própria linguagem. Em seguida, para que se registrem os dados em prontuário com linguagem médica mais adequada e para garantir que não faltem informações sobre a dor do paciente, o terapeuta deve conduzi-lo com questionamentos diretos e precisos sobre a dor percebida, incluindo localização topográfica, natureza ou tipo, periodicidade, intensidade, fatores de melhora e piora da dor, condições clínicas relacionadas, entre outros detalhes que sejam importantes.

É imprescindível, como de rotina há muito tempo, o registro de dados demográficos relacionados ao paciente, como idade, peso, altura, etnia, sexo, nível educacional, renda familiar e religião, que podem exercer influência no padrão de dor, como exposto na parte referente à identificação do paciente. Porém, é fundamental investigar também a presença de comorbidades, como *diabetes mellitus*, hipertensão arterial, doenças articulares degenerativas ou inflamatórias, como artrose e artrite; cardiopatia; vasculopatia; hepatopatia; nefropatia; pneumopatia; neuropatia; câncer; história de obesidade; ou outra patologia associada, como transtornos psicofísicos, denotando o estado físico do paciente (de acordo com a ASA, American Society of Anesthesiologists)[32,33].

Alguns fatores podem limitar ou auxiliar a terapêutica analgésica, como a presença de dor crônica em outro segmento corporal distinto da área cirúrgica, a tolerância a algum fármaco ou reação adversa, a realização de cirurgia prévia, a quantidade de admissões hospitalares anteriores, a aderência ao tabagismo, a fase do ciclo menstrual[34].

Outros fatores ainda podem exercer influência sobre o quadro doloroso, como a êmese, que pode ser pontuada pela escala numérica, com os valores extremos de 0 a 10cm. Se os sinais vitais (pressão arterial, pulso, temperatura e freqüência respiratória) comumente verificados em escala de rotina forem registrados de modo concomitante ao registro da dor, podem ser investigadas as prováveis influências exercidas pela dor nesses outros sinais vitais.

A ingestão de fármacos analgésicos também é um importante fator que, por si só, de uma forma mais objetiva que as respostas ofertadas pelo paciente, oferece condições suficientes para gerar conclusões sobre o efeito analgésico promovido, sendo de grande relevância clínica e científica quando envolvido em análises.

Mensuração da Dor

978-85-7241-726-6

A mensuração da dor é extremamente importante no ambiente clínico, pois se torna impossível manipular um problema dessa natureza sem ter uma medida sobre a qual basear o tratamento ou a conduta terapêutica. Sem tal medida, torna-se difícil determinar se um tratamento é necessário, se o prescrito é eficaz, ou quando deve ser interrompido.

A escolha de um instrumento para mensurar a dor deve, antes de tudo, ser de fácil aplicabilidade e se adequar ao nível de compreensão do paciente. Oferecer ao paciente uma linguagem para ser facilmente compreendido pode imprimir determinado grau de dificuldade para os profissionais de saúde. Realidades específicas da população brasileira, como o alto índice de analfabetismo, fazem com que formas simples de avaliação da dor, como graduar sua intensidade de zero a dez, tornem-se um verdadeiro martírio para o paciente e para o examinador.

Freqüentemente, é difícil analisar a gravidade da dor. Graus extremos são revelados pela conduta do paciente, mas graus menores podem ser mais ou menos estimados a partir da influência que a dor exerce no sono do paciente, no seu trabalho, em atividades domiciliares, ou pela necessidade que o paciente tem do repouso no leito[35].

Dentre os instrumentos de avaliação da dor mais utilizados no meio clínico, sobressaem-se aqueles que consideram o relato subjetivo do paciente como principal indicador de sua dor, o que certamente se deve à subjetividade dessa experiência, que só pode ser avaliada com maior precisão mediante o relato de quem a sente[36].

Como experiência subjetiva e por isso inacessível à validação consensual, a linguagem existente para a dor é restrita. Alguns dos termos de uso amplamente corrente são reflexos de características temporoespaciais, como abrupta, surda, latejante, contínua e leve. A cuidadosa análise dos termos utilizados pelos pacientes para descrever a dor em geral revela como transmitem as características temporoespaciais de um processo somático subjacente[37].

Tem-se que a dor não pode ser determinada de modo objetivo por instrumentos físicos que usualmente mensuram o peso corporal, a temperatura, a altura, a pressão sangüínea e o pulso, ou seja, não existe um instrumento padrão que permita a um observador externo mensurar de maneira objetiva essa experiência interna, complexa e pessoal[38].

978-85-7241-726-6

Mensuração Unidimensional da Dor

Vários métodos subjetivos têm sido utilizados para mensurar a sensação ou a percepção de dor. Alguns consideram a dor como uma qualidade simples, única e unidimensional, que varia apenas em intensidade, localização e freqüência. Porém, outros a consideram como uma experiência multidimensional composta também por fatores afetivo-motivacionais e cognitivo-discriminativos[36,38]. Os instrumentos unidimensionais são designados para quantificar apenas a intensidade ou a gravidade da dor e o alívio obtido após o uso de terapias analgésicas, sendo muito utilizados em hospitais e clínicas para obtenção de informações rápidas e válidas sobre a dor e a analgesia com fácil aplicação.

Dentre esses, destacam-se:

- A escala analógica visual, na qual há a possibilidade de julgamento visual em uma dimensão tomada como padrão e em que cada paciente age como seu próprio controle (Fig. 3.2).
- As escalas numéricas, que utilizam categorias numéricas (Fig. 3.3) e podem se apresentar com 5, 10, 20, ou 100 pontos.
- As escalas verbais, que usam categorias adjetivas da dor (Fig. 3.4).
- As escalas comportamentais, em que se observa o padrão de comportamento do paciente em relação ao quadro doloroso, ou que possa ser sugestivo de dor, como atitude, posicionamento corporal e expressões faciais (Fig. 3.5).

Nas escalas ordinais, o número de categorias utilizadas varia de acordo com o problema a ser investigado. Nas numéricas, esse número pode variar de 0 a 100, sendo as de 0 a 5, de 0 a 10 e de 0 a 20 as mais utilizadas, pois um maior número de categorias numéricas imprime maior dificuldade na sua representação dimensional.

As escalas verbais, nas quais se empregam adjetivos como leve, moderada, forte, grave, ou variantes, contêm geralmente cinco a seis pontos, com a vanta-

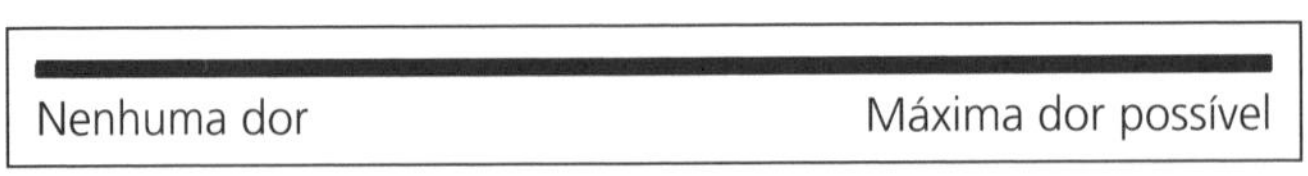

FIGURA 3.2 – Escala Analógica Visual.

Sem dor 1 2 3 4 5 6 7 8 9 10 Pior dor possível

FIGURA 3.3 – Escala analógica numérica.

978-85-7241-726-6

gem de serem familiares aos participantes, uma vez que o vocabulário empregado é comum, expressando a dor de modo qualitativo[39-45].

Nas escalas de categorias, a quantidade limitada de alternativas que servem como resposta induz os indivíduos instruídos a selecionarem uma que mais represente sua dor, tendendo a optar pelos pontos extremos da escala ao fazerem seus julgamentos. Também não é possível afirmar que as distâncias entre as várias categorias sejam iguais, conforme mostrado pela escala métrica[36,44].

As Escalas Visuais Analógicas (VAS, *Visual Analogue Scales*) consistem em uma linha limitada de 10cm de comprimento e têm em suas extremidades expressões como: sem dor e pior dor imaginável ou possível. Os indivíduos são instruídos a analisar a intensidade da sensação dolorosa em um ponto dessa reta e os valores podem variar de 0 a 10 ou de 0 a 100, mensurados em centímetros e obtidos pela mensuração da distância entre a expressão sem dor e o ponto marcado pelo paciente, em milímetros. Essas escalas são de fácil aplicação, mas alguns indivíduos, em especial crianças e idosos, referem dificuldades em utilizá-las, possivelmente em decorrência da necessidade de certa abstração para compreendê-las[44-47]. Pode-se obter um valor de referência basal da resposta objetiva à dor. Isso permite quantificação de aumento ou diminuição dos níveis ou tipos de dor sentida pelo paciente. Essas escalas variam desde muito detalhadas até bem esparsas. O paciente é, em geral, instruído a descrever a intensidade da dor no exato momento em que está sendo questionado[29,48].

A VAS tem alcançado grande popularidade clínica e há constantes evidências na literatura que apóiam a fidedignidade e a validade psicométricas. Essa escala

A

Sem dor – Leve – Moderada – Intensa – Máxima

B

Escala Verbal – 4 Pontos

( ) Nenhuma dor.
( ) Alguma dor.
( ) Dor considerável.
( ) Dor que não pode ser mais grave.

C

Escala Verbal – 5 Pontos

( ) Leve.
( ) Desconfortável.
( ) Aflitiva.
( ) Horrível.
( ) Torturante.

FIGURA 3.4 – (*A*) Escala de descritores verbais. Escalas verbais de quatro pontos (*B*) e de cinco pontos (*C*).

( ) Nenhuma dor.
( ) Dor presente, mas pode ser ignorada facilmente.
( ) Dor presente, não pode ser ignorada, mas não interfere nas atividades cotidianas.
( ) Dor presente, não pode ser ignorada, interfere na concentração.
( ) Dor presente, não pode ser ignorada, interfere em todas as tarefas, exceto na higiene e na alimentação.
( ) Dor presente, não pode ser ignorada, descanso ou sono requerido.

FIGURA 3.5 – Escala comportamental de seis pontos.

978-85-7241-726-6

tem a vantagem de reduzir a influência das respostas prévias (efeito de antecipação) quando muitas e repetidas respostas são solicitadas a um mesmo indivíduo. Além disso, essa escala aumenta a probabilidade de que cada resposta seja, de fato, baseada na experiência subjetiva daquele momento[38].

A escala numérica é uma das mais utilizadas em pesquisas clínicas e na prática médica diária, tanto pela praticidade de manuseio quanto pela facilidade de compreensão por parte do paciente, podendo ser usada várias vezes ao dia[36,49,50]. É indicada como o instrumento mais freqüentemente empregado para a mensuração da intensidade de dor[51,52].

Escalas que aumentam os valores da esquerda para a direita tendem a se comportar de forma similar às que o fazem ao contrário, o que justifica o uso da escala da Figura 3.4[53]. A escolha da escala numérica de dez pontos ao invés da VAS em geral exige menor abstração por parte dos pacientes, sendo mais fácil de ser compreendida. Em um estudo, cerca de 30% dos pacientes idosos não conseguiram compreender a VAS[54]. Além disso, para muitos pacientes, é impossível ou no mínimo complicado imaginar sua dor como um ponto em uma linha reta[55].

Também pode ser mensurado o alívio da dor. A forma mais simples seria fazer ao paciente questões que permitissem respostas bivariáveis, do tipo sim e não, ou ainda aplicando-se a escala numérica de dez pontos, por exemplo. Outras medidas menos freqüentes, mas que também podem ser utilizadas, incluem o registro do tempo para alívio perceptível e significativo e o tempo de remedicação.

Embora os instrumentos unidimensionais ainda sejam os mais empregados para a mensuração da dor, é importante lembrar que têm o inconveniente de simplificarem demasiadamente a experiência dolorosa. Apesar de serem pouco utilizados na avaliação da dor, estudos com instrumentos multidimensionais vêm sendo realizados, possibilitando assim a obtenção de dados quantitativos e qualitativos sobre tal experiência, essenciais a uma avaliação mais precisa, como a diferenciação da dor durante repouso e esforço[56].

Mensuração Multidimensional da Dor

978-85-7241-726-6

Os instrumentos multidimensionais são usados para avaliar e mensurar as diferentes dimensões da dor a partir de diferentes indicadores de respostas e suas interações, denominados descritores verbais da dor. As principais dimensões avaliadas são a sensorial, a afetiva e a avaliativa. Algumas escalas multidimensionais incluem indicadores fisiológicos, comportamentais, contextuais e também os autorregistros por parte do paciente[36,38].

Melzack e Torgerson apresentaram, na década de 1970, as diferentes dimensões da dor: sensitivo-discriminativa, referente às características espaciais de pressão, tensão, térmica e vivacidade da dor; afetivo-motivacional, representada por sensações de cansaço, medo, punição e reações autonômicas; e avaliativa, que se refere à situação global vivenciada pelo indivíduo, ressaltando a influência de fatores sensoriais, emocionais e culturais em sua interpretação e resposta[36,57].

Dentre os instrumentos de mensuração multidimensional, o mais utilizado e conhecido é o Questionário para Dor de McGill, apresentado inicialmente por Melzack, em 1975, e validado na língua portuguesa. Esse questionário contém inúmeros descritores, distribuídos em quatro grupos que geram 20 subgrupos. O grupo sensorial é composto por dez subgrupos; o grupo afetivo, por cinco subgrupos; o grupo avaliativo, por um subgrupo; e o grupo misto, por quatro subgrupos. Três índices diferenciados são então extraídos desse questionário: o Índice Quantitativo da Dor, obtido por meio da soma dos valores atribuídos aos descritores escolhidos; o Índice do Número de Palavras Escolhidas, gerado pela soma do número de palavras escolhidas para qualificar a dor; e o Índice de Intensidade de Dor Atual, obtido por uma escala verbal de cinco pontos.

Embora o questionário de McGill possa fornecer dados quantitativos e qualitativos sobre a dor sentida e ter a vantagem de mensurá-la multidimensionalmente, ainda apresenta algumas limitações: em relação à sua aplicação em diferentes grupos, pois as diferenças de linguagem podem ser confundidas com diferenças na expressão da dor; possui maior número de descritores sensoriais que afetivos e avaliativos, o que pode levar os pacientes a considerarem mais o aspecto sensorial da dor; em relação à sua extensão, requer mais tempo para ser aplicado, tornando-se impraticável para pacientes em estado grave[36].

A intensidade da dor pode ser relatada por meio de expressões como discreta, branda, suportável, intensa e insuportável, embora seja virtualmente impossível saber em que extensão o relato corresponde à experiência atual. Embora muitos fatores influenciem no modo pelo qual os pacientes se referem à intensidade da dor, existe em geral uma relação entre a intensidade do estímulo nocivo e o grau de dor. Isso reflete a relação direta entre a intensidade e a quantidade ou a concentração da atividade das fibras nociceptivas ao transmitirem através das células do corno dorsal e ativarem o corno posterior da medula espinal[58].

A linguagem da dor, repetidamente enfatizada por Merskey, fornece relevantes indícios sobre o sofrimento e a dor das pessoas[59]. Melzack desenvolveu um método sistemático que incorporou descritores verbais para a expressão da dor, o Questionário para Dor de McGill (MPQ, *McGill Pain Questionnaire*), que se tornou o instrumento de pesquisa mais empregado no mundo para a mensuração das propriedades multidimensionais da dor, abordando os componentes sensoriais, afetivos e de intensidade[60,61].

Apesar de alguns pesquisadores utilizarem o MPQ para a mensuração de dores passadas e relatarem que pode ser usado para a análise de dores de até uma semana atrás, de acordo com Melzack esse instrumento somente deve ser aplicado aos pacientes que estejam relatando dor, pois muitos apresentam dificuldade em abstrair e sumarizar experiências dolorosas passadas[57].

978-85-7241-726-6

O MPQ é suficientemente sensível para detectar diferenças entre métodos de tratamento da dor e proporciona informações a respeito do efeito de determinada terapia antálgica sobre as dimensões sensorial, afetiva e avaliativa da dor[62].

A utilização do MPQ é relevante sempre que puder ser aplicado, porque esse instrumento multidimensional fornece informações mais ricas sobre a experiência dolorosa – envolvendo também componentes psicológicos e emocionais –, não se limitando apenas à mensuração da intensidade da dor, como as escalas numérica, visual, de faces e tantas outras. Apesar de a intensidade global da dor ser importante condição para se compreender a experiência dolorosa, medidas que refletem apenas essa característica são insensíveis a variações nos diferentes aspectos qualitativos da dor[63,64].

A categoria sensorial refere-se às propriedades mecânicas, térmicas, temporais e espaciais da dor; a afetivo-motivacional, à dimensão afetiva nos aspectos de tensão, medo e propriedades autonômicas; a avaliativa possibilita que o paciente expresse uma avaliação global da sua experiência dolorosa; e a miscelânea, que engloba descritores das outras categorias, não se refere a nenhuma propriedade específica[55,57,65,66].

Apesar das dificuldades existentes (tempo de aplicação e compreensão de alguns descritores pelos pacientes), a aplicação desse questionário possibilita ao investigador uma experiência muito produtiva, pois permite a visualização da satisfação, seja por palavras ou por expressões faciais, da maioria dos pacientes em encontrar palavras que os auxiliassem a transmitir sua experiência dolorosa. Em pesquisa realizada por Pimenta e Teixeira, 96% dos pacientes disseram que o MPQ ajudou, ou ajudou muito, na descrição de seu quadro doloroso[57].

978-85-7241-726-6

As respostas obtidas a partir do MPQ, infelizmente, tornam-se um pouco limitadas para comparações, em razão das diferenças da linguagem. Esse é um dos motivos pelos quais as escalas unidimensionais são mundialmente mais usadas, possibilitando o cotejo dos resultados obtidos em diferentes países e línguas.

Sabe-se que os aspectos econômicos, culturais e sociais têm influência sobre o relato da dor pelos pacientes, embora em menor magnitude nas dores de caráter agudo do que nas de caráter crônico, mas o MPQ possui elevado nível de fidedignidade e transcende tais diferenças, talvez por ter sido elaborado com base no referencial teórico sobre a fisiologia da dor[57,65,67]. No Brasil, 95% dos entrevistados em uma pesquisa disseram ser capazes de compreender o inventário sem grande dificuldade, mas os estudos não avaliaram a magnitude dessa dificuldade, mormente em se tratando de indivíduos de baixa escolaridade ou idosos[57,68,69].

Entretanto, essa talvez não seja a realidade desse questionário no Brasil, um dos líderes mundiais em desigualdade social e que possui diferenças marcantes quanto às expressões idiomáticas regionais. Isso permite supor que os resultados de uma pesquisa realizada com amostra extraída de uma população rica de uma capital brasileira talvez possam se diferenciar de modo significativo daqueles obtidos em uma cidade pobre do sertão nordestino, em razão da complexidade na compreensão de alguns descritores[70].

Mensuração da Dor em Crianças

Crianças acima dos dois anos de idade podem relatar sua dor, embora nessa idade não sejam hábeis para determinar a intensidade. Crianças em qualquer idade podem negar a dor se o questionador for uma pessoa estranha, se acreditarem que serão repreendidas, se estiverem com medo, ou se anteciparem o fato de receber uma injeção para dor.

Entretanto, é valioso questionar as crianças pré-escolares sobre a sua dor. O questionamento deve ser paciente e com palavras familiares à criança ("Você tem algum machucado?"). Os parentes da criança podem ajudar muito nesse momento da avaliação da dor.

Crianças de quatro a cinco anos de idade podem usar medidas padronizadas. As fichas de pôquer de Hester são bem validadas e úteis para crianças desse grupo etário porque são concretas[71]. Quatro fichas de pôquer são colocadas na frente da criança e descritas para ela como pedaços de um machucado. A primeira ficha é descrita como "apenas um pequeno machucado", a segunda é "um pequeno machucado maior", a terceira é "mais machucado" e a quarta ficha é "o maior machucado que ela poderia ter".

FIGURA 3.6 – Escala de faces para crianças de Wong e Baker[75].

978-85-7241-726-6

Pergunta-se à criança: "quantos pedaços de machucado você tem?". A resposta é então confirmada pelo questionador com o significado da ficha selecionada pela criança.

A escala de faces pode ser usada nesse grupo etário. As Figuras 3.6 a 3.8 mostram algumas das mais úteis[72,73]. Essas escalas apresentam uma série de faces desenhadas, com graduação em intensidade crescente entre "nenhuma dor" e "pior dor possível" e costumam ser utilizadas para avaliação de crianças ou pacientes com dificuldade para comunicação, em geral idosos[74]. As mais usadas para crianças são a de Bieri *et al.* e a de Wong e Baker, em que as instruções que tipicamente acompanham a escala são: face 0 (nenhuma dor), face 1 (dor leve), face 2 (dor maior), face 3 (dor maior ainda), face 4 (dor muito maior) e face 5 (pior dor)[73,75].

Quando abordadas com a escala de faces, as crianças devem apontar a que melhor representa a sensação dolorosa que está experimentando naquele momento[76]. Essas ferramentas devem ser facilmente compreendidas por crianças e idosos, a fim de não ser empregada uma escala numérica para traduzir a dor[75,77,78]. As escalas de face têm demonstrado fácil utilização pela importância da expressão facial na comunicação social da dor[79].

Crianças de seis a sete anos de idade podem usar escalas gráficas com palavras[80]. As crianças são instruídas a indicar quanta dor têm na linha com cinco âncoras verbais (Fig. 3.9). Nessa idade, as crianças podem usar as escalas numéricas de 10cm e de 100cm, ou até mesmo a escala analógica visual de 10cm.

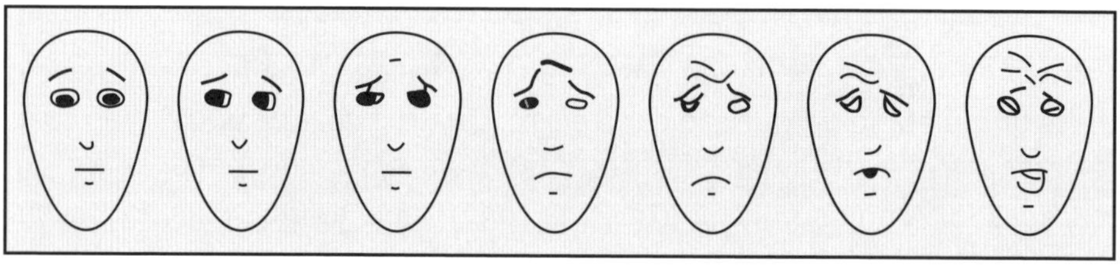

FIGURA 3.7 – Escala de faces para crianças de Bieri, Reeve, Champion e Addicoat[73].

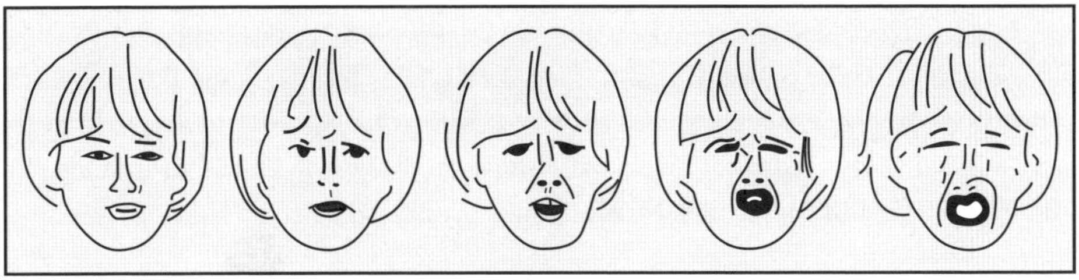

FIGURA 3.8 – Escala de faces para crianças de Kuttner e LePage[72].

978-85-7241-726-6

MENSURAÇÃO DA DOR EM NEONATOS

A freqüência cardíaca inicialmente diminui e depois aumenta em resposta à dor aguda[81]. O tono vagal e a variabilidade da freqüência cardíaca, como durante a respiração, têm sido usados como índices de dor e mal-estar. Nenhum estudo tem avaliado a freqüência cardíaca como medida para dor mais prolongada, embora não seja elevada de modo substancial durante dor pós-operatória em crianças mais velhas[82,83]. Bebês doentes e prematuros têm menos respostas previsíveis. A freqüência cardíaca é uma medida fácil e em geral válida de dor aguda.

A saturação arterial de oxigênio é amplamente monitorizada em cuidados anestésicos e críticos e com freqüência é útil em unidade de terapia inetnsiva (UTI) neonatal. A saturação de oxigênio diminui durante procedimentos dolorosos, como circuncisão, punção lombar e intubação, mas não ocorre por outras razões ou apenas durante a manipulação de neonatos.

Cirurgia ou trauma provocam a liberação de hormônios do estresse (corticosteróides, catecolaminas, glucagon e hormônio do crescimento) no sangue. Essa cascata pode facilitar a cicatrização, mas pode ter resultados desastrosos na pele do neonato. No processo cirúrgico do prematuro e do bebê a termo, a resposta ao estresse é mediada por opióides, provavelmente por diversas ações em nível hipotalâmico e hipofisário[84]. A resposta ao estresse é mais que uma medida de dor. Embora úteis no contexto da pesquisa, essas medidas não têm sido aplicadas para avaliar a dor clínica.

Coloque um traço acima ou abaixo e marque nesta linha para mostrar quanta dor

Nenhuma dor	Pouca dor	Dor média	Muita dor	Pior dor possível

FIGURA 3.9 – Escala gráfica de palavras de Tesler *et al.*[80].

A liberação de cortisol, muito estudada em bebês e crianças, não é específica da dor e ocorre em muitas situações adversas. Os níveis de cortisol plasmático se elevam de modo significativo durante a circuncisão[85]. No entanto, a pele do prematuro pode ter níveis instáveis e pequenas mudanças durante procedimentos dolorosos podem não ser detectadas.

978-85-7241-726-6

Diários de Dor

A dor também pode ser avaliada por meio dos diários de dor, que são preenchidos pelo próprio paciente, ou por um parente ou cuidador. Os pacientes são orientados a registrarem nesses diários, com dada periodicidade estabelecida pelo terapeuta, informações sobre a localização da dor, sua natureza, intensidade, freqüência, ingestão de fármacos para minimizá-la, fatores de melhora e de piora da dor, entre outros.

As anotações contidas nos diários de dor possibilitam ao terapeuta a documentação da história de dor de seu paciente, das mudanças da sintomatologia álgica no momento de acontecimento e dos possíveis fatores que cooperaram para essa mudança. Além disso, o fato de registrar as informações sobre a dor assim que os fatos ocorrem, com freqüência estipulada, reduz ou abole a possibilidade de o paciente tentar recorrer à memória de dor e não conseguir oferecer informações precisas e detalhadas.

As informações que deverão constar de um diário de dor geralmente dependem da formação profissional do terapeuta, se enfermeiro, fisioterapeuta, médico, psicólogo ou terapeuta ocupacional. De acordo com a atividade profissional, o terapeuta pode dar preferência a informações sobre estado físico, habilidades funcionais, atividades que consegue ou não desempenhar, tolerância ou não à dor, atividades que evita por receio de provocar ou exacerbar a dor, dependência de fármacos que controlam a dor, estado de humor e ansiedade, influência da dor em relacionamentos interpessoais ou atividades de vida diária, entre outros.

Ansiedade, Expectativa, Depressão e Dor

A ansiedade é uma variável psicológica que pode servir como preditor da resposta de dor[86]. A relação entre essas duas variáveis é de particular importância para a recuperação do paciente que sente dor[87,88].

Há quatro décadas propôs-se que níveis moderados de ansiedade são associados com a boa recuperação comportamental, ao passo que níveis baixos ou altos são associados com uma recuperação mais deficitária. Outros estudos relataram uma relação curvilínea entre esses fatores[89,90]. A questão mais importante, no entanto, seria a possível relação existente entre ansiedade e recuperação do paciente com dor[91].

Muitas revisões de literatura permitem concluir que pacientes preparados psicologicamente, menos ansiosos, têm uma recuperação clínica melhorada, com menor consumo de analgésicos e menor estada hospitalar, se for o caso de internação[92,93]. Os pacientes que esperam sentir dor podem relatar mais dor em comparação a pacientes que não têm expectativas[94].

Segundo Kain *et al.*, há uma complexa relação, baseada no tempo, entre ansiedade e dor aguda[91]. Os efeitos da ansiedade pré-operatória, por exemplo, na dor após procedimentos cirúrgicos, permitem estabelecer uma associação diretamente proporcional, ou seja, níveis mais altos de ansiedade correspondem a níveis mais altos de dor pós-operatória. De fato, o auto-relato da ansiedade pré-operatória é possivelmente correlacionado ao auto-relato da dor pós-operatória[90,91,95-97]. Parece haver uma associação significativa entre o estado de ansiedade pré-operatória e o requerimento de analgésicos no período pós-operatório.

Trabalhos experimentais em psiconeuroimunologia têm sugerido que o estresse retarda a cicatrização das lesões e, em adição, a dor tem efeitos adversos sobre as funções endócrina e imune, sugerindo a possibilidade de associações mediadas de modo comportamental e biológico entre os estados pré-operatório de ansiedade e pós-operatório. Se o estado de ansiedade elevado evidencia uma cicatrização mais lenta, então poderia ser sugerido que mudanças endocrinológicas e autonômicas associadas com o elevado estado de ansiedade teriam subseqüente impacto negativo no processo de cicatrização[93].

978-85-7241-726-6

Experiências prévias de dor experimental e clínica parecem capazes de restabelecer pontos de comparação, tanto que uma nova experiência dolorosa é julgada de modo diferente entre os indivíduos que tiveram ou não uma experiência dolorosa anterior.

Há evidências de que a história de dor de um indivíduo e os modelos familiares possam ser úteis para predizer e manejar a dor, que a expectativa de resposta entre pacientes com dor crônica, influenciada por suas próprias histórias, prediga de modo significativo sua tolerância à dor experimentada e que a antecipação da dor altera a atividade nociceptiva cortical em sujeitos que esperam que a estimulação de um pé seja dolorosa mesmo na ausência de *input* nocivo real.

A ansiedade é uma característica comum associada com a dor aguda e pode ser mensurada pelo Inventário de Ansiedade Traço-Estado (IDATE), constituído de duas subescalas, avaliando-se a tendência do indivíduo em responder com ansiedade às situações diárias (traço de ansiedade), como também a condição atual de ansiedade (estado de ansiedade)[98].

A ansiedade representa o receio de possíveis perdas futuras, ao passo que a depressão, que em geral aparece em pacientes portadores de dor crônica, refere-se ao sofrimento pelas perdas resultantes da dor[99]. A depressão pode ser avaliada pelo Inventário Beck de Depressão (BDI, *Beck Depression Inventory*), que avalia 21 características clínicas. O BDI é provavelmente a medida de auto-avaliação de depressão mais amplamente usada, tanto em pesquisa quanto em clínica, tendo sido traduzido para vários idiomas e validado em diferentes países.

A escala original consiste em 21 itens, incluindo sintomas e atitudes, cujas intensidades variam de 0 a 3. Os itens referem-se a tristeza, pessimismo, sensação de fracasso, falta de satisfação, sensação de culpa, sensação de punição, autodepreciação, auto-acusações, idéias suicidas, crises de choro, irritabilidade, retração social, indecisão, distorção da imagem corporal, inibição para o trabalho, distúrbio do sono, fadiga, perda de apetite, perda de peso, preocupação somática, diminuição de libido.

978-85-7241-726-6

Satisfação do Paciente com o Tratamento para Dor

Considerando que a dor é um fenômeno inteiramente subjetivo, é interessante, além de avaliar a dor percebida e o alívio de dor relatado pelos pacientes, que se avalie também, de modo subjetivo, a satisfação do paciente com o tratamento analgésico empregado para manejar a sua dor.

A satisfação do paciente com o tratamento é um crescente e importante foco de cuidado de saúde. A cronicidade e a intratabilidade dos problemas relacionados à dor, tanto quanto dos associados com o estresse emocional, podem tornar os pacientes mais propensos à insatisfação com os cuidados. Segundo McCracken, os aspectos sociais e emocionais influenciam a satisfação do paciente com o tratamento[99].

A experiência de dor moderada a grave representa um problema clínico na avaliação e no manejo da dor[100-106]. Entretanto, estudos incluindo a mensuração da satisfação do paciente com o tratamento da dor têm repetidamente indicado que a maioria dos pacientes ainda parece satisfeita com seus cuidados[101,107,108].

Estudos recentes, em acordo com as recomendações da Sociedade Americana de Dor e da Agência para Cuidados da Saúde e Pesquisa, indicam que existe uma relação paradoxal entre a dor experimentada e a satisfação do paciente[104,105,109-112]. Fatores que expliquem esse fenômeno têm sido investigados pela mensuração das relações entre a intensidade da dor atual, o controle percebido e a influência do interesse dos profissionais de saúde na situação clínica[105,112,113].

O total alívio da dor não é sempre questionado pelo paciente e poucos parecem esperar completo alívio com a medicação ou a terapia oferecida[107,108,114,115]. Entretanto, embora os pacientes antecipem alguma dor, por exemplo, pós-operatória, ainda subestimam o nível de dor experimentada[116].

Uma probabilidade de 30 a 40% de experiências de dor moderada a grave nos primeiros dias pós-operatórios tem sido previamente relatada[117]. No estudo de Svensson *et al.* avaliaram-se as possíveis relações entre as experiências prévias de dor, as expectativas pré-operatórias de dor pós-operatória e a evolução do tratamento da dor, incluindo a mensuração da satisfação do paciente com o tratamento analgésico[117]. O estudo baseou-se na informação obtida por questionários pré e pós-operatórios detalhando campos de importância, identificados previamente, no tratamento da dor[107-111,118-120].

Lynch *et al.* observaram, previamente, que a linha de base da dor pré-operatória pode ser associada com dor aumentada na fase pós-operatória, tanto em repouso quanto em movimento[121]. Assim, os dados indicam que não há adaptação geral da dor resultante de períodos longos ou curtos de dor pré-operatória. Além disso, é óbvio que os pacientes com dor pré-operatória precisam de um tratamento mais eficaz para dor pós-operatória, a fim de atingirem alívio aceitável da dor. Esse fato pode ser levado em consideração no planejamento do tratamento da dor pós-operatória[118].

A maioria dos pacientes (99%) espera experimentar dor na fase pós-operatória[118]. Nenhuma dor ou apenas dor leve foi esperada pela minoria (9%), mas a evolução durante a recuperação pós-operatória foi considerada superior por 25% dos pacientes. A maioria (99%) dos pacientes esperava alívio da dor, de moderado a completo, obtido pelo uso da medicação pós-operatória e 89% o apresentaram de fato.

Em um estudo sobre dor pós-operatória, a satisfação do paciente com o tratamento analgésico foi avaliada de acordo com as recomendações da American Pain Society. Observaram-se oitenta e um por cento de satisfação em detrimento do fato de que a maioria dos pacientes relatou ter experimentado dor moderada ou grave no período pós-operatório. Como apontado em estudo recente, a satisfação dos pacientes depois da anestesia e da cirurgia em geral apresenta valor mais baixo de insatisfação, mesmo sendo menor que aquela presente, comumente atingida[122]. Sugere-se que a verdadeira resposta do paciente pode ser modificada para favorecer a equipe profissional de saúde envolvida[105,123].

978-85-7241-726-6

Uma baixa intensidade de dor poderia ser um bom preditor de satisfação com o tratamento da dor e o aproveitamento do tratamento[113]. Em outro estudo, a experiência real do alívio inadequado da dor foi um fator significativo que influenciou a insatisfação, como poderia ser esperado[118]. Entretanto, a maioria desses pacientes relatou ter experimentado dor moderada a grave no período pós-cirúrgico e ficou satisfeita com o tratamento oferecido para a dor. Isso poderia ser explicado pelo fato de que a maioria dos pacientes (88%) tinha experiência de cirurgia prévia e dor pós-operatória e que a maioria destes (53%), naquelas ocasiões prévias, tinha realmente experimentado dor moderada a grave. Assim, sua real experiência dolorosa pareceu estar de acordo com suas expectativas.

Tanto o grau de redução da dor quanto a confiança no profissional do serviço foram relacionados à satisfação com o tratamento. E a confiança foi o mais importante dos dois[124].

Sendo assim, a satisfação pode ser mensurada de modo similar à intensidade da dor, por meio das escalas analógica visual e numérica de 10cm, ou ainda pela escala verbal, com expressões como: muito insatisfeito, insatisfeito, satisfeito, muito satisfeito.

978-85-7241-726-6

Considerações Finais

A boa avaliação em dor e cuidados paliativos é fundamental para o controle de sintomas e sofrimentos e para a melhora da qualidade de vida dos pacientes. Uma avaliação sistemática com a quantificação dos sintomas é importante para a boa prática clínica e para pesquisas nessas áreas. Os instrumentos de avaliação, apesar das várias críticas apontadas, têm sido aprimorados ao longo do tempo e têm facilitado e objetivado as avaliações.

Referências Bibliográficas

1. Controlo dos sintomas. In. TWYCROSS, R. *Cuidados Paliativos*. Lisboa: Climepsi, 2001.
2. INGHAM, J. M. Patient evaluation and outcome measures. In: DOYLE, D.; HANKS, G.; CHERNY, N. et al. *Oxford Textbook of Palliative Medicine*. 2005. p. 167.
3. GROSSMAN, S. A. et al. Correlation of patient and caregiver ratings of cancer pain. *J. Pain Symptom Manage*, v. 6, n. 2, p. 53-57, 1991.
4. CLIP, E. C.; GEORGE, L. K. Patients with cancer and their spouse caregivers. Perceptions of the illness experience. *Cancer*, v. 69, n. 4, p. 1074-1079, 1992.
5. BRUERA, E. et al. The Edmonton Symptom Assessment System (ESAS): a simple method for the assessment of palliative care patients. *J. Palliative Care*, v. 7, n. 2, p. 6-9, 1991.
6. DONNELLY, S.; WALSH, D. The symptoms of advanced cancer. *Sem. Oncol.*, v. 11, n. 2, suppl. 3, p. 67-72, 1995.
7. PORTENOY, R. K. et al. The Memorial Symptom Assessment Scale: an instrument for the evaluation of symptom prevalence, characteristics and distress. *Eur. J. Cancer*, v. 30, n. 9, p. 1326-1336, 1994.
8. DE HAES, J. C. J. M.; VAN KIPPENBER, E. C. E.; NEIJT, J. P. Measuring psychological and physical distress in cancer patients: structure and application of the Rotterdam Symptom Checklist. *Brit. J. Cancer*, v. 61, p. 1034-1038, 1990.

9. MCCORKLE, R.; YOUNG, K. Development of a symptom distress scale. *Cancer Nurs.*, v. 1, p. 373-378, 1978.

10. PORTENOY, R. K. Symptom prevalence, characteristics and distress in a cancer population. *Quality of Life Research*, v. 3, n. 3, p. 183-189, 1994.

11. PIPER, B. F. et al. The revised piper fatigue scale: psychometric evaluation in women with breast cancer. *Oncol. Nurs.*, v. 25, n. 4, p. 677-684, 1998.

12. FOLSTEIN, M. F.; FOLSTEIN, S. E.; MCHUGH, P. R. Mini-mental state. *J. Psych. Res.*, v. 12, p. 189-198, 1975.

13. MASSIE, J. J.; HOLLAND, J.; GLASS, E. Delirium in terminally ill cancer patients. *Am. J. Psych.*, v. 140, n. 8, p. 1048-1050, 1983.

14. LAWLOR, P. G. et al. Occurrence, causes, and outcome of delirium in patients with advanced cancer: a prospective study. *Arch. Int. Med.*, v. 160, n. 6, p. 786-794, 2000.

15. TRZEPACZ, P. T.; BAKER, R. W.; GREENHOUSE, J. A symptom rating scale for delirium. *Psych. Res.*, v. 23, p. 89-97, 1998.

16. BRETBART, W. et al. The memorial delirium assessment scale. *J. Pain Symptom Manage*, v. 13, n. 3, p. 128-137, 1997.

17. BORG, G. Perceived exertion as an indicator of somatic stress. *Scand. J. Rehabil. Med.*, v. 2-3, p. 92-98, 1970.

18. STARK, R. D. Dyspnoea: assessment and pharmacological manipulation. *Eur. Resp. J.*, v. 1, n. 3, p. 280-287, 1988.

19. COCKCROFT, A.; ADAMS, L.; GUZ, A. Assessment of breathlessness. *Quart. J. Med.*, v. 72, n. 268, p. 669-676, 1989.

20. CALMAN, K. C. Quality of life in cancer patients as hypothesis. *J. Med. Ethics.*, v. 10, p. 124-127, 1984.

21. VENTAFRIDDA, V. et al. Quality-of-life assessment during a palliative care programme. *Ann Oncol.*, v. 1, n. 6, p. 515-520, 1980.

22. DE HAES, J. C. J. M. et al. Evaluation of the quality of life of patients with advanced ovarian cancer treated with combination chemotherapy. In: AARONSON, N. K.; BECKMAN, J. *The Quality of Life of Cancer Patients*. New York: Raven, 1987. p. 217.

23. SINGER, P. A.; MARTIN, D. K.; KELNER, M. Quality end-of-life care: patients perspectives. *J. Am. Med. Assoc.*, v. 281, p. 163-168, 1999.

24. BAKER, A. et al. Chronic pain management in cognitively impaired patients: a preliminary research project. *Perspectives*, v. 20, n. 2, p. 4-8, 1996.

25. KOVACH, C. R. et al. The assessment of discomfort in dementia protocol. *Pain Manage Nurs.*, v. 3, n. 1, p. 16-27, 2002.

26. INGHAM, J. M. Pain and distress in cancer patients during the dying process. *Am. Pain Soc. Abstracts*, n. 94623, Nov. 1994.

27. TURK, D. C.; OKIFUJI, A. *Pain Terms and Taxonomies of Pain.* In: LOESER, J. D. *Bonica's Management of Pain.* 3. ed. Philadelphia: Lippincott Williams & Wilkns, 2001.

28. ORTEGA, E. *Neurofisiologia del Dolor.* Chile, Valdivia: Instituto de Neurologia y Neurocirurgia, 1995.

978-85-7241-726-6

29. CAMERON, M. H. *Physical Agents in Rehabilitation – From Research to Practice*. Philadelphia: Saunders, 1999.

30. YOSIPOVITCH, G.; HUNDLEY, J. L. Practical guidelines for relief of itch. *Dermatol. Nurs.*, v. 16, n. 4, p. 325-328, 2004.

31. VOEPEL-LEWIS, T. Pain assessment for the PACU nurse: science or art? *J. Perianesth Nurs*, v. 19, n. 4, p. 257-260, 2004.

32. TURNER, J. A.; DWORKIN, S. F. Screening for psychosocial risk factors in patients with chronic orofacial pain: recent advances. *J. Am. Dent. Assoc.*, v. 135, n. 8, p. 1119-1125, 2004.

33. MOLINE, M. L.; BROCH, L.; ZAK, R. Sleep in women across the life cycle from adulthood through menopause. *Med. Clin. North Am.*, v. 88, n. 3, p. 705-736, 2004.

34. BICER, A.; YAZICI, A.; CAMDEVIREN, H. et al. Assessment of pain and disability in patients with chronic neck pain: reliability and construct validity of the Turkish version of the neck pain and disability scale. *Disabil. Rehabil.*, v. 26, n. 16, p. 959-962, 2004.

35. ADAMS, R. D. C.; VICTOR, M. *Neurologia*. 6. ed. Rio de Janeiro: McGraw-Hill, 1998.

36. PEREIRA, L. V.; FALEIROS SOUSA, F. A. E. Mensuração e avaliação da dor pós-operatória: uma breve revisão. *Rev. Lat.-Am. Enf.*, v. 6, n. 3, p. 77-84, 1998.

37. BLACKLOW, R. S. *Sinais e Sintomas: fisiopatologia aplicada e interpretação clínica*. 6. ed. Rio de Janeiro: Guanabara Koogan, 1986.

38. HERRERA, A. C. S. A.; MOURA, C. S. R.; PINTO, C. S. *1º Consenso Brasileiro de Dor Oncológica*. São Paulo: Editora de Projetos Médicos, 2002.

39. KREME, E.; ATKISON, J. H.; IGNELZI, R. J. Measurement of pain: patient reference does not confound pain measurement. *Pain*, v. 10, p. 241-248, 1981.

40. LINTÖN, S. J.; GÖTESTAM, K. G. A clinical comparison of two pain scales: correlation, remembering chronic pain, and a measure of compliance. *Pain*, v. 17, p. 57-65, 1983.

41. CHAPMAN, C. R. Pain Measurement: an overview. *Pain*, v. 22, p. 1-31, 1985.

42. FALEIROS SOUSA, F. A. E. *Prestígio Profissional do Enfermeiro: um enfoque da psicofísica social*. Ribeirão Preto, 1993. 175p. Tese (Doutorado) – Escola de Enfermagem de Ribeirão Preto, Universidade de São Paulo.

43. JENSEN, M. P.; TURNER, J. A.; ROMANO, J. M. What is the maximum number of levels needed in pain intensity measurement? *Pain*, v. 58, p. 387-392, 1994.

44. PIMENTA, C. A. de M. Escalas de Avaliação de Dor. In: TEIXEIRA, M. D. (ed.). *Dor: conceitos gerais*. São Paulo: Limay, 1994.

45. PIMENTA, C. A. de M.; TEIXEIRA, M. J. Questionário de Dor McGill: proposta de adaptação para a língua portuguesa. *Rev. Esc. Enf. USP*, v. 30, n. 3, p. 473-483, 1996.

46. JENSEN, M. P.; KAROLY, P.; BRAVER, S. The Measurement of Clinical pain Intensity: a comparison of six methods. *Pain*, v. 27, p. 117-126, 1986.

47. GIFT, A.G. Visual analogue scales: measurement of subjective phenomena. *Nurs. Res.*, v. 38, n. 5, p. 286-288, 1989.

48. GRIEVE, G. P. *Moderna Terapia Manual da Coluna*. São Paulo: Médica Panamericana, 1994.

49. BUXTON, B. P. A fisiologia e a psicologia da dor. In: STARKEY, C. *Recursos Terapêuticos em Fisioterapia*. São Paulo: Manole, 2001. p. 37-69.

978-85-7241-726-6

50. VETTER, T. R.; HEINER, E. J. Discordance between patient self-reported visual analog scale pain scores and observed pain-related behavior in older children after surgery. *J. Clin. Anesth.*, v. 8, n. 5, p. 371-375, 1996.

51. MOINICHE, S.; KEHLET, H.; DAHL, J. B. A qualitative and quantitative systematic review of preemptive analgesia for postoperative pain relief. *Anesthesiol*, v. 96, n. 3, p. 725-741, 2002.

52. ONG, C. K. S. et al. The efficacy of preemptive analgesia for acute postoperative pain management: a meta-analysis. *Anesth. Analg.*, v. 100, n. 3, p. 757-773, 2005.

53. HUSKISSON, E. C. Visual analogue scales. In: MELZACK, R. *Pain measurement and assessment*. New York: Raven, 1983. p. 33-37.

54. GAGLIESI, L.; MELZACK, R. Age differences in the quality of chronic pain: a preliminary study. *Pain Res. Manage*, v. 2, n. 3, p. 157-162, 1997.

55. KETOVUORI, H. Nurses' and patients' conceptions of wound pain and the administration of analgesics. *J. Pain Symptom Manage*, v. 2, p. 213-218, 1987.

56. ZAFAR, S. U.; HAMID, M.; HODA, M. Q. Patient controlled intravenous analgesia (PCIA) in postoperative surgical patients: an audit. *J. Pak. Med. Assoc.*, v. 54, n. 7, p. 353-356, 2004.

57. PIMENTA, C. A.; TEIXEIRA, M. J. Questionário de dor McGill: proposta de adaptação para a língua portuguesa. *Rev. Bras. Anestesiol.*, v. 47, n. 2, p. 177-186, 1997.

58. PORTO, C. C. *Exame Clínico*. 3. ed. Goiânia: Guanabara Koogan, 1996.

59. MERSKEY, H. Some features of the history of the idea of pain. *Pain*, v. 9, n. 1, p. 3-8, 1980.

60. FERNANDEZ, E.; BOYLE, G. J. Affective and evaluative descriptors of pain in the McGill Pain Questionnaire: reduction and reorganization. *J. Pain*, v. 2, n. 6, p. 318-325, 2001.

61. FERNANDEZ, E.; TOWERY, S. A parsimonious set of verbal descriptors of pain sensation derived from the McGill pain questionnaire. *Pain*, v. 66, n. 1, p. 31-37, 1996.

62. VEILLEUX, S.; MELZACK, R. Pain in psychotic patients. *Exp. Neurol.*, v. 52, n. 1, p. 535-543, 1976.

63. KELLY, D. J.; AHMAD, M.; BRULL, S. Preemptive analgesia I: physiological pathways and pharmacological modalities. *Can. J. Anesth.*, v. 48, n. 10, p. 1000-1010, 2001.

64. PRIETO, E. J.; GEISINGER, K. F. Factor-analytic studies of the McGill Pain Questionnaire. In: MELZACK, R. *Pain Measurement and Assessment*. New York: Raven, 1983. p. 63-70.

65. MELZACK, R. The McGill Pain Questionnaire: major properties and scoring methods. *Pain*, v. 1, n. 3, p. 277-299, 1975.

66. TEIXEIRA, M. J. et al. Avaliação da dor: fundamentos teóricos e análise crítica. *Rev. Méd.*, v. 78, n. 2, p. 85-114, 1999.

67. KATZ, J.; JACKSON, M.; KAVANAGH, B. P. et al. Acute pain after thoracic surgery predicts long-term post-thoracotomy pain. *Clin. J. Pain*, v. 12, p. 50-55, 1996.

68. PIMENTA, C.A. M. Avaliação da experiência dolorosa. *Rev. Méd.*, v. 74, n. 2, p. 69-75, 1995.

69. TEIXEIRA, M. J. *Fisiopatologia da Dor Neuropática*. In: ANDRADE FILHO, A. C. *Dor: diagnóstico e tratamento*. São Paulo: Roca, 2001. p. 7-42.

70. BARROS, N. Qualidade de Vida – conceito e métodos de avaliação. In: ANDRADE FILHO, A. C. de C. *Dor: diagnóstico e tratamento*. São Paulo: Roca, 2001. p. 53-61.

978-85-7241-726-6

71. HESTER, N. O. *Nurs. Res.*, v. 28, p. 250-255, 1979.

72. KUTTNER, L.; LEPAGE, T. Face scales for assessment of pediatric pain: a critical review. *Can. J. Behav. Sci*, v. 21, p. 198-209, 1989.

73. BIERI, D.; REEVE, R. A.; CHAMPION, G. D. et al. The Faces Pain Scale for the self-assessment of the severity of pain experienced by children: development, initial validation, and preliminary investigation for ratio scale properties. *Pain*, v. 41, p. 139-150, 1990.

74. CHAMBERS, C. T.; CRAIG, K. D. An intrusive impact of anchors in children's faces pain scales. *Pain*, vol. 78, p. 27-37, 1998.

75. WONG, D. L.; BAKER, C. M. Pain in children: comparison of assessment scales. *Pediatr. Nurs.*, v. 14, p. 9-17, 1988.

76. CHAMBERS, C. T.; GIESBRECHTA, K.; CRAIG, K. D. et al. A comparison of faces scales for the measurement of pediatric pain: children's and parents' ratings. *Pain*, v. 83, p. 25-35, 1999.

77. WEST, N.; OAKES, L.; HINDS, P. S. et al. Measuring pain in pediatric oncology ICU patients. *J. Pediatr. Oncol. Nurs.*, v. 11, p. 64-68, 1994.

78. FOGEL-KECK, J.; GERKENSMEYER, J. E.; JOYCE, B. A. et al. Reliability and validity of the faces and word descriptor scales to measure procedural pain. *J. Pediatr. Nurs.*, v. 11, p. 368-374, 1996.

79. CRAIG, K. D.; GILBERT, C. A.; LILLEY, C. M. Social barriers to optimal pain management in infants and children. *Clin. J. Pain*, v. 12, p. 232-242, 1996.

80. TESLER, M. D.; SAVEDRA, M. C.; HOLZEMER, W. L. et al. The word-graphic rating scale as a measure of children's and adolescents' pain intensity. *Res. Nurs. Health*, v. 14, p. 361-271, 1991.

81. JOHNSTON, C. C.; STRADA, M. E. Acute pain response in infants: a multidimensional description. *Pain*, v. 24, p. 373-382, 1986.

82. MCINTOSH, N.; VAN VEEN, L.; BRAMEYER, H. The pain of heel prick and its measurement in preterm infants. *Pain*, v. 52, p. 71-74, 1993.

83. O'HARA, M.; O'HARA, M.; MCGRATH, P. J. et al. Oral morphine versus injected meperidine (Demerol) for pain relief in children after orthopedic surgery. *J. Pediatr. Orthop.*, v. 7, p. 78-82, 1987.

84. ANAND, K.J. Pain in neonates. *Pain Res. Clin. Manage*, v. 5, p. 39-66, 1993.

85. GUNNAR, M. R.; GUNNAR, M. R.; FISCH, R. O. et al. The effects of circumcision on serum cortisol and behavior. *Psychoneuroendocrinol*, v. 6, p. 269-275, 1981.

86. CAUMO, W.; HIDALGO, M. P. L.; SCHMIDT, A. P. et al. Effect of pre-operative anxiouslysis on postoperative pain response in patients undergoing total abdominal hysterectomy. *Anaesth*, v. 57, n. 8, p. 740-746, 2002.

87. CAUMO, W.; BROENNSTRUB, J. C.; FIALHO, L. Risk factor for postoperative anxiety in children. *Acta Anaesth. Scand.*, v. 44, p. 782-789, 2000.

88. CAUMO, W.; SCHMIDT, A. P.; SCHNEIDER, C. N. Risk factor for postoperative anxiety in adults. *Anaesth.*, v. 56, p. 720-728, 2000.

89. AUERBACH, S. M.; KENDALL, P. C. Sex differences in anxiety response and adjustment to dental surgery. Effects of general versus specific preoperative information. *J. Clin. Psycol.*, v. 34, p. 309-313, 1978.

978-85-7241-726-6

90. WALLACE, L. M. Surgical patients' expectations of pain and discomfort: does accuracy of expectations minimise postsurgical pain and distress? *Pain*, v. 22, p. 363-373, 1985.

91. KAIN, Z. N.; SEVARINO, F.; RINDER, C. S. et al. Preoperative anxiouslysis and postoperative recovery in women undergoing abdominal hysterectomy. *Anesthesiol.*, v. 94, n. 3, p. 415-422, 2001.

92. JOHNSTON, M.; VOGELE, C. Benefits of psychological preparation for surgery. A meta-analysis. *Am. Behav. Med.*, v. 15, p. 245-256, 1993.

93. KIECOLT-GLASER, J. K.; PAGE, G. G.; MARUCHA, P. T. et al. Psychological influences on surgical recovery: perspectives from psychoneuroimmunology. *Am. Psychol.*, v. 53, p. 1209-1218, 1998.

94. DE GROOT, K. I.; BOEKE, S.; PASSCHIER, J. Preoperative expectations of pain and recovery in relation to postoperative disappointment in patients undergoing lumbar surgery. *Med. Care*, v. 37, p. 149-156, 1999.

95. TAENZER, P.; MELZACK, R.; JEANS, M. E. Influence of psychological factors on postoperative pain mood and analgesic requirements. *Pain*, v. 24, p. 331-342, 1986.

96. JAMISON, R. N.; PARRIS, W. C. V.; MAZSON, W. S. Psychological factors influencing recovery from outpatient surgery. *Behav. Res. Ther.*, v. 25, p. 31-37, 1987.

97. NELSON, P. V.; ZIMMERMAN, L.; BARNASON, S. et al. The relationship and influence of anxiety on postoperative pain in the coronary artery bypass graft patient. *J. Pain Symptom Manage*, v. 15, p. 102-109, 1998.

98. SPIELBERGER, C. D.; GERSUCH, R. L.; LUSHENE, R. E. Inventário de ansiedade traço-estado. State Trait Anxiety Inventory – STAI. Trad. M. B. Biaggioe; L. Natalício. Rio de Janeiro: CEPA, 1979.

99. MCCRACKEN, L. M.; EVONB, D.; KARAPASC, E. T. Satisfaction with treatment for chronic pain in a specialty service: preliminary prospective results. *Eur. J. Pain*, v. 6, p. 387-393, 2002.

100. MARKS, R. M.; SACHAR, E. J. Undertreatment of medical inpatients with narcotic analgesics. *Ann. Intern. Med.*, v. 78, p. 173-181, 1973.

101. COHEN, F. L. Postsurgical pain relief: patients' status and nurses' medication choices. *Pain*, v. 9, p. 265-274, 1980.

102. DONOVAN, M.; DILLON, P.; MCGUIRE, L. Incidence and characteristics of pain in a sample of medical surgical inpatients. *Pain*, v. 30, p. 69-78, 1987.

103. OATES, J. D. L.; SNOWDON, S. L.; JAYSON, D. W. H. Failure of pain relief after surgery. *Anaesth.*, v. 49, p. 755-758, 1994.

104. MIASKOWSKI, C.; NICHOLS, R.; BRODY, R. et al. Assessment of patient satisfaction utilizing the American Pain Society's quality assurance standards on acute and cancer-related pain. *J. Pain Symptom Manage*, v. 9, p. 5-11, 1994.

105. WARD, S. E.; GORDON, D. Application of the American Pain Society quality assurance standards. *Pain*, v. 56, p. 299-306, 1994.

106. SVENSSON, I.; SJÖSTRÖM, B.; HALJAMÄE, H. Assessment of pain experiences after elective surgery. *J. Pain Symptom Manage*, v. 20, n. 3, p. 193-201, 2000.

107. OWEN, H.; MCMILLAN, V.; ROGOWSKI, D. Postoperative pain therapy: a survey of patients' expectations and their experiences. *Pain*, v. 41, p. 303-307, 1990.

978-85-7241-726-6

108. LAVIES, N.; HART, L.; ROUNSEFELL, B. et al. Identification of patient, medical and nursing staff attitudes to postoperative opioid analgesia: stage 1 of a longitudinal study of postoperative analgesia. *Pain*, v. 48, p. 313-319, 1992.

109. MAX, M. American Pain Society quality assurance standards for relief of acute pain and cancer pain. In: BOND, M. R.; CHARLTON, J. E.; WOLFF, C. J. (eds.). *Proceedings of the VI World Congress on Pain*. Amsterdam: Elsevier, 1991. p. 185-189.

110. AMERICAN PAIN SOCIETY QUALITY OF CARE COMMITTEE. Quality improvement guidelines for the treatment of acute pain and cancer pain. *JAMA*, v. 274, p. 1874-1880, 1995.

111. AGENCY FOR HEALTH CARE POLICY AND RESEARCH. *Acute pain Management: operative or medical procedures and trauma. Clinical Practice Guideline*. Rockville: AHCPR, 1992.

112. JAMISON, R. N.; MITCHELL, J. R.; HOOPMAN, P. et al. Assessment of postoperative pain. European Journal of Pain (management: patient satisfaction and perceived helpfulness). *Clin. J. Pain*, v. 13, p. 229-236, 1997.

113. PELLINO, T. A.; WARD, S. E. Perceived control mediates the relationship between pain severity and patient satisfaction. *J. Pain Symptom Manage*, v. 15, p. 110-116, 1998.

114. KUHN, S.; COOKE, K.; COLLINS, M. et al. Perceptions of pain relief after surgery. *Br. Med. J.*, v. 300, p. 1687-1690, 1990.

115. HAWKINS, R. M. F. The role of the patient in the management of postsurgical pain. *Psychol. Health*, v. 12, p. 565-577, 1997.

116. CARR, E. C. J.; THOMAS, V. J. Anticipating and experiencing postoperative pain: the patients' perspective. *J. Clin. Nurs.*, v. 6, p. 191-201, 1997.

117. SVENSSON, I.; SJOSTROM, B.; HALJAMAE, H. Influence of expectations and actual pain experiences on satisfaction with postoperative pain management. *Eur. J. Pain*, v. 5, n. 2, p. 125-133, 2001.

118. DONOVAN, B. D. Patients attitudes to postoperative pain relief. *Anaesth Intens. Care*, v. 11, p. 125-129, 1983.

119. WALMSLEY, P. N.; BROCKOPP, D. Y.; BROCKOPP, G. W. The role of prior pain experience and expectations on postoperative pain. *J. Pain Symptom Manage*, v. 7, n. 1, p. 34-37, 1992.

120. BRYDON, C. W.; ASBURY, A. J. Attitudes to pain and pain relief in adult surgical patients. *Anaesth.*, v. 51, p. 279-281, 1996.

121. LYNCH, E. P.; LAZOR, M. A.; GELLIS, J. E. et al. Patient experience of pain after elective noncardiac surgery. *Anesth. Analg.*, v. 85, p. 117-123, 1997.

122. MYLES, P. S.; WILLIAMS, D. L.; HENDRATA, M. et al. Patient satisfaction after anaesthesia and surgery: results of a prospective survey of 10.811 patients. *Br. J. Anaesth*, v. 84, p. 6-10, 2000.

123. FITZPATRICK, R. Surveys of patient satisfaction: I-important general considerations. *Br. Med. J.*, v. 302, p. 887-889, 1991.

124. MCCRACKEN, L. M.; KLOCK, P. A.; MINGAY, D. J. et al. Assessment of satisfaction with treatment for chronic pain. *J. Pain Symptom Manage*, v. 14, p. 292-299, 1997.

978-85-7241-726-6

A Equipe Multiprofissional no Tratamento da Dor e em Cuidados Paliativos

Capítulo 4

BETINA SÍLVIA BEOZZO BASSANEZI
MARA VILLAS BOAS DE CARVALHO

ÍNDICE DO CAPÍTULO

INTRODUÇÃO

O serviço de cuidados paliativos e controle da dor tem colaborado com a qualidade de vida dos pacientes portadores de doenças crônico-degenerativas, como por exemplo, câncer, síndrome de imunodeficiência adquirida (AIDS, *acquired immune deficiency*

978-85-7241-726-6

syndrome), mal de Alzheimer, esclerose múltipla e outras. A equipe multiprofissional e multidisciplinar deve ser inserida no tratamento desde a revelação do diagnóstico, por tratar-se de um momento que desencadeia no paciente e em seus familiares a angústia, o medo e a insegurança. Algumas vezes, existe ainda a dificuldade de entendimento quanto ao diagnóstico e ao tratamento terapêutico, como também dúvidas na elaboração das estratégias que serão traçadas pelo binômio durante a longa jornada que deverão enfrentar no ir e vir entre os exames laboratoriais, o hospital, as consultas médicas, os ambulatórios e as terapêuticas de quimioterapia, de radioterapia, de cirurgia, de braquiterapia e dos efeitos colaterais agudos e subagudos. Na grande maioria das vezes, as informações são transmitidas após a revelação do diagnóstico médico, tornando o processo de difícil assimilação em razão do impacto emocional causado, principalmente quando a palavra de ordem é câncer, ou AIDS.

As questões corporais são impostas pelas rotinas estabelecidas pelas normas institucionais hospitalares. Muitas vezes, o corpo da pessoa passa a pertencer à equipe, podendo ocorrer a despersonalização, com a utilização do "pijama do hospital", com a identificação do paciente pelo número do leito, ou pela hipótese diagnóstica que se soma à saída de casa e à mudança das rotinas diárias. Há também as intervenções dolorosas a que são submetidos, com a possibilidade de terapêuticas mutilantes que geram inúmeras transformações físicas e emocionais, as internações prolongadas, sem contar os efeitos nocivos do tratamento, que geram sentimentos de incerteza, carência e inferioridade que se agravam pelas circunstâncias de atendimento dos profissionais de saúde.

978-85-7241-726-6

A equipe de cuidados paliativos deve estar presente o mais precocemente possível, pois é o momento do acolhimento. O objetivo é tecer uma rede de confiança e solidariedade entre o enfermo, a família e as equipes de referência que trabalham com o lógico, indispensável para lidar com as situações objetivas, concretas e quantitativas do cotidiano. A equipe de cuidados paliativos, que lida não só com o lado objetivo, mas também com o subjetivo, incluindo sentimentos, emoções e intuição, está presente em todas as circunstâncias da vida, na doença, em especial nessa dimensão. Desse modo, a multidisciplinaridade é a interface que deve existir entre as situações objetivas e subjetivas em que paciente e equipe devem acolher um ao outro. É necessária uma tomada de consciência coletiva, solidária, apoiada não só no conhecimento técnico-científico, mas na esperança para a cura, ou para um maior tempo de sobrevida com a melhor qualidade e dignidade possível, ampliando o ouvir para compreender e produzir harmonia entre os aspectos físicos, psicoafetivos, sociais, espirituais e culturais.

Situações em que há necessidade de um trabalho multidisciplinar têm se tornado cada vez mais comuns. A incidência de pacientes com dor crônica tem aumentado com o passar dos anos, provavelmente em razão de mudanças nos hábitos de vida, maior longevidade dos indivíduos, aumento da sobrevida de doentes com afecções crônicas, modificações ambientais e maior conhecimento da fisiopatologia da dor, o que permite o diagnóstico de maior número de condições álgicas e o aumento da sobrevida[1].

978-85-7241-726-6

O Cuidado da Dor

A percepção de dor (nocicepção) envolve vários e complexos mecanismos que promovem alterações periféricas, medulares e supramedulares que interagem se modulando de forma tanto inibitória quanto amplificadora, perpetuando ou não as alterações fisiológicas e bioquímicas do estímulo doloroso.

A dor, como qualquer outra sensação, é individual e só pode ser medida pelo relato de quem a sente, mas podem-se observar os efeitos que o processo doloroso causa, como contratura muscular e alterações posturais, de humor, de apetite, de sono e comportamentais. Da mesma forma que o processo doloroso pode provocar alterações biológicas e comportamentais, existem mecanismos biológicos, cognitivos e psicológicos de modulação da dor que alteram sua percepção. O aspecto cognitivo da percepção álgica envolve a memória de dor, o significado da dor para o indivíduo, a percepção do controle da dor, o período de desenvolvimento cognitivo e os aspectos culturais e familiares. Dentre os aspectos psicológicos, sintomas como ansiedade, depressão, dificuldades de expressão emocional, perfeccionismo, déficits de linguagem e de aprendizado podem ser fatores amplificadores da percepção dolorosa. Em resumo, a dor é um sintoma essencialmente subjetivo e é quantificado de acordo com a experiência individual.

A dor pode ser classificada de acordo com a duração e a patologia em aguda e crônica. A dor aguda é de curta duração, causada por lesão tecidual com ativação de nociceptores restrita ao local da lesão. A dor crônica se estende além do período de cicatrização e na ausência da continuação do processo patológico.

A dor crônica atinge 7 a 40% dos adultos e 15 a 20% das crianças, sendo motivo de estresse para o paciente e seus familiares, pois provoca alterações físicas, sociais e psicológicas com forte impacto sobre a saúde do indivíduo.

Apesar dos grandes avanços da medicina no tratamento das diversas patologias, a dor crônica nos pacientes que não apresentam doenças malignas continua a ser um grande desafio para os profissionais da área da saúde.

O tratamento da dor crônica nesses pacientes é frustrante, pois a etiologia da dor não é clara e os tratamentos apresentam poucos resultados. O paciente tem dificuldade de entender como a medicina moderna não encontrou solução para o seu problema, ao mesmo tempo em que os profissionais não encontram correlação entre a intensidade da dor relatada e os achados físicos e diagnósticos. Não é raro que os pacientes com dor crônica apresentem piora da sua disfunção apesar das múltiplas intervenções, o que causa a perda do interesse dos profissionais por esses pacientes e a crença de que a dor não é real e sim resultado de algum "distúrbio psicológico". A complexidade das síndromes dolorosas crônicas e os diferentes mecanismos e estruturas envolvidas exigem que o tratamento tenha uma abordagem multi e interdisciplinar. O tratamento dos pacientes com síndromes dolorosas crônicas vai além da abordagem farmacológica e um único profissional não é capaz de abranger sozinho todos os aspectos biológicos, psicológicos, sociais e culturais. Os aspectos biopsicossociais estão extremamente interligados e se misturam em um indivíduo e por isso os profissionais de diferentes áreas envolvidos nos cuidados do paciente com dor poderão ter percepções simultâneas e complementares desses aspectos, tornando imprescindíveis as discussões multidisciplinares[2].

É importante que se determinem de modo precoce os objetivos, as crenças, as atitudes e as expectativas do paciente e de seus familiares com relação à dor e ao seu tratamento e que o paciente seja submetido a um exame clínico completo em que os aspectos neurológicos e musculoesqueléticos sejam detalhados. Tudo isso com o objetivo comum de aliviar a dor, diminuir o sofrimento psíquico e interromper o processo incapacitante. Nos pacientes com dor crônica, o alívio da dor nem sempre é acompanhado da melhoria da qualidade de vida, motivo pelo qual os pacientes devem ser inseridos em programas de reabilitação que envolvam mecanismos para maximizar as funções e as responsabilidades do dia-a-dia, como reintegrar os pacientes ao trabalho ou à escola, se possível, estimular programas de exercício, corrigir distúrbios do sono, etc. Mas é importante frisar que o paciente e seus familiares não podem ficar esperando que a dor se vá e tudo se resolva; é preciso que participem ativamente das discussões sobre a recuperação das suas atividades diárias e a diminuição da percepção da dor.

978-85-7241-726-6

O tratamento do paciente com dor se baseia em:

- Remover o fator causal quando possível. Em geral, esse princípio se aplica aos casos de dores agudas, mas é necessário que sejam revistos aspectos ergonômicos e posturais, fatores ambientais, hábitos alimentares e de vida.
- Prescrição racional de analgésicos e adjuvantes em intervalos fixos, respeitando a tolerância e a resposta individual. Em geral, usam-se agentes antiinflamatórios associados a opióides fracos ou fortes e drogas adjuvantes (antidepressivos, neurolépticos, relaxantes musculares e ou-

tros). Procedimentos anestésicos e neurocirúrgicos ficam restritos aos casos de não resposta aos métodos convencionais, respeitando a escada analgésica recomendada pela Organização Mundial da Saúde (OMS) para doentes oncológicos, mas que atualmente serve de diretriz para o tratamento de diversas afecções dolorosas.
- Participar de programas de medicina física.
- Participar de programas de psicoterapia.
- Retorno precoce às atividades domiciliares e profissionais.
- Utilização de técnicas de relaxamento como: técnicas de respiração, relaxamento muscular progressivo, imagens guiadas, *biofeedback* e hipnose.

É importante lembrar que o tratamento da dor no paciente fora de recursos de cura apresenta algumas particularidades. O processo doloroso nesses pacientes é tempo-limitado e existe uma correlação direta entre a dor e o processo patológico, ou seja, a piora do quadro álgico significa para a maioria dos pacientes a proximidade da terminalidade[3,4].

978-85-7241-726-6

Cuidados Paliativos

A necessidade de um cuidado especializado ao paciente fora de recursos de cura, em que o foco principal não seria mais a cura, mas a garantia da qualidade de vida, deu origem ao que se chama hoje de *cuidados paliativos.* A OMS definiu em 1990 os cuidados paliativos como:

> *o cuidado ativo e total dos pacientes cuja enfermidade não responde mais aos tratamentos curativos. Controle da dor e de outros sintomas, entre outros problemas sociais e espirituais, são da maior importância. O objetivo dos cuidados paliativos é atingir a melhor qualidade de vida possível para os pacientes e suas famílias*[5].

Além disso, a OMS deixa claro que os cuidados paliativos afirmam a vida e encaram o morrer como um processo natural do viver; não apressam e nem adiam a morte; procuram aliviar a dor e outros sintomas desconfortáveis; integram os aspectos psicossocial e espiritual; oferecem apoio e ajuda para viver ativamente o quanto possível até a morte; e ajudam a família a lidar com o paciente durante a doença e o processo de luto. Isso não significa que os cuidados paliativos só se iniciem quando o tratamento falhe, mas desde o começo do tratamento as habilidades profissionais são utilizadas para garantir a qualidade de vida do paciente e a preparação para o enfrentamento da morte, ajudando o indivíduo em seus questionamentos sobre a natureza humana[6].

Dimensões da Natureza Humana

978-85-7241-726-6

O Que Somos? Como Somos? Para Onde Vamos?

Existir é uma condição básica para a sobrevivência dos seres racionais e irracionais. Defendemo-nos dos percalços inerentes ao mundo da matéria, que a cada momento nos é tão caro, principalmente ao nos depararmos com um processo de enfermidade, sendo a esperança o ponto de partida desse processo, não se podendo perdê-la em nenhum instante, pois enquanto houver esperança haverá possibilidades.

O que somos? É uma pergunta que causa muitas controvérsias diante do sentimento de Ser: ser alguém, ser para quem, ser de convivência, nasce-se, amadurece-se e morre-se. Um processo controlado pelo tempo e um Ser inacabado. O existir humano é um movimento contínuo, com formas, com regras, com historicidade e subjetividade e a grandeza do homem é entender o quanto somos frágeis dentro do que somos e de sua complexidade e singularidade.

Como somos? Um misto de coletividade, de individualidade, de conhecimento científico e que envolve a sua autonomia. Dependendo de como ocorre o processo de ser, pode-se dizer que somos alguém de possibilidades, de ajuda, ser solidário, ser de cuidados e ser que cuida do outro, ou seja, um eterno vir-a-ser.

Para onde vamos? É uma indagação que todo ser humano deve se fazer, vamos para a terra, para o céu, para o inferno... retornaremos a uma nova vida, um outro ser? O final da existência, a finitude, é a única certeza, vivida pelo presente e com futuro incerto.

Adoecer também é um processo do ser humano. Torna-se doloroso a partir do conhecimento do diagnóstico e agudiza ainda mais os sentimentos quando se trata de doenças crônico-degenerativas e dentro desse cenário faz sentido, provoca emoções, abrem-se caminhos tentando saídas. Dentro desse contexto, há profissionais de saúde cada vez mais racionais e calculistas, o que traz segurança, mas não empatia. Por mais racionais que sejam as pessoas e modernos os aparelhos, não tocam na alma, não evocam sentimentos, nem despertam emoções.

O Ponto de Partida do Cuidar/Cuidado

O profissional de saúde deve sentir, mas nunca chegar a querer entender tudo sobre o paciente, mantendo-se dentro de certos limites de envolvimento que sejam nem de mais e nem de menos. Deve, ainda, procurar utilizar todas as possibilidades oferecidas pela ciência, em constante evolução, sem subdividi-la ainda mais, pois afinal, o ser humano – sujeito de nosso cuidar/cuidado – é um ser único formado por muito mais do que sistemas divisíveis[7]. A unidade da pessoa é o que a torna capaz de entender-se como um ser vivente, possuidor da consciência de seu estar-no-mundo, sendo em geral capaz de prover suas necessidades básicas de sobrevivência, assim como compreender a limitação dos seus dias, ou seja, saber que é um-ser-para-o-morrer.

De acordo com Zauhy e Mariotti, o acolhimento é a arte de interagir, construir algo em comum, descobrir nossa humanidade mais profunda na relação com os outros e com o mundo natural[8]. É deixar que os outros descubram em nós sua humanidade e que o mundo nos mostre a sua amplitude. A relação – eis a palavra-chave do acolhimento. Sabe-se tudo sobre uma doença, uma técnica, um tratamento, etc., pode-se dizer que se é especialista, erudito. Mas só quando se compreendem e se vivem as relações entre as pessoas, as coisas e os fenômenos é que são realmente educados. Nesse sentido, acolher é educar. E o acolhimento é, portanto, um processo pedagógico.

O ponto de partida do profissional de saúde comprometido com o cuidar/cuidado deve ser abrir sua percepção, sua sensibilidade, sua capacidade de observação, sua generosidade, para ser capaz de absorver algo mais do que a simples capacitação acadêmica e o entendimento técnico de sinais e sintomas emitidos pelo organismo físico. Deve estar ciente de que cada paciente sob seus cuidados é diferente, reage de modo distinto perante suas debilidades, por isso devendo ser tratado de conformidade com suas necessidades, flexibilizando as normas institucionais, mas mantendo-se obediente à sistematização e à organização necessárias ao bom funcionamento e desempenho departamental. Não existe uma receita única, estanque, mas sim a necessidade de uma perfeita percepção da realidade de cada paciente em seu relacionamento com o meio a que está momentaneamente ligado e do qual depende.

978-85-7241-726-6

Boff refere que o cuidar é mais que um ato, é uma "atitude"[9]. Representa uma "atitude" de ocupação, de preocupação, de responsabilização e de envolvimento afetivo com o outro.

O cuidar é um estado da existência humana e da alta significância nos relacionamentos com outros seres humanos e com o mundo. O cuidar não se limita apenas ao aspecto técnico e ao de realização de uma tarefa ou procedimento, mas sim, com base na abordagem humanística, envolve tomadas de atitudes e valores que se evidenciam em ações concretas.

Para Waldow o cuidado engloba a saúde – de forma integral – em que, além do psicobiológico, o espiritual, o social e o político estão estritamente ligados, ou melhor, são inseparáveis[10]. Dessa maneira, engloba os processos de saúde, de adoecimento, de invalidez e de empobrecimento, pois o cuidado busca promover, manter e/ou recuperar a dignidade e a totalidade humana. O cuidado humano representa uma maneira de ser e de se relacionar e caracteriza-se por envolvimento, o qual, por sua vez, inclui responsabilidade. Cuidado é o que confere a condição de humanidade às pessoas. O ser que é cuidado, além de receber as atenções de nível terapêutico, recebe um cuidado além de técnicas e procedimentos. O ser humano, ou seja, o ser que é cuidado, é olhado, ouvido e sentido.

Relações de cuidado são estabelecidas e assim criam-se ambientes de cuidado. Cumpre ressaltar que o cuidado transforma ambientes, harmoniza relações, sensibiliza o humano de cada um e energiza nosso potencial para ajudar os outros a encontrarem os seus potenciais para lidar com as adversidades[11].

Nosso testemunho, ao longo das inumeráveis experiências em atendimento a pacientes com doenças crônico-degenerativas, nos leva a afirmar que esses doentes buscam todos os seus recursos internos para manter ou recuperar aquilo que para eles significa estarem vivos. Alguns tentam reverter o curso prognosticado da doença, outros prolongam com melhor qualidade seu tempo de vida. Aqueles que não conseguem a cura vivem o processo do morrer e de morte, uma vez que seus organismos não mais respondem aos tratamentos terapêuticos disponíveis, e passam a ser considerados pacientes fora da possibilidade de recursos de cura. Os profissionais de saúde comprometidos com esse serviço devem ter como metas e objetivos primordiais o cuidar/cuidado humanizado, capaz de proporcionar um clima de respeito, acolhimento, consciência e dignidade, sem descuidar, evidentemente, de sua capacitação técnica, pois tais requisitos são indispensáveis para a plena realização dos cuidados que devem fazer parte da atenção necessária aos pacientes na fase terminal da existência, priorizando a preocupação com o bem-estar da pessoa humana, aliviando seus sofrimentos e dores desnecessários.

Os objetivos do cuidar envolvem, entre outros, aliviar, confortar, ajudar, favorecer, promover, restabelecer, restaurar, dar, fazer, etc. A cura pode ocorrer ou não, assim como a morte mediata ou imediata. O cuidado é imprescindível em todas as situações de enfermidades e de incapacidades e durante o processo de morrer. Na ausência de alguma enfermidade e no cotidiano dos seres humanos, o cuidado humano também é imprescindível, tanto como forma de viver quanto de se relacionar[11].

978-85-7241-726-6

Equipe Multiprofissional e Multidisciplinar

Se o objetivo dos cuidados paliativos é abranger o indivíduo como um todo, englobando seus aspectos físicos, emocionais e espirituais, é impossível que se pense no atendimento sendo realizado por um único indivíduo. O atendimento em cuidados paliativos envolve uma abordagem especializada que ajuda os pacientes e seus familiares a viverem e a enfrentarem a doença, seu tratamento e o processo de morrer da melhor forma possível. O objetivo principal dessa abordagem é a qualidade e não a quantidade de vida. O trabalho em equipe possibilita a divisão de tarefas entre assistenciais e educacionais (aprendizado e treinamento) e permite o suporte emocional entre seus membros.

Não existe uma estrutura única ou padrão para a equipe de dor e cuidados paliativos. Dependerá da população a ser atendida, dos valores da comunidade, da vocação, da disponibilidade e do treinamento de seus membros. Apesar de parecer que as atividades de cada membro da equipe estejam bem definidas, como o médico cuidar da evolução clínica e da prescrição das medicações, o enfermeiro dos cuidados de higiene, avaliação da dor e procedimentos, a assistente social da infra-estrutura, transporte e aquisição de medicamentos, o psicólogo da parte psíquica, etc., não há o privilégio de toda a equipe interagir com o paciente ao mesmo tempo. Em geral, entre as diferentes personalidades da equipe, o paciente acaba escolhendo um indivíduo em particular com quem fará um maior vínculo terapêutico e esse profissional atuará em várias áreas com o apoio do trabalho coletivo, o que permite potencializar as habilidades entre os membros da equipe, assegurando o melhor cuidado ao paciente. Porém, nem sempre é tão simples ou possível resolver todos os problemas do paciente, sejam estes físicos, emocionais, existenciais ou espirituais. Mas é o estar presente como pessoa, ouvindo e oferecendo apoio e compreensão, que faz a diferença no tratamento desses pacientes.

978-85-7241-726-6

LeShan enfatiza que quando o paciente entra em um hospital, está ingressando em um mundo novo[12]. Se compreender isso, saberá como se comportar e como obter o máximo possível de benefícios em sua estada. Trabalhar em um ambiente hospitalar que reforça a orientação ao isolar os pacientes, separando-os por doença ou disfunção, não o considerando como uma pessoa, mas como uma máquina avariada, faz com que o usuário se sinta constrangido.

A equipe permanece no hospital e os pacientes entram e saem. Finalmente, começa cada vez mais a considerar os procedimentos hospitalares como algo que deve ter sido planejado para seu próprio conforto e conveniência e não de acordo com as necessidades dos pacientes. Os enfermos com dor, angústia e medo constantemente pressionam a equipe a se comportar de maneira onisciente e onipotente. Pouco a pouco, todos começam a agir como se pudessem desempenhar esses papéis e treinam os colegas mais jovens a agirem dessa forma. Logo, começam a acreditar que esses são os papéis adequados e ficam contrariados ao serem desafiados[11].

Carvalho, em pesquisa realizada com mulheres com câncer, compreendeu por meio de seus discursos o cuidar como possibilidade de solicitude[13]. No ambiente hospitalar, é considerado um cenário complexo "estar-junto" a cada uma das pacientes em suas peculiaridades e singularidades, pois as emoções do ser doente interpõem-se às dos profissionais de saúde. Ilustrando, busquemos compreender a fala que se segue:

> *Os profissionais precisam ser mais humanos, eles acham que o câncer só dá na gente, que eles são intocáveis. Sinto que falta complementar o atendimento, o cuidado. É olhar mais para a gente, prestar mais atenção no que a gente necessita falar, escutar mais com atenção aquilo que a gente tem que falar, precisamos de devolutivas, e não fazer de conta que estão ouvindo. Percebo que eles entram aqui só para cumprir tabela, é muito mecânico demais, tudo muito fragmentado. Vejo as discussões dos professores com os alunos no pé da cama, eles não têm nenhuma preocupação com a pessoa que está doente. O foco da discussão é a doença e não vejo nenhuma integração com a pessoa. Na minha visão, o grande responsável por isso é o professor que estimula no aluno a visão técnica, a patologia.*

É possível perceber que a postura adotada pode levar os profissionais de saúde à negação de suas próprias emoções, não se identificando com o ser necessitado de seus cuidados, não o atendendo em suas carências e, por conseguinte, não se transformando, permitindo-se tão somente relacionar-se com o paciente como um corpo-objeto e sua somatização. A utilização de alguns mecanismos defensivos impede que, por meio de sua própria vivência em ambiente de dor e sofrimento, possa ser criado um verdadeiro acolhimento do outro em seu sofrimento. O relato ilustra uma situação cotidiana de trabalho dos profissionais de saúde, vivenciada e suportada pelos pacientes que se encontram impotentes e fragilizados em razão de sua hospitalização e em especial pela própria questão da doença. Na realidade, falta aos profissionais de saúde perceber o que está ocorrendo com eles no movimento do cuidar, pois ao cuidar do outro, passam a cuidar ou não de si próprios. Em outra fala, podemos observar a percepção do paciente em relação ao cuidado recebido:

978-85-7241-726-6

> *O que mais eu preciso agora é que as pessoas tenham muita paciência, carinho, atenção. Não tenham pressa, olhem para mim quando estiverem fazendo algum procedimento, conversem comigo. O que sinto é que as pessoas ficam mais distantes da gente. Não estou me queixando de ninguém em especial, mas é que as pessoas não se dão conta de que aqui tem uma pessoa nesta cama, deitada, doente. As pessoas se tornam muito passivas.*

Quanto sentimento de culpa e quantos remorsos manifestados e comoventes. Quanta raiva também contra os que roubam a morte e a escondem como se fosse vergonhosa, contra as mentiras, os subterfúgios, a falta de humanidade, o descuido caracterizado pela forma mecanizada, fragmentada e impessoal na prestação do cuidado.

A atuação em equipe permite melhor precisão dos diagnósticos e o estabelecimento de estratégias de tratamento mais apropriadas para casos complexos em relação a profissionais atuando isoladamente. Esses profissionais devem trabalhar de modo integrado e cumprir os objetivos que norteiam a assistência, ou seja, a avaliação das situações, o alívio da dor e do sofrimento, a eliminação dos padrões anormais dos comportamentos, a melhora das atividades dos doentes e a educação dos enfermos e de seus cuidadores, visando à tomada de atitudes para lidar com situações adversas. O líder da equipe deve estabelecer normas e zelar pela obediência aos princípios morais, técnicos e filosóficos em que se fundamentam os cuidados dispensados aos doentes[14].

Para Spanoudis, o "cuidar de" pertence ao cuidar como um modo de descobrir aquilo que é o "ente-envolvente", vale dizer, a "solicitude", que por sua vez é orientada pela consideração e pela paciência[15]. O sentido mais próprio de ser do "ser-aí" (que é desvelado circumundanamente) é o "ser-no-mesmo-mundo" em que encontra os outros, "ser-lá-com-eles". No discurso que se segue podemos perceber o que deve significar a ação do cuidar para o ser necessitado:

> *Desabafar esta dor, esta angústia, todo o meu sofrimento. Por mais que pense na esperança de viver, você sabe que já fui desenganada. Cada dia que passa, sei que meus dias estão contados. Sinto isso em meu corpo, nas minhas limitações e na dependência cada vez maior das pessoas. Cada dia fica mais difícil para andar e para reagir. No momento maior do meu desespero, da perda do meu marido, eu pensei que vocês estavam ali somente porque eu estava muito frágil, depois vocês vão sumir (pensei). Mas não. Foi engano. Em todas as internações vocês se fazem presentes, vêm me ver.*

A equipe de cuidados paliativos e controle de dor deve considerar que no processo de cuidar todas as pessoas são seres de cuidados, com comprometimento, entendido como reconhecerem-se como pessoas autênticas. As experiências podem ser compartilhadas entre as pessoas que cuidam e as que são cuidadas. É um processo interativo, que deve compreender o desenvolvimento de ações, atitudes e comportamentos com base não só no conhecimento técnico-científico, mas comprometidos com habilidades técnicas efetivas e afetivas, devendo também prestar as informações cabíveis e oportunas, além de promover a educação ao paciente e a seus familiares correspondente ao enfrentamento da situação.

O cuidar e o cuidado são realmente importantes e significativos, devendo ser reconhecidos pela equipe multiprofissional para que possa ocorrer a necessária transformação, embasada na experiência vivida. A resposta ou comunicação manifestada pelo ser cuidado pode ser observada por meio de vários sinais subjetivos, como queixas, dúvidas, perguntas, ou pelo silêncio. Mesmo diante do silêncio do paciente, o profissional da saúde deve ser atencioso e aberto às manifestações e também interativo, sincero e verdadeiro, para que possa auxiliar as pessoas doentes sob seu cuidado a obterem o crescimento necessário. Ajudar o

978-85-7241-726-6

paciente a crescer é envolvê-lo, ajudá-lo a enfrentar momentos difíceis, mantendo-se presente e solidário, auxiliando-o a extrair significados da experiência vivida, tornando sua terminalidade e os momentos que a antecedem menos traumáticos.

A família é uma variável importante e necessita de cuidados tanto quanto o próprio paciente, devendo ser igualmente acolhida. A equipe deve estar atenta a toda e qualquer sinalização que possa indicar necessidade de apoio, para que possa oferecer a prestação dos necessários esclarecimentos, informações, promoção apoio e acolhimento. Se a família não for suficientemente esclarecida, torna-se ansiosa, podendo vir a ser considerada pelos profissionais de saúde como estressada, incômoda e causadora de tumulto ao ambiente de trabalho, o que sempre resulta em prejuízo ao próprio processo de cuidar.

978-85-7241-726-6

Formas de Intervenção da Equipe Multiprofissional

A equipe multiprofissional é essencial para ajudar na recuperação do paciente, principalmente quando as internações passam a ser freqüentes e prolongadas, causando inúmeras transformações e alterações psicoemocionais no enfermo. No enfrentamento de uma grave e incurável doença, além dos efeitos físicos diretos, como dor, deformações, amputações, limitações orgânicas de toda ordem, ou resultantes de seu tratamento, pode ainda ocorrer apatia, abatimento, tristeza, inibição, inércia, distúrbios do sono, do humor, solidão e outros.

A identificação do conjunto das necessidades que subjugam o paciente ou seus familiares somente pode ser feita por meio da avaliação. O primeiro objetivo da avaliação é analisar o paciente diariamente, detectando as prioridades a serem trabalhadas e estabelecendo as estratégias de atendimento para colocá-las em prática. É preciso considerar o estado do paciente e o tratamento terapêutico, identificando se se encontra na fase aguda ou crônica dos sinais e sintomas e as situações de exames e resultados. Há alta rotatividade e instabilidade de quadro clínico, alternando-se rapidamente. A equipe tem que estar atenta às mudanças e traçar as prioridades de atendimento para minimizar os efeitos e proporcionar continuidade no desenvolvimento do tratamento e da recuperação da saúde. A equipe tem que estar integrada, manter uma postura acolhedora, continente, saber transmitir confiança e saber compartilhar o sofrimento.

O terapeuta ocupacional é integrante da equipe e sua função é de extrema importância. Seu espaço de atuação deve considerar o indivíduo como um todo. Encontrará espaço na promoção da educação psicomotora, com o objetivo primordial de possibilitar seu desenvolvimento harmônico a fim de prevenir possíveis disfunções neuromotoras. A sua atuação é composta pelas técnicas e pelos recursos que utiliza, com o intuito de alcançar os objetivos do cuidar/cuidado, como o de maximizar os potenciais afetivos, cognitivos e sociais, que despertam no indivíduo a criatividade, a espontaneidade e a expressividade. Possibilita, assim, obter uma melhora progressiva do comportamento e do desenvolvimento da pessoa, quer quando há possibilidade de recuperação ou convivência com a doença, quer quando a evolução do quadro indica que o paciente estará fora da condição de possibilidade de recursos de cura, ou quando a situação indica a terminalidade próxima.

Apesar da flexibilidade da equipe multiprofissional e multidisciplinar em sua estrutura, existem metas a serem atingidas no intuito de promover a efetividade do trabalho:

- *Garantir a qualidade*: elaboração de protocolos, análise de eventos.
- *Educação*.
- *Desenvolvimento da equipe*: coordenação, encontros de planejamento.
- *Comunicação interdisciplinar*: registro da evolução dos pacientes, encontros com a equipe clínica.

A equipe de dor e cuidados paliativos nunca pode esquecer que a qualidade de vida é definida pelo paciente e os profissionais de saúde trabalharão nessa direção, abrindo espaço para que o paciente possa expressar seus medos, dores e sofrimentos, garantindo a autonomia e a dignidade do indivíduo, sem nunca abandoná-lo.

978-85-7241-726-6

Considerações Finais

Para que o serviço de cuidados paliativos e controle da dor possa cumprir sua finalidade com eficiência, tornando-se um importante elo de apoio ao paciente fora de recursos de cura, é imprescindível que seja constituído por uma plêiade multiprofissional e interdisciplinar. A compreensão do fenômeno dor e seu controle é ainda, nos dias atuais, um dos maiores desafios para a ciência. O combate à dor tornou-se uma especialidade interdisciplinar na área da saúde, pois é um fenômeno cuja etiologia e manifestação são multidimensionais, com bases teóricas advindas de várias ciências[14]. Para se desvendar os mistérios dos quadros dolorosos, devem ser englobados os aspectos biológicos, psicológicos, afetivos, sociais, espirituais e culturais. Com essa visão, compartilhar o espaço é humanizar o atendimento e o cuidar/cuidado à medida que se acolhe o paciente e seus familiares, devendo aqueles que trabalham com saúde, por conseguinte, se humanizarem e, ao mesmo tempo, humanizarem as relações entre as pessoas por meio do cuidar/cuidado. Acolher sempre é o que sugerimos. Encontrar significado para a própria existência humana é colorir nosso cotidiano com a beleza mais singela dos gestos amorosos; é o lenitivo para os momentos de sofrimento; é também uma resposta para o controle da dor; é trazer dignidade e significado para momentos tão dramáticos como o do adoecer e o do processo de morrer e da morte. Dizer que de pequenas ações podem surgir grandes mudanças na relação do acolhimento não é força de expressão, mas por seu caráter minucioso e pela capilarização dos sistemas e espécies de cuidados oferecidos, o entenderemos como um trabalho em rede, em que cada um desenvolve sua especialidade em busca de conforto e amparo daquele que espera a eliminação da dor e o apoio possibilitado pelos cuidados paliativos[7]. O diagnóstico de uma doença potencialmente fatal como câncer e AIDS desperta no paciente uma série de emoções e medos, como da perda das funções corporais, de tratamentos desfigurantes, da perda da autonomia e da independência, de abandono e isolamento, do impacto financeiro, do reconhecimento do final da vida e de dores incontroláveis. Se esses medos não forem cuidados e, principalmente, a dor não for controlada, o paciente experimentará mudanças radicais em seu humor, sono, apetite, vida social, vida familiar e espiritual, que provocarão a morte antes mesmo que ela chegue realmente.

O serviço de cuidados paliativos e controle de dor permitem-nos acessar nossos olhares desencadeando a formação de imagens perceptivas, imediatas, ao ver, tocar, ouvir, sentir, ou de imagens evocadas do que já vimos, tocamos, ouvimos e sentimos. É o jogo da intencionalidade e de sentidos que implica a pessoa e o coletivo. O acesso aos múltiplos olhares não está ainda ao alcance da maioria das pessoas, que ensimesmadas permanecem atônitas e alheias ao processo cada vez mais intenso de degradação das relações interpessoais e humanas.

978-85-7241-726-6

A humanidade busca a sutileza da compreensão. O que não pode ser explicado precisa ser compreendido. Por isso, o tecnocientífico e o humano precisam conviver, acolher-se um ao outro[16]. Como profissionais de saúde, devemos olhar a doença ou o "mal"? Cegar-se à pessoa de cada paciente? A singularidade de cada olhar se manifesta no mundo ao nosso redor e aguarda o momento de, em um relance, ser alcançada pelo nosso olhar.

O olhar do paciente é de súplica de quem solicita auxílio para superar o mal que lhe acomete e que se expressa por meio de dor, angústia, sofrimento, medo. Olhar de quem busca alívio, acolhimento, compreensão e cuidar humanizado.

O olhar do cuidador, sereno, de quem constrói a arte do cuidar/cuidado, reconhece e respeita as potencialidades e limites do cuidado para com o outro. Assim, como sempre há uma trajetória que antecede cada segmento da curva determinada por um feixe de luz, há uma história de vida com começo, meio e fim. O desvelar e o entrecruzar de olhares impõem-se como um desafio para a melhor compreensão da pessoa, do humano e do existir.

O importante é ensaiar para não desafinar caminhos e descaminhos até achar o olhar nosso de cada dia, o que exige instantes de inquietação e a ousadia de arriscar a fazer aquilo que só se conhece na imaginação. É como arriscar desvelar nossos sonhos, pois superar obstáculos requer sensibilidade, momentos de introspecção, de hesitação e muita dedicação.

978-85-7241-726-6

Referências Bibliográficas

1. TEIXEIRA, M. J.; TEIXEIRA, W. G. J.; KRAYCHETE, D. C. Epidemiologia geral da dor. In: TEIXEIRA, M. J. *Dor. Contexto Multidisciplinar*. Curitiba: Maio, 2003. cap. 2, p. 53-66.
2. JACOBSON, L.; MARIANO, A. J. General considerations of chronic pain. In: LOESER, J. L. (ed.). *Bonica's Management of Pain*. 3. ed. Philadelphia: Lippincott Williams & Wilkins, 2001. cap. 10, p. 241-254.
3. LEMÔNICA, L. Organização de serviços de terapia da dor. In: ANDRADE FILHO, A. C. C. *Dor: diagnóstico e tratamento*. São Paulo: Roca, 2001. cap. 21, p. 269-275.
4. LOESER, J. D.; TURK, D. C. Multidisciplinary pain management. In: LOESER, J. L. (ed.). *Bonica's Management of Pain*. 3. ed. Philadelphia: Lippincott Williams & Wilkins, 2001. cap. 109, p. 2069-2079.
5. WORLD HEALTH ORGANIZATION – WHO. Disponível em http:www.who.int/hiv/topics/palliative/care.
6. LOESER, J. D. Multidisciplinary pain programs. In: LOESER, J. L. (ed.). *Bonica's Management of Pain*. 3. ed. Philadelphia: Lippincott Williams & Wilkins, 2001. cap. 11, p. 255-264.
7. MCCOUGHLAN, M. A necessidade de cuidados paliativos. Trad. L. Passini. *O Mundo da Saúde: cuidados paliativos (São Paulo)*, v. 27, n. 1, p. 6-14, jan.-mar. 2003.
8. ZAUHY, C.; MARIOTTI, H. *Acolhimento o Pensar, o Fazer, o Viver*. São Paulo: Secretaria Municipal da Saúde, 2002.
9. BOFF, L. *Saber Cuidar – Ética do Humano, Compaixão pela Terra*. Petrópolis: Vozes, 1999.
10. WALDOW, V. R. *Cuidado Humano: o resgate necessário*. Porto Alegre: Sagra-Luzzato, 1998.
11. KOVÁCS, M. J. Comunicação nos programas de cuidados paliativos: uma abordagem multidisciplinar. *O Mundo da Saúde: cuidados paliativos (São Paulo)*, v. 27, n. 1, p. 71-79, jan.-mar. 2003.
12. LESHAN, L. *O Câncer como Ponto de Mutação*. 3. ed. São Paulo: Summus, 1992.
13. CARVALHO, M. V. B. *O Cuidar no Processo de Morrer na Percepção das Mulheres com Câncer uma Atitude Fenomenológica*. São Paulo, 2003. 179p. Tese (Doutorado) – Universidade de São Paulo.
14. TEIXEIRA, M. J.; FIGUEIRÓ, J. A. B.; YENG, L. T. et al. Tratamento multidisciplinar do doente com dor. In: CARVALHO, M. M. J. *Dor um Estudo Multidisciplinar*. São Paulo: Summus, 1999. p. 87-139.
15. SPANOUDIS, S. Apresentação: a todos que procuram o próprio caminho. In: Heidegger, M. *Todos Nós... Ninguém: um enfoque fenomenológico do social*. Trad. Dulce M. Critelli. São Paulo: Moraes, 1981. p. 9-22.
16. KOMATSU, R. S. *Aprendizagem Baseada em Problemas: sensibilizando o olhar para o idoso*. Londrina: Rede Unida; Rio de Janeiro: ABEM; São Paulo: Sociedade Brasileira de Geriatria e Gerontologia do Estado de São Paulo, 2003.

Qualidade de Vida nos Cuidados Paliativos

Capítulo **5**

Regina Aparecida Garcia de Lima
Maria Carolina Ortiz Whitaker

Não é pelo prazer de ceder à tentação, por exibicionismo, por provocação, que freqüentemente os escritores relatam experiências terríveis ou desoladoras: por meio das palavras, essas experiências se universalizam e permitem aos leitores conhecer, no fundo de suas infelicidades individuais, o consolo da fraternidade.
"Uma morte muito lenta".
Simone de Beauvoir

Índice do Capítulo

Introdução

Cuidados paliativos são reconhecidos como uma abordagem que melhora a qualidade de vida de pessoas com doenças terminais e de seus familiares. Para tanto, é necessária a integração de vários profissionais que em conjunto com a própria família, amigos e voluntários buscarão minimizar o sofrimento físico, emocional, social e espiritual das pessoas que vivenciam o processo de morte e de morrer. Este capítulo tem por objetivo apresentar uma reflexão sobre qualidade de vida nos

978-85-7241-726-6

cuidados paliativos. Assim, os conceitos de qualidade de vida (QV), qualidade de vida relacionada à saúde (QVRS) e cuidados paliativos são discutidos. Buscou-se abordar aspectos relacionados ao paciente, à família e à equipe de saúde.

978-85-7241-726-6

Conceito de Qualidade de Vida

O tema qualidade de vida (QV) tem despertado o interesse de diversos campos do conhecimento humano, em especial o da saúde, mas ainda não existe um consenso sobre o significado real[1]. Nas últimas décadas, pesquisadores da área da medicina, enfermagem, psicologia, sociologia, antropologia, filosofia e economia vêm contribuindo para a conceituação do que seja qualidade de vida[2].

Na ausência de uma definição universalmente aceita, alguns pesquisadores mencionam que a maioria das pessoas, pelo menos no Ocidente, está familiarizada com a expressão qualidade de vida tendo uma compreensão intuitiva do que ela abrange[3]. Argumentam que tal conceito relaciona-se a aspectos importantes da vida que podem ou não coincidir com alguns indicadores estabelecidos, sendo, portanto, uma construção social[4].

Nessa perspectiva, a QV tem como pressuposto a centralidade da experiência humana, ou seja:

> *Qualidade de vida é uma noção eminentemente humana, que tem sido aproximada ao grau de satisfação encontrado na vida familiar, amorosa, social e ambiental e à própria estética existencial. Pressupõe a capacidade de efetuar uma síntese cultural de todos os elementos que determinada sociedade considera seu padrão de conforto e bem-estar*[5].

O termo abrange muitos significados constituídos por uma diversidade de fatores, objetivos e subjetivos, que refletem conhecimentos, experiências e valores tanto no âmbito individual quanto no coletivo, em um contexto cultural, social e histórico. Apontam-se três aspectos que remetem à relatividade da noção de qualidade de vida: o primeiro aspecto é histórico, variando de acordo com os diferentes momentos históricos de uma mesma sociedade; o segundo é cultural, em que valores e necessidades são construídos e hierarquizados de forma diferente em cada civilização, revelando suas tradições; o terceiro refere-se às estratificações ou classes sociais, isto é, à forma estratificada como se manifestam as classes sociais – os padrões e as concepções de bem-estar nas diferentes camadas sociais, em sociedades com fortes desigualdades e heterogeneidades. Os indicadores objetivos referem-se a aspectos globais da vida, cujas referências são a satisfação das necessidades básicas e aquelas criadas pelo grau de desenvolvimento econômico e social de determinada sociedade. Os de natureza subjetiva são as manifestações pessoais, os sentimentos e os valores que interferem na QV[5].

A dificuldade dos pesquisadores em concordar com uma mesma definição de QV encontra-se no fato de estarem inseridos em contextos diferentes, com perspectivas e interesses diversos, como por exemplo: os filósofos têm interesse na natureza da existência humana; os médicos focalizam as variáveis de saúde e as enfermeiras o cuidado a partir de uma abordagem holística[6].

O termo qualidade de vida foi mencionado pela primeira vez em 1920, em um livro sobre economia e bem-estar. Nesse livro, o autor discutia o suporte governamental para classes sociais menos favorecidas e o impacto desse suporte em suas vidas e sobre o Estado, no que se refere ao aspecto financeiro. Naquela época, o termo não teve repercussão, caindo em esquecimento até o final da Segunda Guerra Mundial, quando foi retomado na área econômica, associado com o desenvolvimento econômico e tecnológico dos países. Foi utilizado, então, ao se referir à conquista de bens materiais, ou seja, ter qualidade de vida era privilégio de quem tinha poder aquisitivo. Surgiram os indicadores econômicos, os quais se tornaram instrumentos importantes para medir e comparar qualidade de vida entre cidades, regiões, países e culturas, como por exemplo: o Produto Interno Bruto (PIB), a renda *per capita*, a taxa de desemprego, entre outros. Acreditava-se que as populações dos países que tinham os melhores indicadores econômicos usufruíam de uma melhor qualidade de vida[7].

No decorrer dos anos, o conceito de qualidade de vida foi se ampliando gradativamente, passando a considerar, além do crescimento econômico, o desenvolvimento social: saúde, educação, moradia, transporte, lazer e trabalho. Assim, os indicadores também se ampliaram, abrangendo mortalidade infantil, esperança de vida, nível de escolaridade, taxa de violência, saneamento básico, nível de poluição, condições de moradia e trabalho, lazer, qualidade de transporte, entre outros[8].

978-85-7241-726-6

Em um estudo sobre qualidade de vida, utilizando a metodologia de revisão de literatura, foram identificados os seguintes atributos: bem-estar psicológico (satisfação com a vida, significado e alcance dos objetivos da vida e felicidade), bem-estar físico (atividades de vida diária, apetite e sono), bem-estar social, interpessoal, material e financeiro[9]. Em outras palavras, consideram-se como determinantes da qualidade de vida os níveis orgânico, psicológico, social, comportamental, material e estrutural.

Em uma revisão de literatura apresentou-se uma taxonomia das definições sobre QV, dividida em quatro tipos, como consta na Tabela 5.1.

Embora não haja um consenso a respeito do conceito de QV, o grupo de especialistas em qualidade de vida da Organização Mundial da Saúde menciona que existe concordância entre os pesquisadores acerca de algumas características: subjetividade, multidimensionalidade e presença de dimensões positivas e nega-

Tabela 5.1 – Taxonomia das definições de qualidade de vida, segundo Farquhar[8]

Taxonomia	Características e implicações das definições
Definição global	Primeiras definições que aparecem na literatura. Predominam até meados da década de 1980. Muito gerais, não abordam possíveis dimensões do constructo. Não há operacionalização do conceito. Tendem apenas à avaliação de satisfação/insatisfação com a vida
Definição com base em componentes	Definições com base em componentes surgem nos anos de 1980. Inicia-se o fracionamento do conceito global em vários componentes ou dimensões. Iniciam-se a priorização de estudos empíricos e a operacionalização do conceito
Definição focalizada	Definições valorizam componentes específicos, em geral voltados para habilidades funcionais ou de saúde. Aparecem em trabalhos que usam a expressão qualidade de vida relacionada à saúde. Ênfase em aspectos empíricos e operacionais. Desenvolvem-se instrumentos de avaliação de qualidade de vida para pessoas acometidas por diferentes agravos
Definição combinada	Definições incorporam aspectos dos tipos II e III: favorecem aspectos do conceito em termos globais e abrangem diversas dimensões que compõem o constructo. Ênfase em aspectos empíricos e operacionais. Desenvolvem-se instrumentos de avaliação global e fatorial

978-85-7241-726-6

tivas. Para esses especialistas, QV diz respeito à "percepção do indivíduo acerca de sua posição na vida, de acordo com o contexto cultural e os sistemas de valores nos quais vive e em relação a seus objetivos, expectativas, padrões e preocupações"[10].

No que se refere à subjetividade, trata-se de considerar a percepção da pessoa sobre as diferentes dimensões relacionadas à sua qualidade de vida[10], contrariamente às tendências iniciais quando a QV era avaliada por um observador. Propõem-se instrumentos que privilegiam a perspectiva da população e não a visão dos cientistas[11,12]. Com relação à bipolaridade, o constructo possui dimensões positivas e negativas. Dentre as primeiras, consideram-se o desempenho de papéis sociais, a mobilidade e a autonomia e nas últimas a dor, a fadiga e a dependência. No que diz respeito à multidimensionalidade, há o reconhecimento de que o constructo é composto por diferentes dimensões[13] e quando diz respeito à saúde é denominada qualidade de vida relacionada à saúde (QVRS).

A preocupação com o conceito de qualidade de vida faz parte de um movimento das ciências humanas e biológicas no sentido de valorizar parâmetros mais amplos que o controle de sintomas, a diminuição da mortalidade ou o aumento da expectativa de vida. Assim, a avaliação da qualidade de vida foi acrescentada aos ensaios clínicos randomizados como a terceira dimensão a ser avaliada, além da eficácia (modificação da doença pelo efeito da droga) e da segurança (reação adversa a drogas). Nesse sentido, a oncologia foi a especialidade que, por excelência, se viu confrontada com a necessidade de avaliar as condições de vida dos pacientes que tinham sua sobrevida aumentada com os tratamentos propostos, já que, muitas vezes, na busca de acrescentar "anos à vida", era deixada de lado a necessidade de acrescentar "vida aos anos"[14].

Em 1972, o conceito de qualidade de vida foi inserido no Índex Médico com 15 citações e em 1996 passou para 1.400 citações. É de 1992 o primeiro periódico específico sobre QV, o *Quality of Life*.

978-85-7241-726-6

Qualidade de Vida Relacionada à Saúde

Na área da saúde há consenso entre os pesquisadores sobre as dimensões envolvidas na QVRS, ou seja, o estado funcional, o sintoma físico, a função emocional e a social. Estado funcional diz respeito à performance normal no dia-a-dia, existindo dois grupos de atividades, aquelas como ir ao banheiro, tomar banho, vestir-se, comer, andar e outras que necessitam de certa responsabilidade dentro e fora de casa, como cozinhar, fazer compras, trabalhar. Sintoma físico refere-se à presença de sintomas físicos relacionados à doença ou ao tratamento. Função emocional compreende o estado afetivo, sendo bastante estudadas a ansiedade e a depressão em pacientes oncológicos. A função social refere-se à manutenção das relações familiares e de outras redes de apoio[15].

A seguir, na Tabela 5.2, são apresentadas algumas definições de qualidade de vida relacionada à saúde.

Houve, na década de 1980, uma proliferação de instrumentos de avaliação de qualidade de vida e afins, a maioria desenvolvida nos Estados Unidos, com crescente interesse em traduzi-los para aplicação em outras culturas por meio da adaptação transcultural[16,17].

Tais instrumentos são classificados como genéricos ou específicos. As características dos instrumentos genéricos são: abordam o perfil de saúde, englobam aspectos importantes relacionados à saúde e refletem o impacto de uma doença sobre o indivíduo. Têm como vantagens o uso em qualquer população, a avaliação do estado de saúde geral e o impacto da doença e das intervenções em diferentes aspectos da QV; como desvantagem, não são sensíveis na detecção de aspectos particulares e específicos da QV de uma determinada doença. Os instrumentos específicos têm como vantagem a capacidade de detectar particularidades da QV em determinadas situações; avaliam de maneira individual e específica determinados aspectos de QV, como as funções física, sexual, sono, fadiga, etc. Têm

TABELA 5.2 – Definições de qualidade de vida relacionada à saúde

Definições de qualidade de vida relacionada à saúde	Autor
Valor atribuído à vida, ponderado pelas deteriorações funcionais; as percepções e condições sociais que são induzidas pela doença, agravos, tratamento e a organização política e econômica do sistema assistencial	Aurquier *et al.*[18]
É a valorização subjetiva do paciente centrada no impacto do estado de saúde percebido sob o potencial que tem o paciente de chegar a uma vida subjetivamente satisfatória	Bullinger *et al.*[16]
Refere-se aos vários aspectos da vida de uma pessoa que são afetados por mudanças no seu estado de saúde e que são significativos para sua qualidade de vida	Cleary *et al.*[19]
É a valoração subjetiva que o paciente faz de diferentes aspectos de sua vida em relação a seu estado de saúde	Guiteras e Bayés[20]
É a avaliação da percepção individual do impacto de uma série de questões médicas e não-médicas nas funções físicas, mentais (emocionais) e sociais	Jenney e Campbell[17]
É o valor atribuído à duração da vida, modificado pelos prejuízos, estados funcionais e oportunidades sociais que são influenciados por doença, dano, tratamento ou políticas de saúde	Patrick e Erickson[21]
Refere-se a como o paciente percebe e reage perante seu estado de saúde	Organização Mundial da Saúde[10]

978-85-7241-726-6

como desvantagem a dificuldade de compreender o fenômeno e de validar as características psicométricas do instrumento (reduzido número de itens e amostras insuficientes).

Em 1994, o grupo de trabalho sobre qualidade de vida da Organização Mundial da Saúde (OMS) elaborou um instrumento de mensuração de QV para ser utilizado internacionalmente, o Instrumento de Avaliação de Qualidade de Vida da Organização Mundial da Saúde (WHOQOL, *World Health Organization Quality of Life Assessment*) 100. Anos depois, o WHOQOL 100 teve uma versão simplificada denominada Instrumento Abreviado de Avaliação de Qualidade de Vida da Organização Mundial da Saúde (WHOQOL Bref)[10,22].

A qualidade de vida de pacientes com câncer tem sido amplamente estudada, conforme já mencionado. Tais estudos tiveram início na segunda metade da década de 1940, com os trabalhos[23] que estabeleceram guias incorporando respostas subjetivas, estado funcional e parâmetros de resposta do humor no tratamento de pacientes com câncer de pulmão. Tal escala tem sido considerada como uma medida padrão ainda hoje na prática oncológica em cabeça e pescoço.

Dentre os inúmeros instrumentos genéricos para avaliar pacientes com câncer, temos aqueles com enfoque no bem-estar[24], depressão[25,26], estresse[27] ou apoio social[28]. Específicos em relação ao câncer podemos citar, entre outros, os instrumentos: *Functional Living Index – Cancer* (FLIC)[29]; as escalas *Head and Neck Performance Status Scale* (PPS-HN)[30], *Karnofsky Performance Status* (KPS)[23], *Mental Adjustment to Cancer* (MAC)[31]; *European Organization for Research and Treatment of Cancer – Core Quality of Life Questionare (EORTC – QLC-C30)*[32]; *Cancer Rehabilitation Evaluation System* (CARES)[33]; *Caregiver Quality of Life Index-Cancer* (CQOLC)[34]; *Functional Assessment of Chronic Illness Therapy* (FACIT)[35]; *Quality of Life – Radiation Therapy Instrument* (QOL-RTI)[36]; *Schedule for the Evaluation of Individual Quality of Life* (SEIQoL)[37]. Especificamente para pacientes em cuidados paliativos tem sido utilizado o *Psychosocial Well-Being Questionnaire*[38].

A utilização de instrumentos padronizados para a medida de qualidade de vida é fundamental para o desenvolvimento de pesquisas, pois facilita a coleta e análise dos dados e favorece a comparação entre vários estudos. Tais instrumentos, no entanto, limitam a compreensão das diversas dimensões envolvidas na qualidade de vida das pessoas. Assim, outra forma de avaliação sistemática que vem crescendo nos últimos anos é a avaliação da qualidade de vida a partir de estudos com abordagem qualitativa. Incluir dados colhidos em entrevistas ou relatos de pacientes para estudar em profundidade alguns aspectos da experiência de vida amplia a construção do fenômeno qualidade de vida[39].

A Organização Mundial da Saúde definiu cinco grupos prioritários para a avaliação do nível de qualidade de vida: o primeiro relaciona-se aos pacientes com doenças crônicas (artrite, hipertensão, síndrome de imunodeficiência adquirida [AIDS, *acquired immune deficiency syndrome*], epilepsia, diabetes, câncer e outras); o segundo corresponde aos cuidadores informais, ou seja, os familiares que cuidam dos doentes; o terceiro corresponde àqueles que vivem em situações estressantes, como por exemplo, doentes mentais, hansenianos e tuberculosos; no quarto grupo estão os sujeitos vulneráveis em decorrência de perdas, como aqueles com problemas de aprendizagem, com perda de visão ou fala. Por último, as crianças, grupo tradicionalmente representado por seus responsáveis[10]. Considera-se importante um outro grupo, ou seja, os profissionais de saúde, pois estudos sobre a psicopatologia do trabalho têm evidenciado esgotamento nessa população, o que pode conduzir ao sofrimento psicológico, interferindo na qualidade de suas vidas[40-42].

978-85-7241-726-6

Cuidados Paliativos e Qualidade de Vida

Uma grande parcela da população mundial morre de doenças crônicas lentamente progressivas. Nessa situação, o período terminal é de poucos meses ou semanas, como em alguns tipos de câncer. Outras enfermidades têm progressão lenta com períodos cíclicos de reagudização até que advenha a morte, como por exemplo, a insuficiência cardíaca e a demência[43]. A assistência a esses pacientes em um dos momentos mais cruciais de suas vidas é denominada cuidados paliativos, os quais não são uma alternativa de tratamento, mas sim parte complementar e vital de todo o acompanhamento do paciente e de sua família.

Em meados da década de 1960, houve na Inglaterra um movimento de conscientização sobre a necessidade de melhorar a assistência aos pacientes terminais. Os profissionais de saúde e o sistema hospitalar foram duramente criticados pela assistência prestada aos pacientes ao final da vida que não tinham suas dores aliviadas e nem eram valorizados os problemas familiares, psicológicos, sociais e espirituais decorrentes da doença. Outro aspecto importante era a falta de acompanhamento desses pacientes e de suas famílias no domicílio. Em 1967, Cicely Saunders fundou em Londres o Saint Christopher Hospice, considerado até hoje o modelo dessa especialidade. O movimento *hospice* veio preencher a lacuna para o suporte ao paciente terminal e sua família[44].

Assim, voltou-se a atenção para aquelas pessoas que, acometidas pelo câncer e fora de quaisquer recursos terapêuticos, aguardavam sozinhas a evolução final da doença em meio a um intenso sofrimento físico, moral, social, emocional e familiar. Com a finalidade de aliviar e confortar essas pessoas, Saunders retomou o termo *hospice,* significando agora cuidados ao fim da vida.

978-85-7241-726-6

Partindo dessa perspectiva, buscava-se a humanização do processo de morrer, resgatando a morte como um evento familiar, tranqüilo e compartilhado pelas pessoas próximas ao paciente. Inicia-se assim o movimento da "boa morte", uma rejeição à medicalização do processo de morrer[45].

Em 1990, a OMS reconheceu e recomendou os cuidados paliativos como prioridade da política de saúde, um dos pilares do tratamento do câncer[46]. No primeiro documento da OMS, intitulado *O alívio da dor no câncer e os cuidados paliativos*, o conceito referia-se a um tratamento dirigido a pacientes "fora de possibilidades de cura". Em 2002, a OMS apresentou uma redefinição do conceito, agora como

> *um conjunto de medidas capazes de prover uma melhor qualidade de vida ao doente portador de uma doença que ameaça a continuidade da vida e seus familiares através do alívio da dor e dos sintomas estressantes, utilizando uma abordagem que inclui o suporte emocional, social e espiritual aos doentes e seus familiares desde o diagnóstico da doença ao final da vida e estendendo-se ao período de luto*[47].

Nesse documento, destacaram-se que a melhoria da qualidade de vida pode influenciar positivamente o tempo de sobrevida, que o tratamento paliativo se inicia junto com as demais terapias curativas e que devem ser utilizados todos os recursos diagnósticos para melhor compreensão e abordagem de um sintoma estressante[47].

Em 2004, um novo documento da OMS, intitulado *The solid facts – palliative care*, reafirmou e justificou a necessidade de incluir os cuidados paliativos como parte do cuidado integral à saúde em todas as doenças crônicas e especialmente nos programas de atenção aos idosos. Nesse documento, destacou-se à educação das equipes e da população em geral sobre os princípios e benefícios dos cuidados paliativos[48].

Assim, os cuidados paliativos têm como componentes o alívio dos sinais e sintomas e o apoio psicológico, espiritual e social durante as diversas fases do processo terapêutico até após a morte. O que leva um paciente a ser incluído em um programa de cuidados paliativos é a percepção de que além do tratamento curativo existem sintomas e desconfortos que comprometem sua qualidade de vida e que necessitam de abordagem competente e especializada, conduzida por uma equipe multiprofissional.

Nessa perspectiva, cuidados paliativos permeiam todo o cuidado, ou seja, nas diferentes fases desde o diagnóstico até a morte, incluindo o processo de luto. Os cuidados paliativos afirmam seis princípios: valorizar a vida e considerar a morte como um processo natural; não abreviar nem prolongar a vida; prover o alívio da dor e de outros sintomas; integrar os aspectos psicológicos e espirituais dos cuidados, permitindo oportunidade para o crescimento; ser de responsabilidade de uma equipe multiprofissional e ter a família como unidade de cuidado[47].

978-85-7241-726-6

O compromisso, presente nos cuidados paliativos, com a promoção do bem-estar e da qualidade de vida do doente na fase final de sua existência inclui o conceito de ortotanásia[45], ou seja, morrer com dignidade. A perspectiva da ortotanásia é integrar à vida a dimensão da mortalidade e distinguir o significado de curar e cuidar. Pode-se dizer que um doente teve sua integridade respeitada no final da vida quando: sua dor e seu sofrimento foram aliviados; recebeu cuidados contínuos, ou seja, não foi abandonado quando os objetivos da medicina mudaram da cura para o cuidado; foi protagonista e não mero objeto do processo de cuidados; teve controle, tanto quanto possível, sobre as decisões a respeito de sua vida; foi-lhe possibilitado recusar a obstinação terapêutica (distanásia); respeitaram-se seus medos, pensamentos, sentimentos e valores e foi-lhe proporcionado se despedir da vida no local de seu desejo.

Em 1993, a Sociedade Espanhola para os Cuidados Paliativos[49] definiu doença terminal como aquela que atende a cinco condições: doença progressiva incurável avançada; ausência de possibilidades de resposta a um tratamento curativo específico; presença de múltiplos problemas ou sintomas que tendem a ser intensos, multifatoriais e intercambiáveis; alto impacto emocional para paciente, família e equipe de saúde e expectativa de sobrevida menor que seis meses.

Estudos sobre o processo de comunicação entre paciente/família e profissionais de saúde têm buscado identificar as necessidades dos pacientes e familiares em programas de cuidados paliativos mediante a quantificação e mensuração de padrões de sintomas e de qualidade de vida. Assim,

> *qualidade de vida é a satisfação subjetiva experimentada e/ou expressada pelo indivíduo, sendo influenciada pelos aspectos pessoais, físicos, psicológicos, sociais e espirituais. Há uma boa qualidade de vida quando as aspirações dos indivíduos estão satisfeitas e cumpridas na existência atual*[50].

Quando existe grande divergência entre as aspirações e a experiência real, a qualidade de vida está comprometida.

A busca da qualidade de vida centra-se nos cuidados paliativos, como já mencionado, havendo um número expressivo de pesquisas sobre o que seria qualidade de vida em cuidados no fim da vida e sobre quais seriam seus indicadores, em especial para o paciente e seu cuidador[51-53]. Essa questão é crucial, pois, contraditoriamente, estudos têm evidenciado que o respeito às preferências dos pacientes com doenças terminais é pouco considerado pela equipe de saúde[54,55].

Esse é um desafio para as equipes de cuidados paliativos, ou seja, promover a mudança, abandonando a visão paternalista na qual a equipe é a detentora do saber e a única responsável pela tomada de decisões. Inserir o paciente e a família, adotando-se uma abordagem mais participativa e simétrica, possibilita que possam propor intervenções que atendam aspectos da qualidade de suas vidas.

Para que essa abordagem tenha sucesso, a comunicação é um instrumento fundamental, pois possibilita o acesso ao princípio da autonomia, ao consentimento informado, à confiança mútua e à segurança[54]. Com uma comunicação franca e adequada, a equipe de saúde pode oferecer informações e orientações que facultem ao paciente e à família a tomada de decisão sobre o processo de adoecimento, em quaisquer de suas fases.

Vale lembrar que o mundo dos profissionais tem sua fundamentação na ciência e tecnologia e sua linguagem é, basicamente, construída nessa racionalidade. Em contrapartida, o paciente e sua família estão imersos em mudanças na vida cotidiana decorrentes da doença e suas interações estão alicerçadas na vida afetiva. Como a linguagem é uma das formas simbólicas de comunicação, tais símbolos nem sempre têm o mesmo significado para paciente/família e para a equipe de saúde. Se os profissionais não penetrarem no mundo do paciente e de sua família para buscar compreender do que estão falando, a comunicação será inadequada.

Os programas de cuidados paliativos devem seguir algumas diretrizes para alcançar os objetivos a que se propõem, ou seja, melhorar a qualidade de vida das pessoas com doença avançada e de seus familiares; promover a qualidade

978-85-7241-726-6

dos serviços; estimular a continuidade dos cuidados em todos os níveis de atenção e facilitar a parceria entre os programas, a comunidade e os serviços de saúde. Tais diretrizes podem ser agrupadas em seis domínios[56]:

1. *Físico*: avaliação da pessoa doente e da família; controle dos sintomas com base em evidências científicas; adequação do ambiente onde o cuidado é realizado (domicílio, casas de repouso, hospitais, *hospices*, moradias assistidas e outros).
2. *Psicológico*: avaliação do impacto da doença; estabelecimento de programa de luto; estabelecimento de programa de acompanhamento/supervisão da equipe de saúde.
3. *Social*: avaliação das necessidades sociais; estabelecimento de uma abordagem individualizada e integrada; organização de uma rede de apoio; inclusão dos cuidados paliativos nas políticas públicas de saúde.
4. *Espiritual*: suporte espiritual e religioso; respeito às crenças religiosas do paciente e da família.
5. *Cultural*: atendimento às necessidades culturais, incorporando-as às intervenções planejadas.
6. *Estrutural*: equipe multiprofissional; inserção de voluntários; formação especializada das equipes; educação permanente e incentivo à pesquisa.

O *National Consensus Project for Quality Palliative Care*[57] acrescenta outros dois domínios: cuidados ao moribundo e bioética ao final da vida.

Em uma pesquisa brasileira[51] sobre qualidade de vida em uma unidade de cuidados paliativos, os pacientes mencionaram os seguintes problemas como os mais difíceis de manejar: problemas financeiros; manutenção da família após sua morte; o futuro dos filhos; receio de se tornar uma carga para a família; e sentimento de inutilidade por não trabalhar. Mencionaram, ainda, o sentimento de solidão quando hospitalizados e as dificuldades com alimentação, vômitos, diarréia, ou constipação e, principalmente com a dor.

978-85-7241-726-6

Tomar a família como unidade de cuidado, como já mencionado, implica a compreensão de que uma doença grave não atinge só o doente, mas, também sua família. À semelhança de outras tipificações, a família vive vários estágios de adaptação, tais como: choque, percepção da realidade de perda, reorganização da vida em novos patamares e investimentos em atividades que possam ser realizadas. Cada familiar passa por essas fases, que nem sempre são coincidentes em intensidade e tempo[58]. Conhecer e compreender tais manifestações possibilita propor intervenções que minimizem o sofrimento dos familiares, melhorando, em conseqüência, a qualidade de suas vidas.

Com relação à qualidade de vida dos profissionais de saúde, em particular daqueles que trabalham com cuidados paliativos, alguns autores[40] têm evidenciado altos níveis de estresse, com incidência significativa de doenças psiquiátricas, alcoolismo e suicídio. Tais manifestações decorrem da exposição freqüente ao sofrimento de pacientes e familiares, causado pelo processo de morte e morrer.

As respostas ao estresse, quando o profissional atinge a fase de exaustão, dão origem à síndrome de *burnout*. Não há um padrão, entre os autores, na definição de *burnout*, mas há consenso de que três aspectos estão presentes: sentimentos de exaustão emocional, desapego e senso de ineficiência e baixo desempenho. Em outras palavras, são características da síndrome de *burnout*: exaustão emocional identificada por sintomas como cansaço, irritabilidade, sinais de depressão e de ansiedade, uso abusivo de álcool e/ou cigarros, surgimento de doenças psicossomáticas; despersonalização, caracterizada por atitudes negativas e insensíveis com os colegas de trabalho, tratando-os como objetos; diminuição da realização e produtividade profissional, conduzindo a uma avaliação negativa de si mesmo e depressão e tristeza que afetam seu comportamento social[40-42].

Uma pesquisa[42] realizada na cidade de São Paulo, em 2002, entre enfermeiros de uma instituição hospitalar pública, identificou como situação de maior estresse a de cuidar de pacientes durante o processo de morte e morrer.

A preservação da saúde física e mental da equipe de saúde é fundamental para os próprios trabalhadores, mas também para a qualidade dos cuidados prestados. Para a prevenção e promoção da saúde das equipes de cuidados paliativos, indicam-se algumas estratégias que devem contemplar os profissionais, o contexto ocupacional e a interação do profissional ao contexto ocupacional. Algumas das recomendações são[40,41]:

978-85-7241-726-6

- Definição dos limites pessoais em termos de tempo e energia, estimulando o desenvolvimento de mecanismos para controlar os estressores com o auxílio de apoio formal e informal.
- Incentivo à explicitação das necessidades aos colegas e supervisores, em especial quando se sentem com sobrecarga de trabalho.
- Manutenção de uma relação de equilíbrio entre a vida pessoal e a profissional, dedicando atenção à família, atividade física e lazer.
- Manutenção da cultura dos cuidados paliativos mediante educação permanente.
- Oferecimento de supervisão clínica sistematizada.
- Organização de grupos de discussão sobre temas de interesse.

Considerações Finais

978-85-7241-726-6

Programas de cuidados paliativos têm sido reconhecidos como estratégias fundamentais para a melhora da qualidade de vida de pessoas que vivem doenças em fase terminal. Controle dos sofrimentos físico, emocional, espiritual e social é essencial nessa modalidade de cuidado em que a pessoa doente (desde o diagnóstico até o momento da morte) e sua família (durante o curso da doença e em programas de enlutamento) são os focos de atenção na busca pela qualidade de vida.

De uma modalidade inicialmente utilizada no cuidado aos pacientes com câncer, atualmente é estendida para outros grupos, como pacientes com insuficiência cardíaca congestiva, doenças pulmonares obstrutivas crônicas, diabetes, doença renal crônica, doenças hepáticas, esclerose múltipla, mal de Parkinson, mal de Alzheimer e outros. Com relação às crianças, os cuidados paliativos, quando instituídos, também são, de preferência, dirigidos àquelas com câncer, mas outros grupos também podem ser beneficiados (crianças com paralisia cerebral, erros inatos do metabolismo, fibrose cística, doenças congênitas e outras).

No Brasil, poucos são os serviços que adotam formalmente a filosofia dos cuidados paliativos, mas muitos profissionais têm assumido os princípios dos cuidados paliativos no cotidiano de seus trabalhos.

A transição da fase curativa para a paliativa é marcada pela mudança no foco do tratamento, da busca pela cura para o alívio da dor e controle de sintomas físicos e emocionais, com a finalidade de oferecer conforto e qualidade de vida. Esse período, para alguns, pode ser curto e bem definido e para outros pode se prolongar por meses. Independentemente do tempo, a experiência dos cuidados paliativos possibilita o cuidado individualizado pautado na tomada de decisão ética. A sintonia entre a equipe de saúde e o paciente com sua família é condição para o êxito da assistência.

A qualidade de vida dos profissionais de saúde, em particular os que trabalham com pacientes em iminência de morte, deve ser motivo de preocupação das instituições formadoras e do setor saúde. Para tanto, mudanças precisam ocorrer simultaneamente nas escolas e nos serviços de saúde. As escolas devem instrumentalizar os alunos para atuarem com a vida e a morte e os serviços de saúde, com o auxílio de programas de educação permanente, devem ajudar os profissionais a realizarem reflexões e buscarem medidas que previnam a síndrome de *burnout*.

Cuidados paliativos encontram-se em um campo conceitual, metodológico e instrumental em construção e, portanto, trazem o desafio da definição de suas estratégias a partir de nossas práticas. Em cuidados paliativos, a ação não é movida apenas pela competência técnico-científica, apoiada no processo diagnóstico e terapêutico. Essa ação é, também, determinada por questões políticas, éticas, culturais, sociais e subjetivas. O grande desafio das equipes é encontrar, no trabalho cotidiano com pacientes em cuidados paliativos, um equilíbrio no qual a razão e a emoção se mantenham em harmonia.

978-85-7241-726-6

Referências Bibliográficas

1. FERRAZ, M. B. Qualidade de vida: conceito e um breve histórico. *Jovem Médico*, v. 3, n. 4, p. 219-22, 1998.
2. KITRUNGROTE, L.; COHEN, M. Z. Quality of life of family caregivers of patients with cancer: a literature review. *Oncol. Nurs. Forum*, v. 33, n. 3, p. 625-32, 2006.
3. FAYERS, P. M.; MACHIN, D. *Quality of Life: assessment, analysis and interpretation*. New York: John Wiley and Sons, 2000.
4. SKEVINGTON, S. M. Advancing cross-cultural research on quality of life: observations draw from the WHOQOL development. *Quality of Life Research*, n. 11, p. 135-144, 2002.
5. MINAYO, M. C. S.; HARTZ, Z. M.; BUSS, P. M. Qualidade de vida e saúde: um debate necessário. *Ci. Saúde Col.*, v. 5, n. 1, p. 7-18, 2000.
6. SPILKER, B. *Quality of Life and Pharmacoeconomics in Clinical Trials*. 2. ed. New York: Raven Press, 1996.
7. WOOD-DAUPHINEE, S. Assessing quality of life in clinical research: from where have we come and where are we going? *J. Clin. Epidemiol.*, v. 52, n. 4, p. 355-363, 1999.
8. FARQUHAR, M. Definitions of quality of life: taxonomy. *J. Adv. Nurs.*, n. 22, p. 502-508, 1995.
9. PADILLA, G. V.; GRANT, M. M.; FERREL, B. Nursing research into quality of life. *Qual. Life Res.*, v. 1, p. 341-8, 1992.
10. THE WHOQOL GROUP. The World Health Organization Quality of Life Assessment (WHOQOL): position paper from the World Health Organization. *Soc. Sci. Med.*, n. 41, p. 1403-1410, 1995.
11. LEPLÈGE, A.; RUDE, N. The importance of patient's own view about their quality of life. *AIDS*, n. 9, p. 1108-1109, 1995.
12. SLEVIN, M. L.; PLANT, H.; LYNCH, D.; DRINKWATER, J.; GREGORY, W. Who should measure quality of life, the doctor or the patient? *Br. J. Cancer*, n. 57, p. 109-112, 1988.
13. THE WHOQOL GROUP. The World Health Organization Quality of Life Assessment (WHOQOL): development and general psychometric properties. *Soc. Sci. Med.*, n. 46, p. 1569-85, 1998.
14. KATSCHNIG, H. How useful is the concept of quality of life in psychiatry? *Curr. Opin. Psychiatry*, v. 10, p. 337-345, 1997.
15. COOLEY, M. E. Quality of life in persons with non-small cell lung cancer: a concept analysis. *Cancer Nurs.*, v. 12, n. 3, p. 151-61, 1998.
16. BULLINGER, M.; ANDERSON, R.; CELLA, D.; AARONSON, N. Developing and evaluating cross-cultural instruments from minimum requirements to optimal models. *Qual. Life Res.*, v. 2, p. 451-459, 1993.

17. JENNEY, M. E. M.; CAMPBELL, S. Measuring quality of life. *Arch. Dis. Childhood*, v. 77, p. 347-350, 1997.

18. AURQUIER, P.; SIMEONE, M.C.; MENDIZABAL, H. Approches theoriqués methodologiqués de lá qualité de vie lieé à la santéa. *Revue Prevenir*, v. 33, p. 77-86, 1997.

19. CLEARY, P. D.; WILSON, P. D.; FOWLER, F. J. Health-related quality of life in HIV-infected persons: a conceptual mode. In: DIMSDALE, J. E.; BAUM, A. (eds.). *Quality of Life in Behavioral Medicine Research*. New Jersey: Lawrence Erlbaum Associates, 1995. p. 191-204.

20. GUITERAS, A. F.; BAYÉS, R. Desarrollo de un instrumento para la medida de la calidad de vida en enfermedades crónicas. In: FORNS, M.; ANGUERA, M. T. (orgs.). *Aportaciones Recientes a la Evaluación Psicologica*. Barcelona: Universitas, 1993. p. 175-195.

21. PATRICK, D. L.; ERICKSON, P. Assessing health-relates quality of life for clinical decision making. In: WALKER, S. R.; ROSSER, R. M. (eds.). *Quality of Life: assessment and application*. Lancaster: MTP Press, 1987.

22. FLECK, M. P. A.; LOUZADA, S.; XAVIER, M.; CHACHAMOVICH, E.; VIEIRA, G.; SANTOS, L.; PINZON, V. Aplicação da versão em português do instrumento abreviado de avaliação da qualidade de vida "WHOQOL-Bref". *Rev. Saúde Pública*, v. 34, n. 2, p. 178-183, 2000.

23. KARNOFSKY, D. A. et al. The use of nitrogen mustard in the palliative treatment of cancer with particular reference to bronchogenic carcinoma. *Cancer*, v. 1, p. 634-656, 1948.

24. NAGPAL, R.; SELL, H. Subjective well-being. *SEARO Regional Health Paper*, 1985.

25. ZUNG, W. W. K. A self-rating depression scale. *Arch. Gen. Psychiatry*, v. 12, p. 63-70, 1965.

26. BECK, A. T. et al. An inventory for measuring depression. *Arch. Gen. Psychiatry*, v. 4, p. 561-568, 1961.

27. RODRIGUES-MARIN, J. et al. Evaluación del afrontamiento del estrés: propiedades estresantes. *Revista de Psicologia de la Salud*, v. 4, n. 2, p. 59-84, 1992.

28. RODRIGUES-MARIN, J.; LÓPES-ROIG, S.; PASTOR, M. A. *Escala de Apoyo Social Percibido en Marcos de Salud*. Alicante: Depto. de Psicologia de Salud da Universidade de Alicante, 1989.

29. SCHIPPER, H. et al. Measuring the quality of life of cancer patients: the functional living index-cancer: development and validation. *J. Clin. Oncol.*, v. 2, p. 472-83, 1984.

30. LIST, M. A.; D'ANTONIO L. L.; CELLA, D. F.; SISTON, A.; MUMBY, P.; HARAT, D.; VOKES, E. The Performance Status Scale for Head and Neck Cancer Patients and the Functional Assessment of Cancer Therapy-Head and Neck Scale: a study of utility and validity. *Cancer*, v. 77, n. 11, p. 2294-2301, 1996.

31. WATSON, M.; GREER, S.; BLISS, J. M. *Mental Adjustment to Cancer Scale: user's manual*. New York: American Cancer Society, 1989.

32. AARONSON, N. K.; BULLINGER, M.; AHMEDZAI, S. A modular approach to quality-of-life assessment in cancer clinical trials. *Recent Results in Cancer Research*, v. 111, p. 231-249, 1988.

33. GANZ, P. A. et al. The cares: a generic measure of health-related quality of life for cancer patient. *Qual. Life Res.*, v. 1, p. 19-29, 1992.

34. WEITZNER, M. A. et al. The caregiver quality of life Index-cancer (CQOLC) scale: development and validations of an instrument to measure quality of life of the family caregiver of patients with cancer. *Qual. Life Res.*, v. 8, p. 55-63, 1999.

978-85-7241-726-6

34. CELLA, D. *Functional Assessment of Chronic Illness Therapy (FACIT) Measurement System (Manual)*. Evanston: Center on Outcomes Research and Education (CORE)/Evanston Northwestern Healthcare and Northwestern University, 1997.

36. TROTTI, A. et al. Development of a head and neck companion module for the quality of life: radiation therapy instrument (QOL-RTI). *Int. J. Radiat. Oncol. Biol. Phys.*, v. 42, p. 256-61, 1998.

37. BROADHEAD, J. K.; ROBINSON, J. W.; ATKINSON, M. J. A new quality of life measure for oncology: the SEIQoL. *J. Psychosoc. Oncol.*, v. 16, n. 1, p. 21-35, 1998.

38. KAASA, S.; MASTEKAASA, A.; STROKKE, I.; NEASS, S. Validation of a questionnaire for use in clinical trials for treatment of patients with inoperable lung cancer. *Eur. J. Cancer Clin. Oncol.*, v.24, n.4, p. 691-701, 1988.

39. NUCCI, N.A.G. *Qualidade de Vida e Câncer: um estudo compreensivo*. Ribeirão Preto: USP, 2003. Tese (Doutorado) – Faculdade de Filosofia, Ciências e Letras de Ribeirão Preto da Universidade de São Paulo.

40. GARROZA-HERNANDEZ, E.; BENEVIDES-PEREIRA, A. M. T.; MORENO-JIMENEZ, B.; GONZALES, J. L. Prevenção e intervenção na síndrome de Burnout: como prevenir (ou remediar) o processo de Burnout. In: BENEVIDES-PEREIRA, A. M. T. (org.). *Burnout: quando o trabalho ameaça o bem estar do trabalhador*. São Paulo: Casa do Psicólogo, 2002.

41. DUNWOODIE, D. A.; AURET, K. Psychological morbidity and burnout in palliative care doctors in Western Australia. *Int. Med. J.*, v. 37, p. 693-698, 2007.

42. MENZANI, G.; FERRAZ BIANCHI, E. R. Determinação dos estressores dos enfermeiros atuantes em unidades de internação. *Enfermagem Global*, n. 7, 2005. Disponível em: www.um.es/eglobal/.

43. FIGUEIREDO, M. T. A. Reflexões sobre os cuidados paliativos no Brasil. *Prática Hospitalar*, v. 8, n. 47, p. 36-40, 2006.

44. BERNARDO, C. L. E. Nos cuidados paliativos. In: BARACAT, F. F.; FERNANDES, H. J.; SILVA, M. J. (orgs.). *Cancerologia Atual: um enfoque multidisciplinar*. São Paulo: Roca, 2000. p. 56-72.

45. PESSINI, L. A filosofia dos cuidados paliativos: uma resposta diante da obstinação terapêutica. O *Mundo da Saúde*, v. 27, n. 27, p. 15-32, 2003.

46. WORLD HEALTH ORGANIZATION. *Cancer Pain Relief and Palliative Care*. Geneva: WHO, 1990.

47. WORLD HEALTH ORGANIZATION. *National Cancer Control Programs: polices and management guidelines*. 2. ed. Geneva: WHO, 2002.

48. WORLD HEALTH ORGANIZATION. *Better Palliative Care for Older People*. Geneva: WHO, 2004.

49. SOCIEDADE ESPANHOLA DE CUIDADOS PALIATIVOS. *Guia de Cuidados Paliativos*. Disponível em: http://www.secpal.com. Acesso: 07/Jan./2008.

50. TWYCROSS, R. *Cuidado del Paciente con Cáncer Avanzado. Programa de Medicina Paliativa da Argentina*. Buenos Aires: Asociación Argentina de Medicina y Cuidados Paliativos, 1986.

51. KOVACS, M. J. Avaliação da qualidade de vida em pacientes oncológicos em estado avançado da doença. In: CARVALHO, M. M. (org.). *Psico-oncologia no Brasil: resgatando o viver*. São Paulo: Summus, 1998. p. 159-185.

978-85-7241-726-6

52. SAHLBERG-BLOM, E.; TERNESTED, B. M.; JOHANSSON, J. E. Is good 'quality of life' possible at the end of life? An explorative study of the experiences of a group of cancer patients in two different care cultures. *J. Clin. Nurs.*, v. 10, p. 550-562, 2001.

53. MENEZES, R. A. *Em Busca da Boa Morte: antropologia dos cuidados paliativos*. Rio de Janeiro: Garamond/FIOCRUZ, 2004.

54. SANZ-ORTIZ, J. La comunicación en medicina paliativa. *Med. Clín.*, v. 98, n. 11, p. 416-418, 1992.

55. MCCONNELL, Y.; FRAGER, G.; LEVETOWN, M. Decision making in pediatric palliative care. In: CARTER, B. S.; LEVETOWN, M. (orgs.). *Palliative Care for Infants, Children and Adolescents: a practical handbook*. London: The Johns Hopkins University Press, 2004.

56. PALLIATIVE CARE AUSTRALIA. *Standards for Palliative Care Provision*. 3. ed. Sidney: Palliative Care Australia, 1999.

57. NATIONAL CONSENSUS PROJECT FOR QUALITY PALLIATIVE CARE. *Clinical Practice Guidelines* for *Quality Palliative Care*. Pittsburgh: National Consensus Project for Quality Palliative Care, 2004.

58. PARKES, C. M. *Bereavement Studies of Grief in Adult Life*. London: Penguin Books, 1986.

978-85-7241-726-6

Dor e Cuidados Paliativos na Perspectiva da Terapia Ocupacional

Parte

II

ÍNDICE DA PARTE

978-85-7241-726-6

Terapia Ocupacional em Dor e Cuidados Paliativos – Princípios, Modelos de Intervenção e Perspectivas

Capítulo

6

MARYSIA M. R. PRADO DE CARLO
MÔNICA ESTUQUE G. DE QUEIROZ
WALKYRIA DE ALMEIDA SANTOS

Devagar, aprendo sobre a importância da impotência.
Experimento isso em minha vida e vivo isso em meu trabalho.
O segredo é não ter medo, não fugir.
Os pacientes sabem que não somos Deuses.
Tudo o que pedem é que não desistamos deles.
Autor desconhecido

ÍNDICE DO CAPÍTULO

978-85-7241-726-6

O processo de adoecimento costuma alterar, muitas vezes de forma brusca e urgente, a estrutura da vida cotidiana de todos os envolvidos, seu lugar de vida e seu papel social. Pode gerar quebra ou ruptura do cotidiano, com sofrimento físico, emocional e sociofamiliar, causar nos sujeitos dificuldades de adaptação e de auto-reconhecimento, comprometer a qualidade e a organização das atividades necessárias para o desenvolvimento físico, mental e social saudável. Entretanto,

> *a fragilidade, representada pela falência do corpo, vai sendo minimizada à medida que é devolvida ao cliente a sua autonomia (mesmo que ainda seja dependente), de modo a aumentar progressivamente o sentimento de potência: controle sobre si, sobre sua história, seus desejos e seu corpo*[1].

Dentre os muitos aspectos relacionados ao processo de adoecimento, a dor é um grande desafio para o sistema de saúde, tanto pelos custos e prejuízos envolvidos quanto por suas conseqüências, em termos de sofrimentos e incapacitações, mas que costuma ser mal avaliada e diagnosticada, inadequadamente controlada, havendo ainda uma tendência a subestimar o sofrimento[2]. Segundo Teixeira e Figueiró e outros autores, em razão dos novos hábitos de vida, maior longevidade, modificações ambientais, possibilidades de prolongamento da vida de portadores de doenças crônicas que antes eram fatais e também, provavelmente, pela diminuição da tolerância do homem moderno ao sofrimento, tem ocorrido um crescimento na incidência dos quadros de dor crônica[3,4]. Para esses autores, um dos aspectos determinantes da má assistência àqueles que sentem dor e/ou estão em cuidados paliativos é a ausência de temas como a dor, o sofrimento e a morte no currículo dos cursos de formação de todos os profissionais da área da saúde.

Apesar da ampliação da quantidade e da eficácia das terapêuticas farmacológicas, em especial nos casos de dor crônica, há evidências sobre a precariedade do atendimento a pessoas que sentem dor, em associação com o desconhecimento dos métodos seguros e eficazes para o tratamento da dor, dos métodos de administração dos medicamentos ou sua utilização de modo inadequado, do próprio mecanismo de analgesia e também dos benefícios de métodos de tratamento não-farmacológicos. Logo, há necessidade de enfocar o tema da dor e dos cuidados paliativos em sua multiplicidade de aspectos na formação de todos os profissionais da saúde e também de aumentar as possibilidades de atenção não-farmacológica e de reabilitação a pacientes que sentem dor ou que estejam em programas de cuidados paliativos.

Dor

Nenhuma outra experiência está tão embutida de representações dos contextos social e moral de sua época quanto a dor. Para muitos filósofos e em diferentes

978-85-7241-726-6

culturas, a dor ocorreria por "vontade de Deus", ou atribuída à invasão do corpo por maus espíritos. Infelizmente, essa idéia de que a dor é conseqüência dos erros e transgressões às regras sociais e morais permanece ainda hoje, tornando-se obstáculo significativo tanto para a melhora da qualidade de vida dos que estão doentes quanto para a implementação de políticas e estratégias de prevenção e de cuidados àqueles que sofrem.

Segundo Guimarães, a definição mais utilizada na literatura internacional moderna sobre dor, adotada pela International Association for the Study of Pain (IASP) (1979), afirma que a dor é: "uma experiência sensorial e emocional desprazerosa associada com real ou potencial lesão de tecido ou descrita em termos de tal lesão"[5]. Dessa definição conclui-se que a relação entre lesão tecidual e dor não é exclusiva ou direta e que na experiência dolorosa estão envolvidos aspectos fisiológicos, sensitivos, emocionais e culturais que se encontram interligados.

978-85-7241-726-6

Portanto, a dor é uma condição de alta complexidade, que envolve tanto aspectos físicos e senso-perceptivos quanto fatores psicológicos e emocionais, de aprendizado, éticos, ocupacionais, comportamentais, morais e religiosos. As reações à dor variam segundo a personalidade e o estado psicológico, as condições orgânicas, as experiências anteriores e o contexto sociocultural de cada um. Assim, depende da aprendizagem cultural (é modulada pelo meio cultural em que a pessoa se desenvolve), sem deixar de ser uma experiência individual, pessoal e subjetiva. O significado atribuído depende de fatores individuais e, portanto, a dor não pode ser compartilhada, mas deve ser respeitada e avaliada de modo adequado, para que possa ser efetivamente tratada.

A complexidade para se interpretar a dor relaciona-se às características próprias e únicas do organismo e às múltiplas variáveis que a influenciam. O fenômeno doloroso apresenta características neurofisiológicas específicas e similares entre os povos. Entretanto, estudos psicológicos e antropológicos demonstram que a percepção e as reações à dor variam muito, segundo a faixa etária, as condições orgânicas, o ritmo biológico, a natureza e a localização da lesão, a personalidade, o estado psicológico, as estratégias de enfrentamento e compensações, a história de vida, as experiências anteriores e a capacidade de compreender suas causas e conseqüências, a etnia, o contexto socioeconômico e cultural e as dinâmicas familiares de cada um.

Nesse sentido, estudos sobre a experiência dolorosa reconhecem que as atitudes adquiridas na infância influenciam o comportamento quando adulto e revelam que as atitudes dos pais influenciam as atitudes da criança no que se refere à dor. Há também diferenças étnicas quanto à tolerância a dor. Estímulos que provocam uma dor considerada insuportável por uma pessoa, podem ser bem suportados por outra, como acontece em rituais e cerimônias de iniciação de certas culturas.

As diferenças transculturais revelam que há grande variação na percepção de dor, pensamento e reações e que o fenômeno doloroso apresenta aspectos específicos, universais e étnicos. As mais importantes diferenças transculturais são relacionadas às características sexuais e aos significados emocionais da dor, apesar da similitude dos aspectos sensoriais e físicos entre os povos[4].

Segundo Henderson, do Chicago College of Medicine da University of Illinois, em um estudo israelense com base na auto-avaliação da dor durante o parto, médicos judeus e parteiras avaliaram a dor em 225 parturientes judias e 192 beduínas. Os resultados apontaram que as mulheres de ambos os grupos avaliaram-se de modo equivalente, mas os médicos e parteiras registraram menos dor nas mulheres beduínas[6].

978-85-7241-726-6

Epidemiologia da Dor

A dor, como sintoma ou doença, é o mais freqüente objeto de procura pelos serviços de saúde no Brasil[7]. Porém, a dor e suas conseqüências costumam ser mal avaliadas e diagnosticadas, não são adequadamente controladas e ainda há uma tendência a se subestimar o sofrimento. Além das idéias falsas sobre tolerância ou dependência de medicamentos, o problema da automedicação freqüente colabora para o insatisfatório controle da dor.

Estudos sobre a epidemiologia da dor se fazem necessários para o conhecimento das determinantes de sua ocorrência em populações ou grupos de pessoas, para auxiliar a descrever o espectro clínico das doenças e identificar e definir síndromes específicas e fatores que influenciam e causam doenças e incapacidades. Há dados que demonstram que mais de 70% dos doentes que procuram o sistema de saúde o fazem por causa da dor e que cerca de 50 a 60% dos doentes tornam-se parcial ou totalmente incapacitados.

As afecções do aparelho locomotor são as causas mais freqüentes de dor no Brasil: lombalgias ocorrem em cerca de 70% dos brasileiros. As dores abdominais, a dor generalizada e a cefaléia são também muito prevalentes. Estatísticas indicam que 20% da população mundial e 30 milhões de brasileiros sofrem de cefaléia e os portadores de dor de cabeça crônica muito comumente a associam com o excesso de atividade profissional, esquecem coisas com freqüência, não têm vida sexual ativa por causa da dor e consideram-se angustiados e deprimidos.

A prevalência da dor varia entre os sexos. Há doenças que se caracterizam por envolverem dores significativas, que são mais comuns nas mulheres, como a artrite reumatóide (em uma relação de 3:1), a fibromialgia e a enxaqueca. Nesta última, a prevalência é de cerca de 16% nas mulheres e de 6% nos homens. As enxaquecas podem apresentar melhora expressiva durante a gestação e após a menopausa. A prevalência da dor eleva-se também com a idade: nos idosos, a dor geralmente é crônica e relacionada a doenças degenerativas.

Dores diferentes têm mecanismos diferentes. Por exemplo: basta um toque na pele após uma queimadura de sol para causar dor (nocicepção inflamatória), que é bastante diferente da dor de cabeça e das dores reumáticas. Pesquisas médicas têm proporcionado rica compreensão sobre os mecanismos da dor e sua relação com os diversos quadros patológicos, mas não podem explicar a experiência pessoal da dor. Portanto, é fundamental a continuidade das investigações sobre dor, não se podendo reduzi-la apenas a aspectos neurofisiológicos. As intervenções terapêuticas devem ser necessariamente multiprofissionais.

Em razão dos aspectos multidimensionais da queixa dolorosa, a avaliação e a abordagem devem ter um caráter amplo. A fim de viabilizar a terapêutica farmacológica e não-farmacológica mais adequada a cada situação, de forma específica e individualizada, deve-se considerar: a descrição da dor (há quanto tempo existe e quais são suas características, como intensidade, localização e se há irradiação), o mecanismo fisiológico presente, as prováveis causas, os atenuantes e os agravantes (o que causa aumento ou diminuição da dor). Aos problemas da dor propriamente dita podem somar-se outras manifestações de ansiedade, como sudorese, palidez, tontura, palpitação, aumento da pressão arterial e da freqüência respiratória, que também devem ser avaliadas. Além disso, dores muito intensas, constantes e resistentes ao tratamento podem favorecer alterações emocionais graves, como a depressão.

Enfim, qualquer sensação dolorosa prejudica as atividades cotidianas, as relações sociofamiliares e a qualidade de vida, entendida como "a percepção do paciente sobre o seu estado físico, emocional e social"[8]. Assim, avaliar e monitorizar a qualidade de vida é imprescindível para a eficácia dos procedimentos terapêuticos, principalmente com pacientes com doenças crônicas, como as oncológicas, as cardiológicas, as neurológicas, as reumatológicas, entre outras.

978-85-7241-726-6

Qualidade de Vida

A melhoria das condições sanitárias e da assistência à saúde da população em geral, com a diminuição do número de óbitos por doenças infectocontagiosas, tem provocado o aumento da expectativa de vida. Os muitos avanços tecnológicos e das terapêuticas farmacológicas e não-farmacológicas têm proporcionado sobrevida cada vez mais longa aos sujeitos acometidos por doenças crônico-degenerativas, que em geral são acompanhadas por dores crônicas, comprometendo o conforto e o bem-estar dos seus portadores. Contudo, além do aumento do tempo de vida, é preciso considerar também (e principalmente) a qualidade de vida que se tem nesse tempo "a mais" e o impacto da doença e do tratamento no cotidiano de cada um e da coletividade.

O conceito de qualidade de vida baseou-se, segundo Silva Júnior, na sociologia européia (em especial a inglesa) do século XIX e foi mudando de modo significativo ao longo do tempo[9]. Segundo Carr *et al.* (*apud* Rodrigues Neto, 2001), o termo "qualidade de vida" foi usado originalmente nos Estados Unidos, no período pós-guerra, para descrever o domínio ou posse de bens materiais e de consumo[10]. Apenas mais tarde passou a abranger outros aspectos, como educação, saúde, bem-estar e crescimento econômico.

Segundo Barros, diversos autores apontam que os estudos sobre qualidade de vida iniciaram-se com a chamada "humanização" da medicina, contrapondo-se ao excessivo tecnicismo e à desvalorização da relação médico-paciente[11]. Embora não exista um conceito de qualidade de vida universalmente aceito, predomina o da Organização Mundial da Saúde (OMS), segundo o qual:

> *Qualidade de vida é uma percepção individual de sua posição na vida, no contexto da cultura e sistema de valores em que vive e na relação com seus objetivos, expectativas, padrões e preocupações*[12].

Esse conceito da OMS traz a noção de que qualidade de vida não é só uma percepção pessoal de sua posição na vida. Como conceito abrangente e complexo, contempla a inserção do indivíduo no seu contexto cultural e de valores, seus objetivos e expectativas e envolve também suas condições de saúde física, estado psicológico, crenças pessoais e interações no seu meio social.

Na busca de uma definição mais adequada para qualidade de vida, Hornquist (*apud* Silva Jr., 2005) apontou que a satisfação das necessidades humanas (físicas, psicológicas, sociais, maritais e estruturais) é fundamental para a qualidade de vida[9]. Nesse mesmo sentido, segundo De Simone *et al.*, a qualidade de vida poderia ser definida como aquilo que a pessoa diz que é, em uma relação entre o que se tem (o que é concreto e passível de ser alcançado) e o que se quer (desejos e aspirações)[13].

Dessa forma, para o alcance de uma melhor qualidade de vida fazem-se necessárias a melhoria da realidade atual e a proposição de objetivos realistas e alcançáveis. Contudo, as abordagens clínicas tradicionais e os métodos científicos de avaliação e intervenção em saúde e de avaliação dos resultados, com base exclusiva em medidas biomédicas, são insuficientes para mensurar toda a complexidade das questões envolvidas, pois, segundo Barros, valorizam primordialmente a doença e suas conclusões podem não corresponder à avaliação feita pelo paciente a respeito de sua própria vida[14]. Esse autor considera que é fundamental verificar "as condições psicossociais da vida do paciente, modificadas pela doença e pelo tratamento, e sua influência nos resultados e na adesão às medidas terapêuticas recomendadas"[14].

978-85-7241-726-6

Os métodos ou escalas para avaliação de qualidade de vida foram se desenvolvendo de forma mais ou menos complexa e abrangente, abordando uma ou mais áreas e/ou dimensões incluídas no conceito de qualidade de vida. A escolha e a utilização desses instrumentos dependerão da proposta metodológica do estudo e do período de avaliação. De Simone aponta que os índices e escalas de qualidade de vida medem alguns aspectos selecionados e não a satisfação subjetiva do indivíduo. Assim, para essa medição, devem-se incluir aspectos espirituais e existenciais, as relações sociais e familiares e o controle dos sintomas[13].

A possibilidade de medir e de comparar os efeitos dos tratamentos sobre a qualidade de vida dos pacientes permite documentar as suas vantagens e deficiências em um sentido mais amplo, incluindo a percepção do paciente, os valores individuais e a satisfação com a vida[8].

978-85-7241-726-6

Qualidade de Vida e Dor Crônica

A dor é um tema sempre presente no cotidiano e nos discursos dos portadores de doenças crônicas e relaciona-se tanto aos aspectos emocionais quanto aos funcionais. Relatos orais de pacientes demonstram que as limitações físicas, a dor, a depressão, o medo e a vergonha comprometem o cuidado pessoal, as atividades domésticas e as atividades sociais, de lazer e na comunidade.

A doença e a dor crônicas influenciam de modo negativo a qualidade de vida do paciente e de seus familiares, em associação com sua condição funcional e ocupacional. Podem ser acompanhadas por dependência física progressiva (com limitação ou perda da mobilidade) e causar sofrimento persistente ao seu portador, provocando alterações psicoafetivas como depressão, raiva, culpa, sentimento de incapacidade, baixa auto-estima, etc. Afetam a forma como a pessoa percebe seu bem-estar e qualidade de vida e alterar o estilo e a estrutura da vida cotidiana, dificultando ainda mais o controle da dor e a inserção do indivíduo na sua comunidade. Comprometem a vida ocupacional do indivíduo em seus múltiplos aspectos, em particular no âmbito do trabalho, podendo causar a perda do emprego e modificações nos papéis sociais, o que também compromete a qualidade de vida individual e familiar.

Sobre suas expectativas futuras, alguns pacientes destacam a necessidade da busca por qualidade de vida, como no relato a seguir:

(Espero) que eu consiga manter uma qualidade de vida, né, que eu não fique, assim, dependente... que acho que é a coisa pior que tem... Pra mim, assim, particularmente, a pior coisa que pode existir é você ser dependente, assim, pra tudo, pra qualquer coisa... pra um banho, pra andar, pra se alimentar. (M.S.G., dona de casa, portadora de artrite reumatóide)

Cuidados Paliativos

978-85-7241-726-6

Qualquer sensação dolorosa ou sofrimento/desconforto prejudica a qualidade de vida e as atividades da vida cotidiana, aspectos que são particularmente agravados em se tratando das populações em cuidados paliativos. O conceito de "dor total", que pressupõe a interferência dos aspectos físicos, emocionais, sociais e espirituais nos diferentes sintomas e desconfortos que o indivíduo pode apresentar no processo de adoecimento e de terminalidade, é ponto decisivo e fundamental da filosofia moderna de cuidados paliativos, iniciada com os trabalhos de Cecily Saunders.

A filosofia dos cuidados paliativos objetiva o conforto do paciente e de seus cuidadores, por meio de uma atenção integral (Fig. 6.1) e integrada, que considera essas dimensões física, psicossocial e espiritual em uma perspectiva multiprofissional.

Segundo a OMS, "cuidados paliativos" são

> *medidas que aumentam a qualidade de vida de pacientes e familiares que enfrentam uma doença terminal, por meio da prevenção e do alívio do sofrimento mediante identificação precoce, avaliação correta e tratamento de dor e outros problemas físicos, psicossociais e espirituais*[15].

Assim, "cuidado paliativo" é uma filosofia de assistência direcionada a indivíduos portadores de doenças crônico-degenerativas progressivas, que apresentam sintomas de difícil controle, ou que estão fora de recursos terapêuticos de cura. Caracteriza-se como uma assistência integral e integrada, interdisciplinar e multiprofissional, que visa aliviar o sofrimento e melhorar a qualidade de vida. É o cuidado total e ativo de pacientes cuja doença não é mais responsiva a tratamento curativo. O objetivo do cuidado paliativo é, portanto, a obtenção da melhor qualidade de vida para o paciente e a família, já que a cura deixa de ser o principal objetivo da atuação.

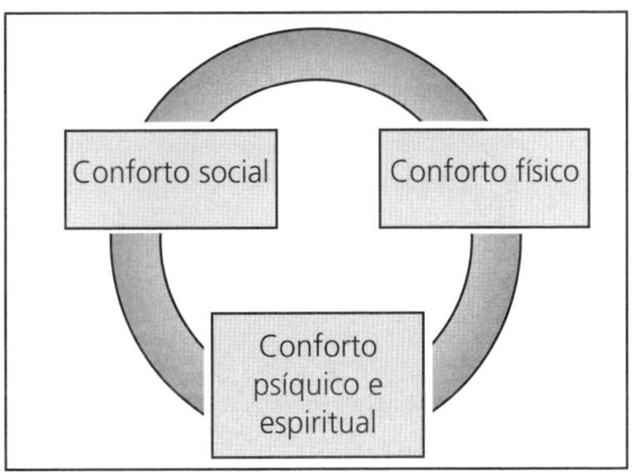

FIGURA 6.1 – Confortos preconizados nos cuidados paliativos.

Os componentes essenciais dos cuidados paliativos são: controle dos sintomas, apoio psicossocial e espiritual e trabalho conjunto entre a equipe de saúde, o paciente e seus cuidadores. Como princípios básicos do tratamento, a partir das definições da OMS, temos:

- Afirmar a vida e aceitar a morte como um processo normal, sem antecipá-la, nem retardá-la, com respeito à autonomia e à dignidade do paciente.
- Oferecer um sistema de suporte para ajudar o paciente a viver tão ativamente quanto possível até sua morte e para ajudar a família durante a doença do paciente e no período de luto.
- Prover controle e alívio para a dor e outros sintomas físicos, integrando os aspectos psicológicos, sociais e espirituais no cuidado do paciente, para alcançar o conforto do indivíduo e de seu cuidador, considerado parte integrante do atendimento.
- Integrar o paciente, quando possível, às decisões terapêuticas e oferecer-lhe reabilitação sempre que necessário, em um ambiente adequado, com respeito, conforto, dignidade e comunicação.

Os cuidados paliativos apresentam características que os diferenciam de outras modalidades terapêuticas: o centro da abordagem é o paciente e não sua doença; a morte é aceita como um processo natural ao mesmo tempo em que se busca o incremento da qualidade de vida; há participação ativa do paciente e de seus cuidadores na tomada das decisões terapêuticas, com o objetivo primordial de alcançar o conforto para os envolvidos e não a cura da doença.

Portanto, a filosofia dos cuidados paliativos promoveu uma mudança conceitual importante, como demonstrado na Tabela 6.1, a seguir.

A proposta terapêutica é fundamentada no respeito à vida e na aceitação da sua finitude, na aceitação da morte como fato inevitável, respeitando os quatro princípios éticos fundamentais, segundo Beauchamps[16]:

- *Respeito à autonomia do paciente*, que deve ser informado sobre sua situação clínica, as opções terapêuticas e suas possíveis conseqüências.

978-85-7241-726-6

Tabela 6.1 – Diferentes ênfases dos tratamentos curativo e paliativo

Tratamento curativo	**Tratamento paliativo**
Da ênfase	***À ênfase***
Na cura	No controle de sintomas
No paciente	No paciente e na família
Nos sintomas físicos	Nos sintomas físicos, psicossociais e espirituais

- *Beneficência*: sempre fazer o bem para o paciente.
- *Não-maleficência*: não fazer o mal para o paciente.
- *Justiça*: uso adequado dos recursos disponíveis.

O respeito aos princípios éticos garante ao paciente e a seus cuidadores um tratamento com base no respeito à dignidade humana, em que não é aceitável o abandono nem a obstinação terapêutica. Protocolos clínicos fundamentados em algoritmos sobre aspectos psiquiátricos, psicossociais e espirituais podem gerar uma grande melhoria assistencial no final de vida. Esses protocolos reconhecem que o físico e o psicossocial estão correlacionados e se sobrepõem na assistência e que os pacientes devem receber assistência total com integração contínua dos serviços físicos e de apoio. Assim, o tratamento em cuidados paliativos deve abordar todos os aspectos relacionados ao sofrimento (Fig. 6.2).

Apesar do maior desenvolvimento dessa abordagem junto ao paciente com câncer, atualmente a filosofia dos cuidados paliativos tem se direcionado a pacientes que apresentam doenças crônicas progressivas e incapacitantes, abrangendo a síndrome de imunodeficiência adquirida (AIDS, *acquired immune deficiency syndrome*), as doenças do neurônio motor, as demências, dentre outras.

978-85-7241-726-6

Equipe Multiprofissional no Cuidado a Quem Sente Dor e em Cuidados Paliativos

A experiência dolorosa, sendo multideterminada (envolve fatores genéticos, de aprendizado, éticos, comportamentais, morais, religiosos e psicológicos), exige abordagem diagnóstica e terapêutica multiprofissional, de modo a abordar todos os aspectos relacionados à sua complexidade e deve ser diagnosticada e tratada sempre em uma perspectiva interdisciplinar, que envolve médicos, terapeutas ocupacionais, dentistas, enfermeiros, psicólogos, fisioterapeutas, assistentes sociais e nutricionistas.

Na filosofia de cuidados paliativos, o trabalho multiprofissional e interdisciplinar é fundamental, já que a avaliação e a abordagem terapêutica serão construídas a partir de diferentes conhecimentos técnicos e científicos, na busca de uma ação integral e integrada que abranja aspectos físicos, psicossociais e espirituais do paciente e de seus familiares e/ou cuidadores.

Desse modo, somente pela inter-relação de diversos saberes profissionais, contando também com a efetiva participação do próprio doente no processo do tratamento, é que poderemos ampliar os estudos e a eficácia dos procedimentos para tratamento e controle da dor e de outros sintomas estressantes que causem sofrimentos/desconfortos e que sejam considerados de forma abrangente e diversificada[17].

Avaliação, diagnóstico e modificação de condições físicas, psicológicas e socioculturais:

1. Fatores clínicos decorrentes da enfermidade
   - Dor
   - Náusea/vômito
   - Abstinência
   - Fadiga
   - Insônia
   - Mudanças funcionais
   - Baixa concentração
   - Ataque de ansiedade e pânico
   - Fobia/medo
   - Irritabilidade
   - Anorexia
   - Anedonia
   - Mudanças de humor
   - Obsessão/compulsão
   - Desejo de morte
   - Pensamento suicida
2. Fatores psicossociais e problemas práticos
   - Adaptação à enfermidade
   - Menor interesse em atividades
   - Conflito/isolamento familiar e social
   - Decisões de tratamento/transição da assistência
   - Qualidade de vida
   - Abuso/negligência
   - Alterações na sexualidade e na imagem corporal
   - Preocupações culturais e existenciais
   - Necessidades concretas (casa, comida, transporte, dinheiro)
   - Preocupação com emprego/escola
   - Dificuldade de comunicação/linguagem
   - Disponibilidade de família e cuidador
3. Necessidade de apoio espiritual
   - Final da vida/luto
   - Conflito entre crenças religiosas e tratamentos recomendados
   - Culpa
   - Perda da fé
   - Preocupação com significado/propósito da vida
   - Preocupação acerca da morte e da vida após a morte
   - Necessidade de realizar rituais

↓

978-85-7241-726-6

Tratamentos:

- Tratamento médico/psiquiátrico, ambulatorial ou internação
- Medicação
- Psicoterapia
- Terapia ocupacional
- Fisioterapia
- Orientação nutricional
- Assistência social
- Educação e apoio em grupo
- Apoio espiritual/capelanias
- Assessoramento sexual
- Orientação de familiares/cuidadores
- Mobilização de recursos comunitários
- Com risco de suicídio: assegurar segurança do paciente e considerar necessidade de internação

↓

Resposta positiva

↓

Seguimento

Resposta parcial ou negativa:

- Reavaliar diagnóstico e resposta terapêutica
- Rever medicação e ajustar dose segundo necessidade
- Rever procedimentos terapêuticos (psicoterapia, terapia ocupacional e outros)
- Rever apoio e recursos comunitários

FIGURA 6.2 – Tratamento do sofrimento em cuidados paliativos (adaptado de Murillo M. e Holland J. C.[18]).

A comunicação adequada, objetiva e honesta tem papel decisivo no trabalho em equipe e na proposição das condutas terapêuticas, a partir da articulação dos conhecimentos teóricos e práticos dos diferentes saberes técnicos na elaboração de ações integradas e complementares. Na perspectiva do paciente, quanto mais se sentir informado quanto aos impactos que suas opções e as estratégias terapêuticas escolhidas terão sobre a evolução da doença, sobre sua vida e sobre suas capacidades e limitações funcionais futuras, mais responsável se sentirá pelo seu processo de tratamento, melhor será sua adesão, maior será o interesse por realizar as atividades ou cuidados indicados pela equipe multiprofissional e mais conscientemente poderá escolher seus caminhos e limitar os efeitos negativos da doença na sua vida social e afetiva.

A comunicação estabelecida pode ser verbal e não-verbal (presente, principalmente, nos gestos, na postura corporal, no tom de voz, no olhar e na expressão facial), sendo por meio dela que se pode conhecer o mundo interno e externo do paciente e de seus cuidadores. Quando é adequada, pode diminuir incertezas e angústias, amenizar temores, fortalecer a relação de confiança entre os envolvidos por meio da discussão sobre a doença, sua evolução, prognóstico e terapêutica.

978-85-7241-726-6

A importância da atuação da terapia ocupacional junto a populações que sentem dor e necessitam de cuidados paliativos é cada vez mais reconhecida, mas precisa ser mais divulgada e difundida para consolidar-se como parte fundamental do trabalho nessas equipes multiprofissionais.

Terapia Ocupacional em Dor e Cuidados Paliativos

A terapia ocupacional é um campo de conhecimento e de intervenção em saúde, em educação e na esfera social, reunindo tecnologias orientadas para emancipação e autonomia de pessoas que, por razões ligadas a problemáticas específicas (físicas, sensoriais, psicológicas, mentais e/ou sociais), apresentam, temporária ou definitivamente, limitações funcionais e/ou dificuldades de inserção e participação na vida social (*folder* do Curso de Terapia Ocupacional da Universidade de São Paulo, 2000).

Por sua formação, ancorada tanto nas ciências biológicas quanto nas ciências humanas, o profissional terapeuta ocupacional está capacitado a colaborar com trabalhos multiprofissionais na esfera da saúde física e mental e no campo social, na perspectiva de prevenção, orientação e tratamento ou reabilitação e em quaisquer níveis de atenção à saúde e, em particular, na instituição hospitalar. O terapeuta ocupacional é o profissional responsável por analisar e promover a vida ocupacional, auxiliando pacientes e familiares e/ou cuidadores no alívio ou resolução das dificuldades a ela relacionadas, por meio de um plano assistencial complexo e abrangente, que envolve as múltiplas dimensões da vida ocupacional do paciente e de sua família, em especial nas grandes áreas ocupacionais: cuidados pessoais, trabalho e lazer.

Modelos da Prática da Terapia Ocupacional no Cuidado da Dor e nos Cuidados Paliativos

Jennifer Grant apresentou tema relevante na décima conferência nacional da Associação Australiana de Terapia Ocupacional, em Sydney, enunciando uma nova dimensão da terapia ocupacional: a clínica para o alívio da dor[19]. Esse foi o primeiro registro encontrado sobre a terapia ocupacional no tratamento da dor, segundo levantamento feito por Strong no seu livro *Dor crônica: perspectiva dos terapeutas ocupacionais*[20]. Desde então, vários modelos têm sido descritos, indicando abordagens bastante úteis para nortear a prática da terapia ocupacional na clínica para o alívio da dor.

Em trabalho da American Occupational Therapy Association (AOTA), Mattingly aponta basicamente a existência de dois tipos de orientação no trabalho do terapeuta ocupacional[21]:

- Um que examina "o sentido" da doença sobre a vida do indivíduo, considerando que o adoecimento é uma experiência distinta entre os indivíduos[22].
- Outro que "trata" esse mesmo corpo doente como uma "entidade física" à parte.

978-85-7241-726-6

Da literatura internacional em terapia ocupacional extraímos os três quadros de referência ou abordagens teórico-metodológicas mais empregadas no manejo da dor, como descritas a seguir:

- A "abordagem biopsicossocial" leva em consideração o corpo, a mente e o ambiente do indivíduo, oferecendo ajuda ao paciente no ajustamento à vida com dor, por meio do oferecimento de apoios diversos e do trabalho mediante técnicas de relaxamento e dessensibilização, por exemplo. Nesse sentido, para Strong, o objetivo geral da intervenção da terapia ocupacional em clínica de dor é "assistir a pessoa sob condição de dor crônica a adaptar-se à vida, mantendo o melhor nível de função possível"[20].

Proposto por Engel como uma extensão do modelo biomédico, é utilizado por terapeutas ocupacionais por estar centrado no homem como um ser multidimensional: biológico, intelectual e emocional, inserido em comunidade[23].

Aponta para o importante aspecto que é a indicação, mesmo perante uma doença crônica, de que o indivíduo seja estimulado e tenha acesso a uma vida de significado e produtiva[24]. Embora uma importante crítica tenha sido registrada por Strong, de que a abordagem biopsicossocial falha em explicar o tipo de material avaliativo que pode ser usado pelos terapeutas e os tipos de intervenção que efetivamente produzem mudança no quadro álgico de um indivíduo, para a autora a abordagem biopsicossocial apresenta claras vantagens sobre o modelo biomédico.

- O "modelo do comportamento ocupacional" considera os indivíduos como tendo funções particulares em suas vidas, cujas experiências produzem várias resultantes no desempenho de suas atividades da vida cotidiana[25]. De acordo com Blakeney, "o comportamento ocupacional é referência muito útil para os terapeutas ocupacionais que tratam dor crônica", pois fornece uma visão global do indivíduo com dor crônica e alguns instrumentos para uma avaliação mais completa, como o questionário de interesses e o inventário da história ocupacional do indivíduo[26,27].

978-85-7241-726-6

Terapeutas ocupacionais defendem o pressuposto de que seres humanos necessitam de equilíbrio entre trabalho, autocuidado, lazer, descanso e sono[28]. Muitos indivíduos que sofrem de dor crônica abandonam várias atividades de vida diária essencialmente por causa de sua dor, o que, segundo Strong, pode resultar em disfunção ocupacional[29]. Além disso, pode ocorrer piora na condição física do indivíduo e menor tolerância às atividades, fazendo com que seu desempenho ocupacional torne-se ainda mais difícil.

- O "modelo de ocupação humana" considera o indivíduo como um sistema aberto que interage com o ambiente, modificando-o continuamente e sendo por ele modificado[30]. Para Gusish, segundo esse modelo, a avaliação de cada indivíduo com dor crônica deve considerar o *status* de volição (vontade), a habituação (papéis e regras) e o desempenho (habilidades) e enfocar as áreas ocupacionais de trabalho, lazer e autocuidado[31]. O objetivo de terapeutas ocupacionais, no tratamento de indivíduos com dor crônica, é estimular o comportamento ocupacional e o modelo de ocupação humana pode ser usado como um guia para a prática, já que oferece amplo entendimento sobre "função e disfunção".

Na prática de terapeutas ocupacionais na clínica de dor há ofertas de tratamentos também em uma abordagem técnica segundo o modelo biomecânico, em particular no tratamento da dor localizada e que provoca limitações funcionais, em contextos de reabilitação física específica. Entretanto, essa abordagem ainda não é comum no tratamento a pacientes com dor por ser considerada, tipicamente, mais de caráter holístico.

Em cuidados paliativos, o conceito de dor total apresentado por Cecily Saunders, na década de 1960, tem influenciado muito as abordagens da terapia ocupacional, principalmente nos trabalhos realizados com pacientes crônicos ou fora de possibilidades de cura. Além do alívio e do controle da queixa dolorosa, já relatados anteriormente, é também objetivo da terapia ocupacional a promoção do máximo nível possível de qualidade de vida para o paciente e seus cuidadores, ainda que esteja fora das possibilidades de cura, mantendo o significado e o domínio de sua vida mesmo na presença da perda funcional.

São princípios gerais do tratamento: atenção à saúde integral por meio de uma abordagem multiprofissional; valorização das queixas ("ouvir" com atenção), com a avaliação das causas, dos sintomas, das necessidades e das possibilidades manifestadas pelo paciente e sua família; estabelecimento de metas e objetivos realistas, com a construção de projetos de curto e médio prazo; ampliação e utilização de diversas modalidades de recursos terapêuticos, com reavaliações periódicas para controle eficaz dos programas e dos procedimentos terapêuticos adotados.

978-85-7241-726-6

Enfim, o terapeuta ocupacional define ações de prevenção, ou propõe e desenvolve um programa de tratamento para promover:

- A melhoria do estado de saúde e o máximo nível possível de qualidade de vida para o paciente e seus familiares e/ou cuidadores.
- Relações interpessoais e atividades significativas, mantendo algum grau de domínio da vida, ainda que na presença da perda funcional.
- A manutenção da vida ativa do paciente, com conforto e dignidade, no hospital, na residência e nos espaços sociais de trabalho e lazer, com a reorganização da estrutura da vida cotidiana.
- O alívio e o controle da queixa dolorosa, com melhora ou restauração da capacidade funcional e do desempenho ocupacional, em sua multiplicidade de fatores – físicos, psíquicos, espirituais e sociais.
- O máximo nível de independência e/ou autonomia para o desempenho das atividades de vida diária (AVD), de vida prática (AVP) e de vida laboral ou de trabalho (AVT), maximizando seu desempenho funcional e ocupacional.
- O processo de exploração, junto ao paciente e à família, de suas possibilidades e habilidades nas tarefas físicas, cognitivas e psicossociais, eliminando, reduzindo ou evitando os processos de exclusão social.

Alguns dos problemas relacionados à dor, ou dela decorrentes, considerando-a como "dor total" (física, emocional, social e espiritual), a serem cuidados pelo terapeuta ocupacional, são: prejuízo na autonomia e na independência para atividades cotidianas e de trabalho; debilidade física (da força muscular, da amplitude de movimentos, da resistência física, etc.) e diminuição na funcionalidade, com a redução ou lentidão dos movimentos; sofrimento gerado pelo adoecimento e pela hospitalização; prejuízo sensório-motor ou nas funções cognitivas e psicoafetivas; dificuldades no desempenho ocupacional, com a perda da qualidade de vida e alterações das condições de inserção sociofamiliar e no trabalho.

O papel da terapia ocupacional nos cuidados paliativos inclui: realização de atividades e/ou exercícios terapêuticos para o restabelecimento da funcionalidade, para a melhoria do desempenho ocupacional e para a adaptação a perdas funcionais; treino de atividades de vida diária no autocuidado e no ambiente doméstico; prescrição de cadeiras de rodas e orientação; confecção ou prescrição de equipamentos adaptativos (tecnologia assistiva) e/ou órteses, para prevenção de deformidades e controle da dor; treino das disfunções cognitivas e perceptivas; orientação domiciliar, com apoio, orientação e treino de cuidadores (formais e informais) para aproveitamento do tempo livre (lazer) e inserção na comunidade; orientação para adaptação a um novo estilo de vida e mudança de hábitos, com orientação para o manejo do tempo, simplificação do trabalho, proteção articular e conservação de energia; treino de relaxamento e manejo de estresse; orientação sobre a realização de AVD, AVP e atividades profissionais e de lazer, sempre que possível, e sobre o posicionamento no leito e o treinamento de mudanças posturais; utilização de recursos complementares (meios físicos, como calor e frio, massagem, relaxamento, acupuntura e *biofeedback)*; por fim, o terapeuta ocupacional assiste os pacientes e seus cuidadores no alívio e enfrentamento das dificuldades oriundas de perda do controle, perda da função e perda da dignidade e também dos sentimentos de isolamento, retraimento e "menos-valia" que costumam acompanhar as situações fora de possibilidades de cura[32].

978-85-7241-726-6

Considerações Finais

Será preciso sentir dor? Ter desconfortos e sofrimentos que não são controlados e, muitas vezes, nem sequer considerados? Não existem soluções mágicas, mas nada justifica que uma pessoa sinta dor, sofra sem que se busque recurso terapêutico para seu controle ou atenuação.

A primeira estratégia para controlar o processo doloroso é desvendar sua causa e, em geral, por trás dos mais variados tipos de dor estão fatores como o sedentarismo, as posturas erradas e o estresse. Além do uso de medicamentos (sob orientação médica), principalmente quando a dor se torna crônica, é preciso envolver formas de tratamento não-farmacológico, desenvolvidas por membros da equipe multiprofissional como terapeutas ocupacionais, fisioterapeutas e psicólogos. Podem ser propostos exercícios físicos, mudanças no cotidiano e no estilo de vida ocupacional, focando a atenção em atividades significativas e de lazer (distração), aplicação de técnicas de relaxamento e de autocontrole, dentre outros recursos terapêuticos.

Embora a experiência dolorosa seja diferente para cada pessoa e não possa ser compartilhada, deve ser compreendida, respeitada e avaliada de modo adequado, para que possa ser tratada de modo efetivo. O sucesso de todos os métodos terapêuticos depende da experiência do profissional e do bom entendimento entre terapeuta e paciente, mas este também precisa comprometer-se com seu próprio tratamento e aprender formas de suportar sua dor. Os profissionais da saúde devem buscar exaustivamente os meios para aliviar o sofrimento e ter credibilidade para oferecer uma terapia segura, eficaz e com base científica, que proporcione ao paciente alívio e controle da dor e do sofrimento, da melhor forma possível, mesmo que esteja fora das possibilidades de cura.

978-85-7241-726-6

Atualmente, torna-se mais fácil falar da dor, já que esse tem sido um tema a despertar de modo crescente a atenção dos profissionais da saúde e da população em geral, mas existem muitos outros sintomas tão ou mais estressantes e incapacitantes, que devem ter igual atenção e controle, como fadiga, dispnéia, insônia, depressão e angústia, que podem acarretar prejuízos significativos à qualidade de vida de pacientes, familiares e cuidadores.

Considerando o conceito de "dor total" e a importância de todas as dimensões do sofrimento humano, é preciso ressaltar que o atendimento à dor não pode se restringir à atenção/intervenção individual. Nesse contexto, destacamos a relevância dos programas de humanização da assistência à saúde, em especial no âmbito hospitalar. Embora ainda seja um tema considerado recente e haver dificuldade em colocá-lo em discussão, há necessidade de mobilização dos profissionais de saúde e outros funcionários acerca da importância da transformação de assistência, ambiente e relações interpessoais no ambiente hospitalar, não só para melhorar sua qualidade, mas para melhorar as condições de trabalho dos profissionais e a qualidade de vida de todos os envolvidos, incluindo familiares e/ou cuidadores no ambiente domiciliar e hospitalar.

A terapia ocupacional, na prática de cuidados paliativos, visa auxiliar o paciente e seu cuidador no manejo das dificuldades referidas e observadas, a fim de obter maior conforto, dignidade e qualidade de vida, mantendo o sentido e o significado da vida ativa, apesar das perdas funcionais, cognitivas, sociais e emocionais.

Embora ainda haja muito a pesquisar e desenvolver em termos de tratamentos medicamentosos e não-medicamentosos e mesmo que não haja soluções ideais para todos os casos, não se justifica que alguém sofra dor sem algum tipo de auxílio. Sempre se devem buscar possibilidades de aliviar a dor e o sofrimento, incluindo a mudança de comportamentos prejudiciais e de orientação aos enfermos e cuidadores. Nessa perspectiva é que, atualmente, tem-se proposto a dor como o "quinto sinal vital", não mais sendo vista apenas como sintoma.

Deve-se ressaltar que, em geral, alguns conteúdos relacionados à dor já são contemplados nos cursos de graduação em terapia ocupacional, por meio de disciplinas da área básica, como neuroanatomia e neurofisiologia. No entanto, a falta de articulações entre os conhecimentos apresentados nessas disciplinas e as da área específica da formação profissional tem dificultado o entendimento e a constituição de uma visão integrada do que sejam a dor, os cuidados paliativos e os procedimentos terapêutico-ocupacionais. Além disso, assim como acontece com outras profissões e áreas de conhecimento, na terapia ocupacional há também a necessidade de se padronizar critérios para o manejo de algumas condições álgicas e para a uniformização de conceitos, dentro de critérios internacionalmente aceitos.

As propostas aqui apresentadas, sobre a atuação do terapeuta ocupacional no campo de *dor e cuidados paliativos*, não pretende esgotar a discussão, mas sim apontar para a necessidade de continuidade e aprofundamento do debate, em consonância com as discussões internacionais e com as novas demandas do mercado de trabalho, que têm sido propostas para e pelos terapeutas ocupacionais.

Por fim, a terapia ocupacional tem muito a contribuir para esse processo de transformação das ações e da qualidade de vida no cotidiano das relações interpessoais e para a diminuição da dor e do sofrimento, em especial relacionados aos processos de adoecimento e hospitalização.

978-85-7241-726-6

Referências Bibliográficas

1. ROCHA, E. F.; MELLO, M. A. F. Os sentidos do corpo e da intervenção hospitalar. In: CARLO, M. R. P.; LUZO, M. C. M. (eds.). *Terapia Ocupacional – Reabilitação Física e Contextos Hospitalares*. São Paulo: Roca, 2005. cap. 2, p. 29-46.
2. FIGUEIRÓ, J. A. *A Dor*. São Paulo: Publifolha, 2000. 99p.
3. TEIXEIRA, M. J.; FIGUEIRÓ, J. A. B. *Dor – Epidemiologia, fisiopatologia, avaliação, síndromes dolorosas e tratamento*. São Paulo: Moreira Jr., 2001. 406p.
4. TEIXEIRA, M. J. et al. *Dor – Contexto interdisciplinar*. Curitiba: Maio, 2003. 834p.
5. GUIMARÃES, S. S. Introdução ao estudo da dor. In: CARVALHO, M. M. M. J. (ed.). *Dor: um estudo multidisciplinar*. São Paulo: Summus, 1999. p. 13-30.

6. HENDERSON, S. W. *A Complicada Natureza da Dor.* Trad. A. P. Silva. Disponível em: http://www.dol.inf.br/. Acessado em: 18/out/2004.

7. CARVALHO, M. M. M. J. (ed.). *Dor: um estudo multidisciplinar.* São Paulo: Summus, 1999. 340p.

8. BARROS, N. Qualidade de vida. In: *I Consenso Nacional de Dor Oncológica.* São Paulo: EPM/Editora de Projetos Médicos, 2002. p. 119-128.

9. SILVA Jr., H. M. *Comparação da Qualidade de Vida Relacionada à Saúde entre Pacientes com Epilepsia Focal, Migrânea Episódica e Migrânea Crônica no Ambulatório de um Centro Terciário.* Ribeirão Preto, 2005. 154p. Tese (Doutorado) – Universidade de São Paulo, Faculdade de Medicina de Ribeirão Preto.

10. RODRIGUES NETO, J. F. *Qualidade de Vida de Pacientes em Hemodiálise: um estudo prospectivo.* São Paulo, 2001. 108p. Tese (Doutorado) – Universidade Federal de São Paulo, Escola Paulista de Medicina.

11. BARROS, N. Qualidade de vida no doente com dor. In: TEIXEIRA, M. J. et al. *Dor: contexto interdisciplinar.* Curitiba: Maio, 2003. p. 187-189.

12. WORLD HEALTH ORGANIZATION – WHO. Introducing the WHOQOL instruments. Disponível em: http://www.who.int/evidence/assessment-instruments/qol/ql1.htm. Acessado em: 13/dez/04.

13. DE SIMONE, G., TRIPODORO, V. *Fundamentos de Cuidados Paliativos y Control de Sintomas.* Buenos Aires: Pallium Latinoamérica, 2004.

14. BARROS, N. Qualidade de vida no doente com dor. In: TEIXEIRA, M. J. et al. *Dor: Contexto Interdisciplinar.* Curitiba: Maio, 2003. p. 187-189.

15. ORGANIZAÇÃO MUNDIAL DA SAÚDE – OMS. UNAIDS. Aids epidemic update: 2003. Disponível em: http:www.unaids.gov.

16. BEAUCHAMP, T. L.; Childress, J. F. *Principles of Biomedical Ethics.* 2. ed. New York: Oxford University Press, 1983.

17. FIGUEIREDO, M. T. A. A dor no doente fora de recursos de cura e seu controle por equipe multidisciplinar. *Rev. Âmbito Hospitalar (São Paulo)*, n. 8, p. 63-67, 1996.

18. MURILLO, M.; HOLLAND, J. C. Clinical practical guidelines for the management of psychosocial distress at the end of life. *Palliative and Supportive Care*, n. 2, p. 65-77, 2004.

19. GRANT, E. L. A new dimension to occupational therapy – the pain relief clinic. In: PROCEEDINGS OF THE X FEDERAL CONFERENCE OF THE AUSTRALIAN ASSOCIATION OF OCCUPATIONAL THERAPISTS, 1978. Sydney. *Proceedings of the X Federal Conference of the Australian Association of Occupational Therapists*, 1978 *apud* STRONG, J. *Chronic Pain: the occupational therapist's perspective.* Malaysia: Churchill Livingstone, 1996. p. 45.

20. STRONG, J. *Chronic Pain: the Occupational Therapist's Perspective.* Malaysia: Churchill Livingstone, 1996. 171p.

21. MATTINGLY C. Occupational Therapy as a two-body pratice: the body as a machine. In: MATTINGLY, C.; FLEMING, M. H. (eds.). *Clinical Reasoning: forms of inquiry in a therapeutic pratice.* Philadelphia: Davis, 1994 *apud* STRONG, J. *Chronic Pain: the occupational therapist's perspective.* Malaysia: Churchill Livingstone, 1996. p. 51.

22. MOSS-MORRIS, R.; PETRIE, K. Illness perceptions: implications for occupational therapy. *Australian Occupat. Ther. J.*, v. 41, p. 73-82, 1994.

978-85-7241-726-6

23. ENGEL, G. L. The biopsychosocial model and the education of health professionals. *Ann. NY Acad. Sci.,* v. 310, p. 169-181, 1978.

24. CRONIN MOSEY, A. An alternative: the biopsychosocial model. *Am. J. Occupat. Ther.,* v. 28, p. 137-140, 1974.

25. MATSUTSUYU, J. Occupational Behavior: a perspective on work and play. *Am. J. Occupat. Ther.*, v. 25, p. 291-294, 1971.

26. BLAKENEY, A. B. Occupational Therapy intervention in chronic pain. *Occupat. Ther. Health Care*, v. 1, p. 43-45, 1984.

27. MOOREHEAD, L. The Occupational history. *Am. J. Occupat. Ther.*, v. 23, p. 329-338, 1969.

28. MATSUTSUYU, J. Occupational behavior: a perspective on work and play. *Am. J. Occupat. Ther.*, v. 25, p. 291-294, 1971. *apud* STRONG, J. *Chronic Pain: the Occupational Therapist's Perspective.* Malaysia: Churchill Livingstone, 1996, p.52.

29. STRONG, J. The occupational therapist's contribution to the management of chronic pain. *Patient Management,* v. 13, p. 43-50, 1989.

30. KIELHOFNER, G. Modelo de ocupação humana: parte II. *Revista de Terapia Ocupacional*, São Paulo, v. 1, n. 2, p.114-123, 1990.

31. GUSICH, R. L. Occupational therapy for chronic pain: a clinical application of the model of human occupation. *Occupat. Ther. in Health Care*, v. 1, p. 59-73, 1984.

32. ARMITAGE, K.; CROWTER, L. The role of the occupational therapist in palliative care. *Eur. J. Palliative Care*, v. 6, n. 5, 1999.

978-85-7241-726-6

Terapia Ocupacional na Atenção a Pacientes com Dor Oncológica e em Cuidados Paliativos

Capítulo **7**

ANA LUIZA FERRER
WALKYRIA DE ALMEIDA SANTOS

ÍNDICE DO CAPÍTULO

978-85-7241-726-6

Introdução

O presente capítulo destina-se a levar o leitor ao universo da dor oncológica e do cuidado paliativo pela óptica da terapia ocupacional.

Dentro do contexto da doença e sua implicações, a dor oncológica é descrita aqui não como um evento isolado no cuidado, mas como uma preocupação inerente à prática dos profissionais de saúde, contida muitas vezes dentro dos planejamentos terapêuticos para o cuidado paliativo, o qual se discute em sua abrangência e importância para a prática assistencial do terapeuta ocupacional.

Sendo ainda uma área de trabalho pouco explorada pelos terapeutas ocupacionais, o que se produz no campo da investigação e pesquisa nacional tende a crescer na medida em que mais profissionais atuem assistencialmente no cuidado paliativo e de dor oncológica, desenhando assim modelos e propostas de acordo com a nossa população portadora de câncer.

978-85-7241-726-6

Epidemiologia do Câncer

O câncer é uma doença que está se tornando cada vez mais um problema relevante para os órgãos de saúde. Segundo dados da Organização Mundial da Saúde (OMS), cerca de 20 milhões de pessoas sofrem de câncer atualmente no mundo e esse número deve chegar a 30 milhões nos próximos 20 anos[1]. Estima-se que a incidência de casos novos deverá aumentar de 10 para 15 milhões até 2020 e cerca de 60% desses casos ocorrerão nos países menos desenvolvidos.

Para a OMS, cerca de 50% dos futuros pacientes com diagnóstico de câncer apresentarão evolução para um quadro fora de possibilidade de cura. Entretanto, mesmo em fase terminal, a qualidade de vida desses pacientes pode ser mantida em níveis satisfatórios, por meio do programa de dor e cuidados paliativos.

Dados da OMS indicam que dos 10 milhões de casos novos diagnosticados a cada ano no mundo, um terço poderia ser prevenido, um terço poderia se tratado efetivamente e em um terço o alívio do sofrimento poderia ser alcançado com programas de controle da dor e de cuidados paliativos.

Atualmente, mais de sete milhões de pessoas acometidas pelo câncer morrem a cada ano, o que representa 12,6% do total de óbitos no mundo. A OMS estima que esse quadro tenda a piorar nos próximos 20 anos, alcançando dez milhões de mortes.

Nos países desenvolvidos, o câncer é a segunda maior causa de morte, após as doenças cardiovasculares. Os países menos desenvolvidos indicam também essa tendência e já registram mais da metade de todos os casos de câncer, segundo dados epidemiológicos.

Dados do Instituto Nacional do Câncer (INCA) mostram que a estimativa de casos novos de câncer no Brasil é de 472.050 (ano base 2006)[2]. A região Sudeste apresenta uma estimativa maior do que as outras regiões do país, com 249.750 casos novos, seguida da região Sul, com 102.110 casos novos.

Ainda segundo o INCA, a estimativa de câncer em mulheres representa 50,3% do total de casos novos no Brasil e 49,69% nos homens.

Para enfrentar esse desafio, a OMS estabeleceu um programa de controle com prioridades básicas, como prevenção, diagnóstico precoce e tratamento, além da implantação de programas de controle da dor e de cuidados paliativos nos serviços que atendem populações com diagnóstico de câncer. Entretanto, o que se vê atualmente são altos investimentos nas áreas de novas abordagens terapêuticas, novos fármacos, novos aparelhos com alta tecnologia, mas a prevenção primária e a detecção precoce acabam negligenciadas, ficando em segundo plano.

978-85-7241-726-6

Dor no Câncer, Impacto no Paciente e Seu Tratamento

Segundo dados colhidos por Cleeland e Bruera, aproximadamente metade dos pacientes com câncer não pode ser curada de suas doenças e desses, mais de dois terços sofrerão em demasia com dor antes da morte[3]. Para a maioria desses pacientes, a dor do câncer pode ser controlada de modo adequado com analgésicos e quando isso não for possível, uma variedade de técnicas adjuvantes ao tratamento da dor pode prover esse controle. Estima-se que 95% dos pacientes podem estar livres de dor significativa, ao menos até a penúltima ou última semana de vida, mas infelizmente muitos deles não conseguem receber o controle adequado de suas dores. Estimativas norte-americanas indicam que somente 40% de todos os pacientes com câncer obtêm controle ótimo da dor. Em países com menores recursos de saúde, a grande maioria dos pacientes apresenta dores não controladas.

A dor mal controlada tem tamanho efeito prejudicial ao paciente e sua família que seu manuseio adequado deve se apresentar como a maior prioridade para aqueles que cuidam rotineiramente de pacientes com câncer. Não apenas o humor e a qualidade de vida deterioram na presença da dor, mas ainda há efeitos adversos sobre os parâmetros do estado da doença, como o apetite e a atividade. A dor grave pode ser a razão primária pela qual pacientes e familiares decidem parar um tratamento eficaz. Daí a importância da consciência que devemos ter como profissionais atuando em oncologia de como antecipar, avaliar e tratar a dor, o que trará benefícios a muitos pacientes.

Prevalência da Dor no Câncer

A maioria dos doentes com câncer em fase terminal da doença necessitará seguramente de controle de dor e 60 a 80% desses pacientes terão dor significativa. Vários estudos aliados à prática dos profissionais da área apontam para a necessidade de maior atenção à dor antes da fase terminal da doença, pois alguns pacientes com meses ou anos de vida podem ter suas funções comprometidas pela ocorrência de dor mal controlada.

A dor persistente é raramente um problema antes da presença de metástases e a dor pós-operatória imediata pode ser controlada sem dificuldade. Somente 5 a 10% dos pacientes relatam dor persistente relacionada à doença nessas circunstâncias, mas na ocorrência de metástases as porcentagens aumentam de modo dramático.

Mesmo com a disponibilidade de grande variedade de analgésicos e outros tratamentos para dor, registra-se que 40% dos pacientes metastáticos relatam dor de alta intensidade, com prejuízo de seu humor e da qualidade de vida.

É muito importante considerar a gravidade da dor do câncer:

- *Dor moderada*: freqüentemente tolerada com um mínimo de impacto sobre as atividades dos pacientes.
- *Dor moderada persistente e crônica*: pode se tornar um problema significativo para o paciente.

Há um limiar acima do qual a dor é "desagregante", relatado quando os pacientes localizam a intensidade de sua dor acima do meio das escalas comumente utilizadas para medi-la.

Quando a dor é muito intensa, torna-se o foco primário de atenção e proíbe a maior parte das atividades não relacionadas à dor.

978-85-7241-726-6

Origem da Dor no Câncer

A dor oncológica pode ser resultante de progressão tumoral, metástases, intervenções contingentes ao tratamento, como cirurgias, quimioterapia e radioterapia, e também de infecções, ou ter origem musculoesquelética por baixa atividade motora[4] (Quadro 7.1).

Avaliação e Mensuração da Dor no Câncer

A dor é uma experiência única e pessoal, não existindo uma linguagem padrão para descrevê-la. Um paciente com câncer avançado pode sentir extrema difi-

Quadro 7.1 – Origem da dor oncológica (adaptado de Dias[4])	
Dor decorrente da própria doença ou de metástases	
• Tumores ósseos	• Distensão ou obstrução de vísceras ocas
• Tumores de partes moles	• Invasão ou compressão do sistema nervoso central ou periférico
• Invasão de medula óssea	
Dor decorrente do tratamento	
• Artralgia/mialgia/polineuropatia	• Constipação
• Mucosite	• Síndrome de dor pós-radioterapia
• Infecção	• Pós-operatória
Dor decorrente de procedimentos médicos invasivos	
• Mielograma	• Biópsia de medula óssea
• Punções venosas	• Coleta liquórica

978-85-7241-726-6

culdade para encontrar uma linguagem que descreva sua dor. Isso porque além de sua dor ser uma experiência sem semelhança com qualquer sensação prévia, há a presença de componentes emocionais, sociais e espirituais.

A avaliação cuidadosa da natureza da dor, assim como o entendimento dos seus diferentes tipos e padrões, faz parte do sucesso no tratamento. Uma boa avaliação inicial da dor irá atuar como linha de base para o julgamento de intervenções subseqüentes.

Na avaliação e mensuração da dor, é muito importante a utilização de escalas formais para registro da intensidade de dor. Seja com crianças, seja com adultos, pode ser muito útil oferecer aos pacientes opções descritivas do tipo de dor experimentada, solicitando comparação com alguma dor já sentida antes[5]. Nesse caso, as escalas analógicas aplicáveis a adultos devem ser adaptadas quando se tratarem de crianças ou portadores de necessidades especiais (Figs. 7.1 e 7.2).

Figura 7.1 – Escalas de faces[5] (desenho de Maurício de Sousa – jornalista, desenhista, autor de histórias em quadrinhos e presidente da Editora Maurício de Sousa).

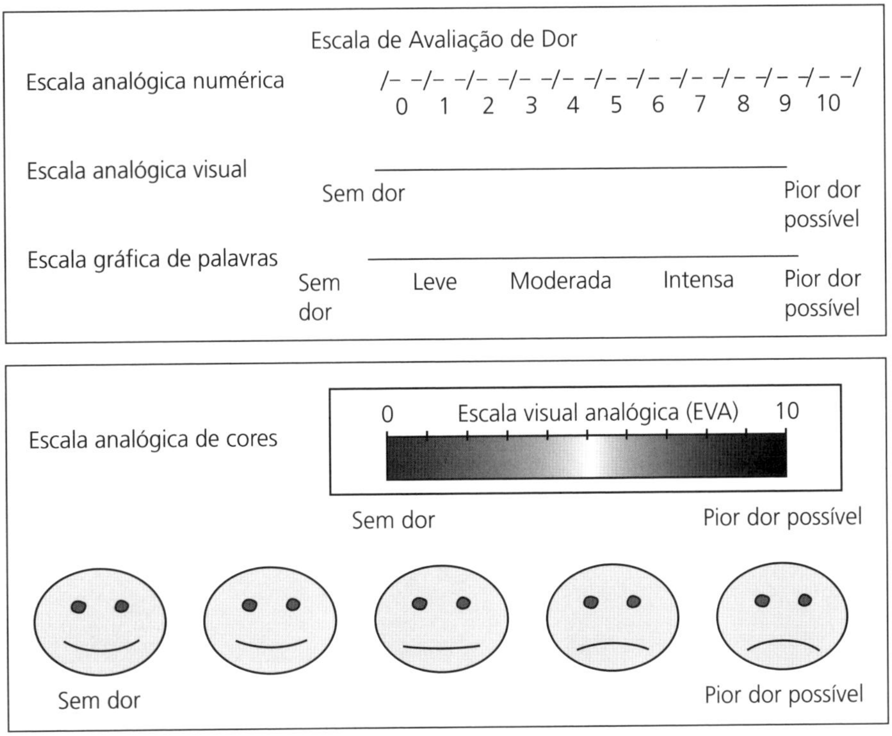

978-85-7241-726-6

FIGURA 7.2 – Escalas analógicas[6].

Tipos de dor:

- Pressão.
- Queimação.
- Dolorimento.
- Pontada.
- Punhalada.

O Inventário de Dor de Wisconsin, amplamente utilizado pelas equipes multiprofissionais para avaliação da dor oncológica, permite também o acompanhamento da evolução dos pacientes em etapas intermediárias (Fig. 7.3).

Cuidados Paliativos em Oncologia

Para o tratamento do câncer, é necessário saber qual o tipo de tumor, sua localização e o estádio de desenvolvimento (estádio clínico), além da avaliação do estado geral de saúde do paciente, sua idade e seu histórico familiar. A cirurgia,

Responda as questões abaixo de acordo com as instruções:

1. Durante a vida, a maioria das pessoas apresenta dor de vez em quando (cefaléia, dor de dente). Você teve hoje dor diferente dessas?

   ☐ Sim ☐ Não

2. Marque sobre o diagrama, com um X, as áreas onde você sente dor e onde a dor é mais intensa.

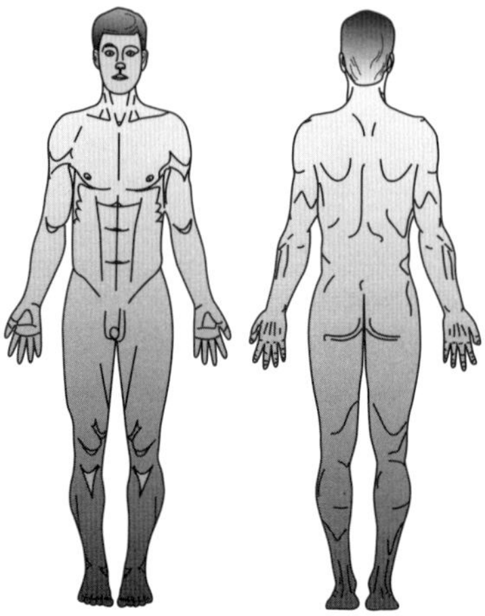

3. Circule o número que melhor descreve a pior dor que você sentiu nas últimas 24h.

   Sem dor 0 1 2 3 4 5 6 7 8 9 10 Pior dor imaginável

4. Circule o número que melhor descreve a dor mais fraca que você sentiu nas últimas 24h.

   Sem dor 0 1 2 3 4 5 6 7 8 9 10 Pior dor imaginável

5. Circule o número que melhor descreve a média de sua dor.

   Sem dor 0 1 2 3 4 5 6 7 8 9 10 Pior dor imaginável

6. Circule o número que mostra quanta dor ocorre agora.

   Sem dor 0 1 2 3 4 5 6 7 8 9 10 Pior dor imaginável

7. Que tratamentos ou medicações você está recebendo para dor?

   ____

   ____

FIGURA 7.3 – Inventário de Dor de Wisconsin. (*Continua*)

Responda as questões abaixo de acordo com as instruções:

8. Nas últimas 24h, qual a intensidade de melhora proporcionada pelos tratamentos ou medicações? Circule a porcentagem que melhor demonstra o alívio que você obteve.

Sem alívio 0 10% 20% 30% 40% 50% 60% 70% 80% 90% 100% Alívio completo

9. Circule o número que descreve como, nas últimas 24h, a dor interferiu em:

	0	1	2	3	4	5	6	7	8	9	10
Atividade geral	Não interferiu										Interferiu totalmente
Humor	Não interferiu										Interferiu totalmente
Habilidade de caminhar	Não interferiu										Interferiu totalmente
Trabalho	Não interferiu										Interferiu totalmente
Relacionamento com outras pessoas	Não interferiu										Interferiu totalmente
Sono	Não interferiu										Interferiu totalmente
Apreciar a vida	Não interferiu										Interferiu totalmente

FIGURA 7.3 – (*Continuação*) Inventário de Dor de Wisconsin.

978-85-7241-726-6

a radioterapia e a quimioterapia são os principais métodos de tratamento, podendo ser combinadas entre si.

A composição de uma equipe interdisciplinar, com médicos, enfermeiros, assistentes sociais, terapeutas ocupacionais, nutricionistas, psicólogos, fonoaudiólogos, fisioterapeutas, dentistas, entre outras especialidades, é muito importante para o tratamento de pessoas com câncer porque a troca constante de saberes permite um olhar sobre o paciente que engloba a complexidade de fatores que envolvem o adoecer de um ser humano.

No caso da oncologia, em especial, a atuação interdisciplinar é fundamental, porque a palavra câncer já induz uma série de significados negativos, como a presença de dor, sofrimento e morte. O diagnóstico inicial do câncer é percebido e vivenciado pelo paciente e seus familiares como uma ameaça à vida, uma sentença de morte. Segundo a Organização Panamericana de Saúde (OPAS), mais de um terço dos pacientes com câncer sofre de ansiedade e depressão em decorrência dessa associação[7].

O objetivo primordial da equipe médica de saúde durante as etapas iniciais do tratamento do câncer é conseguir a sua cura, ou seja, todo o foco de atenção volta-se para a doença, na tentativa de eliminá-la, o que implica a prescrição de tratamentos agressivos.

Quando uma pessoa acometida por um câncer "não responde mais ao tratamento curativo", ou seja, toda a terapia antitumoral não foi capaz de combater as células malignas e estas continuam crescendo e se multiplicando, esse paciente é considerado fora de possibilidades de recursos de cura e indicado para o programa de cuidados paliativos.

A transição do tratamento tradicional curativo para o tratamento paliativo é um dos momentos mais difíceis no cuidado do paciente. Quando a cura não é mais possível e a doença provoca um sofrimento insuportável ao paciente, o objetivo do tratamento passa a ser aliviar os sintomas e proporcionar qualidade de vida até a terminalidade.

978-85-7241-726-6

Os cuidados paliativos foram definidos pela OMS como

> *o cuidado ativo e total das enfermidades que não têm respostas ao tratamento curativo, sendo o objetivo principal conseguir a maior qualidade de vida possível para os pacientes e seus familiares. Para isso, o mais importante é o controle da dor e de outros sintomas, além do cuidado dos problemas de ordem psicológica, social e espiritual*[8].

Ainda segundo a OMS, a definição de cuidados paliativos explicita sua filosofia, que:

- Prevê o alívio da dor e de outros sintomas angustiantes.
- Afirma a vida e considera o morrer como um processo natural.

- Não apressa e nem adia a morte.
- Integra os aspectos psicossociais e espirituais nos cuidados com o paciente.
- Oferece um sistema de apoio e ajuda aos pacientes para que vivam tão ativamente quanto possível até a morte.
- Oferece um sistema de apoio para ajudar a família a lidar com a situação durante a doença do paciente e no processo de luto.
- Possui uma equipe capacitada para atender as necessidades dos pacientes e seus familiares, incluindo um conselheiro no processo de luto, quando necessário.
- Tem a intenção de aumentar a qualidade de vida e que isso possa influenciar de forma positiva o curso da doença.

Os princípios dos cuidados paliativos incluem o cuidado integral, individualizado e contínuo ao paciente, levando em consideração seus aspectos físicos, emocionais, sociais e espirituais. Inclui também o trabalho com a família, que é o núcleo fundamental de apoio, considera a importância do ambiente, levando-se em consideração a comunicação e uma atmosfera de respeito, que interferem de modo direto no controle dos sintomas.

Na concepção dos cuidados paliativos, o cuidado não inclui somente atribuições técnicas, mas a capacidade de perceber e compreender o ser humano como está em seu mundo, como desenvolve sua identidade e constrói a sua própria história de vida. Assim, é possível compreender o significado da vida no processo do cuidar.

978-85-7241-726-6

O tratamento paliativo pressupõe contribuir para um dos objetivos, que é capacitar a pessoa que está morrendo a viver tão plenamente quanto possível até a morte. Conseguir controlar os sintomas físicos, realizar atividades, assim como proporcionar diálogos entre o paciente, a família e os amigos, é fundamental nesse momento.

Cuidar paliativamente exige sabedoria e sensibilidade e pressupõe colocar-se ao lado do sujeito, inclinar-se diante de sua dor. Requer um tratamento mais abrangente e mais complexo com integração interdisciplinar.

A atuação em cuidados paliativos exige uma equipe habilidosa, preparada para estar presente em situações de desespero, raiva e tristeza, com pessoas que sejam capazes de ajudar e oferecer apoio espiritual ao outro que passa por um profundo desconforto psicossocial. A compaixão, a humildade e a honestidade são elementos fundamentais para quem trabalha com cuidados paliativos.

O trabalho em equipe é importante porque implica em demonstrar que nenhuma profissão sozinha consegue abranger a complexidade dos fenômenos que envolvem todo o tratamento. Portanto, o trabalho coletivo deve promover a assistência mais completa possível.

Seguindo essa perspectiva de cuidados paliativos, estes não deveriam se iniciar somente "quando o tratamento médico falhou", mas desde o momento da elucidação diagnóstica e durante todo o curso da doença, pois é uma abordagem que abrange a complexidade do cuidado com o ser humano e que procura auxiliar as pessoas em sua totalidade, visando oferecer maior conforto ao paciente e melhor qualidade de vida, seja para a cura ou para a não cura.

No entanto, o que se vê na maioria dos serviços de oncologia é que quando o paciente está em uma fase de tratamento curativo recebe pouquíssimo ou nenhum cuidado paliativo. Na medida em que o tumor começa a evoluir para uma fase avançada, ainda se fazem outras tentativas terapêuticas oncológicas e o paciente já pode ser encaminhado à equipe de cuidados paliativos.

Segundo McCoughlan, os profissionais da saúde sentem muita dificuldade em promover uma abordagem paliativa, pois o que predomina atualmente é o paradigma exclusivamente curativo[9]. Os cuidados paliativos pressupõem uma mudança de paradigma, pois se reconhece que o tratamento não envolve somente técnicas voltadas para a cura e sim o cuidado integral do paciente, que pode se deparar com um estado em que a cura não é mais possível, mas ainda há vida e é necessário todo o investimento para que possa ser vivida da melhor maneira possível.

978-85-7241-726-6

Ainda são pequenas as equipes de cuidados paliativos atuantes em serviços de oncologia. Para muitos profissionais é bastante difícil atuar baseando-se nos princípios e metas dos cuidados paliativos. Isso requer um grande investimento pessoal, pois os cursos de formação não oferecem subsídios para atuação fundamentada na filosofia dos cuidados paliativos.

A determinação da cura das doenças com base somente nos grandes avanços científicos e tecnológicos e com uso de metodologias rígidas distanciou a área da saúde do seu lado humanista. A formação dos profissionais da saúde, atualmente, envolve muito mais técnicas e muito pouco sobre o cuidado do ser humano.

Os profissionais em geral estão aptos a manejar equipamentos sofisticados, realizar leituras de exames, assim como procedimentos no corpo do paciente, mas não estão preparados para, efetivamente, lidar com a pessoa que está acometida por uma doença grave e todas as repercussões que esse evento causa em sua vida. Talvez porque lidar com os sofrimentos e medos alheios requeira uma escuta do seu próprio sofrimento, da sua angústia e dos seus medos. Entrar em contato com essas questões fragiliza os profissionais e os coloca diante de sua impotência, impedindo-os de tratar desse paciente. Nesse sentido, é mais fácil deixar a pessoa de lado e focar toda a atenção na doença, nos sinais e nos sintomas.

É o que se observa no cotidiano da maioria dos serviços de saúde: profissionais altamente qualificados e especializados, com práticas reducionistas que tratam

978-85-7241-726-6

do ser humano de maneira fragmentada, com foco na doença, valorizando muito mais a técnica do que os sujeitos.

Entretanto, esse modelo de atenção aos pacientes acontece dessa forma porque o cuidado em saúde está intrinsecamente relacionado com as estruturas econômicas, políticas e sociais. O modelo capitalista rege os valores e hábitos da população, centrados no consumismo e na aquisição de bens, estimulando as pessoas a consumirem os serviços e equipamentos de saúde, determinando o cuidado com a medicalização dos problemas de saúde. Esse modelo assistencial curativo e tecnicista envolve a pesada indústria farmacêutica, de equipamentos e insumos tecnológicos para o setor, o que gera lucros e acumulação de capital. Soma-se a isso a exigência do mercado de trabalho, que busca profissionais com formação técnica, especializados de modo competente, exatamente como os cursos de graduação formam.

É preciso resgatar a arte de cuidar e um caminho possível é repensar a formação profissional que as universidades oferecem. Se formos buscar o significado da palavra cuidar, este verbo denota as seguintes acepções, segundo o dicionário Houaiss:

> *meditar com ponderação, cogitar, pensar; atentar para, prestar atenção em; realizar alguma coisa com atenção; preocupar-se com, interessar-se por; responsabilizar-se por algo, administrar, tratar da saúde, tomar conta; ter muita atenção para consigo mesmo, acautelar-se, prevenir-se*[10].

Considerando a etimologia da palavra cuidar e o processo do adoecer dos seres humanos, percebe-se que o cuidar transcende as técnicas e os procedimentos realizados nos serviços de saúde e caracteriza-se como um processo complexo, que envolve sujeitos, ações e muita sensibilidade.

O cuidar envolve um olhar complexo e dinâmico sobre os sujeitos, possibilitando uma ação integrada que inclui as diversas dimensões da experiência humana, tais como subjetiva, social, cultural, econômica e política, introduzindo nos serviços de saúde, portanto, os diferentes saberes produzidos no campo do conhecimento. Então, cuidar da saúde é saber também lidar com as diversidades populacionais da sociedade.

Não se pretende com esta discussão rejeitar o avanço tecnológico e o progresso científico que o estudo das especialidades trouxe nos últimos anos, pois também são muito importantes para o tratamento adequado das doenças e, de certa forma, são resolutivos em alguns aspectos, promovendo o bem-estar da população. O que queremos trazer para reflexão é que a maneira pela qual as pessoas acometidas por doenças graves, como o câncer, são cuidadas nos serviços de saúde atualmente não atende as suas necessidades e expectativas, pois o adoecer envolve experiências subjetivas de crenças, valores, conhecimentos, identidades, etc., em contextos diversificados, não podendo ser traduzido somente como uma desorganização do corpo biológico.

O grande desafio para o campo da saúde, então, será saber como combinar o uso de tecnologias e saberes das especialidades com uma abordagem mais ampla, dinâmica e complexa do ser humano e os seus processos de saúde-doença, de maneira construtiva, criativa e transdisciplinar. Seria uma saída possível para resgatar o cuidado em saúde.

Dessa maneira, os cuidados paliativos, que retomam a essência do cuidado em saúde, não precisariam ser disponibilizados aos pacientes e familiares somente quando se sabe que não há mais cura para a doença, mas seus princípios e sua filosofia deveriam ser considerados desde a fase de investigação diagnóstica, para garantir o cuidado integral dos sujeitos acometidos por câncer.

978-85-7241-726-6

A Importância da Comunicação em Cuidados Paliativos

Para Burlá e Py, a comunicação entre pacientes e profissionais se dá tradicionalmente pela linguagem verbal[11]. Entretanto, a linguagem não verbal, que se manifesta por meio da expressão facial, do contato visual, da forma como o profissional se apresenta, do seu tom de voz, da possibilidade de contato físico e do toque, é fundamental para o estabelecimento de um bom contato. São situações em que os profissionais criam vínculos com seus pacientes, como alguém que o acolhe, o escuta, procura captar sua expressividade e dar abertura para que possa se exprimir.

Segundo Silva, a escuta ao paciente fora de possibilidades de cura é fundamental. É necessário estar atento à linguagem verbal e não verbal e, portanto, à comunicação simbólica[12]. Durante conversas, é comum os pacientes mencionarem falas sobre bagagens, malas, passaportes, como uma preparação para uma viagem. Os profissionais têm que estar atentos a esse tipo de linguagem simbólica e dar a oportunidade dos pacientes falarem sobre o momento que estão passando. Isso ajuda a capacitá-los para o enfrentamento da morte. É necessário também orientar os familiares e amigos para que não respondam com frustração e mágoa a essa linguagem, mas que consigam fazer a escuta nesse momento.

Às vezes, o paciente não consegue se comunicar pela fala, mas consegue entender o que as pessoas falam. Estabelecer uma forma de comunicação por meio do piscar, por exemplo, é uma maneira eficiente para manter esse paciente conectado às pessoas ao seu redor. Outros tipos de comunicação também são possíveis, dependendo da condição física e emocional do paciente. O terapeuta ocupacional deve estar atento a essas situações para poder promover a melhor forma de comunicação entre paciente, família, amigos e equipe.

Uma situação que incomoda muitas vezes os profissionais é o que dizer ao paciente ou a seus familiares em situações angustiantes ou que promovam silêncio absoluto por certo período de tempo. Ora, se não houver algo para dizer, é melhor não dizer nada do que falar coisas indesejadas ou que não façam sentido naquele momento. Os profissionais muitas vezes se sentem obrigados a ter que dar respostas a todas as perguntas de seus pacientes e familiares, principalmente quando se sentem impotentes diante de um caso. Todos os profissionais que trabalham com cuidados paliativos têm que aprender a escutar com o ouvido, com o coração e com a mente. Tentar entender o que a pessoa está sentindo no momento, ou melhor, tentar se colocar no lugar do paciente ajuda a encontrar caminhos para acolher e estabelecer uma relação verdadeira. Ouvir é fundamental na comunicação com o paciente fora de possibilidades terapêuticas de cura, assim como tocá-lo afetivamente, o que também é uma maneira de se comunicar.

Outra questão importante da comunicação é que às vezes o paciente não sabe da gravidade da sua situação, mas percebe que não está bem, sente que seu fim está próximo. Seus familiares sabem sobre sua situação, mas preferem poupá-lo desse sofrimento, tentando não manifestar qualquer tipo de sentimento perto do paciente. Ou, às vezes, o paciente sabe, mas pensa que seus familiares não sabem e faz todo um esforço para não demonstrar sentimentos em relação à situação, pois não quer que seus familiares sofram e se distanciem dele. Todo o esforço despendido para realizar esse teatro desvia a energia de um processo que pode ser mais significativo, com relações mais verdadeiras e que auxiliam no enfrentamento da doença.

O terapeuta ocupacional, depois de avaliar o paciente e a situação em relação à comunicação com seus familiares e amigos, pode fazer uso de atividades que sejam parte da realidade dessas pessoas e que favoreçam uma maior interação com os entes mais próximos, incluindo-os no processo de elaboração e execução.

978-85-7241-726-6

Terapia Ocupacional na Atenção a Pacientes com Dor Oncológica e em Cuidados Paliativos

Os terapeutas ocupacionais são fundamentais para a integração da equipe de dor e cuidados paliativos, pois são responsáveis por analisar e promover a vida ocupacional dos pacientes em seus diferentes aspectos, atuando com abordagem biopsicossocial, com variedade de recursos e técnicas que vão ao encontro das necessidades e desejos dos pacientes e seus familiares.

Sendo uma profissão com intervenção na área da saúde, agrega tecnologias orientadas para a emancipação e autonomia de pessoas que apresentam problemas físicos, sensoriais, psicológicos, mentais, sociais e com dificuldades de inserção e participação na vida social.

A terapia ocupacional propõe o desenvolvimento de condições e oportunidades por meio de intervenções que são dimensionadas pelo uso das atividades humanas, tais como autocuidado, lazer, trabalho, artes, entre outras, procurando manter uma vida criativa, autônoma e integrada, com o objetivo de melhorar a qualidade de vida geral.

Portanto, o objeto de estudo da terapia ocupacional é a ação humana, entendida como o fazer significativo do homem em seu cotidiano. Há a preocupação com o entendimento da complexidade dos fenômenos que envolvem o fazer, procurando analisar seus aspectos físicos, psíquicos e sociais.

O câncer traz mudanças significativas à vida e ao cotidiano das pessoas acometidas e de seus familiares. O tratamento, em geral, é longo, invasivo e pode submeter a pessoa a uma relação de dependência para realização de suas atividades de vida diária e afetar suas atividades de produção e de lazer.

A doença causa uma série de situações, pois provoca uma parada obrigatória na agitação do cotidiano, levando muitas vezes o paciente a uma reflexão sobre sua vida, provocando um aprofundamento das relações e a possibilidade do autoconhecimento.

A família também precisa ser tratada. Sofre igualmente uma desorganização na sua forma de vida. Há trocas de papéis, de funções, de responsabilidades, além da presença da culpa pela doença. As necessidades familiares mudam muito de acordo com a fase em que o paciente se encontra.

A terapia ocupacional que atua em oncologia deve se preocupar com a ocorrência de dor relacionada aos vários fatores decorrentes da doença, do tratamento efetuado, ou até mesmo de causas não relacionadas diretamente com os determinantes fisiopatológicos.

Nas diversas fases da doença pelas quais o paciente pode passar desde que recebe a notícia do diagnóstico do câncer, sempre se fará presente um aspecto importante ocasionado pelos diversos tipos de dor, que podem determinar mudanças até mesmo na capacidade de enfrentamento da doença caso sejam tratados inapropriadamente.

Isso nos coloca em posição de estarmos atentos e preparados tecnicamente como terapeutas ocupacionais para participar no tratamento da dor, conhecendo formas de avaliação e abordagens terapêuticas reconhecidas como coadjuvantes à terapêutica medicamentosa nos diversos tipos de dor.

No aspecto avaliativo para o exercício da prática de cuidado à dor, sejam quais forem os instrumentos formais disponíveis, o terapeuta ocupacional deve levar em consideração primordialmente as alterações causadas pela dor nas atividades de vida diária (AVD), nas atividades de vida prática (AVP) e em outras atividades produtivas ou de lazer identificadas como significativas para o paciente.

O paciente com dor associada com o câncer freqüentemente experimenta dramáticas modificações no seu estilo de vida que produzem alterações no funcionamento e nas percepções de bem-estar e satisfação. Questões como restrição da atividade física, depressão e preocupação com a dor estão sempre presentes, alterando grandemente sua qualidade de vida.

Os pacientes com câncer e expectativa de vida limitada requerem um manejo apropriado da dor, considerando-se as diferentes situações envolvidas, pois precisam lidar com vários problemas ao mesmo tempo.

A luta contra a doença (cirurgia, quimioterapia, radioterapia), os problemas emocionais que acompanham o quadro (raiva, depressão, esperança, medo, culpa e proximidade da morte) e a mudança de planos para sua vida fixando metas a curto prazo configuram um cenário em que o tratamento da dor se apresenta complexo, determinando uma múltipla abordagem em que vários saberes se conjugam na avaliação e na clínica da dor oncológica.

978-85-7241-726-6

O terapeuta ocupacional pode contribuir para o manejo da dor providenciando técnicas não invasivas e atividades significativas que têm demonstrado potencialização nos mecanismos fisiológicos associados com a redução da dor[13].

O terapeuta ocupacional pode ajudar indivíduos com dor crônica por meio da facilitação natural de mecanismos da mente e do corpo. Dispondo de atividades como estimulação sensorial, técnicas cognitivas para desvio da atenção do foco da dor e relaxamento, pode-se facilitar a ativação de mecanismos fisiológicos para o controle da dor. Uma vez acionados esses mecanismos, o terapeuta ocupacional pode tratar o paciente mediante atividades significativas e que tenham valor para ele.

As atividades colaboram na redução da dor, pois ao ser envolvido por elas, o paciente passa a dar menos atenção a sua dor. Além disso, induzem respostas de relaxamento desejáveis. A freqüência respiratória diminui, a pressão sangüínea pode ser alterada e/ou o paciente pode até experimentar diminuição de tensão muscular.

Essas mudanças estão relacionadas à liberação de hormônios bloqueadores da dor. A experiência de vivenciar uma atividade livre de dor para o paciente pode melhorar seu estado psicológico e aumentar sua auto-estima. Essa quebra no ciclo de dor habilita os pacientes a aprenderem novos métodos para controlar os sintomas da dor, assim como o relaxamento e as técnicas de visualização.

Considerando que a dor oncológica é uma experiência multifatorial e complexa e que a obrigação de administrá-la e de aliviar o sofrimento de um paciente é fundamental para todo profissional de saúde, o terapeuta ocupacional utiliza técnicas diversas com base na condição psíquica, motora e sensorial do paciente, buscando atingir assim os vários aspectos relacionados ao conceito de dor total, norteador de muitas práticas profissionais em dor.

Dentre as abordagens disponíveis para uso da terapia ocupacional, destacamos a seguir as mais utilizadas no alívio da dor oncológica, considerando que parte dessas modalidades de intervenção, divididas aqui em psicossociais e físicas, requer treinamento especializado, como no caso das modalidades termoelétricas consideradas na abordagem física para o alívio da dor. Na Tabela 7.1, um resumo dessas atividades.

Um dos principais objetivos da terapia ocupacional no tratamento de pacientes com dor oncológica é manter a capacidade do doente em gerir seu autocuidado, por meio do estímulo programado para evitar a fadiga e priorizar as tarefas básicas, mantendo-as conforme o interesse e o significado para o paciente.

São necessárias orientações específicas e multiprofissionais para que pequenas atividades de autocuidado se mantenham em pacientes que sofrem desse tipo de dor, não bastando apenas adaptar o material e o ambiente, mas também intervir junto às condições posturais e otimizar as transferências de decúbitos e posicionamentos, pois isso resulta em diminuição de espasmos musculares, redução da dor e melhor capacidade para realizar atividades. Um cuidador consciente e orientado pode ser a chave para que o paciente credite valor aos esforços para manutenção de sua própria autonomia e mantenha-se motivado.

978-85-7241-726-6

Um aspecto importante do cuidado prestado ao paciente com dor oncológica pelo terapeuta ocupacional é o preparo para as intervenções dolorosas no âmbito do tratamento. Isso se dá por meio de ações educativas, focadas nas condições sociointelectuais do doente.

No caso de crianças, estimulam-se as vivências lúdicas, a expressão gráfica e toda atividade que analogamente possa provocar a experiência prévia das várias situações de estresse e dor próprias do tratamento oncológico, como punções venosas e coletas liquóricas, e dos efeitos colaterais, como queda de cabelos, náuseas e emagrecimento.

O adulto pode receber informações verbais ou escritas que descrevam os procedimentos dolorosos e as possíveis formas de analgesia, mas não há consenso absoluto sobre esse tipo de preparo, pois a posição do paciente deve ser sobretudo respeitada. Ocorre que muitas vezes o próprio paciente evita qualquer tipo de esclarecimento, procurando evitar o sofrimento da "dor antecipada".

No entanto, o profissional deve estar preparado e atento às necessidades do paciente e da família, no sentido de oferecer atividades preparatórias para os procedimentos dolorosos, munindo-se de materiais e estratégias que favoreçam o enfrentamento da situação de exame, tratamento, cirurgia, etc.

Tabela 7.1 – Abordagens utilizadas para o alívio da dor

Intervenção por meios psicossociais		
Técnica	***Descrição***	***O que se espera***
Relaxamento: • Muscular progressivo • Respiração profunda	Técnicas de relaxamento são usadas para ativar o estado mental e provocar relaxamento físico/corporal	Aumento do fluxo sangüíneo, oxigenação, melhora do sono e humor → alívio da dor
Distração e/ou diversão: • Ver TV, escutar música, escutar histórias e leituras	Técnica usada para desviar a atenção do foco da dor	Modificação na percepção da dor → alívio da dor
Imaginação: • Descrever local, quadro, viagem com detalhes como cores, sons, sabores	Técnica em que o paciente é estimulado a criar imagens mentais agradáveis, usualmente aliada ao relaxamento	Mudanças fisiológicas favoráveis → alívio da dor
Biofeedback: • Visual • Auditivo	Técnica na qual se oferece "retorno" visual ou auditivo ao paciente sobre o estado de seu corpo (posição, tensão), ajudando-o a diferenciar entre relaxamento e tensão	Mudanças fisiológicas favoráveis → alívio da dor
Intervenção por meios físicos		
Técnica	***Indicação***	***O que se espera***
Calor superficial: • Compressas e bolsas, turbilhão, hidroterapia, lâmpadas quentes	Espasmo muscular, dor articular e condições inflamatórias subagudas*	Aumento de metabolismo e circulação sangüínea locais → alívio da dor
Frio/crioterapia: • Compressas e bolsas, *sprays* apropriados	Edemas, dor e espasmos musculoesqueléticos*	Aumento do limiar de dor, vasoconstrição, diminuição do metabolismo, alívio da dor
Massagem: • Técnica manual por deslizamento, percursão, amassamento, fricção, compressão e vibração	Dor e espasmos, distúrbios de sono e quadros de ansiedade. Na ocorrência de linfedema	Aumento do fluxo sangüíneo e linfático, sensação de conforto, bem-estar e alívio de tensão psíquica → alívio da dor
Órteses	Fraturas patológicas, contraturas, proteção articular	Imobilização → alívio da dor

* Existe contra-indicação.

978-85-7241-726-6

Outro aspecto da dor que ocorre no tratamento do câncer é a ocorrência da sensação e/ou dor fantasma em doentes amputados, geralmente por câncer ósseo.

Trata-se de uma experiência neuropática, cuja atenuação dos sintomas está extremamente ligada ao uso precoce de prótese e ao bom controle da dor antes da cirurgia de amputação.

Na terapia ocupacional encontramos possibilidade de trabalhar em vários níveis com o paciente nessas condições, oferecendo tratamento sensorial que atinge de modo direto a percepção do membro fantasma, atenuando a sensação e a dor indesejáveis: desde a reorganização do esquema e da imagem corporal, no sentido de trabalhar função motora e protetização, até o *feedback* visual ou eletrônico para auxiliar no processo de *telescoping* do membro fantasma[14].

Em relação aos pacientes fora de possibilidades de recursos de cura, o maior desafio para o terapeuta ocupacional e a equipe de dor e cuidados paliativos é ajudar o paciente a viver até efetivamente morrer, buscando o alívio dos sintomas, oferecendo conforto e procurando trazer qualidade de vida, portanto, de relações, sem afastar as pessoas que lhes são significativas, sem desvalorizar situações, falas, ou assuntos que façam parte do seu mundo.

Os sintomas mais comuns apresentados pelos pacientes em fase terminal de câncer são dores intensas e insuportáveis, tosses, soluços, diarréias persistentes, ulcerações tumorais com mau cheiro, vômitos, infecções, entre outros. Em decorrência desses fatores, os pacientes com câncer em estádio avançado apresentam, com freqüência, fraqueza normalmente associada com anorexia e desnutrição, problemas de pele e boca, problemas respiratórios e desordem mental e orgânica.

978-85-7241-726-6

Além desses sintomas físicos, os pacientes também apresentam alterações cognitivas e emocionais importantes. O trabalho de Kübler-Ross demonstra as fases pelas quais os pacientes passam no processo de doença grave: negação, raiva, barganha, depressão e aceitação[15]. O terapeuta ocupacional precisa entender em qual momento o paciente se encontra para promover sua ação.

Os pacientes com câncer em estádio avançado se defrontam com a possibilidade da perda do papel que desempenhavam, tornando-os inaptos a realizar aquilo que normalmente costumavam fazer em casa ou no trabalho. No momento da avaliação do terapeuta ocupacional é importante salientar que não existem respostas prontas quando se trata da forma como alguém se adapta a uma situação que envolve a própria vida.

A avaliação do terapeuta ocupacional consiste em escutar o paciente, colher suas queixas e dificuldades, analisar os aspectos cognitivos, sensoriais, físicos, emocionais, sociais e espirituais relacionados às atividades de vida diária, de vida prática, de lazer, de trabalho e/ou produtividade, além da situação e da relação familiar, das condições clínicas e do significado que a doença assume para cada pessoa em particular.

O processo avaliativo auxiliará a determinar os objetivos de um programa de intervenção e se esta é necessária ou não, as precauções e/ou contra-indicações de atividades, o potencial qualitativo de vida do paciente, as especificidades da orientação familiar, além da manutenção ou necessidade de mudanças dos objetivos do tratamento.

O plano assistencial não deve conter objetivos a longo prazo e deve englobar uma melhora na qualidade de vida do paciente, podendo manter algum grau de significado e domínio de sua vida, mesmo quando houver presença da perda funcional.

O tratamento é composto por treino e orientações das atividades de vida diária, mudança de decúbito no leito, treino de mudanças posturais, orientação quanto à simplificação de trabalhos e conservação de energia, realização de atividades terapêuticas, orientação e treino de cuidadores e confecções de próteses ou órteses.

As atividades devem ser curtas, fáceis, de pequena duração, quando possível, pois em muitos casos os pacientes não têm condições físicas para realização de atividades e muitas vezes não conseguem se comunicar. No entanto, é necessário estar atento aos cuidados básicos do paciente. Tocá-lo, ou então permanecer em silêncio ao lado de sua cama, segurar sua mão, ou ajudar os familiares a se comunicarem com o paciente também são maneiras importantes de cuidar.

Outra questão relevante a ser considerada durante o cuidado paliativo é trabalhar com o paciente e seus familiares a ansiedade do desligamento e da separação de pessoas e objetos amados. Nesse caso, o que importa é a qualidade de tempo e não a quantidade.

Atividades de reminiscências, como criar cadernos de memórias, gravar 'cartões' em vídeo, escrever cartas, dar telefonemas e organizar visitas são exemplos de tarefas criativas que podem ajudar a pessoa que está morrendo a repensar relacionamentos e rever a vida[16].

Por outro lado, muitos pacientes fora de possibilidades de recursos de cura são privados desnecessariamente pela família e até pela equipe quando ainda são capazes de realizar atividades de maneira independente e que lhes dão senso de dignidade e auto-estima. Nesse caso, o terapeuta ocupacional deve orientar familiares e equipe, promovendo auxílio aos pacientes para que estes possam viver do modo mais ativo e criativo possível até a morte.

978-85-7241-726-6

Considerações Finais

Para a atenção ao doente com dor ou em cuidados paliativos por meio da terapia ocupacional, deve-se ter em mente que ao integrar a equipe de cuidadores nossos limites de atuação só são estabelecidos pelo próprio sujeito e nunca pela doença, pela dor, ou mesmo pelas condições do atendimento em si.

Alinhando os diversos "saberes" da terapia ocupacional, podemos encontrar abordagens clínicas que, de forma simples e pouco dispendiosa, são efetivas na paliação dos sintomas e da dor oncológica, como as aqui citadas.

Cabe-nos seguir registrando os achados científicos e os resultados do nosso trabalho na área da assistência terapêutica, consolidando assim o campo de atuação da terapia ocupacional nessa área. E, como achado principal, concluir que nosso trabalho estará acrescentando *mais vida ao tempo* de pessoas em cuidados paliativos e com dor oncológica *e não tempo à vida* meramente.

Referências Bibliográficas

1. WORLD HEALTH ORGANIZATION – WHO. Disponível em http://www.who.int/hpr. Acesso em: 02/mar/2006.
2. BRASIL. Instituto Nacional do Câncer. Estimativa 2006 – Incidência de câncer no Brasil. Rio de janeiro, 2006. Disponível em http://www.inca.gov.br/estimativa/2006. Acesso em: 02/mar/2006.
3. CLEELAND, C. S.; BRUERA, E. Pain and symptom management. In: LOVE, R. R. (ed.). *UICC Manual of Clinical Oncology.* New York: Springer-Verlag, 1994.
4. DIAS, C. G. A dor do câncer infantil: a percepção de quem a vive. São Paulo, 2000. 108p. Dissertação (Mestrado) – Programa de Pós-graduação em Enfermagem, Escola Paulista de Medicina/Universidade Federal de São Paulo.
5. CLARO, M. T. *Escala de Faces para Avaliação da Dor em Crianças: etapa preliminar*. Ribeirão Preto, 1993. p. 1-50. Dissertação (Mestrado) – Escola de Enfermagem de Ribeirão Preto da Universidade de São Paulo.
6. SOCIEDADE BRASILEIRA DE ESTUDO DA DOR – SBED. Escalas analógicas. Disponível em: http://www.dor.org.br/dor_diagnosticos.asp. Acesso em: set/2006.
7. ORGANIZAÇÃO PAN-AMERICANA DE SAÚDE – OPAS; ORGANIZAÇÃO MUNDIAL DA SAÚDE – OMS. Doenças crônico-degenerativas e obesidade: estratégia mundial sobre alimentação saudável, atividade física e saúde. Brasília, 2003. Disponível em http://www.opas.br. Acesso em: 02/abr/2006.
8. WORLD HEALTH ORGANIZATION – WHO. Disponível em http:www.who.int/hiv/topics/palliative/care. Acesso em: 02/mar/2006.
9. MCCOUGHLAN, M. A necessidade de cuidados paliativos. In: PESSINI, L. E.; BERTACHINI, L. (eds.). *Humanização e Cuidados Paliativos.* São Paulo: Loyola, 2004. cap. 11, p. 167-179.
10. HOUAISS, A. Dicionário Houaiss da língua portuguesa. Disponível em: http://www.v.houaiss.uol.com.br/zoom.php?verbete = cuidar. Acesso em 02/mar/2006.
11. BURLÁ, C.; PY, L. Comunicação ao fim da vida. In: *Ver. Prática Hospitalar*, ano 8, n. 43, jan.-fev. 2006.
12. SILVA, M. J. P. Comunicação com pacientes fora de possibilidades terapêuticas: reflexões. In: PESSINI, L.; BERTACHINI, L. (eds.). *Humanização e Cuidados Paliativos.* São Paulo: Loyola, 2004. cap. 16, p. 263-272.
13. MCCORMACK, G. L. Pain management by occupational therapists. *AJOT*, v. 42, n. 9, p. 582-589, 1988.
14. MELZACK, R. The McGill pain questionnaire: major properties and scoring methods. *Pain*, v. 1, p. 277-299, 1975.
15. KÜBLER-ROSS, E. *Sobre a Morte e o Morrer.* 8. ed. São Paulo: Martins Fontes, 1998.
16. BURKHARDT, A. Oncologia. In: PEDRETTI, L. W.; EARLY, M. B. (eds.). *Terapia Ocupacional – Capacidades Práticas para as Disfunções Físicas.* 5. ed. São Paulo: Roca, 2005.

978-85-7241-726-6

Terapia Ocupacional e Atenção a Pacientes com Dor Não-oncológica

Capítulo

8

MARYSIA M. R. PRADO DE CARLO
VALERIA MEIRELLES CARRIL ELUI
MILENE PESCATORI PACKER

Podemos até não lembrar de quem partilhou nossa alegria, mas jamais esquecemos quem chorou diante de nossa dor.
Valdemar Augusto Angerami-Camon

ÍNDICE DO CAPÍTULO

978-85-7241-726-6

978-85-7241-726-6

INTRODUÇÃO

Diversas teorias sobre a dor foram histórica e culturalmente construídas. As sociedades primitivas associavam a dor aguda com os traumatismos e a dor crônica era atribuída à penetração de certos elementos ou de maus espíritos no interior do corpo. Na Antiguidade, a dor era considerada uma punição dos deuses e envolvia o coração e os vasos sangüíneos para egípcios e babilônicos. Na Índia, a dor era reconhecida como sensação, com relevância para seus aspectos emocionais. Na antiga China, a dor era atribuída ao excesso ou à deficiência de certos "humores" ou "energias" no interior do organismo.

Na Idade Média, predominaram os conceitos de Aristóteles e discípulos, segundo os quais a dor era entendida como qualidade afetiva, relacionada ao coração, como o resultado da estimulação sensitiva violenta que, das estruturas lesionadas, era conduzida pelo sangue para o coração. Foi após o Renascimento que os anatomistas e filósofos começaram a atribuir ao sistema nervoso o papel fundamental no mecanismo da nocicepção.

Segundo Guimarães, foi Descartes que, "em 1664, descreveu a dor como uma sensação percebida no cérebro, resultante de uma estimulação nos nervos sensoriais"[1]. Desse modo, atribuiu às estruturas do sistema nervoso periférico (SNP) a função de veicular as informações nociceptivas do meio ambiente para o encéfalo. Coube a ele a introdução do conceito sobre a especificidade das vias neuronais envolvidas na nocicepção, o que deu origem à teoria da especificidade, segundo a qual há um receptor específico para cada impressão sensorial.

A partir do final do século XIX, foram se firmando as concepções relacionadas às funções do sistema nervoso, tendo surgido a teoria da intensidade: a dor seria uma função da intensidade de uma sensação, não havendo estruturas específicas como defendia a teoria citada anteriormente. Além das teorias da intensidade e da especificidade, surgiu a teoria de padrão de estímulos: padrões de impulso excepcionais devem entrar no sistema nervoso central (SNC), de modo que, depois de decodificados, possam ser diferenciados das impressões sensoriais ordinárias, como o calor e o toque, e assim percebidos como dor.

Melzack e Wall (1965) firmaram o princípio de que existem mecanismos de inibição regional que permitem melhorar a discriminação dos estímulos, surgindo assim a teoria do portão de controle ou da comporta. Considerando a dor como composta por aspectos sensoriais (dimensão sensitivo-discriminativa), emocionais (dimensão afetivo-emocional) e culturais (dimensão cognitiva), forneceram também as bases fisiológicas para correlacionar os aspectos psicológicos, a atenção e a influência de fatores ambientais no processamento da dor[2].

Nas últimas décadas, ocorreram diversos avanços da ciência moderna relacionados ao tema da dor, dentre os quais: a descrição das células nervosas que conferem sensibilidade à dor; a identificação das vias nervosas centrais e periféricas que transmitem informações para centros superiores do cérebro; o reconhecimento das vias nervosas que amplificam ou suprimem os sinais dolorosos, com o isolamento das substâncias químicas envolvidas; o desenvolvimento de técnicas de imagem que possibilitam a visualização das mudanças metabólicas produzidas no cérebro pelo estímulo doloroso; a introdução de novas modalidades de tratamento e o constante desenvolvimento de medicamentos cada vez mais específicos.

Portanto, o conceito da dor mudou progressivamente – da esfera moral e religiosa (vista como punição e castigo) para o campo médico-científico – e houve um progresso considerável no desvendamento dos mecanismos neurológicos envolvidos na dor. Além disso, houve uma evolução da atitude dos indivíduos com dor, no sentido da não aceitação passiva do sofrimento, o que vem possibilitando mudanças nas formas de avaliação e no manejo clínico para o alívio da dor.

O tratamento clínico da dor melhorou muito nos últimos 25 anos, mas ainda há um número muito elevado de pessoas que sofrem e vivem em condições de incapacidade gerada pela condição dolorosa. Duas das mais freqüentes, a lombalgia e a dor associada com a artrite, por exemplo, continuam não respondendo muito bem aos tratamentos rotineiros para seu controle. A dor é um problema de grande impacto na qualidade de vida, exigindo abordagem clínica complexa e profunda e acompanhamento especializado por parte da equipe multiprofissional.

978-85-7241-726-6

Terapia Ocupacional no Cuidado do Paciente com Dor Não-oncológica

O foco central do trabalho do terapeuta ocupacional é o direito do indivíduo a ter uma vida significativa e produtiva, apesar da dor ou da doença crônica. Seu objetivo principal é prevenir incapacidade e promover função e bem-estar nas ocupações cotidianas por meio do uso terapêutico de atividades significativas. Entretanto, muitos fatores influenciam a capacidade do indivíduo de se engajar em ocupações, incluindo aspectos relacionados à sua saúde física, cognitiva e emocional e também fatores físicos, sociais, culturais e econômicos do ambiente ou do contexto em que vive.

No caso da pessoa que sente dor, as atividades cotidianas, em geral, tornam-se significativamente comprometidas. O doente costuma ter maiores períodos de repouso e, muitas vezes, passa a adotar padrões de atividades e comportamentos arredios, com todas as suas conseqüências psicológicas, financeiras e sociais, que acabam por exacerbar sua dor e minimizar sua qualidade de vida. As dificuldades apresentadas pelas pessoas com dor, nas múltiplas facetas de sua vida, ocorrem em áreas nas quais os terapeutas ocupacionais desenvolveram habilidades para prover assistência, como a interrupção do papel ocupacional, dificuldades psicossociais, incapacidade física, depressão, perda da auto-estima, etc[3].

Segundo Unruh, Strong e Wright, o terapeuta ocupacional preocupa-se principalmente com fatores psicossociais e ambientais que contribuem para a dor, para o impacto da dor na vida cotidiana e no desempenho ocupacional nas grandes áreas ocupacionais (de autocuidado, trabalho e lazer)[4]. Seus procedimentos incluem a avaliação dessa multiplicidade de fatores físicos, psicossociais e ambientais agravados pela dor, nos diversos contextos de desempenho do indivíduo. As estratégias de intervenção podem incluir equipamentos adaptados, atividades produtivas e reabilitação vocacional, treinamento de resistência para a execução da atividade, reestruturação ou restabelecimento de papéis, de hábitos e habilidades na vida diária, grupos educativos para controle da dor e para acompanhamento familiar se necessário.

Assim, a atuação do terapeuta ocupacional no manejo da dor aguda pode acontecer, por exemplo, pelo uso de procedimentos de "terapia de mão", no atendimento a pacientes com queimaduras, no tratamento de crianças com dor decorrente de procedimentos aversivos. Em relação à dor crônica não-oncológica, os objetivos de tratamento estão relacionados, fundamentalmente, à promoção de um melhor nível de desempenho funcional/ocupacional, controle, redução, ou, se possível, eliminação da dor pela realização de atividades e do uso de técnicas diversas, como as cognitivo-comportamentais.

Por meio da revisão crítica apresentada por Müllersdorf nas Tabelas 8.1 e 8.2, a seguir, observamos que a terapia ocupacional pode ter diversos objetivos e estratégias de intervenção junto a pacientes com dor.

978-85-7241-726-6

Abordagens e Recursos Terapêuticos no Manejo da Dor

A abordagem de tratamento do terapeuta ocupacional depende, dentre outros fatores, de como a dor é conceituada e da perspectiva teórico-metodológica

TABELA 8.1 – Objetivos da intervenção da terapia ocupacional no manejo da dor. Revisão da literatura[5]

Objetivos	Referências
Promoção de saúde	Fast, 1995; O´Hara, 1992
Melhoria do desempenho na manutenção da casa (tarefas domésticas)	Philips, Bruehl e Harden, 1997
Melhoria da postura e mecânica corporal	Philips, Bruehl e Harden, 1977
Melhoria da qualidade de vida	Carruthers, 1997; Giles e Allen, 1986
Aumento da independência	Fishman Borelli, Warfield, 1986; Strong, 1989; Strong, Ashton e Large, 1994; Ventura e Flinn-Wagner, 1997
Aumento da auto-responsabilidade	Strong, 1989
Aumento do controle da dor	Strong, 1989
Aumento da tolerância à dor	Heck, 1988
Aumento da auto-estima	Fishman Borelli, Warfield, 1986; Klayman-Callahan, 1993; Scudds e Solomon, 1995; Strong, 1989
Manutenção ou restabelecimento da competência	Fishman Borelli, Warfield, 1986; Johnson, 1984 Strong, 1989; Strong, Ashton e Large, 1994
Manutenção ou restabelecimento de papéis	Johnson, 1984; Klayman-Callahan, 1993; Philips, Bruehl e Harden, 1997; Scudds e Solomon, 1995; Strong, 1989; Strong, Ashton e Large, 1994; Ventura e Flinn-Wagner, 1997
Maximização funcional	Fast, 1995; Johnson, 1984; Scudds e Solomon, 1995; Strong, 1989; Strong, Ashton e Large, 1994
Redução da dor	Fishman Borelli, Warfield, 1986; McCormack, 1988;
Recuperação do equilíbrio nas ocupações diárias	Blakenev, 1984; Johnson, 1984
Recuperação do controle	Carruthers, 1997; Johnson, 1984; Strong, 1989; Strong, Ashton e Large, 1994
Restauração da auto-eficácia	Scudds e Solomon, 1995

adotada pelo profissional. Na literatura e na prática clínica em terapia ocupacional tem-se observado uma diversidade de proposições ou abordagens, como já mencionado no Capítulo 6 desta obra.

Segundo Strong, existem diversos modelos ou abordagens para a prática, articulados e identificados com o trabalho do terapeuta ocupacional no que tange ao cuidado do paciente com dor, dentre os quais se destacam: os modelos biopsicossocial (Milne, 1983), de comportamento ocupacional (Blakeney, 1984; Strong, 1989, Tigges *et al.*, 1984), o modelo comportamental operante (Engel, 1990; Giles e Allen, 1986) e outros[4]. Para essa autora, o tratamento da dor é tipicamente holístico, mas um exame da literatura e da prática em terapia ocupacional revela que tanto pode haver uma confluência como uma ruptura

978-85-7241-726-6

Tabela 8.2 – Intervenções da terapia ocupacional no manejo da dor. Revisão da literatura[5]

Objetivos	Referências
Treinamento de tolerância e resistência na atividade	Caruso e Chan, 1986; Flower *et al.*, 1981; Giles e Allen, 1986; Klayman-Callahan, 1993; Philips, Bruehl e Harden, 1997; Scudds e Solomon, 1995; Ventura e Flinn-Wagner, 1997
Adaptação do ambiente	Herbert e Rochman, 1998
Atividades artesanais	Carruthers, 1997; Ventura e Flinn-Wagner, 1997
Avaliação do desempenho nas etapas da atividade	Blakenev, 1984; Klayman-Callahan, 1993
Avaliação das atitudes	Strong, 1989
Modificação das atitudes	Strong, 1989
Tecnologia assistiva	Giles e Allen, 1986; Scudds e Solomon, 1995; Strong, 1989
Escola da coluna	Klayman-Callahan, 1993
Biofeedback, estimulação nervosa elétrica transcutânea (TENS)	Giles e Allen, 1986
Treinamento de mecânica corporal	Aja, 1991; Caruso e Chan, 1986; Flower *et al.*, 1981; Klayman-Callahan, 1993; Philips, Bruehl e Harden, 1997; Strong, 1986
Aconselhamento	Scudds e Solomon, 1995; Strong, 1984; Strong, 1986; Strong, 1987
Conservação de energia	Giles e Allen, 1986
Ergonomia	Caruso e Chan, 1986; Hebert e Rochman, 1998; Klayman-Callahan, 1993
Estabelecimento de objetivos (interação terapeuta/paciente)	Hebert e Rochman, 1998; Klayman-Callahan, 1993; Strong, 1992; Wiskin, 1997
Atividades grupais/aconselhamento	Carruthers, 1997; Hebert e Rochman, 1998; O'Hara, 1992; Scudds e Solomon, 1995; Strong, 1986
Proteção articular	Giles e Allen, 1986
Educação da dor	Carruthers, 1997; Flower *et al.*, 1981; Klayman-Callahan, 1993; Scudds e Solomon, 1995; Strong, 1984; Strong, 1998; Wiskin, 1997
Relato da dor	Flower *et al.*, 1981
Atividades propositais	Heck, 1988; McCormack, 1988; Scudds e Solomon, 1995
Técnicas de relaxamento	Flower *et al.*, 1981; Giles e Allen, 1986; Hebert e Rochman, 1998; Johnson, 1984; McCormack, 1988; Strong, 1984; Strong, 1986; Strong, 1991; Ventura e Flinn-Wagner, 1997; Wiskin, 1997
Órteses	Aja, 1991; Strong, 1986
Manejo do estresse	Aja, 1991; Flower *et al.*, 1981; Hebert e Rochman, 1998; Strong, 1986; Strong, 1987; Ventura e Flinn-Wagner, 1997
Condicionamento e fortalecimento para o trabalho	Aja, 1991; Caruso e Chan, 1986; Flower *et al.*, 1981; Gibson e Strong, 1998; Giles e Allen, 1986; Klayman-Callahan, 1993; O'Hara, 1992; Philips, Bruehl e Harden, 1997; Scudds e Solomon, 1995; Strong, 1986; Strong, 1987; Velozo, 1993; Ventura e Flinn-Wagner, 1997

978-85-7241-726-6

entre os objetivos de ajuda ao paciente para que tenha uma vida significativa apesar da dor e de uma reabilitação funcional, em uma abordagem biomecânica.

Em todo caso, para se obter o melhor resultado prático no manejo da dor e uma melhor qualidade de vida, no processo terapêutico-ocupacional é preciso considerar os aspectos físicos, psicológicos, sociais e culturais do cliente e associar recursos técnicos diversos. A seguir, serão abordados alguns deles, tais como: períodos de atividade, exercícios e repouso; uso de recursos físicos; órteses e utilização de recursos de tecnologia assistiva; a mecânica corporal; proteção articular e conservação de energia; as técnicas de relaxamento, de *biofeedback*, de suporte social e de reconstrução cognitiva.

978-85-7241-726-6

Atividade, Exercícios e Repouso

Pacing *de Atividades*

Apesar do número limitado de trabalhos (relatos clínicos e pesquisas) nacionais sobre a atuação da terapia ocupacional junto a pacientes com dor, nossa experiência clínica sugere, conforme relatado por Birkholtz, Aylwin e Harman, que a performance nas atividades diárias pode se beneficiar com a prática do *pacing* da atividade[6].

Originalmente proposto por Fordyce (1976; *apud* Birkholtz *et al.*[6]), o *pacing* da atividade está relacionado ao conceito do ciclo de atividade e repouso e é descrito na forma de alternação de períodos de exercício de atividades moderadas com pequenos períodos de repouso. Seu objetivo é interagir/equilibrar os ciclos de atividade e repouso.

Os ciclos de "atividade a mais" (*overactivity*) em dias considerados "bons" são em geral seguidos, com periodicidade variável, por ciclos de "atividade a menos" (*underactivity*) em dias considerados "ruins". Constituem-se, assim, padrões de atividades, em que períodos de excessiva atividade são alternados com repouso prolongado (Philips; Hanson e Gerber; Strong *apud* Birkholtz, Aylwin e Harman)[6]. Essa variação pode contribuir para um considerável estado de angústia do paciente e que deve ser observado e avaliado pelo terapeuta ocupacional antes, durante e após a realização da atividade.

Para prevenir o aparecimento da dor, algumas pessoas tendem a reduzir ao máximo sua participação em atividades, o que, atualmente, tem sido desencorajado mesmo nos estágios agudos de uma lesão. Quando o medo da dor é a causa do comportamento de evitar a realização das atividades, pode se estabelecer um ciclo vicioso que causará deterioração da boa forma física e aumento da inatividade.

Por outro lado, o comportamento de intensificar as atividades apesar da dor, evitando as pausas para repouso até que um episódio grave de dor ou exaustão obrigue a uma pausa, pode eventualmente resultar em incapacidade, envolver sentimentos de fracasso e estar relacionado à incapacidade do paciente de se ajustar à nova forma de realizar suas atividades.

Ambos os padrões – *overactivity* e *underactivity* – são reforçados pelo fato das pessoas serem em geral orientadas a usarem os parâmetros da dor como guia na decisão de quanto podem fazer. Nesse processo de contingência da dor, uma atividade é interrompida quando a dor surge ou aumenta e uma atividade é continuada quando não apresenta dor ou quando esta se mantém na mesma freqüência.

Portanto, antes de propor uma atividade, o terapeuta ocupacional deve analisar o esforço necessário para sua realização, sua importância para o paciente, o tempo requerido, se existe desconforto ou não durante sua realização e, por fim, analisar a atividade por completo para a aplicação do *pacing* da atividade. Essa análise permite ao profissional acompanhar o desempenho do paciente e adaptar o modo de realização das atividades, como também avaliar suas mudanças comportamentais ao longo do processo terapêutico.

Enfim, o objetivo do terapeuta ocupacional não é o de curar a dor, mas auxiliar as pessoas a mudarem sua relação com a dor, por meio da facilitação de comportamentos apropriados em relação à atividade. Nesse sentido, a prática do *pacing* baseia-se no princípio de que é preciso facilitar que o indivíduo esteja no controle de sua vida (ao invés de ser controlado pela dor) e sua estratégia consiste em:

978-85-7241-726-6

- Dividir as atividades em etapas menores.
- Trocar de posição de tempos em tempos.
- Fazer freqüentes e pequenos intervalos (pausas entre as etapas).
- Alternar posições e tarefas com freqüência.
- Fazer de forma mais lenta.
- Aumentar de modo gradual a quantidade de atividade (realização de pequenas quantidades regularmente, ao invés de grande quantidade de uma vez só).
- Reduzir comportamentos de tensão/esforço durante a realização da atividade.

Strong (*apud* Birkholtz, Aylwin e Harman) evidenciou também a grande demanda cognitivo-comportamental que acompanha as mudanças no manejo da atividade[6]. O *pacing* da atividade no manejo da dor exige a cooperação entre terapeutas ocupacionais, psicólogos e fisioterapeutas, para que seja possível planejar habilidades para aumentar a auto-estima, o controle e o prazer em relação à atividade; melhorar aspectos psicológicos que causem padrões inadequados da atividade e de condicionamento físico; permitir que as pessoas possam retornar às suas atividades significativas (lazer, trabalho, autocuidados, atividades domésticas e sociais).

A realização das atividades e dos exercícios propostos deve ir ao encontro do histórico do paciente e de seus aspectos pessoais e culturais e exige um esclarecimento de todo o processo, para que se sinta mais seguro e não crie resistência à sua realização. Um dos recursos que podem auxiliar o terapeuta na avaliação das atividades é o uso do diário da dor, em que o paciente relata as atividades realizadas diariamente e os momentos de maior ou menor intensidade da dor.

978-85-7241-726-6

Exercícios

Segundo Hides e Richardson, o programa de exercícios (em conjunto ou não com outros recursos) é uma das principais formas de tratamento conservador, utilizada principalmente nos casos de dores causadas por condições musculoesqueléticas[7]. Porém, para a indicação e a realização dos exercícios, é imprescindível que o terapeuta tenha conhecimento técnico sobre os tipos de contração muscular, os músculos agonista, antagonista e sinergistas e suas funções e sobre como solicitar uma contração isométrica ou isotônica, seja concêntrica, seja excêntrica. Como exemplo, podemos citar o tratamento das lombalgias, em que pode ser necessário fortalecer a musculatura estabilizadora e promover o equilíbrio, ou promover o relaxamento de uma musculatura que está muito contraída.

Alguns princípios regem o uso de exercícios no tratamento da dor: devem ser iniciados o mais precocemente possível, ser realizados de modo regular (o treino e a repetição de técnicas são imprescindíveis para um bom resultado), ter o intuito de diminuir o estresse nas articulações, ser realizados sem dor, ser utilizados exercícios de baixa carga e ter controle preciso da posição neutra das articulações. Os exercícios e a realização das atividades devem ser empregados segundo a tolerância do paciente e não devem agravar ou exacerbar o quadro álgico do cliente[8].

Mecânica Corporal e Treinamento Postural

A realização de qualquer função implica em um tipo de movimento, ou melhor, a associação de vários movimentos. Para uma ação motora, é preciso que o corpo esteja o mais estável possível e a estabilidade corporal está relacionada ao controle da *postura*. O sistema de controle postural envolve os componentes sensoriais, motores e musculoesqueléticos, que são os grandes responsáveis pela orientação e pelo equilíbrio; os sistemas visual, vestibular e somatossensorial, considerados como componentes sensoriais, atuam mais diretamente no controle da postura, ao passo que os componentes motores e musculoesqueléticos atuam de modo mais direto na ação propriamente dita.

A utilização do movimento mediante a contração muscular se faz presente em todas as ações do indivíduo. Quando empregamos técnicas para o tratamento da dor, invariavelmente estamos usando o movimento com ou sem resistência. Em geral, os pacientes que apresentam dor também apresentam uma falta de condicionamento pela drástica mudança no nível de atividades realizadas. Orientação de exercícios aeróbicos, como caminhar e andar de bicicletas, pode aumentar a tolerância do paciente para suas atividades funcionais.

A postura adquirida pelo paciente com dor pode se focar em determinadas posições mais confortáveis (que resultam em dor tolerável ou mínima), chamadas antálgicas. O terapeuta deve orientar e educar o paciente nas posturas e formas de realizar suas atividades cotidianas, como dormir, dirigir ou trabalhar. A avaliação postural estática e dinâmica durante as atividades deve fornecer ao terapeuta parâmetros para que sugira adequações posturais, alongamentos, exercícios de fortalecimento, técnicas de relaxamento e adaptações na atividade.

A utilização de técnicas de mecânica corporal desenvolveu-se após estudos relacionados à dor em patologias da coluna. Por meio da avaliação das atividades diárias e, principalmente, daquelas que agravam os sintomas álgicos, os terapeutas ocupacionais podem orientar e treinar o paciente a ter posturas mais adequadas para realizar cada uma.

Atividades como pegar objetos do chão, de uma prateleira e/ou armário, alto ou baixo, fazer a barba ou maquiar-se, arrumar a cama e limpar a casa, lavar e passar roupa (pegar roupa na máquina de lavar, usar o varal), cozinhar e lavar louça, fazer supermercado e guardar as compras, funções desenvolvidas durante o trabalho ou lazer, dentre outras, devem ser observadas e avaliadas. Somente após essa análise o indivíduo deve ser treinado na maneira correta de realizar cada uma delas, prevenindo o aumento do quadro álgico e evitando maiores lesões às estruturas já danificadas.

Sempre que possível, orientaremos para que as articulações estejam mais próximas da posição funcional, evitando o que podemos chamar de posição desequilibrada, sendo as mais comuns: postura estática prolongada, movimento repetitivo, flexão e rotação ao mesmo tempo e com peso, uso de posturas em graus máximos de flexão ou extensão, etc. Técnicas como ajoelhar-se ou subir em uma escada, realizar as atividades próximas ao corpo, evitar flexão e rotação da coluna ao mesmo tempo e utilizar mais os músculos fortes do corpo são alguns exemplos do que se pode fazer.

978-85-7241-726-6

Proteção Articular, Conservação de Energia

Dentre os objetivos gerais do terapeuta ocupacional estão: amenizar os danos ocasionados pela doença, auxiliar os pacientes a se adaptarem com sucesso ao ambiente e às rupturas em seus estilos de vida, aumentar sua capacidade funcional e autonomia, com a prevenção de deformidades, a melhoria da qualidade de vida e do desempenho ocupacional, o que implica na necessidade de manutenção ou ampliação da conservação de energia e no uso de técnicas para proteger as articulações e evitar a dor e o estresse articular durante o desempenho das atividades. Nesse sentido, além da confecção de órteses e adaptações (tecnologia assistiva) e do planejamento de um programa terapêutico relacionado ao desempenho funcional e ocupacional dos sujeitos acometidos, é fundamental o desenvolvimento de um bom programa de orientações sobre proteção articular e conservação de energia.

A proteção articular visa modificar a maneira como o paciente usa suas articulações, pois o uso contínuo excessivo de uma articulação pode provocar inflamação e dor. Os pacientes podem reduzir a dor e a força nas atividades diárias por meio de modificações para a realização dessas tarefas, como por exemplo, usar a maior articulação possível para distribuir o peso em uma área maior, reduzindo a carga excessiva na articulação; usar garra ao invés de pinça, ou seja, toda a mão ao invés de apenas os dedos, podendo a força de garra usada ser reduzida pela diminuição do peso dos utensílios e pelo alargamento dos cabos, ou ainda o uso bimanual do objeto; equilibrar a atividade e o repouso evitando o uso excessivo da articulação, aliviando os sintomas e reduzindo a progressão da doença.

978-85-7241-726-6

Tecnologia Assistiva

A criação de instrumentos que auxiliem e que proporcionem aumento ou compensação de uma função vem ocorrendo há muito tempo e esses instrumentos são importantes para facilitar a realização de tarefas do dia-a-dia. Historicamente, diversos tipos de ferramentas ou máquinas foram desenvolvidos e modificados com o objetivo de potencializar e facilitar a ação/função humana. A tecnologia assistiva (TA) é o ramo da ciência que se envolve com pesquisa, desenvolvimento e aplicação de equipamentos ou procedimentos que aumentam ou restauram a função humana[9].

O termo *tecnologia assistiva* é traduzido do inglês (*assistive technology*) e quer dizer assistir, auxiliar. Como a palavra "assistiva" não existe no dicionário de português, embora seja utilizada em nossa língua, há profissionais que empregam outros termos, como: "recursos adaptativos", "equipamento de ajuda", "tecnologia de apoio" ou "tecnologia terapêutica"[10].

A adaptação terapêutica foi definida pela American Occupational Therapy Association (AOTA), em 1983, como a reestruturação e o desenho de um ambiente físico para auxiliar os pacientes no desempenho de suas atividade de autocuidado, trabalho e lazer, o que abrange: selecionar, adquirir, ajustar e fabricar equipamentos e orientar o paciente, a família e a equipe terapêutica no seu uso apropriado[9]. Em 1988, a lei pública nos Estados Unidos (*Technology-related Assistance for individuals with Disabilities Act Public*, 100-407) definiu a tecnologia assistiva como qualquer item, peça de equipamento, ou sistema de produtos, quando adquirido comercialmente, modificado, ou feito sob medida, que seja utilizado por indivíduos com limitações funcionais para aumentar, manter, ou melhorar suas habilidades[8].

A função humana é o resultado da interação da pessoa com os ambientes físico e social, com os produtos e a tecnologia e que abrange tanto o ambiente imediato, a casa e o suporte familiar, quanto os ambientes mais distantes, como os serviços, atitudes da sociedade e as políticas. Na presença de barreiras que possam limitar a função, os recursos facilitadores são fatores que podem aumentar a funcionalidade em um determinado meio. Como o indivíduo deve, em sua rotina diária, desempenhar diversas atividades (atividades de vida diária [AVD], autocuidado e atividades de vida prática [AVP], existe uma grande gama de modificações ambientais, incluindo recursos de tecnologia assistiva, que pode ser utilizada para ajudar no desempenho dessas atividades quando o indivíduo apresenta limitações ou dificuldades, sejam causadas pela dor ou não[9].

Existem algumas vertentes quanto à caracterização e classificação da tecnologia assistiva e uma delas é a classificação fundamentada nas diretrizes gerais do *American with Disabilities Act* (ADA). A sua importância se encontra no fato de organizar a utilização, a prescrição, o estudo e a pesquisa desses materiais e serviços, além de oferecer ao mercado focos específicos de trabalho e especialização, como se segue: auxílio para a vida diária; comunicação aumentativa (suplementar) e alternativa; recursos de acessibilidade ao computador; sistemas de controle de ambiente; projetos arquitetônicos para acessibilidade; órteses e próteses; adequação postural; auxílios de mobilidade; auxílios para cegos ou com visão subnormal; auxílios para surdos ou com déficit auditivo; e adaptações em veículos[10].

Vários desses recursos podem ser usados no tratamento de pacientes com dor crônica, dependendo da necessidade de cada um. Destacaremos, a seguir, as órteses.

978-85-7241-726-6

Órteses

Podem ser definidas como dispositivos mecânicos de uso externo (que se aplicam ao corpo de uma pessoa), empregados com os objetivos de proteger estruturas reparadas, manter ou aumentar a amplitude de movimento, substituir ou melhorar um movimento temporariamente perdido ou insuficiente, ou para servir como base de inserção em aparelhos de auto-ajuda. Sua função essencial é otimizar o aparelho locomotor por meio das forças externas exercidas, para influenciar a mobilidade articular, auxiliando na obtenção de resultados mais precoces, abreviando o tempo de tratamento, reduzindo o estresse aos tecidos, diminuindo a dor, restaurando e/ou aumentando a função dos membros[12].

Vários autores descrevem mais especificamente as funções das órteses (*splints*), talas, ou férulas como estabilizar ou promover o repouso de articulações, tendões, ligamentos e músculos, manter determinado alinhamento, prevenir deformidades e contraturas em posição viciosa, visando com todas essas funções principalmente aliviar a dor e permitir que haja um processo seguro de cicatrização. Outras funções se referem a prevenir movimentos indesejados (que podem causar dor), reduzir de modo gradativo uma contratura, a fim de aumentar a amplitude de movimento articular, promover alongamento muscular e das partes moles, substituir a função muscular perdida ou debilitada, manter as melhoras conseguidas mediante manipulações cirúrgicas corretivas ou outros processos reconstrutivos e simular resultados cirúrgicos e restaurar a função, podendo também atuar no manuseio da cicatriz[13-17].

978-85-7241-726-6

- As órteses estáticas são aquelas que evitam o movimento por meio da imobilização ou da estabilização das articulações em uma posição específica. Fornecem base para o alinhamento articular, protegem estruturas reparadas e ajudam na prevenção do edema, além de permitirem que os tecidos se adaptem à sua nova função. São bastante utilizadas por pacientes que apresentam dor, principalmente em patologias como: compressões nervosas; lesões traumáticas dos nervos; artrite reumatóide; osteoartrite; tendinites; síndrome dolorosa regional complexa; e patologias álgicas da coluna. O uso pode ser tanto noturno como diurno (de forma contínua ou intermitente), dependendo de cada caso[13,18-20].
- As órteses dinâmicas, também chamadas de funcionais ou cinéticas, permitem a mobilidade controlada das articulações específicas, mediante a aplicação de tração que direciona o movimento; evitam movimentos indesejados, restringem certos movimentos, substituem a força muscular ausente, ajudam a musculatura fraca, previnem ou corrigem contraturas e mantêm o equilíbrio muscular[12,18-21].
- É importante que o paciente entenda o propósito das órteses, sua posição exata, o tempo de uso e repouso, sua forma de colocação e retirada e que movimentos e atividades deve realizar. O terapeuta deve fornecer orientações verbais e escritas, estimulando assim a participação e cooperação do paciente, que deve ser visto rotineiramente para reavaliações e reajustes ou modificações na órtese, dependendo da evolução do caso.

Recursos Físicos

978-85-7241-726-6

Após uma avaliação minuciosa da história e do desempenho ocupacional do paciente com dor, é possível traçar um plano de tratamento em que podem ser associados vários recursos terapêuticos. A utilização de modalidades como os agentes físicos (calor, frio, som, luz, estímulos elétricos, ou dispositivos mecânicos) na prática clínica do terapeuta ocupacional, referenciada pela literatura internacional, passou a ter maior aceitação na prática profissional nacional em razão de mudanças na prestação de serviços, expansão da especialização prática e prestação de serviços nas áreas principalmente da ortopedia e da terapia da mão[22].

As modalidades terapêuticas que se utilizam de agentes físicos podem ser aplicadas por terapeutas ocupacionais para facilitar a função ocupacional, como auxiliares para as atividades específicas, ou na preparação para a viabilidade de execução da referida atividade. Contudo, para tanto, o terapeuta ocupacional deve passar por um treinamento específico pós-profissionalizante para assegurar que tenha o conhecimento e a competência necessários[21,23].

A AOTA (1992) defende o uso de agentes físicos como método auxiliar de tratamento e como técnica preparatória ou em conjunto com a atividade proposta ou ocupação. Esses agentes físicos são utilizados de forma a propiciarem ao paciente a reaquisição de habilidades passíveis de melhorarem seu desempenho e aumentarem sua participação nas atividades cotidianas[21].

Os recursos físicos são intervenções ou tecnologias que produzem uma resposta nos tecidos moles por meio de luz, água, temperatura, som, ou eletricidade. Podem englobar banhos de parafina, compressas quentes ou frias, fluidoterapia, banho de contraste, ultra-som, turbilhão, estimulação elétrica muscular e estimulação nervosa elétrica transcutânea (TENS, *transcutaneous electrical nerve stimulation*).

A avaliação minuciosa do cliente é fundamental na indicação das modalidades, além do conhecimento do terapeuta sobre os recursos que auxiliam a alcançar os objetivos do tratamento do seu cliente. Antes da aplicação/indicação, devemos questionar o paciente com relação a qualquer efeito (resposta negativa ou positiva) de qualquer tipo de agente físico de que já fez uso. Devemos sempre informá-lo, de forma oral ou escrita, quanto ao procedimento, forma de aplicação, tempo, resultados esperados e sensações subjetivas que poderá experimentar. A integridade da pele deve ser sempre avaliada e a documentação deve ser clara e concisa com todos os parâmetros utilizados e o tempo de aplicação. Avalia-se também o efeito do recurso, que deverá ser modificado caso não se obtenha o resultado esperado.

Algumas condições como espasmos musculares, aderência subcutânea, distúrbios do sistema nervoso simpático, contraturas, neuromas, artrite crônica, entre outros podem se beneficiar do calor superficial. Os objetivos são: diminuir dor e rigidez; melhorar a amplitude de movimento e a excursão do tendão; melhorar a viscosidade da sinóvia e promover a cicatrização e o relaxamento muscular. Seus efeitos são analgesia e respostas vasculares, metabólicas e do tecido conectivo. Para cada um deles há diferenças na dosagem[24,25]. O uso clínico desses agentes se dá por meio de banho de turbilhão e hidroterapia (banho de água quente), fluidoterapia, compressas quentes e parafina[22].

A teoria mais aceita referente ao tratamento da dor com crioterapia (frio) diz respeito à diminuição da excitabilidade nas terminações nervosas livres, ao decréscimo na transmissão das fibras de dor, à redução no metabolismo tecidual, aumentando com isso o limiar das fibras de dor, à ação como contra-irritante e à liberação de endorfinas. Algumas indicações se referem à diminuição da espasticidade no trauma agudo e processo inflamatório e no controle de edema[25]. São formas de aplicação: compressas frias, banho de imersão, criomassagem, gelo-compressão-elevação e crioestimulação.

A eletroterapia é a aplicação terapêutica de corrente elétrica a um tecido selecionado. As aplicações mais usadas são estimulação elétrica neuromuscular (NMES, *neuromuscular electrical stimulation*), estimulação nervosa elétrica transcutânea (TENS), estimulação elétrica funcional (FES, *functional electrical stimulation*), estimulação elétrica muscular (EMS, *electrical muscular stimulation*) e iontoforese. O recurso elétrico mais utilizado no controle da dor é a TENS, que apresenta uma variedade de estimuladores superficiais (por meio de eletrodos de superfície) visando uma analgesia sensorial. Para utilizar a eletroterapia na prática de terapia ocupacional, o profissional precisa ter conhecimento dos princípios de corrente, tempo de duração e de declínio, freqüência, ciclo ativo e modulação de corrente e tempo de subida, entre outros[21].

978-85-7241-726-6

Acupuntura

Acupuntura é, de todas as técnicas já citadas, a mais antiga em sua aplicação. É uma prática terapêutica milenar originada no Oriente e inserida no conjunto de conhecimentos da Medicina Tradicional Chinesa (MTC) e que apresenta relatos históricos fundamentados com mais ou menos 2.500 anos. Há pouco tempo atrás, a acupuntura era uma técnica oficialmente utilizada apenas por médicos, mas atualmente pode ser empregada como recurso terapêutico também do terapeuta ocupacional especializado. Por se tratar de um campo novo dentro da terapia ocupacional, pouca referência se pode encontrar a seu respeito.

O seu emprego relaciona-se ao equilíbrio energético do indivíduo e ao alívio de dores agudas, crônicas e com o tratamento de diversas afecções. Para entender a aplicabilidade da técnica no tratamento da dor, é preciso compreender o conceito de dor para a MTC. A dor é vista de duas formas: a natureza *Yang* é representada por dores em pontadas e é aguda, ao passo que a natureza *Yin* caracteriza-se por dor em queimação ou peso e é contínua, de caráter mais crônico. Os desequilíbrios (*Yin* ou *Yang*) podem determinar uma constituição física debilitada (estresse), deixando um organismo mais suscetível a agentes externos (frio, calor, umidade, vento) que, por sua vez, acabam por gerar afecções. Assim, uma deficiência ou excesso de *Qi* (energia) ou *Xue* (sangue) irá proporcionar os mais diversos tipos de dor[26].

A técnica da acupuntura tem por principal característica a estimulação de determinados pontos na pele com agulhas, que enviarão estímulos para áreas específicas do cérebro, de acordo com o ponto e com a afecção em questão. Os estímulos são conduzidos para o SNC, desencadeando uma resposta, com melhora na doença e/ou sua sintomatologia. O ato de introduzir a agulha na pele gera uma freqüência de 2 a 3Hz, estimulando fibras nervosas que conduzem a dor e provocando uma seqüência de reações para o seu alívio. Essas reações estimulam a liberação de substâncias analgésicas (opióides endógenos), que atuam no cérebro e também reforçam o controle da dor segundo a teoria do portal[27]. Os opióides mais importantes são beta-endorfina, metencefalina, encefalina e dimorfina, responsáveis por proporcionar um relaxamento mais efetivo e, em alguns casos, causar sonolência e aliviar tensões proporcionadas pelo estresse. Podemos dizer também que com a aplicação das agulhas da acupuntura há a liberação de substâncias vasoativas por processo inflamatório, melhorando a oxigenação celular, as trocas metabólicas e o aumento do aporte sangüíneo e linfático.

Não há contra-indicação para aplicação da acupuntura em pacientes com dor crônica, valendo apenas lembrar que são necessários local e material apropriados. Apesar dos relatos de bons resultados da acupuntura para o alívio da dor, há algumas desvantagens, uma vez que seu efeito pode variar de pessoa para pessoa, não promovendo analgesia completa. Em determinados casos, são necessárias várias aplicações para o alívio da dor e, para algumas pessoas, o método não é eficaz, devendo ser empregado outro recurso para a redução dos sintomas. Como em todas as outras técnicas, a associação com o tratamento farmacológico é importante para a obtenção de um resultado mais favorável.

978-85-7241-726-6

Outros Recursos

A dificuldade para o manejo da dor, a longo prazo, não reside apenas no tratamento sintomático adequado, mas na identificação e modificação dos fatores concorrentes para sua expressão, visto que estão integralmente relacionados às atitudes, ao psiquismo, ao estilo de vida, ao ambiente físico e social dos doentes[28].

As freqüentes passagens por médicos e a busca incessante pela redução da dor fazem com que os pacientes muitas vezes se sintam fracassados, inibindo assim novas aprendizagens e processando cada vez mais tais situações como sendo problemas de dor. É preciso buscar novas aprendizagens para reduzir a dor e trabalhar a favor também da reorganização do pensamento diário daquela pessoa.

Antes de o terapeuta usar qualquer método ou técnica específica de tratamento, precisa entender que a dor crônica não é uma atividade puramente física, pois envolve também aspectos pessoais e culturais. Assim, não basta o paciente só tomar a medicação se não mudar alguns hábitos que podem estar aumentando a dor. Somados à medicação e à mudança de hábitos, algumas outras técnicas e métodos podem auxiliar na mensuração e no controle da dor, como a abordagem cognitivo-comportamental, o relaxamento, a visualização criativa e o *biofeedback*, apresentados a seguir.

978-85-7241-726-6

Abordagem Cognitivo-comportamental

Segundo Vandenberghe, a abordagem cognitivo-comportamental é

> *uma forma de terapia que acontece no consultório ou em* settings *escolhidos para possibilitar procedimentos de exposição a estímulos condicionados. Os métodos não visam diretamente os comportamentos problemáticos, mas sim processos subjacentes. Respostas emocionais ou fisiológicas condicionadas, geralmente inferidas pelo clínico a partir dos comportamentos problemáticos e dos relatos do paciente, são consideradas o cerne do problema*[29].

A técnica cognitivo-comportamental visa modificar os processos cognitivos responsáveis pelo comportamento. Para compreender como o método funciona, retomamos um pouco a definição da dor. Podemos dizer que existem dois eixos ligados à dor: o primeiro está ligado aos aspectos físicos da dor e o segundo aos fatores psicológicos que influenciam na experiência da dor, ou seja, além do componente físico, da doença em si, há um comportamento psíquico associado e é nesse comportamento que se baseia a técnica cognitivo-comportamental.

Da mesma forma que o paciente aprende o comportamento da dor, tem que aprender um novo comportamento para não mais sentir dor. O tratamento consiste na identificação das emoções e comportamentos negativos relacionados à dor. Identificando-os e compreendendo-os, o paciente passa a ter mais controle sobre eles. O resultado começa a aparecer quando o paciente deixa de ver a dor como algo incontrolável e passa a entendê-la como algo até certo ponto controlável.

Por se tratar de um método muito amplo, nos abre leques para uma variedade muito grande de técnicas, principalmente para o uso do *biofeedback*.

Biofeedback

É uma técnica de tratamento em que pessoas são treinadas a melhorar sua capacidade de auto-regulação usando os sinais de seu próprio corpo. Os pacientes percebem por meio de imagens ou sons como seus organismos estão desempenhando determinada função e assim sabem se os resultados obtidos estão indo na direção dos objetivos a serem alcançados.

O *biofeedback* é um equipamento conectado a um computador, acompanhado por um terapeuta para monitorizar as respostas corporais do paciente. Podemos receber informações como temperatura, nível de tensão da musculatura esquelética (eletromiografia [EMG]), freqüência cardíaca e respiratória, eletroencefalograma (EEG) e eletrodérmico (atividade eletrodérmica [EDA, *eletrodermal activity*]/resposta galvânica da pele [GSR, *galvanic skin response*]). Existem vários modelos no mercado, alguns possuem o recurso de gravar as informações e assim poder comparar e avaliar o resultado obtido.

Muitas vezes, o paciente não tem consciência do estado de tensão muscular ou de movimentos errados que causam o aparecimento de dores freqüentes. Com o *biofeedback* é possível identificar o problema e aperfeiçoar o tratamento do músculo ou do grupo muscular afetado, conseguindo o alívio dos sintomas.

O *biofeedback* pode ser usado no início do tratamento como um estímulo para encorajar e motivar o paciente, pois vai aprender ou reaprender por si próprio os movimentos. Em muitos casos, a dor crônica torna-se tão incapacitante que atividades de vida diária tornam-se muito difíceis de serem realizadas, obrigando o paciente a depender de outras pessoas para fazê-las.

A técnica pode ser aplicada em dores miofasciais, cefaléia, dor lombar, cervical e no ombro, síndrome da articulação temporomandibular, ansiedade, depressão, epilepsia, síndrome da dor crônica, pressão alta, incontinência urinária e/ou fecal, dentre outros casos.

Faz-se necessária uma avaliação prévia, enfocando os objetivos a serem alcançados com a aplicação da técnica, as limitações apresentadas pelo paciente, pela patologia e pelo próprio equipamento. O terapeuta deve deixar claro que o tratamento com o *biofeedback* não "tira" a dor, mas auxilia no processo de mensuração e controle da dor. Vem se tornando uma realidade no tratamento da dor crônica e já é utilizado como recurso da terapia ocupacional.

978-85-7241-726-6

Visualização Criativa

É uma técnica que consiste em usar a imaginação para criar o que a pessoa deseja em sua vida. É usada com freqüência de forma inconsciente. O método apenas propõe que se deixe de pensar em coisas negativas, para pensar em pontos positivos da vida e criar metas (físicas, mentais, emocionais ou espirituais). Na visualização criativa, o paciente utiliza a imaginação para produzir uma imagem mental bem definida de algo que se deseja e a seguir continua a concentrar-se regularmente nessa representação, transmitindo-lhe energia positiva até que realmente alcance o que esteve visualizando.

Para que a visualização criativa possa criar e conservar boa saúde e tenha influência na dor crônica, a pessoa deve estar bem emocional, física, mental e espiritualmente, pois todos esses níveis estão interligados. A doença é um desequilíbrio desses níveis, como conflito, tensão, ansiedade e desarmonia.

> *Um problema físico é sempre uma advertência para que examinemos em profundidade nossas emoções, nossos pensamentos e atitudes a fim de averiguarmos o que é possível fazer para restaurar a harmonia e o equilíbrio naturais do nosso ser*[30].

Portanto, a visualização criativa consiste em procurar enviar ao nosso corpo mensagens positivas em substituição às negativas. Cabe ao terapeuta ocupacional reforçar esse pensamento, mostrando que mesmo com dor é possível com alguns cuidados fazer atividades que antes o paciente não se achava capaz e que não é impossível pensar positivo em situações quase insuportáveis.

A técnica trabalha a amplitude da visão, um aumento da capacidade de solucionar os problemas. Partindo desse princípio, fica mais claro pensar que, mesmo com dor, esta tende a diminuir quando de alguma forma a tornamos insignificante. É importante deixar claro que a dor não está apenas ligada a fatores emocionais, existe um fator físico muito mais forte, mas que, quando tratado, perde a força para o emocional.

978-85-7241-726-6

Relaxamento

É uma técnica que auxilia nos estados de estresse, tensão muscular, ou ainda como meio revigorante que atua de modo benéfico sobre a saúde física, mental e emocional.

O termo estresse (também usado em inglês: *stress*, por se tratar de um termo antigo) foi inventado por H. Selye. Para ele, existem dois tipos de estresse, o positivo (eu-*stress*) e o negativo (angústia), ou seja, tudo que acontece em nosso organismo nos coloca em estado de alerta, vigilância e proteção[31]. Os fatores causais do estresse são vários, uma competição, uma prova, medo, ansiedade, dor, enfim vivemos e dependemos do estresse para nossa sobrevivência[32].

Em uma situação de estresse, positivo ou negativo, percebemos em nosso organismo uma série de reações fisiológicas. Podemos citar as mais comuns: aumento do tônus muscular, respiração acelerada, aumento dos batimentos cardíacos e reações musculares que podem ser tanto de hipertensão quanto de hipotensão. A hipertensão muscular ocorre no sentido de preparação do nosso organismo para o ataque ou a fuga, indica ação, e a hipotensão indica inibição da ação (as pernas amolecem, por exemplo).

Podemos dizer que há dois grandes sistemas relacionados à reação de estresse no sistema nervoso: o primeiro está ligado ao sistema simpático (atividade de defesa e ataque) e o segundo ao parassimpático (reação a partir do prazer). Existem também as reações por descargas hormonais (adrenalina, corticóides, adenosina monofosfato cíclico, etc.) e pelo aumento de ácido láctico e atrofia timolinfática.

Portanto, concluímos que relaxamento "é o que se opõe ao estresse, o que reforça a homeostase, o que diminui a angústia e a emotividade, o que proporciona a unificação dos elementos do organismo"[33]. Podemos ainda conceituar o relaxamento como processo terapêutico bem definido, visando obter uma "descontração muscular e psíquica" no indivíduo, por meio de exercícios apropriados. A descontração neuromuscular resulta em um "tono de repouso", base de uma distensão física e psíquica[34].

Existem várias técnicas de relaxamento e cabe ao terapeuta ocupacional escolher a que mais se identifica e alcança seus objetivos com o paciente. Para isso, é preciso fazer uma avaliação em busca da causa do estresse. No caso do trabalho aqui apresentado, consideraremos que o principal agente causador de estresse é a dor crônica ou aguda.

As principais técnicas são: relaxamento muscular progressivo, relaxamento autógeno, imaginação e meditação. Todas se baseiam no uso de imagens que direcionam o foco na percepção da dor durante a concentração total nas imagens. Para Caudil, existem duas etapas simples que pode nos auxiliar no processo do relaxamento: a primeira é focar a mente em uma frase, palavra, respiração, ou ação repetitiva; a segunda é adotar uma atitude passiva em relação aos pensamentos que atravessam nossa mente, procurar não pensar em nada, apenas se concentrar naquilo que está sendo dito[35].

978-85-7241-726-6

A respiração ganha um destaque especial por estar ligada a todas as técnicas de relaxamento e é usada para induzir transes/meditação ou para melhorar o desempenho. Corrigir a respiração é vital para uma boa saúde e para reduzir níveis de estresse, assim como seus sinais e sintomas.

As técnicas de relaxamento pouco se diferenciam da hipnose e do *biofeedback* e talvez possamos dizer que a grande diferença está na não necessidade de treinamento mais técnico e uso de equipamentos e por não se referir a um estado de sonolência induzida, ou seja, os pacientes não são submetidos nem dirigidos pela vontade do terapeuta e não perdem o controle sobre seus atos.

Não há contra-indicação do relaxamento para o controle da dor, mas é importante associar a técnica com a farmacologia, pois se a intensidade de dor for muito grande, dificilmente o paciente conseguirá se concentrar na fala do terapeuta. É importante também que se aplique a técnica em locais calmos, sem barulho, com música instrumental e calma, de preferência (sons de natureza e animais costumam ser funcionais).

Durante o relaxamento, certas experiências sensoriais e psíquicas interiores assumem um caráter vívido, tanto que os sons e os movimentos exteriores perdem sua importância e os pacientes despreocupam-se das suas idéias e dos seus problemas. Para ajudar o paciente a entrar no relaxamento, o terapeuta pode induzi-lo a esse estado por meio da narração de uma história interessante, que deve se aproximar da realidade dele, algo que realmente seja seu desejo.

É importante que durante a aplicação da técnica o terapeuta fique alerta para perceber as mudanças sutis que indicam o grau de atenção responsiva do indivíduo: um relaxamento dos músculos faciais, o olhar fixo sem piscar, uma imobilidade quase total. Se essa constelação de elementos estiver presente, o terapeuta pode presumir com total segurança que seu paciente entrou em relaxamento mental[35]. Também é importante que o terapeuta observe sinais que indiquem dificuldade do paciente para entrar em relaxamento mental, como piscar dos olhos e movimentos de partes do corpo. Após o término da técnica, discute-se com o paciente os motivos e as dificuldades encontradas para entrar no relaxamento e procura-se trabalhá-las, podendo modificar a técnica caso o paciente não se adapte.

A essência do relaxamento é a concentração no nosso interior, de modo que possamos nos tornar sensíveis às tensões internas e começar a aliviá-las. Os efeitos físicos da resposta de relaxamento podem ser divididos em mudanças imediatas (diminuição da pressão sangüínea, da freqüência cardíaca, do ritmo respiratório e do consumo de oxigênio) e mudanças a longo prazo (resposta do corpo à adrenalina, diminuição da ansiedade e da depressão e melhora na capacidade para lidar com fatores estressantes da vida).

O terapeuta ocupacional está apto a aplicar o relaxamento, desde que tenha um conhecimento prévio da técnica. É importante ressaltar que o relaxamento é um recurso terapêutico e pode ser aplicado no início ou no final da terapia, assim como em momentos em que há uma tensão maior, sendo o objetivo principal a redução do estresse, como em pré-operatório. As técnicas de relaxamento têm se apresentado eficientes no controle da dor por estarem associadas com um relaxamento não só mental, mas também muscular e vêm fazendo parte da realidade dos recursos terapêuticos da terapia ocupacional.

978-85-7241-726-6

Considerações Finais

Neste capítulo, procuramos abordar o tema da dor não-oncológica e as principais formas de tratamento adotadas pelos terapeutas ocupacionais. Além daquelas mencionadas anteriormente, há outras que podem ser aplicadas, desde que o profissional seja devidamente qualificado para tal, como massagem, ioga, cromoterapia, musicoterapia, reflexologia, hidroterapia, arte-terapia, dentre outras.

Abordando os ciclos de atividades e as relações entre as condições física, psicoafetiva e sociofamiliar que se concretizam, o terapeuta ocupacional pode avaliar e manejar melhor os aspectos funcionais e psicossociais da vida ocupacional da pessoa que tem dor, de modo a alcançar conforto, satisfação e qualidade de vida.

Não há um protocolo ou recurso único a ser aplicado a todos os pacientes que têm um determinado tipo de dor. Para tomar decisões clínicas quanto à utilização de um recurso ou outro, ou até sobre a forma de utilizá-lo em determinado momento, é preciso analisar a vida ocupacional daquele paciente com suas características. Por exemplo, a realização de certa atividade pode centrar-se no tempo gasto, na adaptação de procedimentos, etapas, ou movimentos exigidos para tais atividades, no aparecimento da dor, ou quando esta se torna insuportável.

Ao tratar de paciente com dor, seja de que tipo for, jamais devemos menosprezar o que está nos dizendo e devemos acreditar na dor que diz que sente. É importante também esclarecer ao paciente as técnicas que serão utilizadas e se não houver adequação, o terapeuta deve estar apto a mudá-las para a que o paciente se sinta confortável. Deve-se explicar ao paciente que nem sempre a técnica apresenta o resultado esperado, para com isso evitar futuras frustrações e sofrimentos.

O terapeuta ocupacional pode auxiliar o paciente a viver com qualidade de vida apesar da dor, com mais confiança e conforto antes, durante e após a realização das atividades desejadas e/ou necessárias. A dor poderá ser não-incapacitante, desde que sejam feitos movimentos adequados com controle de tempo, intensidade e tensão. Para tanto, devemos conhecer quem é esse paciente que sente dor, como vivia antes da dor e como vive agora, sua história ocupacional, familiar, suas características peculiares e seus desejos.

978-85-7241-726-6

Referências Bibliográficas

1. GUIMARÃES, S. S. Introdução ao estudo da dor. In: CARVALHO, M. M. M. J. (ed.). *Dor: um estudo multidisciplinar.* São Paulo: Summus, 1999. 340p.

2. MELZACK, R.; WALL, P.D. – Pain Mechanisms: a new theory. *Science*, 50: 971-979, 1965.

3. STRONG, J. *Chronic Pain: the occupational therapist's perspective*. New York: Churchill Livingstone, 1996. p. 6.

4. STRONG, J.; UNRUH, A. M.; WRIGHT, A. Introduction to pain. In: *Pain – A Textbook for Therapists*. London: Churchill Livingstone, 2002. p. 7

5. MÜLLERSDORF, M. Needs assessment in Occupational Therapy – Studies of persons with long-term/recurrent pain. In: *Acta Universitatis Upsaliensis*. Swedenm: UPPSAL, 2001. p. 13,14.

6. BIRKHOLTZ, M.; AYLWIN, L.; HARMAN, R. M. Activity pacing in chronic pain management: one aim, but what method? Part one: introduction and literature review. *Brit. J. Occupat. Ther.*, v. 67, n. 10, p. 447-452, Oct. 2004.

7. HIDES, J.; RICHARDSON, C. Exercise and pain. In: STRONG, J. et al. *Pain a Textbook for Therapists.* London: Churchil Livingstone, 2002. p. 245-266.

8. FEDORCZYK, J. M.; BARBE, M. F. Pain management: Principles of Therapists Intervention. In: MACKIN, E. J. et al. *Rehabilitation of the Hand and Upper Extremity*. 5. ed. St. Louis: Mosby, 2002. cap. 106, p. 1725-1744.

9. MELLO, M. A. F. Tecnologia assistiva. In: *Medicina de Reabilitação Aplicada à Ortopedia e Traumatologia.* São Paulo: Roca, 1999.

10. CASTIGLIONI, M. do C. *Entre o Exílio e a Libertação – Uma Análise Psicossocial da Tecnologia Assistiva.* São Paulo, 2003. 107f. Dissertação (Doutorado em Psicologia Social) – Pontifícia Universidade Católica de São Paulo.

11. BERSCH, R. Introdução a tecnologia assistiva. 2005. Disponível em: http://www.cedionline.com.br/artigo_ta.html. Acessado em: 04/set/2006.

12. LUZO, M. C. M.; MELLO, M. A. F.; CAPANEMA, V. M. Recursos tecnológicos em Terapia Ocupacional – Órteses e tecnologia assistiva. In: DE CARLO, M. M. R. P.; LUZO, M. C. M (eds.). *Terapia Ocupacional: reabilitação física e contextos hospitalares.* São Paulo: Roca, 2004. p. 99-126.

13. MALICK, M. H. *Manual on Dynamic Hand Splint with Thermoplastic Materials. Low Temperature Materials and Techniques.* 2. ed. Hamarville: Pittsburgh, 1978. 206p.

14. FESS, E. E.; PHILIPS, C. C. *Hand Splinting. Principles and Methods.* 2. ed. St. Louis: Mosby, 1987. 575p.

15. MALICK, M. H.; *Manual on Static Hand Splint. New Materials and Techniques.* 4. ed. Hamarville: Pittsburgh, 1980. 128p.

16. XÉNARD, J.; GABLE, C.; GALAS, J. M. et al. Orthèses de la main. In: *Enciclopedia Médico-Quirúrgica.* Paris: Elsevier, 1994. 26-161-C 10. 12p.

17. ASSUNÇÃO, T. S. Órteses – Princípios básicos. In: FREITAS, P. P. *Reabilitação da Mão.* São Paulo: Atheneu, 2005, 539-554.

18. LEDE, P. V.; VELDHOVEN, G. V. *Therapeutic Hand Splints – A Rational Approach. Practical Applications.* Belgium: Provan bvba, 2002. 303p

19. CANNOM, N. M.; FOLTZ, R. W. *Manual of Hand Splinting*. New York: Churchill Livingstone, 1985.

20. MARCIANO, L. H. S. C.; BACCARELLI, R. Terapia Ocupacional em cirurgia de mão. In DUERKSEN, F.; VIRMOND, M. *Cirurgia Reparadora e Reabilitação em Hanseníase.* Bauru: ALM Internacional, 1997. p. 257-265.

21. TROMBLY, C. A. Orthosis: purposes and types. In: TROMBY, C. A. *Occupational Therapy for Physical Disfunction.* 3. ed. Baltimore Williams & Wilkins, 1989. p. 329-355.

22. BRACCIANO, A. G.; EARLY, D. Modalidades de agentes físicos. In: TROMBLY, C. A.; RADOMSKI, M. V. *Terapia Ocupacional para Disfunções Físicas.* 5. ed. São Paulo: Santos, 2005. p. 421-441.

23. ENGEL, J. M. Controle da dor. In: Pedretti, L. W. *Terapia Ocupacional – Capacidades Práticas para as Disfunções Físicas.* 5. ed. São Paulo: Roca, 2004. p. 521-525.

978-85-7241-726-6

24. MICHLOVITZ, S. L. *Biophysical Principles of Heating and Superficial Heat Agents: thermal agents in rehabilitation.* 2. ed. Philadelphia: Davis, 1990.

25. RODRIGUES, E. M.; GUIMARÃES, C. S. *Manual de Recursos Fisioterapêuticos*. São Paulo: Revinter, 1998. 148p.

26. QUIMELLI, MA. *Avaliação da Acupuntura no Tratamento de Dores Lombares em Gestantes*. Campinas, 2005. p. 85. Dissertação (Mestrado) – Universidade Estadual de Campinas, 2005.

27. MELZACK, R. The McGill pain questionnarie: major properties and scoring methods. *Pain*, v. 1, p. 277-299, 1975.

28. CARVALHO, M. M. M. J. de (ed.). *Dor: um estudo multidisciplinar*. São Paulo: Summus, 1999. 340p.

29. VANDENBERGHE, L. Abordagens comportamentais para a dor crônica. *Psicol. Refl. Crít.*, v. 18, n. 1, p. 47-54, jan./abr. 2005.

30. GAWAIN, S. *Visualização Criativa*. São Paulo: Pensamento, 1978. p. 163.

31. MITCHELL, L. *Relaxamento Básico: o método fisiológico para aliviar a tensão*. Trad. L. C. C. Costa. São Paulo: Martins Fontes, 1983. p. 143.

32. SUTCLIFFE, J. *O Livro Completo de Técnicas de Relaxamento.* Trad. C. Ap. Cruvinel; M. L. Giannini. São Paulo: Manole. 1998, p. 159.

33. AURIOL, B. *Introdução aos Métodos de Relaxamento: técnicas e orientações para facilitar o relaxamento e a boa disposição.* Trad. M. L. F. Guimarães. São Paulo: Manole, 1985. p. 134.

34. GEISSMANN, P.; BOUSINGEN, R. D. *Métodos de Relaxação*. Trad. H. Garcez. São Paulo: Loyola, 1968. p. 262. (Coleção Psicologia e Ciências Humanas).

35. CAUDILL, M. A. *Controle a Dor Antes que Ela Assuma o Controle: um programa clinicamente comprovado*. São Paulo: Summus, 1998. p. 190.

36. ELIAS, A. C. A. *Relaxamento Mental, Imagens Mentais e Espiritualidade na Re-significação da Dor Simbólica da Morte de Pacientes Terminais.* Campinas, 2001. p. 278. Dissertação (Mestrado) – Universidade Estadual de Campinas.

978-85-7241-726-6

Terapia Ocupacional, Dor e Cuidados Paliativos na Atenção a Pacientes com Síndrome de Imunodeficiência Adquirida

Capítulo 9

MÔNICA ESTUQUE G. DE QUEIROZ
ALINE RODRIGUES SORCINELLI

Nunca deixe que lhe digam que não vale a pena acreditar nos sonhos que se tem ou que seus planos nunca vão dar certo ou que você nunca vai ser alguém. Se você quiser alguém em quem confiar, confie em si mesmo, quem acredita sempre alcança.
Flávio Venturini e Renato Russo

ÍNDICE DO CAPÍTULO

978-85-7241-726-6

Introdução

Segundo Melo, citando a Organização Mundial da Saúde (OMS), estima-se que em 2015 haverá 15 milhões de casos novos em câncer anualmente, com aproximadamente 9 milhões de mortes e 6 milhões serão em países em desenvolvimento[1]. Para a síndrome de imunodeficiência adquirida (AIDS, *acquired immune deficiency syndrome*), prevê-se 10 milhões, com 90% das mortes em países em desenvolvimento. Por essa razão, entre outras, os programas de cuidados paliativos têm sido implantados e incrementados em diferentes modelos assistenciais.

A AIDS, também conhecida como SIDA, é uma síndrome que surgiu no início da década de 1980, tendo se tornado um sério problema de saúde, com implicações em toda a esfera social, política e econômica, em nível nacional e mundial.

No Brasil, desde o primeiro caso identificado de AIDS em 1980, até junho de 2005, foram notificados cerca de 371 mil casos da doença, de acordo com dados recentes do Ministério da Saúde[2]. A notificação de casos da doença é obrigatória desde 1986. Estima-se que no Brasil, país com aproximadamente 170 milhões de habitantes, exista em torno de 600 mil indivíduos infectados pelo vírus da AIDS, segundo dados do Programa Conjunto das Nações Unidas sobre HIV/AIDS (UNAIDS) de 2003[3].

978-85-7241-726-6

A doença provoca distúrbios reumatológicos, neurológicos, hematológicos, psíquicos, entre outros, causando perdas progressivas que irão interferir no cotidiano dos indivíduos, como a perda ou a diminuição da autonomia e da independência no desempenho ocupacional.

Em meados da década de 1990 iniciou-se a terapia anti-retroviral altamente ativa (HAART, *high active antiretroviral therapy*) (combinação de drogas conhecida popularmente como "coquetel"), que resultou na melhora no prognóstico da doença com aumento da perspectiva e da qualidade de vida. Qualidade e perspectivas que mesmo com a evolução do tratamento requerem atenção, pois não podemos deixar de citar algumas dificuldades extrínsecas ao tratamento e ao próprio doente. Em Daniel:

> *Lenta, gradual, transformando a AIDS (a doença) no que ela se torna dia a dia: uma doença crônica, de longa evolução, de tratamentos complexos, múltiplos e variados. AIDS é uma doença tratável. A epidemia é evitável. Com a AIDS, em todas as suas dimensões podemos viver*[4].

A cronicidade da doença, decorrente do aumento da sobrevida, gera maior ocorrência de doenças crônicas, como *diabetes mellitus*, tumores, entre outras. Também há a resistência à medicação ou a não aderência ao uso dos antiretrovirais, por efeitos colaterais, problemas sociais ou psíquicos e ainda os efeitos colaterais da própria medicação, como dislipidemias graves, aumento de acidente vascular encefálico, isquemias, osteoporose, entre outras patologias que tornam difícil o uso do medicamento de forma correta. Diante desse quadro e considerando a AIDS como doença crônica e progressiva que gera diferentes e diversos sofrimentos e desconfortos para o paciente e seus cuidadores, tornou-se indispensável a atuação dos cuidados paliativos junto a essa população[5].

A filosofia de cuidados paliativos traz à tona a importância e a necessidade do cuidar, tendo como foco principal a pessoa, que é vista e abordada como um todo, considerando-se o físico, o psicossocial e o espiritual. A atenção se dirige ao paciente, levando em conta sua história, seus desejos, suas necessidades e seus sofrimentos, possibilitando que fique mais ativo e participativo na definição da abordagem terapêutica. A cura não é uma possibilidade, mas o cuidar é imprescindível e vital para o incremento da qualidade de vida.

Como componentes essenciais há o controle de sintomas, o apoio psicossocial e espiritual e o trabalho em equipe. Para Simone, suas características específicas são as atuações, centradas no paciente e não na doença; a aceitação da morte como um processo natural; o incremento da qualidade de vida para paciente e família, que em conjunto com a equipe técnica formam uma sociedade; e a ampliação dos objetivos de cura e alívio sintomático da medicina tradicional com a busca de um estado oposto ao sofrimento físico, psíquico, social e espiritual[6].

Ingham e Farooqi ressaltam que na abordagem de um sintoma deve-se identificar a etiologia e implementar uma estratégia de tratamento apropriada que elimine ou minimize a problemática e com isso tem-se uma diminuição do sofrimento[7]. Na avaliação do sintoma, é necessária a compreensão de todo o processo, desde sua definição, a forma subjetiva de relato e o impacto que causa. Lembrando que todo sintoma é uma experiência multidimensional. O controle dos sintomas está ligado à qualidade de vida do paciente em toda sua dimensão física, psicossocial e espiritual.

978-85-7241-726-6

Síndrome de Imunodeficiência Adquirida

O vírus da imunodeficiência humana (HIV, *human immunodeficiency virus*) é o agente causador da AIDS e tem período variável para a manifestação da doença nos indivíduos infectados.

O vírus HIV pode ser transmitido pelo ato sexual, seja homossexual ou heterossexual, por via sangüínea e pelo aleitamento materno. A primeira e a segunda forma são denominadas transmissão horizontal e a terceira transmissão vertical.

> *O HIV é um retrovírus, uma classe de vírus que sobrevive e se multiplica da injeção de material genético em uma célula hospedeira, fazendo com que ela produza mais do vírus – para tornar-se uma "fábrica de vírus" e destruir-se a si própria. O HIV faz isso para os macrófagos e as células T* helper[8].

Para Guerra:

> *Além de poder causar danos diretos em diversos órgãos e tecidos, o vírus da AIDS leva o indivíduo afetado a um estado de imunodeficiência que o torna vulnerável a várias afecções e doenças infecciosas, conhecidas como oportunistas, e certos tipos de câncer, tornando o quadro clínico da AIDS bastante variado*[9].

Remor aponta que a infecção pelo HIV causa prejuízos significativos no sistema imunológico e nervoso, com diferentes manifestações clínicas que vão da infecção aguda inicial ao aparecimento de diversas infecções oportunistas e/ou neoplasias que irão definir o estágio mais avançado da doença[10].

Segundo Guerra, a AIDS é uma síndrome, isto é, estado mórbido caracterizado por um conjunto variado de sinais e sintomas, produzidos por mais de uma causa. Esse quadro pode ser observado nos problemas digestivos, reumatológicos, respiratórios, neurológicos, cognitivos e psíquicos, principalmente[9].

O curso da doença AIDS, de acordo com Souza, pode ser dividido em quatro momentos causadores de estresse para os pacientes[11]:

- *Resultado positivo do teste*: momento do diagnóstico. Clinicamente, pode ser caracterizado por febre, mialgia, perda de peso, náuseas, vômitos, adenopatia, artralgia, adinamia (fraqueza muscular) e cefaléia, podendo variar suas manifestações em tempos diferentes de indivíduo para indivíduo.
- *Comunicação da soropositividade ao companheiro(a), familiares e amigos*: caracteriza-se clinicamente por uma fase de latência clínica, com manifestações assintomáticas, poucas alterações no estado geral e possibilidade de surgimento de linfoadenopatia generalizada e indolor.
- *Início da doença AIDS, surgimento de sintomas, início do tratamento, aparecimento de doenças oportunistas, necessidade de alterações na medicação, mudanças do estado clínico*: aparecem os primeiros sintomas e sinais das manifestações oportunistas em pele e mucosa, na forma de herpes-zoster, herpes simples recorrente, sudorese noturna, fadiga, diarréia, emagrecimento, candidíase oral e sinusites, que são algumas das infecções ou manifestações oportunistas que podem ocorrer nessa fase. As manifestações são sintomáticas, mas de intensidades variáveis.
- *Primeira internação ou agravamento do quadro clínico, por meio da deficiência do sistema imunológico, gerando os recorrentes aparecimentos de doenças oportunistas que acentuam a debilidade, principalmente pela ca-*

978-85-7241-726-6

racterística multissistêmica da síndrome: nesse estágio, algumas doenças podem surgir, como mielopatias, neuropatias periféricas, sarcoma de Kaposi, linfomas, neurotoxoplasmose, pneumonia, criptosporidíase, entre outras.

As alterações emocionais e psíquicas podem ocorrer em qualquer estágio da doença, inclusive antes da sua manifestação. No processo diagnóstico apresentam diferentes intensidades, tanto no paciente como em seus cuidadores/familiares, incrementadas pelo isolamento social, pelo estigma e pelo preconceito presentes na vida dos indivíduos portadores e/ou doentes.

O coquetel ou a HAART têm como principal objetivo a diminuição da carga viral do HIV, aumentando o número de células CD4+, no intuito de restabelecer o sistema imunológico do paciente. A combinação das diferentes drogas disponíveis propicia para alguns pacientes o aumento da sobrevida, com incremento na qualidade de vida e maior controle sobre o aparecimento das doenças oportunistas, mas o tratamento também pode causar efeitos colaterais.

A situação psicossocial de cuidadores, familiares ou parceiros é relevante, já que a AIDS é uma doença que atinge a população mais jovem, em idade produtiva e reprodutiva, muitas vezes em situação marginalizada e estigmatizada, gerando preconceitos, conflitos com a sociedade e a justiça. Observam-se sentimentos de revolta, tristeza, desespero, angústia, culpa, raiva e outros.

Para O'Neil e McKinney, os cuidadores devem ser orientados, treinados e receber suporte técnico e de apoio a fim de lidar com o cuidado do paciente com HIV/AIDS, sendo necessário à compreensão do processo da doença o conhecimento dos sintomas, das terapêuticas, das conseqüências e dos impactos[12].

É necessária a existência de uma relação afetiva, de confiança e apoio entre o paciente e seus cuidadores.

978-85-7241-726-6

Terapia Ocupacional em Cuidados Paliativos na Assistência ao Paciente com Síndrome de Imunodeficiência Adquirida

Para McCoughlan:

> *A AIDS causa muitos outros problemas físicos, psicológicos, espirituais e sociais que não podem ser adequadamente abordados, como a dor de múltiplas perdas de amigos, parceiros e membros familiares, diarréia, problemas respiratórios, demência e doença mental. A abordagem de cuidados paliativos tenta identificar todas essas questões e elaborar um plano com a pessoa para superar os problemas*[13].

Ocorrem modificações na vida dos pacientes e cuidadores/familiares, há perdas significativas (da independência e/ou autonomia, da imagem corporal, de amigos, financeira, da vida social e produtiva, do futuro) que podem surgir no processo da doença, desde o momento do diagnóstico inicial (soropositividade) até o processo de terminalidade.

Segundo Melo, a adaptação do paciente aos cuidados depende de uma série de fatores, como: idade, estágio de desenvolvimento familiar, tipo de doença, padrão de enfrentamento, experiências anteriores, *status* socioeconômico, relação individual e familiar com relação a doenças e morte[1].

Para Sims e Moss esses itens são norteadores na AIDS, uma vez que na abordagem dos pacientes encontram-se indivíduos jovens, na idade mais produtiva e criativa do desenvolvimento humano, acometidos por uma doença multissistêmica com múltiplos problemas e diferentes diagnósticos simultâneos, com mudanças dinâmicas nos tratamentos, uso de polifarmácia, acrescidos de isolamento, estigma, preconceitos e falta de compaixão que permeiam a vida dos pacientes, que comumente apresentam estrutura e suporte familiar e social deficitário[14].

Após a introdução da terapia anti-retroviral, disponível no Brasil por meio do Sistema Único de Saúde (SUS) a partir do ano de 1996, conforme relatado por Aires *et al.*, ocorreram mudanças na evolução da doença que causaram a redução progressiva da mortalidade, independentemente do aumento da incidência, maior controle das doenças oportunistas, aumento de sobrevida e qualidade de vida. Mas apesar desses avanços, a AIDS requer cuidados paliativos peculiares e por ser uma doença que em geral afeta mais os jovens, o preconceito e o estigma são observados com freqüência, a ocorrência de modificações no quadro clínico dificulta a identificação das fases da doença, o quadro multissistêmico da síndrome faz com que o tratamento medicamentoso seja por vezes simultâneo a outros, gerando a dificuldade de adesão ao tratamento do anti-retroviral e as constantes mudanças no padrão medicamentoso, além do grande índice de efeitos colaterais de medicamentos e/ou interação negativa ao uso de drogas para dor[5].

978-85-7241-726-6

Para Sims e Moss, as estratégias de cuidado envolvem[14]:

- Cuidado de "pausa" (*respite care*).
- Cuidado reabilitador ou convalescente (*rehabilitative care*).
- Cuidado terminal (*terminal care*).
- Suporte ao luto e seguimento (*bereavement support and follow-up*).

Segundo Twycross, no ano de 1990 a OMS definiu que

> *Cuidado paliativo é o cuidado ativo e total do paciente cuja doença não responde ao tratamento curativo. O controle da dor, de outros sintomas de problemas psicológicos, sociais e espirituais é fundamental. O objetivo dos cuidados paliativos é a obtenção da melhor qualidade de vida para o paciente*

e sua família. Muitos aspectos dos cuidados paliativos também são aplicáveis logo no início do curso da doença, juntamente com o tratamento curativo específico. Os cuidados paliativos afirmam a vida e consideram a morte como um processo normal; nem aceleram, nem adiam a morte; proporcionam o alívio da dor e de outros sintomas aflitivos; integram os aspectos psicológicos e espirituais à assistência ao paciente e oferecem um sistema de suporte para auxiliar a família a enfrentar a doença do paciente e o seu processo de luto[15].

Ainda por Twycross, os cuidados paliativos podem ser definidos como cuidados ativos e totais dos indivíduos enfermos e também das suas famílias, por meio de uma equipe multidisciplinar, quando a enfermidade ou a doença do paciente não responde aos tratamentos convencionais que visam o processo curativo e sua expectativa de vida é considerada relativamente curta[15].

No ano de 2002, conforme descrito pela Academia Nacional de Cuidados Paliativos (ANCP), a OMS fez uma revisão no conceito de cuidados paliativos destacando sua aplicabilidade a todas as doenças com características progressivas e intimidadoras da vida, dessa forma incluindo HIV/AIDS, entre outras[16].

Segundo Maciel, a OMS, em 2002, reviu o conceito e definiu como

conjunto de medidas capazes de prover uma melhor qualidade de vida ao doente portador de uma doença que ameace a continuidade da vida e a seus familiares por meio do alívio da dor e dos sintomas estressantes, utilizando uma abordagem que inclui o suporte emocional, social e espiritual aos doentes e seus familiares desde o diagnóstico da doença ao final da vida e estendendo-se ao período de luto[17].

De acordo com a ANCP, a partir disso os cuidados paliativos foram conceituados como: "cuidado dirigido a pacientes e familiares quando diante de uma doença ativa e progressiva, que ameace a continuidade da vida, com o objetivo de prevenir e aliviar o sofrimento e melhorar a qualidade de vida"[16]. Seus princípios incluem promover e controlar a dor e os sintomas estressantes; considerar a morte como evento natural da vida; não utilizar recursos que diminuam o tempo de vida, assim como não fazer uso de terapêuticas fúteis que acarretem sofrimento ao indivíduo; oferecer um sistema de suporte que permita ao paciente viver ativamente dentro do possível até a sua morte; oferecer suporte à família, possibilitando a compreensão do processo da doença em todas as fases e o auxílio no processo do luto; aliar aspectos psicológicos e espirituais ao trabalho; oferecer o cuidado por uma equipe multiprofissional; o aumento da qualidade de vida pode influenciar de forma positiva no tempo de vida do doente; o cuidado deve ter início precoce, em conjunto com os cuidados curativos, devendo ser utilizados todos os recursos diagnósticos para a compreensão e o manejo dos sintomas.

978-85-7241-726-6

Os principais desconfortos e/ou sofrimentos dos pacientes com AIDS em cuidados paliativos são: dor, astenia, anorexia, caquexia, dispnéia, isolamento, falta de suporte familiar e socioeconômico, depressão, angústia, ansiedade, medo das perdas e da morte, solidão e abandono. Para Kovács:

> *As necessidades psicológicas de um paciente com câncer podem ser semelhantes às das pessoas que não têm câncer, portanto, não existe um padrão de sofrimento. Os relatos dizem respeito à perspectiva do morrer, do sofrimento físico, da necessidade de sentir segurança, de ser amado e compreendido*[18].

O trabalho em equipe é fundamental, segundo Figueiredo, já que possibilita a elaboração de um plano de ação resultante da combinação de diferentes conhecimentos, habilidades e técnicas específicas[19]. A cada área profissional. Os cuidados do paciente são realizados por uma equipe multiprofissional que atende ao sofrimento físico (médico, enfermeiro, farmacêutico, terapeuta ocupacional, fisioterapeuta, nutricionista), mental (psicólogo, psiquiatra), social (assistente social) e espiritual (padre, pastor, rabino, monge budista, espírita). Os sintomas são abrangentes e diversificados e o controle é ponto de honra para a equipe.

A proposta de intervenção nos cuidados paliativos baseia-se na atuação de uma equipe multidisciplinar que desenvolve ações integrais e integradas.

Sims e Moss apontam que o terapeuta ocupacional tem importante papel, na medida em que ajuda o paciente na realização, trazendo significativas melhorias na qualidade de vida, por meio do incremento das funções e das atividades de vida diária, favorecendo a manutenção da independência pelo maior tempo possível[14].

O processo terapêutico, que se desenvolve durante a realização das atividades, permite o reconhecimento de dificuldades e sofrimentos nas diferentes esferas do indivíduo, uma vez que ao realizar uma tarefa, componentes cognitivos, motores, afetivos e sociais estão presentes no planejamento, na ação e no desejo e vontade.

Pizzi, em 1984, descreveu que

> *a terapia ocupacional foi considerada uma profissão com enfoque humanitário, que ajuda as pessoas a desenvolverem o significado de suas vidas por meio da adaptação e da participação em atividades de ocupação autodirigidas e produtivas. A assistência nos* hospices *é construída com o mesmo enfoque, ensinando conceitos básicos para a pessoa e a família, como ajudar o paciente a assumir o controle da sua própria vida, aceitar a morte como parte natural da vida, reduzir ou eliminar a dor e outros sintomas angustiantes, ensinar ao paciente a auto-assistência e a assistência total*[20].

Reforçando que os conceitos de terapia ocupacional e dos cuidados paliativos são convergentes.

978-85-7241-726-6

Avaliação da Terapia Ocupacional

A avaliação tem caráter fundamental na elaboração do processo terapêutico do paciente, é a partir dela que o terapeuta entra em contato com o paciente e com a problemática decorrente da doença, com todas suas implicações biopsicossociais.

Em Mello, temos que na terapia ocupacional

> *a avaliação deve levar o terapeuta a conhecer o indivíduo a partir de sua história de vida, de seus valores culturais e espirituais, de seus interesses, de sua relação sociofamiliar, de seu cotidiano e de sua rotina diária, bem como de seu trabalho, de seu lazer e de suas expectativas diante do futuro. Independentemente de seu nível de atuação – preventivo, adaptativo, ou reabilitador –, é imprescindível que o terapeuta ocupacional procure conhecer o paciente/cliente/sujeito em toda a sua complexidade*[21].

O trabalho da terapia ocupacional em pacientes com dor e cuidados paliativos em AIDS pode se basear no modelo da funcionalidade e da incapacidade, que aborda múltiplas interações da classificação de incapacidade e funcionalidade (CIF), possibilitando descrever os diferentes componentes que abrangem os indivíduos que necessitam de intervenção terapêutica. Ilustrado na Figura 9.1, da CIF[22].

Na abordagem dos pacientes com HIV/AIDS é importante que o terapeuta ocupacional conheça os estágios da doença, a terapêutica utilizada e seus efeitos, o prognóstico e as conseqüências físicas, psicossociais e espirituais que poderão advir do processo.

Em razão da complexidade da doença, a abordagem será feita a partir da identificação das limitações e potencialidades nas áreas física, cognitiva, sociocultural, psíquica e funcional, respeitando a característica singular e multifacetada da AIDS. Serão considerados as implicações na vida do paciente e os prejuízos advindos da situação.

A terapia ocupacional, no contexto dos cuidados paliativos, define seus objetivos, condutas e metas a partir de um processo de avaliação, iniciado com a

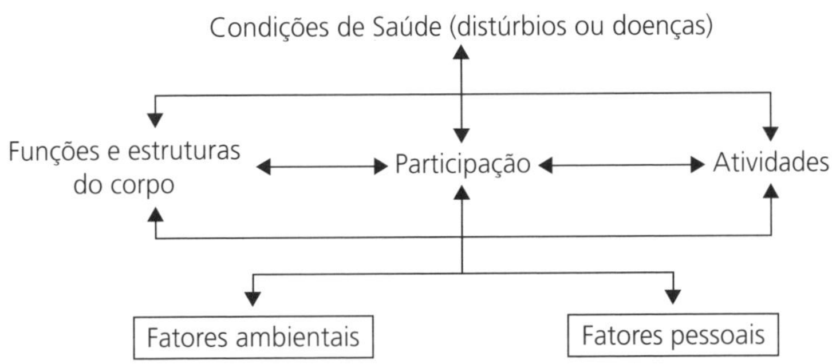

Figura 9.1 – Classificação Internacional de Funcionalidade, Incapacidade e Saúde.

978-85-7241-726-6

percepção e a consciência de que o paciente é um ser individual inserido em um contexto socioeconômico e cultural, com desejos, necessidades, medos, dúvidas, planos, emoções, sentimentos, sonhos, amigos e família.

Segundo Parkes, os pacientes enfrentam muitos medos no estágio avançado da doença, como o medo da dependência de terceiros, da impossibilidade de realizar planos futuros, da dor, da alteração significativa da imagem corporal, da separação dos familiares/amigos e a incerteza quanto ao futuro destes[23].

O processo de doença da AIDS afeta a rotina do indivíduo, ocasionando perdas progressivas em aspectos físicos, cognitivos, psicossociais e culturais, determinando limitações ou prejuízos na independência e/ou na autonomia do desempenho ocupacional do indivíduo.

A avaliação inicia-se no momento em que o terapeuta interage com o espaço do doente, entrando em contato com seu mundo interno e externo. Para Kübler-Ross, a entrevista de uma avaliação pode ser definida como um encontro entre duas pessoas, que se comunicam sem a presença de sentimentos como medo e ansiedade[24].

Em alguns casos, as avaliações formais (pré-determinadas) são reaproveitadas e completadas por meio das observações clínicas, dos dados colhidos no prontuário e/ou por outros membros da equipe, acrescidas das informações colhidas junto ao paciente e seus cuidadores e familiares.

Com a somatória dos dados colhidos, referidos e observados na avaliação inicial, no histórico da doença e no prognóstico, os objetivos terapêuticos são estabelecidos, com a definição das técnicas e recursos que serão utilizados na abordagem dos problemas, delineando-se condutas e metas. Destaca-se o que o individuo é capaz de fazer, o que faz com dificuldade e o que não consegue fazer.

As atividades básicas de vida diária (ABVD) e as atividades instrumentais de vida diária (AIVD) são destacadas, como também a presença de dor, fadiga e outros sintomas estressantes, em associação com a identificação de perdas ou déficits nos aspectos cognitivos e perceptivos, sensório-motores, sociais e no manejo comunitário, na atividade profissional e de lazer que o indivíduo exercia antes e depois da doença.

Para Daniel: "os atos do cotidiano podem parecer muito fúteis e o serão, provavelmente. Mas nos dão o tom e a medida da vivacidade, ou seja, da vida média do cidadão no conjunto de relações sociais que fazem dele o que chamamos um ser humano"[4].

O terapeuta deve deixar explícito ao indivíduo quais são os objetivos da avaliação, fortalecendo o vínculo terapêutico e de confiança, estimulando a participação ativa na definição das metas realistas que devem ser alcançadas a curto ou médio prazo, de acordo com as características específicas do paciente,

978-85-7241-726-6

como idade, limitações físicas, cognitivas e emocionais, condições sociais e culturais, recursos financeiros e aceitação e participação na intervenção.

A avaliação deve ser iniciada com questões abrangentes e abertas, que fortalecem e reforçam o vínculo terapêutico, propiciando o estabelecimento de uma relação de confiança e respeito: "como vai você? Quais mudanças aconteceram na sua vida? Quais são suas queixas? O que mais te incomoda nesse momento? O que você gostaria que fosse mudado? Que tipo de ajuda você gostaria de receber? O que te causa sofrimento e/ou desconforto? O que te traz alívio?"

Questionar o indivíduo sobre sua queixa principal provoca o dimensionamento do grau de expectativa e de consciência de seus déficits e dificuldades.

Considerar os aspectos cognitivos, como atenção, concentração, memória, orientação tempo-espacial e resolução de problemas, é importante para que a resposta terapêutica ocorra com maior efetividade de acordo com as orientações para organização da rotina.

A avaliação dos aspectos motores, de acordo com a singularidade do indivíduo, identifica o tipo de locomoção que é capaz de realizar (marcha independente, dependente de auxílio de terceiro, ou de equipamentos como andador, bengala, cadeira de rodas e outros), equilíbrio, trocas posturais (mudança de decúbito independente ou com auxílio), cabendo ao terapeuta orientar a melhor forma para transferência ou troca postural, que poderá ser realizada após treino e orientação do indivíduo e cuidador, ou adaptação do mobiliário para que esse esforço seja realizado com contenção de energia e conseqüentemente diminuição da fadiga e da dor.

Observam-se prejuízos no planejamento e no desempenho motor, com alterações de tônus muscular, equilíbrio e marcha, com diminuição de força muscular, resistência, agilidade e flexibilidade.

A fadiga, assim como a dor, pode diminuir a independência do indivíduo na realização de tarefas da vida diária, resultando na desestruturação da rotina doméstica, da família ou da instituição. É necessário o conhecimento dos fatores atenuantes e das situações agravantes da fadiga e da dor.

978-85-7241-726-6

Para Breitbart, a dor na AIDS pode estar relacionada à infecção pelo HIV, à imunossupressão, à terapêutica implementada, ou pode ter uma causa não relacionada diretamente à doença ou ao seu tratamento[25].

É importante que se avalie a dor do paciente, quanto à intensidade, duração, localização, tipo, características de piora e melhora, interferência nas atividades de vida diária (AVD) e atividades de vida prática (AVP).

A força muscular dos indivíduos com AIDS pode estar diminuída em virtude do quadro clínico da doença, merecendo ser mensurada e, caso necessário, utiliza-se a intervenção terapêutica para restabelecê-la, ou adaptações para que essa diminuição não interfira na rotina de forma agravante. Alterações de tônus muscular e deformidades decorrentes de doenças secundárias à AIDS devem ser avaliadas e pesquisadas durante o processo de intervenção, sempre oferecendo ao indivíduo o aumento da autonomia e da independência, independentemente dos déficits sensório-motores apresentados.

Na prática assistencial ao paciente com HIV/AIDS, em cuidados paliativos, destacam-se como principais problemas:

- Diminuição da movimentação ativa de membros superiores e inferiores, com lentidão na realização dos movimentos ativos e déficit na funcionalidade e agilidade.
- Prejuízo à autonomia e/ou independência durante o desempenho das atividades de vida diária e de vida prática.
- Dor.
- Fadiga.
- Debilidade física com interferências significativas em níveis sensorial, motor e cognitivo, com destaque para os dois primeiros.
- Comprometimento das funções cognitivas, principalmente atenção, concentração, memória e raciocínio, dificultando a resolução de problemas e o desempenho ocupacional.

978-85-7241-726-6

Abordagem da Terapia Ocupacional

A reabilitação do paciente com AIDS, na filosofia de cuidados paliativos, é parte do processo de tratamento, considerando-se o estágio da doença, o prognóstico, os aspectos físicos, psicossociais e espirituais com respeito à autonomia, aos desejos e às necessidades do paciente e de seus cuidadores.

É muito importante que o terapeuta ocupacional reflita sobre as questões éticas envolvidas nos programas de cuidados paliativos em conjunto com a equipe interdisciplinar. Kovács destaca os seguintes pontos[18]:

- Respeito à vida e à autonomia do paciente, respeitando e valorizando suas decisões.
- Discussão em equipe sobre benefícios, riscos e sofrimentos.
- Não-prolongamento artificial da vida, gerando sofrimento.

É fundamental que as ações sejam desenvolvidas por uma equipe multiprofissional de forma integral e integrada para a estruturação de uma abordagem mais abrangente e complexa, que englobe as diferentes dimensões do ser humano.

McCoughlan afirma que

> *a idéia de uma abordagem multidisciplinar é muito importante para os cuidados paliativos porque implica em demonstrar que nenhuma pessoa tem todas as respostas corretas para o enfrentamento de uma determinada situação, o que faz destacar a significância do trabalho coletivo, permitindo assim a sinergia de habilidades para assegurar o melhor cuidado, bem como um olhar para os problemas do paciente em família e não somente sob única perspectiva*[13].

No contexto de equipe de cuidados paliativos, a atuação de cada profissional dentro de suas especificidades faz com que o atendimento global do indivíduo seja abordado de modo multiprofissional. A partir de uma linguagem única, com alinhamento na definição de condutas individualizadas, objetiva-se a capacitação do indivíduo e do cuidador nos cuidados adequados.

978-85-7241-726-6

Nesse contexto, temos o terapeuta ocupacional, que a partir dos referenciais teórico-práticos em sua formação irá propiciar uma abordagem holística, por meio de uma visão abrangente e integradora, que busca resposta e soluções para os problemas referidos e observados.

A metodologia de trabalho da terapia ocupacional em cuidados paliativos junto a essa população pode ser apresentada da seguinte forma:

- Avaliação da disfunção específica, considerando a *queixa* referida pelo paciente ou pelos cuidadores e pela equipe de saúde solicitante.
- Identificação dos *problemas*, *desconfortos* e *sofrimentos.*
- Estabelecimento de *condutas*, com a pré-definição de técnicas e recursos adequados à problemática e à realidade psicossocial, econômica e cultural dos envolvidos.
- Incremento e desenvolvimento do *processo* terapêutico.
- Definição de *metas* objetivas, considerando prioridades e possibilidades realistas.
- *Reavaliações* periódicas.

O paciente deve receber informações claras, objetivas e honestas sobre sua doença e perspectivas futuras, considerando a percepção subjetiva de todo o processo de doença e tratamento e as estratégias internas e externas usadas no enfrentamento da crise.

De Simone afirma que "*la relación medico paciente se fundamenta en la verdad, se nutre con la honestidad y se envenena con el engaño*"[6].

Segundo Pizzi, a terapia ocupacional possibilita que o paciente viva o mais ativamente possível, sendo a família um apoio afetivo e permitindo que o indivíduo permaneça em sua casa o maior tempo possível, com controle sobre si mesmo e participação na vida social, facilitando seu processo adaptativo à situação que se apresenta, com maximização dos papéis ocupacionais[20].

A intervenção objetiva auxiliar o paciente e seus cuidadores no processo de adaptação às perdas decorrentes. Para tanto, é importante o conhecimento do estilo de vida anterior à doença e dos papéis desempenhados, que somados às habilidades e capacidades físicas, cognitivas e psicossociais remanescentes auxiliarão no enfrentamento da problemática e na definição de possíveis soluções, respeitando as reais necessidades físicas e psicossociais do paciente.

Na proposição das condutas, considera-se o paciente, os cuidadores, o domicílio, a doença e suas implicações e toda a gama de sentimentos e emoções envolvidos. O terapeuta escuta o paciente, seus anseios, desejos e necessidades, presta atenção aos detalhes, aos gestos, ao discurso verbal e não verbal.

A partir do reconhecimento do problema e do grau de desempenho funcional, estabelecem-se as prioridades e define-se um plano de ação com objetivos e metas para o alcance de soluções com metas realistas.

A participação do paciente na realização de atividades terapêuticas com significado e sentido acelera a reabilitação funcional global, com a valorização dos hábitos na busca da solução de problemas.

A terapia ocupacional exerce a função de melhorar o desempenho ocupacional dos indivíduos nas AVD e nas funções sociais e físicas que interferem nas rotinas em decorrência da incapacidade do paciente, utilizando estratégias como orientações aos cuidadores, aos familiares e ao próprio indivíduo, treino de AVD, adaptações ambientais (mobiliários, rampas, entre outros) e indicação de equipamentos adaptativos para melhora da qualidade de vida.

Simone descreve ainda que a qualidade de vida será compreendida como a distância existente entre o que se pode fazer e o que se quer. Quanto menor a distância entre as aspirações e as reais possibilidades, maior será a qualidade de vida do paciente[6]. Diz respeito à satisfação subjetiva que o indivíduo tem com sua vida, sendo influenciada por todo o contexto.

A adaptação a novas situações faz parte da vida do ser humano. No processo de doença há uma desarmonia entre as esferas física, psicossocial e espiritual e para a superação da crise é necessário um suporte terapêutico que busque o restabelecimento da harmonia interna e externa do paciente e de seus cuidadores. A atuação visa à facilitação da adaptação e da elaboração ao processo de doença e às perdas decorrentes de tal situação.

Os principais objetivos são a melhora, ou a manutenção da autonomia e/ou independência, a prevenção de incapacidades, a minimização de déficits e o incremento da qualidade de vida. À medida que o indivíduo encontra e desenvolve condições para a manutenção da vida ativa, dentro de suas reais possibilidades e

978-85-7241-726-6

limitações, o sentido de viver é resgatado e o projeto de vida ativa é (re)valorizado, sendo esse o principal objetivo da terapia ocupacional.

Na maioria dos casos, o declínio físico associado com a piora do quadro clínico causa significativo impacto na qualidade de vida dos pacientes.

As principais condutas envolvidas no atendimento de terapia ocupacional em cuidados paliativos para o paciente com HIV/AIDS são:

- Estabelecimento de rotina para o desenvolvimento das AVD e AVP, intercalando os períodos de atividade com repouso, a fim de obter melhor conservação de energia, diminuição do estresse e do desgaste físico e psíquico, simplificação do trabalho e busca de novos interesses e recursos internos e externos.
- Realização de atividades com sentido e significado, incrementando o resgate da auto-estima, do desejo de manter-se ativo e participativo.
- Orientação e treino das AVD objetivando o máximo desempenho independente com conseqüente incremento da auto-estima, da dignidade e da qualidade de vida, considerando os papéis cotidianos, a conservação de energia e a simplificação do trabalho.
- Abordagem da dor, que dependendo da intensidade, da localização e da duração, interfere de modo significativo no cotidiano do indivíduo, repercutindo de forma negativa em seu desempenho ocupacional. A abordagem é complexa e deve ser resultado da interdisciplinaridade da equipe, associando medidas farmacológicas e não-farmacológicas.

A terapia ocupacional pode abordar a dor de diferentes formas: orientação para o uso de calor ou frio superficial (levando em consideração o tipo, as características e as implicações da abordagem); massagens; exercícios orientados para a situação e queixa dolorosa; atividades de relaxamento e alongamento; orientação de períodos de repouso durante as atividades cotidianas e uso de equipamentos adaptativos para a minimização, ou controle do sintoma.

978-85-7241-726-6

- *Abordagem da fadiga*: segundo Mota e Pimenta, o sintoma deve ter uma abordagem abrangente em razão de sua complexidade, com manifestação ampla que pode incluir diminuição da motivação e do interesse, presença de sentimentos de tristeza, frustração, irritabilidade e depressão, diminuição de capacidade física, memória e concentração[26].

A abordagem visa à orientação para simplificação do trabalho na realização das atividades cotidianas a fim de diminuir o cansaço e o estresse e conservar a energia, estabelecendo o equilíbrio entre as tarefas e o descanso, realizando exercícios que aumentam a resistência, a agilidade, a flexibilidade e a funcionalidade.

- Orientação dos cuidadores para a estruturação de um ambiente acolhedor, de apoio e suporte estimulante, com retaguarda técnica constante e efetiva. Os cuidadores têm papel fundamental em todo processo de doença, devendo receber informações honestas, claras e objetivas, condizentes com a situação e o momento. São as referências do paciente e podem representar o conjunto de crenças, valores e conceitos presentes em toda a estrutura e dinâmica de cada núcleo familiar em questão.
- A adaptação do ambiente doméstico se faz necessária para a eliminação de barreiras arquitetônicas e orientação de modificações estruturais e ambientais.
- Realização de projetos a curto e médio prazos, para que o paciente se adapte às possíveis perdas presentes no processo de doença e planeje seu futuro quanto à mudança de papéis e funções.
- Abordagem e acompanhamento do processo de terminalidade por meio da escuta ativa de necessidades, medos e sentimentos do paciente, a fim de auxiliar o processo de elaboração perante suas limitações e possibilidades, mantendo sua auto-estima e o controle sobre si mesmo.

978-85-7241-726-6

Silva destaca a importância do ouvir junto ao paciente fora de recursos terapêuticos como forma de comunicação, do mesmo modo que o toque afetivo em mãos e membros superiores (que são os locais mais aceitos em nossa sociedade)[27]. Também para Silva:

> *Encontrar um significado em uma tarefa familiar, como dar banho, alimentar, acompanhar e se comunicar com o paciente fora de possibilidade terapêutica, permite-nos ir além da comunicação verbal, revalorizando os gestos, os toques, as distâncias interpessoais, as posturas corporais, descobrindo na mais rotineira das tarefas, em um "bom dia", no sorriso, no toque afetivo, uma sensação de alegria e até mesmo de gratidão, pela possibilidade de partilharmos algo assim, simples e humano, como morrer*[28].

- Estimulação cognitiva e perceptiva em virtude dos déficits observados. A ação pode visar à reabilitação, à manutenção ou à compensação.
- Estimulação sensório-motora – abordagem dos déficits motores e sensoriais observados e que dificultam a realização das atividades de vida diária e prática, como também os componentes de força, amplitude de movimentos, resistência física e normalização de tônus muscular. Um dos principais objetivos do tratamento das disfunções físicas e sensoriais é contribuir para

a adaptação às perdas funcionais e psicossociais decorrentes do processo de doença, em que o indivíduo caminha do desempenho ocupacional independente para o dependente.

- Orientação e prescrição de cadeiras de rodas (ou andadores, muletas e bengalas), equipamentos adaptativos e órteses para prevenir deformidades, controlar a dor e incrementar a independência e/ou autonomia.

As principais metas presentes na atuação são:

- Conforto físico, psicossocial e espiritual por meio de uma ação conjunta (em razão de a abordagem ser multiprofissional) e individualizada, integral e integrada.
- Prevenção de deformidades, contraturas, posicionamentos dolorosos e "viciosos" e úlceras de pressão.
- Ganho e/ou manutenção da autonomia e independência no desempenho ocupacional e na inserção familiar e social.
- Orientação e treino dos cuidadores.
- Realização de projetos a curto e médio prazo.

978-85-7241-726-6

Considerações Finais

A efetividade da atuação do terapeuta ocupacional em cuidados paliativos junto aos pacientes com AIDS decorre de um processo em que os diferentes sofrimentos e desconfortos são abordados, na medida em que os recursos e as atividades terapêuticas são propostas e realizadas em um contexto de significado e sentido para a vida do paciente e de seus cuidadores, que identificam seu papel e propósitos. Segundo Carvalho e Perina: "o homem não é destruído pelo sofrimento, é destruído pelo sofrimento sem significado. É exatamente na dor que avaliamos o verdadeiro significado da nossa vida e as prioridades de nosso viver" [29].

A partir da identificação do problema, estabelece-se uma estratégia terapêutica individualizada que vai ao encontro das reais necessidades e desejos do paciente, que deve ser revisto de acordo com as mudanças ocorridas no processo de doença e de vida do paciente.

A terapia ocupacional influencia a qualidade de vida, possibilita significado e domínio de sua vida, alívio e controle da queixa dolorosa, melhora do desempenho ocupacional e da capacidade funcional, auxiliando o paciente e seus cuidadores no processo de elaboração e enfrentamento da doença AIDS.

A exploração de habilidades e potenciais físicos, cognitivos e psicossociais em conjunto com o desenvolvimento das condições funcionais para a realização das AVD e AVP têm colaboração significativa na manutenção do paciente como indivíduo pensante e atuante nas decisões referentes a si mesmo e ao ambiente que o circunda, preservando sentimentos de mais valia, auto-estima, reconhecimento e valorização, resultando em um incremento da qualidade de vida a partir de uma melhor adaptação à realidade pessoal e social.

978-85-7241-726-6

Referências Bibliográficas

1. MELO, A. G. C. Os cuidados paliativos no Brasil. *O Mundo da Saúde Cuidados Paliativos (São Paulo)*, v. 27, n. 1, jan.-mar., 2003. p. 58-63.
2. MINISTÉRIO DA SAÚDE. Secretaria de Vigilância em Saúde. *Programa Nacional DST e Aids. Boletim Epidemiológico – Aids, I -1, Semanas epidemiológicas de janeiro a junho de 2004.* Brasília: Ministério da Saúde, 2005.
3. ORGANIZAÇÃO MUNDIAL DA SAÚDE – OMS. UNAIDS. Aids epidemic update: 2003. Disponível em http://www.unaids.gov.
4. DANIEL, H. Anotações à margem no viver com AIDS. In: *Saúde Loucura.* São Paulo: Hucitec, 1991. p. 3-20. v. 3.
5. AIRES, E. et al. Cuidados paliativos em pacientes com HIV/AIDS. *Prát. Hospitalar (São Paulo)*, n. 37, jan-fev, p. 42-45, 2005.
6. SIMONE, G.; DE TRIPODORO, V. *Fundamentos de Cuidados Paliativos y Control de Sintomas.* Buenos Aires: Pallium Latinoamerica, 2004.
7. INGHAM, J. M.; FAROOQI, M. Assessment of physical symptom. In: O'NEIL, J. T; SELWYN, P. A.; SCHBETINGER, H. *A Clinical Guide to Supportive e Palliative Care for HIV/Aids.* 2003. Disponível em http://hab.hrsa.gov. Acesso em 09/jan/2004.
8. UMPHREAD, D. A. *Fisioterapia Neurológica.* São Paulo: Manole, 1990. p. 516-525.
9. GUERRA, M. A. T. Cuidados paliativos na assistência a doentes com AIDS. *O Mundo da Saúde Cuidados Paliativos (São Paulo).* v. 27, n. 1, jan-mar, 2003, p. 81-87.
10. REMOR, E A. Abordagem psicológica da AIDS através do enfoque cognitivo comportamental. *Psicologia: reflexão e crítica (Porto Alegre).* v. 12, n. 1, 1999. Disponível em http://www.scielo.br. Acesso em: 28/set/2004.
11. SOUZA, T. R. *Os Lutos da Aids: da desorganização à reconstrução de uma nova vida.* Tese (mestrado) – Programa de Pós-graduação em Ciências da Coordenação de Controle de Doenças da Secretaria de Estado de Saúde de São Paulo, 2005.
12. O'NEIL, J.; MCKINNEY, M. Care for the caregivers. In: O'NEIL, J. T.; SELWYN, P. A.; SCHBETINGER, H. A clinical guide to supportive e palliative care for HIV/AIDS. 2003. Disponível em http://hab.hrsa.gov. Acesso em 09/jan/2004.
13. MCCOUGHLAN, M. A necessidade de cuidados paliativos. *O Mundo da Saúde Cuidados Paliativos,* v. 27, n. 1, jan.-mar. 2003.
14. SIMS, R.; MOSS, V. A. Palliative care for people with AIDS. 2. ed. London: Edward Arnold, 1995.
15. TWYCROSS, R. *Cuidados Paliativos.* Lisboa: CLIMEPSI, 2003.

16. ACADEMIA NACIONAL DE CUIDADOS PALIATIVOS. Disponível em http://www.paliativo.com.br/conceitos_principios/default.asp. Acesso em: 23/set/2006.

17. MACIEL, M. G. S. A terminalidade da vida e os cuidados paliativos no Brasil: considerações e perspectivas. *Rev. Prát. Hospitalar (São Paulo)*, ano 8, n. 47, set./out., p. 46-49, 2006

18. KOVÁCS, M. J. Sofrimento psicológico de pacientes com câncer avançado em programas de cuidados paliativos. *Bol. de Psicol.*, v. 48, n. 109, p. 25-47, 1998.

19. FIGUEIREDO, M. T. A. A dor no doente fora de recursos de cura e seu controle por equipe multidisciplinar. *Rev. Âmbito Hospitalar (São Paulo)*, n. 8, p. 63-67, 1996.

20. PIZZI, M. A. Occupational therapy in hospice care. *Am. J. Occupat. Ther.*, v. 38, n. 4, p. 252-257, Apr. 1984.

21. MELLO, M. A. F.; CARLO, M. M. R. P.; BARROSO, P. N. Processo avaliativo em terapia ocupacional. In: CARLO, M. M. R. P.; LUZO, M. C. M. *Terapia Ocupacional: reabilitação física e contextos hospitalares*. São Paulo: Roca, 2004, 74-98.

22. CENTRO COLABORADOR DA ORGANIZAÇÃO MUNDIAL DE SAÚDE PARA A FAMÍLIA DE CLASSIFICAÇÕES INTERNACIONAIS (ed.). Classificação Internacional de Funcionalidade – CIF. *Incapacidade e Saúde*. Coord. Trad. C. M. Buchalla. São Paulo: Edusp, 2003.

23. PARKES, C. M. Psychological aspects. In: SAUNDERS, C. *Hospice and Palliative Care: an interdisciplinary approach*. London: Edward Arnold, 1991.

24. KÜBLER-ROSS, E. *Sobre a morte e o morrer*. 6. ed. São Paulo: Martins Fontes, 1994.

25. BREITBART, W. Pain. In: O'NEIL, J. T.; SELWYN, P. A.; SCHBETINGER, H. A clinical guide to supportive & palliative care for HIV/AIDS. 2003. Disponível: http://hab.hrsa.gov. Acesso em: 09/jan/2004.

26. MOTA, D. D. C. F.; PIMENTA, C. A. M. Fadiga em pacientes recebendo cuidados paliativos. *O Mundo da Saúde Cuidados Paliativos (São Paulo)*, v. 27, n. 1, p. 111-117, jan.-mar. 2003.

27. SILVA, M. J. P. *Comunicação tem Remédio: a comunicação nas relações interpessoais em saúde*. São Paulo: Gente, 1996.

28. SILVA, M. J. P. Comunicação com pacientes fora de possibilidades terapêuticas: reflexões. *O Mundo da saúde Cuidados Paliativos (São Paulo)*, v. 27, n. 1, p. 70, jan.-mar. 2003.

29. CARVALHO, M. V. B.; PERINA, E. M. Cuidados paliativos pediátricos: a "essência do cuidar" da criança/adolescente/familiares nas situações limites. *O Mundo da Saúde Cuidados Paliativos (São Paulo)*, v. 27, n. 1, p. 97, jan.-mar. 2003.

978-85-7241-726-6

Terapia Ocupacional e Dor no Campo das Relações entre Saúde e Trabalho

Capítulo *10*

Ciomara Maria Pérez Nunes
Andréa Garboggini Melo Andrade

Índice do Capítulo

978-85-7241-726-6

978-85-7241-726-6

INTRODUÇÃO

A dor no contexto da saúde e do trabalho absorve toda a complexidade dinâmica, mutante e perversa da civilidade humana. A exploração de poucos sobre muitos nas relações de trabalho como relações de poder é persistente como a dor. Passam os ciclos históricos e de produção, modificam-se os desafios e o ser humano mantém no trabalho sua fonte de identidade psicossocial, sua estruturação psíquica, seu lugar no mundo, ultrapassando para isso o sentido humanamente estrito da dor.

A dor na idade adulta e produtiva pode significar o fim da vida de trabalho e o cuidado paliativo visa o resgate da autonomia do indivíduo sobre o trabalho, a restauração da vivência da dor como evento esporádico de alerta à agressão corporal que pode ser evitada, controlada ou minimizada.

A dor do trabalho tem dimensões múltiplas: sintomas físicos, disfunções cognitivas e manifestações afetivas, repercussões sociais e atitudinais. O ciclo funcional da dor tem similaridade com os estágios do estresse: reação de alarme; estágio de resistência ou adaptação; fase de exaustão. As ações terapêuticas ocupacionais se diferenciam em cada estágio: de cuidados com a saúde, dos riscos de adoecimento e do agravamento dos sintomas; da recolocação no trabalho e intervenção organizacional; da reabilitação profissional.

O capítulo tem por objetivo apresentar os pressupostos históricos que possibilitam contextualizar a realidade dos sistemas de produção e dos papéis sociais e produtivos, a representação psicossocial do corpo na interface com o trabalho, os mecanismos geradores e as estratégias de enfrentamento do estresse, os pressupostos causais da dor no trabalho e os mecanismos de promoção da saúde, prevenção do adoecimento, controle e reformulação do modo operatório, apresentando as perspectivas da terapia ocupacional e sua relação multiprofissional.

978-85-7241-726-6

Marcos Simbólicos da Dor e do Trabalho

A proximidade entre trabalho e dor é paradoxalmente extrema entre a busca da realização pessoal e o sofrimento que constituem e destituem a alma humana ao longo da história da humanidade. O sofrimento ligando a dor ao trabalho tem origem no Antigo Testamento, quando Adão é expulso do Paraíso e é condenado a trabalhar – "no suor do teu rosto comerás o teu pão" – ao passo que Eva recebe a pena do companheiro para o trabalho de parto – "com dor terás filhos" – como punição pelo pecado original. Culturalmente aprendidos e incorporados desde a infância, a despeito da construção própria de cada indivíduo, os conceitos carregam a história em que vivenciar a dor se torna um ideal como forma de expiação ou salvação espiritual: voltar ao Paraíso.

A palavra dor vem da latina *dolor* e da grega *algêsis*, que significam dor e sofrimento ao mesmo tempo e em que a dor é conceituada como sensação desagradável ou penosa, relacionada ao sofrimento físico ou moral[1]. A palavra trabalho, por sua vez, do latim antigo ou tardio, vem de *tripalium* ou *trepalium*, um instrumento romano de tortura, espécie de tripé formado por três estacas cravadas no chão onde eram suplicados os escravos, originando *travel* em inglês, importada do francês *travail*, relacionada a tormento, agonia, esforço penoso e cansativo, próximo ao sofrimento[2].

A humanidade vem modificando os conceitos de ocupação, de trabalho e da divisão do trabalho, mas mantém a proximidade com o sofrimento que se materializa no esforço para se obter o necessário à subsistência da qual depende a vida.

Da caça, pesca e coleta dos frutos, passando pelo pastoreio e a construção de instrumentos, para os gregos havia diferentes concepções sobre os esforços da ocupação: as inferiores de manutenção da vida, em que tudo que era gerado era imediatamente consumido, na esfera da vida privada e específica do "labor", aproximando o homem aos animais; e aquelas superiores praticadas no espaço público, como a participação na *polis*, a ocupação política, criativa e igualitária.

Para designar trabalho, os gregos também utilizavam duas palavras: *ponos*, referente a esforço e penalidade; e *ergon*, que designa a criação, a obra de arte, estabelecendo a diferença entre trabalhar no sentido do penar, *ponein*, e trabalhar no sentido de criar, *ergazomai*. Parece que essa contradição trabalho-*ponos* e trabalho-*ergon* continua central na concepção atual do trabalho e da representação da dor[3].

978-85-7241-726-6

Para os povos antigos, o trabalho foi considerado a essência da servidão e por isso mesmo era realizado por aqueles que tinham perdido a liberdade, ou seja, era a atividade dos escravos sucedidos por servos, pessoas coisificadas em proveito dos homens livres e nobres, denotando uma clara distinção de classes sociais e de gênero. A diferença entre o trabalho nobre, emancipador, e o trabalho destinado aos escravos para garantir a sobrevivência acompanhou as noções de propriedade e de produção excedente, quando a propriedade se separou do trabalho e gerou uma classe ociosa de pessoas aumentando as guerras por conquistas.

Na Idade Média, os servos se dedicavam às tarefas agrícolas e artesanais como forma de trabalho dominante, ao passo que o comércio era considerado uma atividade marginal sujeita a todo tipo de discriminação racial, religiosa e política. Com o crescimento das cidades, os artesãos passaram a viver do seu ofício e a partir da produção excedente de bens o comércio se intensificou. No final da Idade Média, as pequenas oficinas se tornaram as precursoras da indústria, organizadas em pequenas unidades de produção entre artesãos e aprendizes, definindo as relações de trabalho e as relações de poder[3].

Durante as grandes conquistas, após a queda do Império Romano, a Igreja Católica influencia o paradoxo entre trabalho e dor. Os beneditinos imprimem na reconstrução da Europa o lema *ora et lavora*, orar e trabalhar, para a salvação do homem pela aproximação a Deus por meio do trabalho como forma de não cair em tentação. A partir da ética do trabalho protestante de trabalhar de forma árdua, diligente e abnegada, equivalendo a cultivar a virtude, as instituições comerciais e fabris passaram a se apropriar dessa mesma motivação como forma de exploração, quando nasceu, simultaneamente, a acentuação da divisão de classes dentro do trabalho remunerado, a condenação ao ócio e a venda do trabalho na forma de emprego[3]. O trabalho como ocupação econômica que se transformou em emprego, entendido como trabalho pago em dinheiro, é diretamente coerente com os preceitos das sociedades capitalistas, com suas limitações intrínsecas e outras associadas com fatores conjunturais.

A evolução das formas de produção pode ser vista por sistemas: sistema familiar de produção para o consumo; sistema de corporações de mestres artesãos em economia estável que produziam para vender mercadorias e não o trabalho; sistema doméstico dependente da matéria prima e do capital da economia instável; e sistema fabril de produção para o mercado sob rigorosa supervisão, em que os trabalhadores perderam completamente sua independência. A industrialização inicia sua primeira fase pelo uso de novas fontes de energia e de novas técnicas de fabricação, principalmente a partir do final de século XII até o início do século XIV, denominada Era Moderna, a maior transformação ocorrida na história do trabalho, seguida dos primeiros registros de adoecimento no trabalho[4].

A ocupação, que faz parte da multidimensionalidade do ser humano, perdeu sua diferenciação do trabalho a partir do aparecimento da economia monetária que acentuou a distinção entre a ocupação como ganho de vida e aquelas voltadas ao *status quo*. As exigências no fluxo das ocupações nas sociedades antigas se apresentavam mais cíclicas e estabilizadas, ao passo que a realidade atual é de instabilidade e rapidez nas alterações da organização social e tecnológica, configurando o convívio com mudanças, surgimentos, maturações e principalmente obsolescências constantes das ocupações humanas. A percepção do *status* ocupacional é mutante, acompanhando a dinâmica da sociedade e a evolução do sistema produtivo.

Hoje a humanidade vive a globalização e os avanços da comunicação por meio da rede multifuncional de computadores, cabos, fibras ópticas, satélites e celulares. A sociedade planetária aparece em crise permanente, em que o ser humano que aprendeu a domar a adversidade do ciclo de vida natural não aprendeu a dignificar a vida sem exclusão social, sem violência e com respeito ao ser humano. Nessa realidade, tem-se a impressão de se *trocarem semanas por minutos e dias por segundos*, convivendo com o engrossamento da massa dos desempregados crônicos provenientes, inclusive, da exigência tecnológica e informacional. O surgimento do teletrabalho traz uma nova noção de tempo e de ocupação, está desaparecendo o emprego em si e o trabalho tal qual foi concebido e experimentado na Era Moderna. Apesar do avanço do conhecimento e da tecnologia, a dor advinda dos processos de trabalho aumenta, torna-se difusa e é o retrato da incerteza do trabalho.

978-85-7241-726-6

O acesso e a dependência da informação teletransportada, a microeletrônica, a robótica, a nanotecnologia e a impossibilidade de alterar a realidade de trabalho vivenciada com o acirramento da divisão social e de poder, as exigências atitudinais sobre as competências técnicas, o desemprego, a fragilidade das instituições clássicas como a religiosa, a familiar e a política aprofundam o sofrimento humano manifestado pela dor física e moral.

978-85-7241-726-6

Representação Social da Dor no Trabalho

A diferença entre as classes sociais nas vivências acerca do corpo, na valorização da dor e da doença, é resultado sociocultural das relações de poder em que a ausência por escassez de opções para as classes mais pobres as leva a negar ou minimizar a dor para continuar trabalhando, seja por medo do desemprego, seja por representação psicossocial[5]. As pessoas de diferentes classes sociais têm abordagens diferentes na tolerância das sensações mórbidas e na aptidão para descrição detalhada e em ordem cronológica das modificações do estado mórbido[5].

O interesse e a atenção que os indivíduos concedem ao próprio corpo, sua aparência agradável ou desagradável, crescem quando o nível de informação se eleva, como uma espécie de poder sobre o que fazer com o corpo por meio das doenças funcionais e, paradoxalmente, a resistência física diminui. Há uma relação importante da resistência que as pessoas são capazes de opor ao próprio corpo e sua força física, ou seja, o partido que podem tirar do corpo para o desempenho do trabalho pesado se constitui em um princípio coerente de todas as atitudes na vida[5,6].

Se por um lado as doenças funcionais são sinais da aptidão de superinterpretar as mensagens do corpo, perceber, selecionar e atribuir a cada grupo de sensações doentias sensações que outros indivíduos não percebem ou às quais não prestam atenção, traduzindo as sensações em sintomas e chegando às doenças psicossomáticas, por outro lado, a negação dos sintomas que predomina nas classes populares envolve a relação instrumental do corpo como ferramenta para o trabalho, sofrendo as restrições de conhecimento e a capacidade de abstrair os sintomas como forma de adoecimento. As desigualdades de conhecimento e poder de decisão entre profissional da saúde e trabalhador aumentam a distância entre conhecimento e consciência corporal, sugerindo que a busca por cuidados de saúde seja adiada até o momento em que a dor os impeça de continuar a utilizar o corpo como ferramenta de trabalho[5].

A impossibilidade de abstrair as sensações corporais de desconforto é fruto das coerções sociais e econômicas que fazem com que os trabalhadores cheguem a esperar o colapso para procurar os serviços de saúde, já que o trabalho depende do corpo que é fisicamente exigido de modo contínuo nas atividades de trabalho[5]. Soma-se a isso a projeção da vergonha, em que manter à distância o risco de afastamento desse corpo do trabalho funcionaria como manter à distância a miséria, a subalimentação e até a morte[6]. A ideologia da vergonha tem relação direta com a dor e o trabalho, referindo Dejours que a dor desaparece quando o trabalhador chega ao serviço de saúde pela vergonha de parar de trabalhar e pelo medo da destruição do corpo que é a sua força para produzir trabalho[5,6].

Além das representações psicossociais, do ponto de vista psíquico a representação sobre o trabalho e a dor pode agravar ou minimizar um quadro patológico. As dores com base orgânica incontestável podem, muitas vezes em razão da intensidade que atingem, desorganizar o aparelho psíquico. A dor moral, no entanto, como se escavasse o psiquismo, esvazia os investimentos pró-ativos de enfrentamento, as iniciativas de *coping*, podendo tornar o sujeito melancólico e fora do trabalho.

O desenvolvimento de estratégias de enfrentamento das adversidades e de estratégias de *coping* perante a dor orgânica ou moral sob a influência do ambiente mais imediato está fortemente atrelado ao estilo pessoal e às diferenças individuais, caracterizados pelo comportamento adaptativo, dos mais imaturos aos mais sofisticados, na relação entre saúde e doença[7]. O *coping* é uma das possibilidades de aproximação terapêutica ocupacional estratégica nas intervenções de controle da dor no trabalho, voltada para os procedimentos adaptativos dinâmicos individuais e coletivos para atuar no ambiente do trabalho e para o controle individual do sujeito.

978-85-7241-726-6

Funcionalidade, Incapacidade e Incidência da Dor no Trabalho

A incidência das doenças ocupacionais cresce de modo gradativo apesar da imprecisão estatística, em que alguns setores produtivos e categorias profissionais nem mesmo são incluídos ordinariamente nos dados, como a população de trabalhadores informais e servidores públicos, caracterizando parte da realidade de subnotificação no sistema do Instituto Nacional do Seguro Social (INSS). Mesmo subnotificada, a dor relacionada ao trabalho vem se propagando como uma epidemia na sociedade moderna, exercendo efeitos negativos sobre a saúde e constituindo-se em importante causa de visitas aos serviços de saúde, absenteísmo, afastamento do trabalho e aposentadorias precoces. No Brasil, os efeitos da dor sobre a força de trabalho são marcantes, em particular nos registros de doenças ocupacionais do INSS classificadas como distúrbios osteomusculares relacionados ao trabalho (DORT), antes conhecidas como lesões por esforços repetitivos (LER)[8].

Às barreiras teóricas e metodológicas da investigação epidemiológica sobre dor, limitadas por sua subjetividade e natureza complexa, fisiopatologia numerosa, interações psicológicas e sociais, acrescenta-se a grande diversidade dos fatores ambientais causais[9]. Como fenômeno multidimensional, de sensação particular e individual do sujeito que sente a dor, complexo para ser avaliado e tratado, a

Organização Mundial da Saúde (OMS) reconhece que a dor não é diagnosticada de modo criterioso e, em conseqüência, o tratamento é insuficiente ou inadequado, sendo motivo de preocupação e um grande desafio para profissionais de saúde e cientistas[10].

A associação entre conteúdo somático, psicológico, social e espiritual é determinante da denominada dor total, termo acrescentado ao conhecimento da dor na década de 1960 pela inglesa Cecily Saunders, ao admitir que uma pessoa sofre a dor não apenas pelos danos físicos, mas também pelas conseqüências emocionais, sociais e espirituais[11,12]. Considerando que na experiência dolorosa é necessária a investigação indissociável de sensações, emoções e cultura, para obterem algum sucesso de intervenção as abordagens terapêuticas ocupacionais devem absorver essa mesma multidimensionalidade do sofrimento humano a fim de que o alívio da dor seja possível.

978-85-7241-726-6

Para a OMS, na Classificação Internacional de Funcionalidade, Incapacidade e Saúde (CIF), a dor é uma sensação desagradável e bem conhecida, que indica lesão potencial ou real em alguma estrutura do corpo, incluindo sensações generalizadas ou localizadas de dor, em uma ou mais partes do corpo, dor em um dermátomo, aguda, em queimação, imprecisa, contínua e localizada, deficiências como mialgia, analgesia e hiperalgia[13].

A CIF identifica os componentes da saúde em que a dor tem sua função principal de alerta às agressões corporais, que além de influenciar quase todas as outras funções, como as mentais, as sensoriais e principalmente as neuromusculoesqueléticas e relacionadas ao movimento, pode ser uma resposta à alteração de qualquer estrutura corporal. No trabalho, as manifestações de dor são amplamente divulgadas como dores de cabeça e outras que atingem diretamente as funções mentais, dores na coluna, nos membros superiores e inferiores, além daquelas ligadas à voz e à fala, às sensações auditivas e visuais e aos sistemas respiratório, digestivo e cardiovascular.

A dor atinge a capacidade de aprendizagem e de aplicação do conhecimento aprendido no desempenho do trabalho, interfere diretamente nas tarefas e demandas da vida diária, na disposição à comunicação e na compreensão do meio de convívio, acomete mobilidade, cuidado pessoal e vida doméstica, mas principalmente afeta relações e interações interpessoais e participação na vida comunitária, social e cívica, pondo em risco o trabalho, uma das áreas principais da vida, segundo a classificação da OMS[13]. O que diferencia o cuidado paliativo das outras possibilidades de intervenção terapêutica ocupacional na dor advinda do contexto do trabalho são, de fato, os fatores ambientais para que a terapia ocupacional não seja mais um atendimento clínico convencional a um indivíduo que tem no seu histórico ocupacional o trabalho, como tantos outros clientes que não sofrem da dor advinda do trabalho, desculpando o sujeito com dor de toda a responsabilidade pelas adversidades no desempenho do seu trabalho e pelo adoecimento[13].

A competitividade na disputa por um posto de trabalho, tanto para ingressantes quanto para aqueles que se sentem constantemente ameaçados pelas substituições em massa, afeta a realidade dos relacionamentos entre colegas e de autoridade, aumentando a desconfiança, inclusive para que o trabalhador possa manifestar o desconforto da dor provocada pelo trabalho. Dentre os fatores ambientais elencados na CIF, em um sistema voltado mais ao registro estatístico do que ao aprofundamento dos processos de adoecimento, os próprios serviços e alguns profissionais de saúde funcionam como agravantes dos quadros de dor quando o trabalhador procura assistência, frustrando, causando desalento e dificultando a manutenção do emprego e dos papéis sociofamiliares. A CIF inclui as atitudes entre os fatores ambientais e a estrutura de apoio e relacionamento que é fundamental para a aproximação do sucesso no controle da dor, inclusive porque em muitos dos casos há necessidade de modificar as funções ocupacionais ou alterar ferramentas e postos de trabalho. As atitudes, finalmente, determinam os tênues limites entre adaptação e controle ou a exaustão.

978-85-7241-726-6

A interdependência entre funções, estruturas, atividades e participação em fatores ambientais específicos da realidade de trabalho norteia a ação da terapia ocupacional na atenção à dor do trabalho (Fig. 10.1).

O reconhecimento da complexidade que envolve a dor e as doenças ocupacionais vem romper com a perspectiva positivista que justifica o adoecimento a partir da linearidade entre causa e efeito, do maniqueísmo entre o bem e o mal, ora dirigido ao trabalhador, ora dirigido ao empregador, avançando para um enfoque multicausal, multimodal e multifocal.

Entre as 20 doenças do trabalho com maior freqüência de afastamentos acima de 15 dias registradas pelo INSS, a despeito da subnotificação, os DORT ocupam 52,6% dos casos, as doenças da coluna atingem 11,1% e, aparecendo e crescendo visivelmente, as alterações psicoafetivas com 1,1% dos casos[14]. Esses números são maiores com todos os transtornos geradores do seguro acidentário da previdência social (Fig. 10.2).

As funções na prestação de serviços relacionam-se, basicamente, aos requerimentos atitudinais como lealdade e dedicação, necessários ao controle de situações não burocratizadas de trabalho. O sucesso depende do equilíbrio entre a garantia de condições sociais e o conhecimento da natureza, dimensão e localização de perturbações[15]. O controle rígido do ritmo da produção industrial em esteiras e bancadas se transforma em controle atitudinal na prestação de serviços, setor produtivo predominante na realidade de trabalho do século XXI, em que a exigência de autocontrole das manifestações de desagrado se tornam ten-

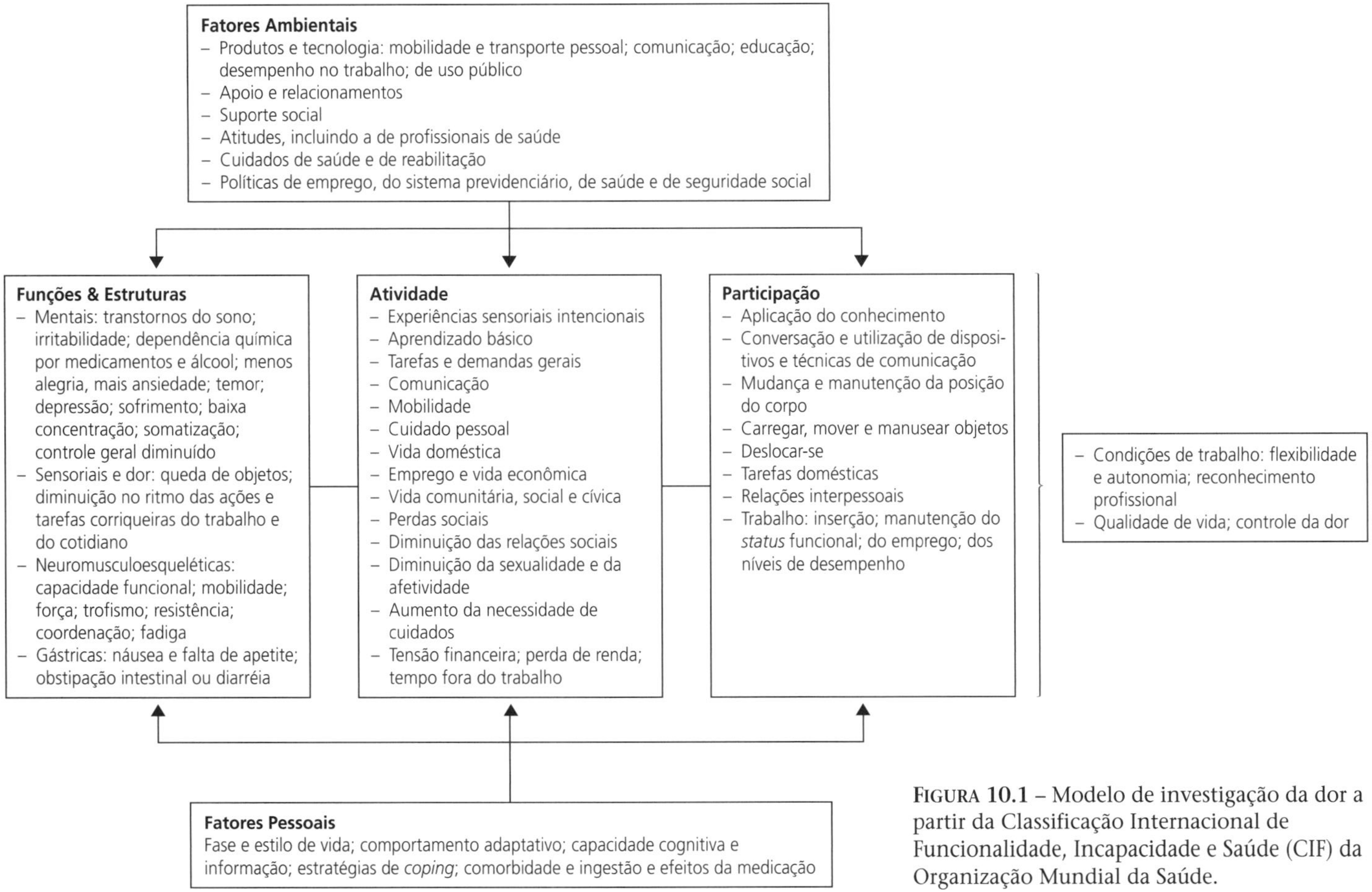

FIGURA 10.1 – Modelo de investigação da dor a partir da Classificação Internacional de Funcionalidade, Incapacidade e Saúde (CIF) da Organização Mundial da Saúde.

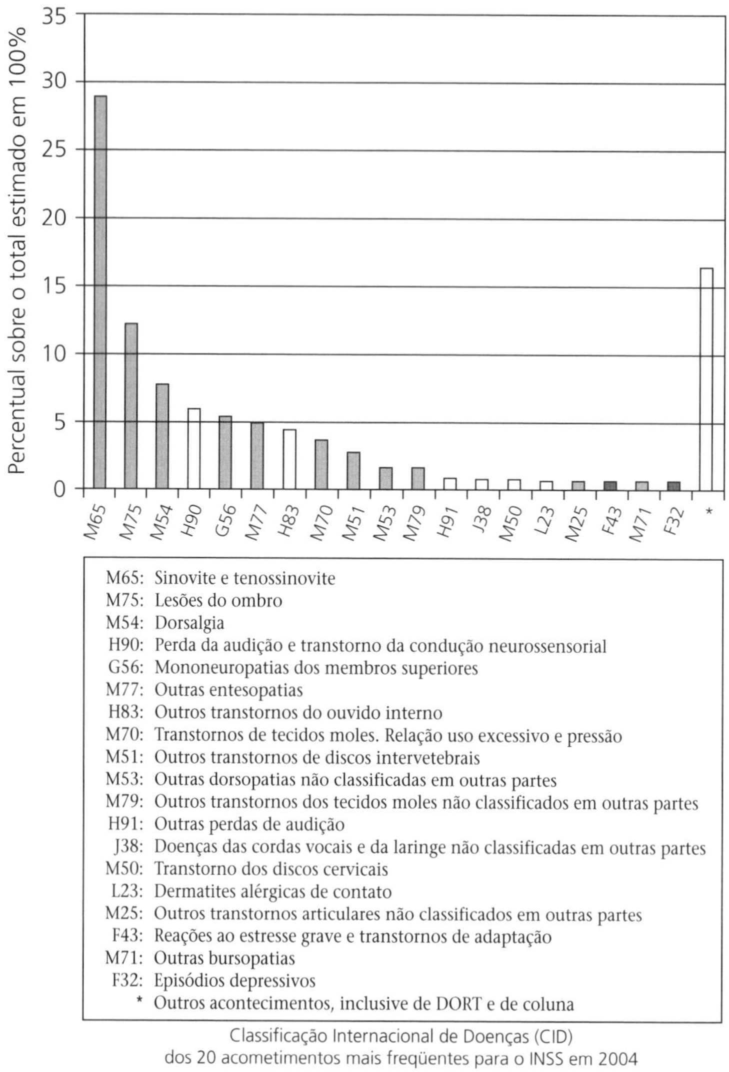

FIGURA 10.2 – Estatística de concessão de benefício após 15 dias de afastamento do trabalho pelo Instituto Nacional do Seguro Social (INSS) em 2004[14]. DORT = distúrbios osteomusculares relacionados ao trabalho

são acumulada nos membros superiores, na coluna e na cabeça, manifestando-se por meio dos processos álgicos.

Dor Aguda e Dor Crônica no Contexto do Trabalho

Na luta para buscar um lugar no mercado de trabalho e para manter o *passe valorizado*, a exploração se transforma em longas jornadas de trabalho, median-

978-85-7241-726-6

te o teletrabalho, sem limites entre o espaço empresarial e o doméstico ou social, com o aparecimento de novas formas de adoecimento, como pânico e *burnout*, síndromes em que predominam os requisitos atitudinais. A ação diária e constante dos agentes agressores vai se somando e transmitindo sinais em forma de manifestações físicas e sensações que, não raro, não são valorizadas pelo trabalhador[16].

Mesmo a dor aguda não é unicausal: é a associação dos aspectos pessoais, relacionados ao ambiente e à organização do trabalho na gênese dessa experiência. Externar sua dor e ficar doente confrontam o trabalhador com os seus limites, o que é considerado pela empresa como atestado de ineficiência e incapacidade. Sendo assim, as pressões às quais os trabalhadores estão sujeitos terminam por retardar a comunicação do adoecimento, em conseqüência postergando o seu tratamento. A omissão do trabalhador contribui para que a dor aguda, fisiológica no sentido de funcionar como sinal de alerta do corpo em sofrimento, não seja tratada e nem valorizada como potencialmente crônica, com repercussões importantes[17].

A dor crônica, característica comum de doenças ocupacionais relacionadas ao sistema musculoesquelético, implica em alteração do comportamento psicomotor, podendo levar o trabalhador a estados de ansiedade e depressão. Independentemente da classificação, a dor pode comprometer a performance ocupacional e, em conseqüência, afeta o indivíduo, a sociedade e a economia do país. O fenômeno doloroso pode ser caracterizado de acordo com sua complexidade e variabilidade, sendo o seu mecanismo final determinado por fatores como "o medo, a depressão, a ansiedade, o estresse, a intensidade e a duração da dor"[18].

978-85-7241-726-6

Trajetória da Terapia Ocupacional em Dor no Trabalho

A terapia ocupacional na saúde e no trabalho está voltada ao preparo das pessoas em diferentes contextos socioculturais para serem capazes, de maneira consciente, de decidir suas ações em direção a uma saúde melhor, pessoal, familiar e coletiva, em particular na relação com o trabalho.

A abrangência de atuação da terapia ocupacional na saúde e no trabalho tem evoluído em suas abordagens desde a sua criação, ganhando dimensões importantes no curso do desenvolvimento da profissão. A intervenção tradicional, antes estritamente reabilitadora, tem sido reformulada e ampliada para abordagens de promoção da saúde no trabalho, programas e técnicas preventivas quanto aos riscos de acidente e de adoecimento, programas educativos, de vigilância e de assistência, nos setores público e privado, dentro das empresas e postos de trabalho como membros de equipe ou na forma de consultorias e assessorias, centros de referências, consultórios e ambulatórios. Seu desenvolvimento vem acompanhando as mudanças ocorridas com os avanços tecnológicos nas relações do trinômio homem-trabalho-saúde.

As técnicas naturalmente não invasivas da terapia ocupacional a partir da proposição de atividades analisadas quanto aos mecanismos fisiológicos, psicoafetivos e psicossociais na realização dos objetivos individuais cotidianos se associam com princípios de aprendizagem, modelação do comportamento, informação e reestruturação das atividades produtivas e de vida doméstica. O controle da dor do trabalho não é possível apenas com a intervenção pontual e localizada nas áreas corporais doloridas, tampouco tem sucesso a partir da reeducação das ações neuromusculares fragmentadas, necessitando incorporar a complexidade tanto da dor quanto do trabalho[7]. No modelo de Educação em Saúde do Trabalhador desenhado na perspectiva da terapia ocupacional, o fazer, como atividades de vida diária (AVD) e prática, é usado para promover mudanças, para a reconstrução de estilos de vida, estando inserido em uma lógica que privilegia o corpo e a ação em uma relação que não exclui a mente e a razão[19].

A intervenção depende do conhecimento técnico do terapeuta ocupacional para apreender e analisar o contexto de trabalho, de vida do cliente e das possibilidades reais de intervenção nos fatores desencadeantes do quadro álgico: nas condições de trabalho em geral e no posto de trabalho em particular. Quanto ao indivíduo, o terapeuta ocupacional deve conhecer, além dos componentes ambientais relacionados à experiência da dor vivenciada pelo cliente, o contexto sociofamiliar, a cultura e a significação atribuída ao trabalho, tão centrais na intervenção terapêutica ocupacional para o controle da dor quanto o conhecimento dos componentes psicológicos e comportamentais da experiência estabelecida pelo cliente com o processo de dor nas diferentes fases, dos primeiros sinais da fase aguda à eventual cronicidade. Soma-se, então, o conhecimento da biomecânica dos movimentos causadores da dor no trabalho e os recursos adaptativos de que o cliente dispõe e que pode utilizar na sua realidade[7].

978-85-7241-726-6

Promoção da Saúde

A promoção da saúde no trabalho, entendida como rede de fatores que determinam positivamente a saúde e a cultura de promoção do desenvolvimento individual e organizacional, se diferencia da prevenção de adoecimento em que são identificados fatores de risco. Na promoção, aprofunda-se a gênese da saúde, de modo diferente da prevenção do adoecimento, que se concentra na patogênese.

A intervenção da terapia ocupacional na promoção da saúde está voltada para as respostas positivas perante as exigências físicas, emocionais e sociais do ambiente de trabalho e fora dele e voltada para a criação de um ambiente de suporte no local de trabalho. Promover, do latim *promovere*, para mover, sugere ir além do óbvio, propor, avançar e dar impulso, nesse caso na organização e com os trabalhadores, por meio de método participativo, multidirecional e multissetorial, desenvolvendo conhecimento, valores, atitudes, atendimento a necessidades, comportamentos e políticas, com ênfase no processo e nem tanto nos resultados imediatos[20].

O planejamento da intervenção terapêutica ocupacional é estratégico, seqüencial, centrado mais no problema do que na solução rápida, com ênfase na negociação, operando mudanças no indivíduo quanto à saúde, ao bem-estar, à satisfação, ao conhecimento e às competências, e mudanças na organização quanto ao ambiente físico e psicossocial de longo prazo, relacionando análise de custo, benefício e efetividade. Após identificar e analisar as necessidades, as expectativas e as preferências da população quanto aos objetivos do programa, incluindo instrumentos padronizados de avaliação e técnicas de grupo, o terapeuta ocupacional apresenta e discute os principais resultados visando assegurar tanto a participação em níveis elevados quanto o equilíbrio entre as necessidades de saúde objetivas e subjetivas.

Os indicadores de avaliação são explorados e analisados como indicadores de resultados em índices de participação nas atividades, satisfação com as práticas, melhorias na saúde e no bem-estar e mudanças no clima organizacional. O plano de trabalho é então reformulado a partir desse *feedback* e somado à percepção de novas necessidades, preferências e expectativas. No Brasil, tradicionalmente, os trabalhadores desempenham um papel limitado e sobretudo passivo, em uma realidade dos serviços de saúde ocupacional que funcionam no modelo *topdown*, ou seja, ações a partir de patologias e adoecimento instalado, aumentando a necessidade da implementação de programas de promoção da saúde nas organizações[20].

978-85-7241-726-6

Prevenção do Adoecimento e de Acidentes

Na prevenção do adoecimento e de acidentes de trabalho, em que a dor é o principal sintoma identificado nos postos e nas tarefas de trabalho causadoras do adoecimento, a intervenção da terapia ocupacional no controle da dor é bem mais visível. As atividades tradicionais de segurança e saúde ocupacional derivadas do movimento *wellness* americano apareceram para forjar uma nova ética da saúde com a adoção do estilo de vida saudável pré-programado como novas formas mais ou menos sutis de controle social do trabalho. Em oposição, o modelo operário italiano prega não delegar, não monetizar os riscos e a validação consensual entre trabalhadores.

No Brasil, a realidade predominante é a da política de vigilância e os riscos de adoecimento são evidentes e o adoecimento é uma realidade. A maioria das iniciativas em saúde e trabalho segue o estritamente previsto na legislação, como a instalação das Comissões Internas de Prevenção de Acidentes (CIPA) e, conseqüentemente, as Semanas Internas de Prevenção de Acidentes no Trabalho (SIPAT) que muitas vezes reproduzem as pré-determinações temáticas do *wellness* em programas informativos e não necessariamente formativos.

Como o adoecimento já está instalado pela manifestação da dor, ambas as abordagens de promoção e de prevenção são importantes, uma para eliminar ou restringir o processo de adoecimento e outra para impedir que mais pessoas sejam acometidas pela dor no trabalho[20]. A graduação em terapia ocupacional aborda os quadros álgicos das patologias mais comumente encontradas nos mapeamentos de risco em saúde no trabalho registrados no Brasil e a intervenção ergonômica deverá ser considerada como especialidade para a intervenção organizacional propriamente dita[20].

O terapeuta ocupacional tem conhecimento profundo do processo patológico que acomete o trabalhador e deverá direcionar parte importante do seu tempo de atuação em cuidados diretos para tratá-lo física e emocionalmente, mas como a dor no trabalho é sindrômica, o terapeuta ocupacional deverá conhecer e intervir nos outros componentes da dor, que é multicausal por excelência.

O contrato psicológico, uma extensão de tudo que os filósofos sociais escreveram sobre contratos sociais na esfera organizacional em que o trabalhador como indivíduo e o empregador como representante da política organizacional criam expectativas a partir das necessidades internas daquilo que aprenderam uns com os outros, de tradições, normas e da experiência passada, funciona como um contrato dinâmico que muda quando mudam as expectativas de quaisquer dos atores do processo, constantemente negociável.

O contrato psicológico remete de modo direto à compreensão e ao exame das relações de poder e autoridade. Independentemente do sistema adotado, é importante lembrar os conceitos da relação entre a dor e o trabalho que transcendem o momento e remetem, inclusive, à história da humanidade. As técnicas de dinâmica de grupo são as melhores estratégias para o terapeuta ocupacional conhecer e atuar em processos de intervenção coletivos, como em atividades de informação, orientação e até mesmo voltadas para atingir o aprendizado compreendido como incorporação das informações no fazer do trabalho.

978-85-7241-726-6

Grupos nas Organizações de Trabalho

No trabalho existem tanto os grupos formais quanto os grupos informais. Os formais são deliberadamente criados por dirigentes com a finalidade de desempenhar tarefas específicas, podem ser temporários, criados para uma determinada missão, ou permanentes, como diretorias ou unidades de trabalho nos diferentes departamentos[21]. Os informais têm uma função contra-organizacional e funcionam como ferramenta de sobrevivência para combater tendências coercitivas da organização. Podem se organizar das seguintes formas: de modo horizontal, quando seus membros pertencem a categorias próximas ou à mesma categoria e trabalham mais ou menos na mesma área; de modo vertical, quando composto por membros de diferentes níveis e surge por conhecimento prévio dos membros, ou porque necessitam uns dos outros para a consecução de seus objetivos; e mistos, para atender a interesses comuns ou necessidades funcionais que a organização não satisfaz.

As funções psicológicas individuais nos grupos são as necessidades de associação, sentimento de identidade que ajuda a estabelecer e testar a realidade social, reduzir a insegurança, a ansiedade e o sentimento de impotência, os mecanismos de solução de problemas na realização das tarefas, a manutenção da auto-estima e o meio de obter informações. Para que haja grupos na realidade de trabalho, é necessário que o ambiente permita e estimule o aparecimento de grupos lógicos fornecendo tempo livre e horário, mas o grau em que esses grupos estruturados logicamente passam a atender às necessidades psicológicas depende em grande medida do ambiente gerencial, do tipo de tarefa envolvida e do êxito ocorrido em experiências anteriores, considerando, inclusive, o tipo de liderança grupal de que se dispõe.

978-85-7241-726-6

Os grupos nas organizações são diferentes dos grupos terapêuticos, focais, ou operativos, principalmente porque o trabalho em si afeta a condição de membros de um grupo, como nas reuniões de equipe em que o trabalhador não quer se sentir constrangido perante seus colegas admitindo a presença de problemas, nas comissões compostas por representantes de diversos departamentos em que o trabalhador, preocupado com a representação, dificilmente se identifica com os outros, e na relação de constante negociação que se dá no trabalho. O recurso é fornecer aos membros a experiência comum suficiente para permitir o aparecimento de um sistema de comunicação e de um clima de confiança.

A atuação da terapia ocupacional em grupo para o controle da dor não pode prescindir da definição de grupo: conjunto de pessoas que interagem umas com as outras, psicologicamente conscientes umas das outras e que se percebem como grupo. A partir desse entendimento se acentua a crítica aos programas de ginástica laboral indiscriminada, ou qualquer outra forma de intervenção com pré-determinações, principalmente se forem oriundas da direção da organização e não partirem dos trabalhadores. Agrupamentos de pessoas não são grupos, não interagem, não se percebem como grupo, ainda que tenham consciência umas das outras: um departamento, um sindicato, uma organização de trabalho.

Isso posto, o recurso terapêutico ocupacional organizado na intervenção em grupo, de tamanho limitado pelas possibilidades mútuas de percepção consciente, pode funcionar de maneira positiva como regulação das diferentes formas de pressão que interferem no modo operatório, na medida em que as vivências e as informações compartilhadas se aproximam da formação do coletivo de trabalho que minimiza os efeitos da pressão: a obrigação, a regra e a exigência de moderação[7].

Para dirigir a intervenção terapêutica ocupacional por meio de grupos, reconhecendo que o conflito é uma constante no processo de aprendizagem, a naturalização do modo operatório será criticada com o cotidiano em que se compreende o ser humano como um ser de necessidades e parte de uma complexa trama de vínculos e relações sociais e de trabalho, em que a dor é o sinal de rompimento da estabilidade anteriormente constituída.

978-85-7241-726-6

Colocação, Recolocação e Reabilitação Profissional

Quando a dor já atingiu intensidade tal que a ocupação do mesmo cargo ou função deva ser alterada, a intervenção da terapia ocupacional na dor do trabalho associa os programas de atenção direta na sensação de dor com a colocação e a recolocação no trabalho. A colocação no trabalho é para aqueles que ainda não tiveram períodos prolongados de afastamento para cuidar da saúde e a recolocação é para os casos em que o trabalhador está a tanto tempo longe das atividades produtivas e de trabalho que haverá a necessidade de treinamento intensivo, muitas vezes associado com a formação profissional, para que possa retornar ao trabalho.

Compreendendo-se que a saúde e o bem-estar são influenciados pela habilidade de aglutinar ocupações e trabalho ao longo da vida, o afastamento do trabalho ou as mudanças na ocupação podem conduzir ao aumento da dependência, à falta de confiança e à depressão. Inversamente, restaurar uma ou mais habilidades individuais independentes, com escolha e controle na execução, aumenta a satisfação com a produtividade e com a vida. A terapia ocupacional recupera o conceito original de ocupação, além do conceito de trabalho econômico, incluindo cuidados pessoais, apreciar a vida em atividade de lazer e participar das áreas principais da vida na esfera social e econômica de cada comunidade. Na realidade das dores crônicas, a terapia ocupacional atua para desdobrar, eliminar, ou minimizar as barreiras que impedem ou dificultam a participação dos trabalhadores nos seus locais de trabalho e nas suas atividades diárias.

Partindo do exame não só dos efeitos físicos da dor, mas também dos componentes psicossociais, da comunidade e do ambiente que influencia a função, depois de uma avaliação das habilidades com base em testes padronizados e reconhecidos, o terapeuta ocupacional atua com o indivíduo para identificar, tão rápido quanto possível, as soluções adaptativas que permitirão recomeçar suas ocupações diárias, inclusive o trabalho, escolhidas e apreciadas antes da ocorrência da dor[22]. Pode incluir adaptações nos horários, no ritmo e nos equipamentos com recomendações para a aproximação do significado das atividades anteriormente executadas, assegurando monitorização constante do aparecimento ou agravamento da dor. Embora firmemente centrados no cliente, os terapeutas ocupacionais atuam de modo cuidadoso na coordenação dos planos de progressão das funções à alta do programa, nos ajustes e negociações com os empregadores, com outros profissionais da saúde e com membros da comunidade e da família.

Ainda existem os casos em que o trabalhador perdeu o vínculo empregatício e a reabilitação profissional visa à inserção da pessoa no mercado de trabalho, atuando junto à pessoa e à sociedade, com ações internas nas empresas, nas áreas de produção e com ações externas voltadas para a trabalhabilidade e empregabilidade. As ações internas voltam-se para quatro áreas da empresa: produção, recursos humanos ou gerenciamento de pessoas, serviços de segurança e medicina do trabalho (SESMT) e direção empresarial para o desenvolvimento de programas de terceirização, com o fornecimento de subcontratos aos centros de reabilitação profissional ou às cooperativas. Uma pessoa tem trabalhabilidade quando apresenta capacidade para desenvolver um trabalho e possui as habilidades requeridas para a função considerada. Uma pessoa tem empregabilidade quando é capaz de obter e manter o emprego.

978-85-7241-726-6

A atuação junto à sociedade permite a inserção da pessoa nos serviços regulares de saúde, educação e trabalho e a implantação de serviços especiais para quem apresenta necessidades especiais, tamanho o grau de incapacidade causado pelo adoecimento proveniente da dor no trabalho. A terapia ocupacional para o retorno ao trabalho atua em: avaliações da capacidade funcional para determinar o índice de funcionalidade e incapacidade; desenvolvimento de diagnósticos e prognósticos das demandas físicas em locais de trabalho; análise e procedimentos de transferência de aprendizagem; teste de aptidão vocacional e relacionamento das aptidões neuropsicológicas e vocacionais com implicações funcionais; desenvolvimento de programas de controle ou gerenciamento do estresse e da dor; promoção da saúde no trabalho; avaliação, diagnóstico e intervenção adaptativa em locais de trabalho; desenvolvimento de programas de retorno ao trabalho por meio de colocação e recolocação profissional; atuação na busca de trabalho e emprego; treinamento e educação para o trabalho.

Procedimentos de Avaliação

978-85-7241-726-6

Os procedimentos de avaliação da dor no trabalho, como outros procedimentos de avaliação, se referem ao processo de obtenção e interpretação de dados para a intervenção e incorporam todas as medidas que compõem os mais variados protocolos, tanto da dor quanto do trabalho[7,22]. O formato dos procedimentos e das medidas é variável: observação, entrevistas e narrativas, revisão de prontuários e registros do controle de saúde da organização, testes padronizados ou próprios do departamento de saúde da empresa, procedimentos sistemáticos de observar e registrar comportamento, performance e influências do ambiente no curso do trabalho, descrição da manifestação da dor relacionando-a aos procedimentos do trabalho.

A análise e a interpretação da informação coletada e construída no processo de avaliação baseiam-se no conhecimento, na experiência e na observação incontestável da relação do trabalhador com o seu trabalho no local onde se desenvolve, agregando e combinando os componentes objetivos mensurados e a subjetividade interpretativa, tanto do trabalhador com dor quanto do terapeuta ocupacional[22].

As avaliações específicas do trabalhador com dor incluem:

- Histórico da dor, com maior detalhamento possível das situações em que o trabalhador começou a senti-la incomodando-o o suficiente para se lembrar dela, com quais atividades de trabalho se associa e se essas tarefas são motivos de agravamento da dor; quando a dor se intensificou e se é possível fazer alguma ligação com o desenvolvimento de uma ou outra tarefa específica no trabalho atual.
- Exame sensorial da dor específica, incluindo sua caracterização quanto a intensidade, manifestação, localização e descrição adjetivada dos sintomas.
- Avaliação musculoesquelética e miofascial, incluindo amplitude de movimentos passivos e ativos, arco doloroso, força muscular e pontos-gatilho durante a execução dos movimentos.
- Avaliação da capacidade funcional, tanto por meio de entrevistas, dinâmicas ou aplicação de instrumentos padronizados de autopercepção quanto por observação, simulada e *in loco*; avaliação psicossocial, da cognição da dor, das estratégias de *coping*, de significação e de capacidade para o trabalho.

Entrevistas e Narrativas

O histórico da dor é avaliado a partir de uma relação híbrida entre métodos qualitativos e quantitativos. A dor é o principal sintoma e deve constar localização, intensidade, caráter, irradiação, periodicidade e fatores de piora, de melhora, que modificam, ou que a acompanha. Cada pessoa é única, deve ser avaliada como um todo, de forma integrada e a singularidade de seu caso deve ser analisada cuidadosamente. Assim, além da história, realiza-se uma investigação dos antecedentes pessoais, familiares, psicológicos e do estilo de vida, como sedentarismo, hábitos alimentares, conhecimentos sobre posturas à cognição.

Com os primeiros registros, incluindo os dados demográficos, inicia-se o julgamento clínico. Questionadas as circunstâncias clínicas e psicossociais do início dos sintomas, busca-se: conhecer a capacidade funcional, a disposição geral e a saúde física e emocional; elucidar distúrbios clínicos subjacentes importantes, como comorbidade de determinado ciclo da vida, efeito de medicação, ou patologias associadas; registrar a duração e as circunstâncias da sintomatologia direta ou indiretamente associada com a dor no trabalho; e, finalmente, estimular a elaboração avaliativa do impacto dos sintomas sobre o estilo de vida, tanto no trabalho quanto nas relações sociais.

As decisões sobre quais protocolos de avaliação padronizada melhor respondem às queixas iniciais começa com o procedimento da entrevista, em que a interpretação da narrativa é analisada e processada. A dor é um sintoma individual e subjetivo que só pode ser compartilhado a partir da narrativa de quem a sente[20,22,23]. Acreditar na queixa do trabalhador e reconhecer e dimensionar o efeito que a dor desencadeia na realidade do trabalho e na realidade sociofamiliar é tão importante quanto buscar associação entre os dados obtidos na narrativa da entrevista inicial, nos resultados dos exames e nas avaliações específicas por área de disfunção[22].

A narrativa, como outros procedimentos de avaliação, pode não ser suficiente, inclusive porque na realidade de trabalho há a necessidade de apresentação de dados objetivos que favoreçam o nexo causal com o trabalho, necessário para concessão de licenças para tratamento, colocação em postos e funções de trabalho diferentes daquelas que geram adoecimento e até aposentadorias.

978-85-7241-726-6

Exame Físico

O exame físico da pessoa que sente dor proveniente da relação com o trabalho é similar ao de qualquer outro acometimento ou disfunção física atendida pela terapia ocupacional, acrescentando-se o mapeamento dos pontos-gatilho ou *tender points*, o registro do arco doloroso do movimento ativo e passivo dos membros superiores, inferiores e da coluna, os testes específicos de cada diferencial diagnóstico das afecções neuromusculoesqueléticas e as provas para a coluna[24,25].

A inspeção é a observação cuidadosa, registrando-se coloração, temperatura, presença de cicatrizes na pele e, principalmente, observando-se a postura adotada, em geral antálgica ou de proteção da área dolorosa. Na palpação se procuram zonas dolorosas, nódulos, edemas, espessamentos e amplitudes de movimentos fisiológicos, observando-se possíveis compensações e registrando-se a partir de quando a pessoa examinada refere dor. O mapeamento doloroso pode ser registrado em diagramas da figura humana em que a pessoa examinada colore as regiões do corpo indicando a intensidade da dor com cores diferenciadas pela gravidade das sensações.

A palpação dos *tender points* ou pontos-gatilho é executa com o aparelho dolorímetro, cuja pressão atinge até 4kg/f e a resposta à dor em geral começa com aproximadamente 2kg/f de pressão, sendo necessário algum treinamento para encontrar os locais corretos onde deve ser exercida a pressão. O estímulo pode ser mesclado com outros pontos próximos aos pontos-gatilho para evitar tanto o ferimento pelos exames sucessivos dos diferentes profissionais de saúde quanto as respostas simuladas daquelas pessoas por ventura mal-intencionadas que conhecem o exame. Considera-se fibromialgia quando pelo menos 11 dos 18 pontos apresentam resultado positivo ao exame com dolorímetro[24,25] (Fig. 10.3 e Quadro 10.1).

978-85-7241-726-6

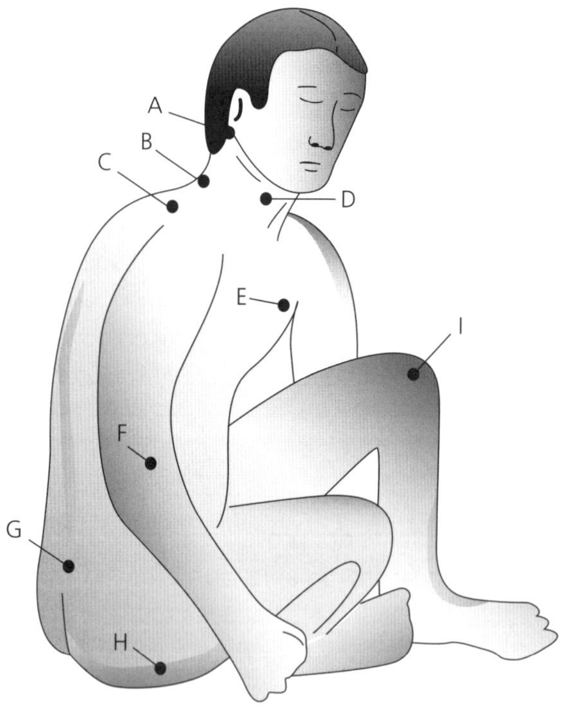

FIGURA 10.3 – Imagem humana com indicação dos *tender points* ou pontos-gatilho (bilaterais), necessários no exame para diferenciação de diagnóstico da fibromialgia[24] (ver Quadro 10.1 para referências anatômicas).

Quadro 10.1 – Referências anatômicas para o exame dos *tenders points* ou pontos de gatilho para o diferencial diagnóstico da fibromialgia[24]
A – *Extensor capital:* abaixo da nuca, no côndilo occipital
B – *Esternocleidomastóideo:* na metade do ventre muscular
C – *Intercostal:* segundo espaço intercostal, lateralmente ao osso esterno
D – *Trapézio:* metade do ventre muscular das fibras superiores
E – *Supra-espinhal:* na origem, acima da espinha da escápula, perto da borda medial
F – *Músculo extensor radial do carpo:* no ventre, 2cm distalmente ao epicôndilo lateral
G – *Vasto medial oblíquo:* região medial do joelho, onde há acumulo de gordura
H – *Glúteo:* região externa e superior à nádega
I – *Piriforme:* região exatamente posterior ao trocanter, perto da inserção
As letras são referentes às áreas anatômicas indicadas na Figura 10.3.

978-85-7241-726-6

A mobilização passiva e os registros goniométricos são importantes quando existem perdas estruturais das amplitudes de movimentos, pois em outros casos são dados com grande chance de serem distorcidos pela presença da dor que impede de completar os arcos de movimento da região comprometida. Portanto, registram-se os arcos dolorosos, ou seja, a partir de qual ângulo de movimento estimado se inicia e eventualmente termina a manifestação da dor. O arco doloroso é um dado de exame importante para acompanhar a evolução do tratamento, embora a experiência mostre que em situação de exame as amplitudes de movimento são mais restritas do que em atividades lúdicas durante a intervenção terapêutica ocupacional e, portanto, outros registros devem ser feitos para acompanhar a evolução após o exame inicial.

A força muscular é mensurada por provas manuais de função. Para as funções de preensão, utilizam-se dinamômetros de preensão não manipulativa e pinças. A força pode estar diminuída pelo desuso dos segmentos corporais em posturas de proteção continuada contra a dor. Nos casos em que há referência de formigamento ou perda de sensibilidade, incluímos no exame físico o teste de sensibilidade com os monofilamentos, podendo ser substituídos por um objeto pontiagudo e um chumaço de algodão quando não houver registro de alterações da inervação periférica.

O exame físico dos membros superiores se conclui com provas ou testes de habilidade manual que podem ser padronizados para possibilitar a comparação populacional, em particular quando há referências de quedas de objetos das mãos ou perda da destreza manual[22]. Alcançar, pegar, agarrar, pinçar, sustentar, elevar e encaixar com destreza e velocidade são os registros pretendidos pelos diferentes testes de habilidade manual que, diversamente do que será questionado com os instrumentos padronizados de autopercepção, permitem a observação do desempenho, uma vantagem importante a ser considerada[22,26] (Tabela 10.1).

O exame da coluna se inicia com a observação de algumas características da face, proporcionalidade entre o tronco e os membros superiores e inferiores, busca de traços que sugiram alterações genéticas ou endócrinas e o perfil muscular. A mobilidade, na presença de encurtamentos musculares, em geral está comprometida, em particular nos quadros álgicos das dores na coluna lombar e dorsal. O exame da coluna vertebral realiza-se em todos os seus segmentos para uma melhor diferenciação entre os diversos acometimentos por segmento vertebral[27].

No exame da coluna vertebral cervical busca-se contratura com ou sem desvios, com a observação dos ombros de frente e de perfil, incluindo o seu alinhamento caso se apresente anteriorizado. Segue-se a palpação dos músculos, com pesquisa de contraturas, retrações, ou rupturas, sendo o músculo trapézio o mais acometido com contraturas nos processos crônicos. Os processos espinhosos são palpados em busca de pontos dolorosos. A seguir, se estudam os movimentos de extensão, flexão, rotação e inclinações laterais, executados de modo ativo pelo paciente e de maneira passiva pelo terapeuta ocupacional. Na flexão, o queixo deve tocar a região anterior do tórax; na extensão, o olhar deve se dirigir ao teto; na rotação, o queixo deve se alinhar ao ombro e na inclinação lateral a orelha deve se aproximar do ombro, mediante inclinação em 45° do pescoço[27].

Para o exame da coluna lombar, observa-se a pessoa com menos roupa possível, ou com uma roupa que permita visualizar o contorno corporal, inicialmente de costas, para analisar o nível ou desnível de ombros, seios e pelve. Se ocorrer alteração no ângulo formado entre o braço e o tronco e desnivelamento da pelve, verificar a diferença de tamanho dos membros inferiores. A seguir, observar a coluna lateralmente em suas curvaturas, com ênfase na cifose torácica e na lordose lombar. A palpação busca pontos dolorosos e contraturas da musculatura paravertebral. A mobilidade da coluna lombar é pesquisada na flexão quando a pessoa se inclina anteriormente tentando tocar os pés com as mãos, com os joelhos estendidos, e na extensão curva-se para trás o máximo que puder, fixando o olhar no teto. A inclinação lateral é testada com o terapeuta ocupacional fixando com suas mãos as cristas ilíacas e solicitando à pessoa que se incline. Para testar a rotação da coluna, uma das mãos se fixa à pelve e a outra ao ombro, observando a rotação da coluna toracolombar.

978-85-7241-726-6

978-85-7241-726-6

TABELA 10.1 – Avaliações e testes para detecção de distúrbios neuromusculoesqueléticos dos membros superiores[26]

Patologias tendíneas inflamatórias	Teste	Procedimento e resultado
Tenossinovite ocupacional		
Tenossinovites estenosantes – dedo em gatilho	Estalido ao forçar a extensão do dedo	Impossibilidade de estender normalmente o dedo – bloqueio mecânico
Tenossinovite estenosante: síndrome de De Quervain	Teste de Filkenstein	Colocar o polegar aduzido e fletido dentro da palma da mão e mover rapidamente o punho em lateralidade ulnar. Haverá dor e desconforto pela passagem súbita dos tendões do extensor curto do polegar e abdutor longo do polegar, além dos tendões acessórios, por dentro do primeiro compartimento dorsal que, geralmente, está septado ou reduzido pela inflamação
Tendinite da cabeça longa do bíceps	Teste de Abbott-Sauders: avalia a estabilidade da cabeça longa do bíceps dentro da goteira bicipital	Iniciar o movimento com o membro superior totalmente abduzido e em rotação externa. Baixá-lo lentamente com o bíceps contraído. Um clique palpável, audível e doloroso é percebido se o teste for positivo
	Teste de Ludington: avalia a estabilidade da cabeça longa do bíceps na goteira bicipital	Entrelaçar os dedos de ambas as mãos atrás da cabeça e contrair o bíceps. O teste é positivo quando o paciente tiver a impressão de que a cabeça longa do bíceps se deslocou
	Teste de Yergason: avalia a tendinite da cabeça longa do bíceps	Dor na goteira bicipital quando o paciente flete ativamente o cotovelo e supina o antebraço
	Teste de Lipmann: avalia a estabilidade da cabeça longa do bíceps na goteira bicipital	Palpação direta da cabeça longa do bíceps logo abaixo da goteira bicipital com o membro mantido em posição neutra. O teste será positivo quando se consegue deslocar a cabeça longa do bíceps de um lado para outro
Tendinite do supra-espinhal – síndrome do impacto	Teste de Appley: avalia a tendinite do manguito rotador – *impingement*	Pelo estiramento do manguito rotador e da bursa subacromial, obtida pela rotação interna forçada: coçar as costas
	Teste de Jobe: avalia a tendinite do manguito rotador – *impingement*	Pela comparação da força de rotação externa entre os dois membros superiores, na posição de abdução do ombro em 90°

(*Continua*)

Tabela 10.1 – Avaliações e testes para detecção de distúrbios neuromusculoesqueléticos dos membros superiores[26] (*Cont.*)

Patologias tendíneas inflamatórias	Teste	Procedimento e resultado
Tendinite do supra-espinhal – síndrome do impacto	Teste de Neer: avalia a tendinite do manguito rotador – supra-espinhal durante a compressão subacromial	A mão esquerda do examinador fixa a escápula na sua posição de repouso e a mão direita eleva rapidamente o membro superior produzindo impacto entre a grande tuberosidade da cabeça do úmero e a porção anterior e inferior do acrômio. O teste é positivo quando o cliente referir dor súbita
	Teste de Patte: avalia a tendinite do manguito rotador – supra-espinhal	O paciente eleva ambos os membros superiores com os cotovelos estendidos no plano da escápula entre 40 e 45° na flexão do plano sagital. Realiza-se uma comparação da força de elevação entre os dois membros superiores. O lado comprometido terá menos força
Epicondilite lateral	Palpação do epicôndilo lateral durante extensão forçada de punho e dedos	Dor à palpação
Epicondilite medial	Palpação do epicôndilo medial durante a flexão forçada dos dedos	Dor à palpação
Neuropatia periférica compressiva		
Síndrome do desfiladeiro torácico	Teste de Adson: avalia o grau de compressão do plexo braquial	Palpação do punho, face radial, com o paciente mantendo o membro superior abduzido em 90°, em rotação externa e com a cabeça virada para o lado oposto ao lado do teste
	Teste de Roos: avalia o grau de compressão do plexo braquial	O paciente se mantém com os braços abduzidos em 90° e rodados externamente, realizando movimentos lentos de abrir e fechar a mão durante 1 a 3min. O teste é positivo quando é referida dor, formigamento ou sensação de peso no membro superior acometido
	Teste de Wright: avalia o grau de compressão do plexo braquial	Palpação do punho, face radial, com o paciente mantendo o membro superior abduzido a 90° e em rotação externa, com a cabeça virada para o mesmo lado do teste

Síndrome do supinador	Exame local	Dor ao movimento passivo brusco e à palpação
Síndrome do pronador redondo	Sinal de Tinel: positivo na parte proximal do antebraço, bem como à compressão digital do antebraço volar proximal, que reproduz a parestesia na região do nervo mediano. Sinal de Phalen negativo	Dor com a pronação resistida do antebraço e flexão do punho: compressão no músculo pronador redondo
Síndrome do túnel cubital	Teste de Tinel: digitopercussão sobre a área de um nervo periférico	Será positivo quando produzir dor e hiperestesia em razão do processo patológico estabelecido no nervo
Síndrome do túnel do carpo	Teste de Phalen: avalia a compressão do nervo mediano	Flexão do punho em 90° ou extensão – Phalen invertido, causando pressão aumentada no túnel do carpo, com cotovelos estendidos para evitar confusão com o teste positivo do cotovelo flexionado. Se o nervo mediano estiver previamente comprimido, o teste produzirá dor e hipoestesia em menos de 1min na respectiva área inervada
	Teste de Tinel: percutir o punho volar	Sensação de latejamento ou choque se houver comprometimento do nervo mediano
	Teste de Guilliat-Wilson: avalia a compressão do nervo mediano	Aplicação de um manguito pneumático inflado por mais de 1min no braço. Haverá parestesia e dor em toda a mão
Síndrome do canal de Guyon ou da compressão digital	Sinal de Froment: positivo	Flexão da falange distal do polegar durante a pinça lateral ou de chave, pela fraqueza ou paralisia do adutor do polegar
	Sinal de Wartenberg: positivo	Incapacidade para aduzir o quinto dedo com todos os dedos estendidos
	Sinal de Tinel	Positivo na região do canal

(*Continua*)

978-85-7241-726-6

Tabela 10.1 – Avaliações e testes para detecção de distúrbios neuromusculoesqueléticos dos membros superiores[26] (*Cont.*)

Patologias tendíneas inflamatórias	**Teste**	**Procedimento e resultado**
Síndrome do canal de Guyon ou da compressão digital	Teste de flexão do punho ou da compressão digital	Provoca parestesia
Outras patologias causadoras de dor no membro superior		
Síndrome tensional do pescoço	Teste de Spurling: avalia hérnia de disco cervical ou condição que produza dor na raiz nervosa cervical	Compressão axial da cabeça com leves movimentos de lateralização. O teste será positivo quando o paciente referir dor cervical com irradiação para o membro superior acometido
Radiculopatia cervical	Exame	Dor à movimentação
Hérnia de disco da coluna	Teste de Valsalva: avalia hérnia de disco ou etiologia intratecal	Solicita-se ao cliente que tussa ou sopre a mão. Em caso positivo aparecerá dor no local

978-85-7241-726-6

Instrumentos Padronizados e de Autopercepção

978-85-7241-726-6

Após colher e sistematizar as informações do histórico clínico, ocupacional e de trabalho e realizar o exame físico, o terapeuta ocupacional estabelece associações entre área com dor por disfunções encontradas e a realidade psicossocial, funcional e psicoafetiva da pessoa com dor, podendo ser necessária e recomendada a complementação das informações por meio de instrumentos padronizados de avaliação e mensuração. A padronização refere-se a construtos, procedimentos e classificações fixados que devem ser seguidos de modo rigoroso durante a aplicação dos instrumentos, visando garantir a consistência, a confiabilidade e a validade dos resultados que poderão ser posteriormente comparados a parâmetros populacionais[22,23].

Apesar dos inúmeros instrumentos de avaliação padronizados existentes na literatura estrangeira e brasileira, a maioria se configura como instrumento em que a pessoa com dor responde às perguntas a partir de sua percepção, ou seja, são de autopercepção[22,23]. Poucos são aqueles que operam como roteiros de observação das ações ocupacionais, em especial na realidade de trabalho que é a fonte do processo de adoecimento, além de poucos dirigirem-se especialmente às ações desenvolvidas nos contextos produtivos, restringindo-se aos cuidados diários e de vida doméstica.

A escolha de qual instrumento padronizado de avaliação responde melhor à realidade de quem está cuidando para quem está sendo cuidado depende de: contexto clínico ou de ensino e pesquisa; objetivos do teste, se para levantamentos epidemiológicos, triagens, acompanhamento, ou prognóstico da dor; obtenção de dados gerais sobre o estado de saúde e bem-estar, ou de capacidades e domínios específicos; treinamento do terapeuta ocupacional para leitura e interpretação dos resultados, preferencialmente intuitivos, se utilizados no contexto clínico, evitando-se os instrumentos que exigem cálculos estatísticos e ponderações avançadas para compilação dos resultados, mais aplicados em pesquisas acadêmicas.

As vantagens da utilização de instrumentos padronizados de avaliação e medida são inúmeras, embora jamais possam ser considerados como fontes únicas do processo de avaliação, nem tampouco ser utilizados de modo isolado e descontextualizado: possibilidade de comparações da evolução do indivíduo durante a intervenção, inclusive com registros gráficos e estatísticos; comparações com parâmetros populacionais; ordenação de prioridades da intervenção.

Classificadas entre escalas uni e multidimensionais, além daquelas para populações especiais, Silva e Ribeiro-Filho, em edição primorosa sobre avaliação e mensuração de dor, ensinam o significado da mensuração, suas variações, construções, aplicabilidade e apresentam os instrumentos de medida da dor[23]. As escalas unidimensionais são: Escala de Categoria Numérica (NRS, *Numeric Roting Scale*); Escala Visual Analógica (*Visual Analogue Scale*); Escala de Categoria Verbal (*Verbal Roting Scale*); Escala de Categoria Visual ou Escala Facial de Dor (*Fascial Pain Scale*); e Escala de Categoria Razão de Borg. As escalas multidimensionais são: Inventário de Avaliação Inicial de Dor; Inventário Breve de Dor (*Brief Pain Inventory*); Diagrama Corporal de Localização e Distribuição Espacial da Dor; Questionário McGill de Dor (*McGill Pain Questionnaire*); Perfil de Percepção de Dor (*Pain Perception Profile*); Escala de Avaliação de Dor Relembrada (*Memorial Pain Assessment Card*); Escala de Descritor Diferencial; e Inventário Multidimensional de Dor (*Multidimentional Pain Inventory*)[23].

Entre os instrumentos considerados atitudinais ou dirigidos a especificidades diagnósticas, Angelotti e Sarda Jr. apresentam o Inventário de Atitudes Frente à Dor (IAD) e a Escala de Dor Multidimensional West-Haven[28]. Entre as medidas por diagnóstico, Pinheiro, Tróccoli e Carvalho normatizam o Questionário Nórdico de Sintomas Osteomusculares como medida de morbidade; existe ainda o Questionário do Impacto da Fibromialgia (FIQ, *Fibromyalgia Impact Questionnaire*), mas poucos são os instrumentos de avaliação da capacidade funcional no trabalho[29,30].

978-85-7241-726-6

Capacidade Funcional

A capacidade funcional é medida por um conjunto de testes físicos e cognitivos associados com instrumentos de autopercepção multidimensionais variados. A capacidade funcional para o trabalho acrescenta testes e medidas de habilidades exigidas no desempenho da função exercida no cargo, ou pretendida quando em situação de seleção ou de disputa promocional. A dor não aparece nos protocolos clássicos de avaliação da capacidade funcional, a não ser na forma de diagnósticos ou de sensações mórbidas[22,23]. A avaliação da capacidade funcional se assemelha às avaliações para capacidade de trabalho, uma vez que a dor, multidimensional como é, relaciona-se de modo direto às sensações de adoecimento, diagnósticas, registradas ou não, como no instrumento padronizado auto-aplicável, o Índice de Capacidade para o Trabalho (ICT)[31-33]. A proposta do instrumento de autopercepção é saber quão bem está ou estará o trabalhador no momento e no futuro próximo e quanto está e estará capaz para executar seu trabalho quanto às exigências deste, seu estado de saúde e sua capacidade física e mental[22].

Nos estudos em que o ICT foi relacionado à análise ergonômica, encontraram-se associações entre a gravidade da dor e os resultados computados no teste[32,33]. Os fatores organizacionais, como o estilo gerencial coercitivo com quadros de dores constantes, ilustram a similaridade do controle da dor e do controle do estresse quando, para não agravar o sofrimento, os trabalhadores encontram alternativas na organização informal de trabalho como forma de adaptação às adversidades[32]. Paradoxalmente, em outro estudo, apesar das altas intensidades de dor registradas, não se confirmam baixos índices de capacidade para o trabalho, sugerindo mais uma vez certa cautela quanto à utilização isolada dos indicadores de autopercepção, ao mesmo tempo em que afirmam a análise da atividade ergonômica do trabalho como medida empírica para detecção e complementaridade na avaliação da capacidade funcional em contextos produtivos[32].

Outros instrumentos de avaliação das atividades de vida diária (AVD), prática e de administração do cotidiano, genéricos ou dirigidos às disfunções ocupacionais, podem fornecer dados complementares de saúde e bem-estar, em particular se o controle da dor durante o trabalho afeta a participação em atividades sociofamiliares e de lazer. Consideradas as características psicométricas dos diferentes instrumentos padronizados e as diferentes finalidades na sua utilização, os mais conhecidos na prática da terapia ocupacional são: o SF-36 Pesquisa em Saúde, originalmente denominado *Medical Outcomes Study 36-Item Short-Form Health Survey*; o Perfil de Saúde de Nottingham (PSN), originalmente denominado *Nottingham Health Profile*; o *Stanford Health Assessment Questionnaire* (HAQ); e a Avaliação de Incapacidade do Braço, Ombro e Mão, originalmente denominada *Disabilities of the Arm, Shoulder and Hand* (DASH)[22].

978-85-7241-726-6

Acometimento e Distúrbios da Dor no Trabalho

Membros Superiores

A sensação de dor exerce influência variada sobre o indivíduo pela excitação fisiológica produzida como reação a um estímulo nociceptivo, pela variedade de evidências ambientais e a aprendizagem associada e pelos comportamentos e emoções que resultam desse processo de aprendizagem, secundariamente condicionado à ocorrência de dor e desconforto[34].

Por meio dos membros superiores, o homem pode tocar, sentir, comunicar-se, expressar-se e realizar atividades cotidianas, sendo essas funções importantes que o permitem estar em contato com o mundo e se relacionar socialmente. As lesões reais ou potencialmente dolorosas, quando localizadas ou irradiadas nos membros superiores, em geral implicam em comportamento antálgico caracterizado pela adoção de posturas de alívio e por reações de proteção do membro afetado que terminam interferindo nessa interação do homem com o mundo. As ações e reações que configuram o comportamento doloroso são carregadas pelas emoções e representações simbólicas de cada indivíduo, sendo incorporadas e aprendidas, gerando um padrão de repetição inadequado que pode resultar em seqüelas musculoesqueléticas e agravamento da dor.

A síndrome complexa de dor regional (SCDR), anteriormente denominada distrofia simpático reflexa, a fibromialgia (FM) e os DORT, antes denominados LER, são comumente conhecidos como síndromes de dores crônicas benignas que, em geral, respondem de modo insatisfatório às modalidades convencionais de tratamento. Como conseqüência, essas síndromes atingem e diminuem o bem-estar e a qualidade de vida das pessoas e aumentam a utilização de recursos e serviços de saúde, a partir da prevalência elevada entre os processos de adoecimento no trabalho, com grande impacto socioeconômico na sociedade corporativa[35]. Como faltam bases científicas sólidas e principalmente abrangentes dessas síndromes, os sinais e sintomas são interpretados com freqüência como de origem puramente psicológica ou psicossocial.

Tem sido estabelecida alguma similaridade nas manifestações clínicas, como fatores de risco, faixa etária de acometimento, distribuição de gênero e outras características sociodemográficas. Essas similaridades complicam ainda mais o diferencial diagnóstico, muitas vezes porque os procedimentos diferenciais são negligenciados, promovendo uma generalização em que os DORT aparecem como FM ou SCDR e até mesmo a FM é tratada só psiquicamente, entre outras dificuldades de diferencial diagnóstico no cotidiano desses trabalhadores.

978-85-7241-726-6

Síndrome Complexa de Dor Regional

Na sua maioria, as atividades de vida diária, prática e de trabalho dos indivíduos com SCDR estão comprometidas. Há alteração na motricidade voluntária do membro superior, com prejuízo da preensão de força e manipulativa. A convivência diária com a dor acarreta a adoção de um padrão auto-alimentador caracterizado por dor-imobilização-edema-desuso-dor, que compromete, de modo gradativo, a independência funcional do indivíduo[35].

A intervenção precoce aumenta a qualidade terapêutica ocupacional. A abordagem da terapia de mão é o principal pilar para restauração da função, prevenção e tratamento das alterações tróficas do sistema musculoesquelético, com terapêuticas auxiliares como medicamentos, bloqueio simpático, bloqueio do gânglio estrelado e estimulação nervosa elétrica transcutânea (TENS, *transcutaneous electrical nerve stimulation*)[36].

A tentativa de normalizar o estímulo sensorial, como nas técnicas de estimulação das aferências sensoriais discriminativas, auxilia a interromper o ciclo vicioso de dor e rigidez. As técnicas de *biofeedback* de temperatura, mudança de postura durante a atividade e estresse de carga ou *stress load* oferecem desafio vasomotor modificando a atividade eferente simpática. Existem dois procedimentos de estresse de carga, como "escovar o chão", realizado literalmente e se possível na posição "de gato" e carregar uma maleta com peso, com a extremidade em extensão[7]. A adoção dessas técnicas deve respeitar as individualidades no tratamento, devendo o terapeuta ocupacional considerar as necessidades específicas e a tolerabilidade de cada um, adaptando posição, freqüência, duração e quantidade de peso, para que o paciente não sinta dor. Recomenda-se que sejam incorporadas órteses e outras modalidades não agravantes, com o controle do edema por mobilização manual, amplitude de movimento, deslizamento diferencial de tendão, restauração do comprometimento musculotendíneo, fortalecimento, dessensibilização e agentes físicos, incluindo TENS e ultra-som, conforme apropriado, e atividade funcional dentro da tolerância[37-39].

978-85-7241-726-6

Distúrbios Osteomusculares Relacionados ao Trabalho

Na fase inicial ou zero dos DORT, que caracteriza a importância da prevenção, há sensações de desconforto ou de peso nos membros superiores, localizadas ou não, aos finais da jornada de trabalho ou picos na produção. A melhora imediata com o repouso e o exame físico é sem sinais. A conduta é de informação sobre a doença e visita ao local de trabalho para avaliar a necessidade de intervenção.

Na fase 1 ou de necessidade de conhecer os alertas corporais mediante a consciência corporal, os sintomas persistem há um mês, não melhoram com o repouso, há diminuição da produtividade, podendo haver queixas de parestesia. A avaliação constata espessamento de tendões, edema fusiforme, pontos dolorosos, aumento de volume e, às vezes, nódulos. É importante a emissão da Comunicação de Acidente de Trabalho (CAT), repouso, com ou sem indicação de órteses, crioterapia ou contraste, reorientação do modo operatório, mudança de função[7]. Podem ser iniciadas as atividades de relaxamento e de dessensibilização tátil em grupos.

Na fase 2, quando aparecem claramente as limitações nos cuidados pessoais com peças de vestuário e aparência, na vida doméstica e no desempenho do trabalho com diminuição do ritmo da produção, já não há resposta ao tratamento individual. Com dor à movimentação passiva e ativa, à palpação e apresentando edemas, iniciam-se o acompanhamento emocional, a reeducação física global, a orientação vocacional, com continuidade da terapia de mão com extensão domiciliar orientada[7]. O grupo é um recurso fundamental nessa fase.

Na fase 3 há clara interferência na qualidade de vida, de bem-estar, principalmente no sono, quando a pessoa acorda por causa da dor, acentuando-se o medo quanto ao futuro profissional, as alterações nos relacionamentos pessoais e a limitação da participação. Pode haver lesões neurológicas, diminuição da força muscular, alteração dos reflexos, da sensibilidade tátil, do edema. Indicado o acompanhamento nos serviços ou clínicas de dor, nessa fase são elaboradas adaptações para uso pessoal e no local de trabalho, discussão da realidade profissional e apresentação das possibilidades de recolocação no trabalho[7].

Na fase 4, de maior comprometimento, são maiores as chances dos DORT se transformarem em SCDR, há dificuldade para realizar qualquer movimento com os membros superiores, se instalam as deformidades, há exacerbação da dor e as pessoas já não dormem nem quando medicadas[7]. A reabilitação profissional é uma alternativa a ser considerada.

978-85-7241-726-6

Fibromialgia

O controle do estresse e da dor em trabalhadores com fibromialgia se dá pelo relaxamento com o objetivo de manter a mobilidade muscular[40]. Segue-se a automobilização associada com a respiração profunda autogênica e a visualização corporal: utilização de peso e contrapeso determinado por faixas elásticas graduadas, conhecidas pelo nome comercial *therabands*, e exercícios excêntricos de cadeia fechada; relaxamentos progressivos mediante manter, relaxar, contrair e relaxar novamente; alongamentos e exercícios aeróbicos sem sustentação de peso e sem dissonância. Orienta-se o paciente acerca da realização de AVD com controle gradual do gasto energético e quanto a adaptações em utensílios e mobiliário doméstico e no local de trabalho que minimizem o gasto de energia e o estresse muscular e se estabelece uma rotina diária que atenda às necessidades e interesses individuais.

Coluna

Cervicalgia

A história ocupacional de trabalhadores com cervicalgia é importante para avaliar a possibilidade de associação e de modificação dos fatores causais, uma vez que são conhecidos os trabalhos que envolvem movimentos repetitivos de membros superiores e flexão da coluna cervical relacionados à dor cervical[41,42].

Os flexores cervicais profundos curtos podem ser fortalecidos pela contração isométrica, a partir do decúbito ventral com apoio da nuca sobre um rolo pequeno ou toalha enrolada, fazendo o movimento de flexão virtual do pescoço e, nessa mesma posição, contração muscular concêntrica no quadrante da extensão[27]. O fortalecimento dos extensores cervicais deve ser executado sobre a bola suíça, ou em posição alternativa ajoelhado em quatro pontos (gato). Os flexores laterais e rotadores podem ser exercitados pela colocação de uma cunha ou toalha enrolada em uma lateral do pescoço por vez, ao mesmo tempo em que a musculatura do lado oposto controla o movimento excêntrico. O retreinamento do músculo oblíquo superior será exercitado pela aplicação de auto-resistência em flexão lateral da articulação atlantooccipital para o mesmo lado. Os exercícios de relaxamento, de alongamento e de fortalecimento muscular podem ser variados, inclusive com o uso de pesos e faixas elásticas[27].

978-85-7241-726-6

Lombalgia

A intervenção terapêutica ocupacional em trabalhadores com lombalgia consiste no controle dos sintomas e na restauração funcional por meio do fortalecimento isométrico dos paravertebrais lombares e da musculatura glútea, conduzida de preferência a partir da posição ajoelhada em quatro pontos (gato), podendo ser utilizada a bola suíça; por meio do fortalecimento por contração concêntrica dos músculos extensores do quadril a partir da postura ereta e em pé solicitando a manutenção do arco lombar resistido por faixas elásticas graduadas, solicitada a extensão do quadril; e por meio do fortalecimento excêntrico dos músculos extensores do quadril iniciado a partir da posição intermediária entre o sentar e o levantar com a coluna ereta e sem apoio[27,43-45].

Os alongamentos e o relaxamento são autoministrados em decúbito dorsal para alívio da dor. Orienta-se o paciente a deitar no chão ou em cama firme, estender os membros inferiores acompanhando a extensão de uma superfície de apoio como um banco e depois uma parede, fazer a ponte por meio da elevação do quadril; trazer um dos membros inferiores em extensão na direção do tronco, com ou sem auxílio de uma faixa. Os alongamentos devem ser orientados e treinados para que haja esvaziamento dos pulmões e contração dos abdominais durante sua execução e, nos estágios mais graves, dobrar ambos os membros inferiores sobre o abdome e tracionar com as mãos, dobrar apenas um dos membros inferiores contra o abdome e tracionar com as mãos, dobrar ambos os membros inferiores sobre o abdome e girar levemente para a direita e para a esquerda[27].

As orientações e simulações das tarefas de casa e do trabalho são pautadas na utilização das grandes articulações, como as dos ombros e dos quadris, em vez de flexionar, estender, ou fazer a rotação da coluna, preservando a posição ereta e as estruturas de apoio na altura dos cotovelos, bases largas de apoio dos pés, apoios lombares durante a execução de atividades que exigem longas jornadas na posição sentada, preferindo abaixar-se em agachamento e subir em escadas no lugar de exigir as amplitudes de movimentos máximos da coluna em flexão e extensão; distribuição do carregamento de peso, como compras e material escolar, com a utilização das duas mãos simultaneamente, com os objetos colocados ventralmente e próximos ao tronco; aumentar os cabos das ferramentas de limpeza para evitar os movimentos da coluna.

978-85-7241-726-6

Dorsalgia

Atividades e técnicas de ação direta nas deficiências da função torácica e de áreas correlatas, como a coluna cervical, a cintura escapular e a região lombopélvica, são recursos eficazes no tratamento de trabalhadores com dorsalgia[46,47].

Atividades que promovam a força dos extensores da coluna torácica em pequenas amplitudes e em várias posições: em pé, sentado, em decúbito dorsal e ajoelhado em quatro pontos (gato)[27]. Os alongamentos envolvem a utilização de órteses posturais e exercícios de facilitação da rotação torácica, como faixas elásticas e bastões, apoio na superfície da parede e bolas suíças. O fortalecimento é dirigido aos trapézios inferior e médio, que promovem a extensão torácica em vez da adução escapular, ao serrátil anterior e ao peitoral maior.

Doenças Sistêmicas

Cefaléias

A intervenção terapêutica ocupacional com trabalhadores que sofrem de cefaléia deve ter como alvo as deficiências de postura e de mobilidade. Os exercícios de mobilidade podem ser executados como exercícios generalizados de amplitude de movimentos, ou elaborados como exercícios específicos de mobilização articular destinados a combater as restrições segmentares de mobilidade identificadas[48,49].

Os alongamentos específicos, em particular para os músculos extensores cervicais superiores, podem combater a retração miofascial e os pontos-gatilho que contribuem para a cefaléia. Os exercícios para aumentar o desempenho e a *endurance* (resistência) musculares dos flexores cervicais superiores devem ser incluídos no programa[27]. A intervenção em grupo é recomendada.

Reumáticas

Os trabalhadores que apresentam incapacidades funcionais das mãos e das grandes articulações dos membros superiores, decorrentes de processos degenerativos inflamatórios e da dor, podem ser beneficiados por: atividades que favoreçam a estabilidade e a função do segmento, sem dor, a partir de princípios educacionais de proteção à articulação; utilização de órtese de suporte e protetora que favoreça a redução da inflamação dos tecidos enfraquecidos e minimize as forças deformantes; oferta de dispositivos de adaptação para atividades de vida diária e de trabalho[38,50,51].

978-85-7241-726-6

Intervenção da Terapia Ocupacional em Dor no Trabalho

Derivados das terapias cognitivo-comportamentais, os métodos educativo-terapêuticos são, de modo geral, realizados em grupo e constituem um avanço na terapia ocupacional para a dor neuromusculoesquelética[52,53]. Grande parte das intervenções pode ser desenvolvida de maneira individual, mas as vantagens das intervenções grupais são inúmeras: acolhida e pertencimento; identificação e solidariedade; vínculos psicoafetivos e psicossociais; trocas de experiências adaptativas positivas; deslocamento do foco da dor para a vivência grupal e para a tarefa[53].

A terapia cognitivo-comportamental se baseia na reformulação de crenças por meio de reflexão, informação e aprendizado, no comportamento adaptativo dinâmico voltado à resolução de problemas escalonados em etapas de complexidade crescente e na atenção, na identificação e na reformulação dos estados de humor negativos que interagem na perpetuação da dor e do estado de adoecimento[7]. Com o objetivo de majorar de modo gradual a tolerância e a participação em atividades do cotidiano e voltadas à fixação no trabalho ou ao retorno às atividades produtivas, a terapia ocupacional associa técnicas de remissão e redução dos sintomas e propicia a vivência de tarefas reais ou simuladas para favorecer, de maneira simultânea, o aumento da participação, a motivação e a recuperação da capacidade funcional.

As técnicas de relaxamento em geral iniciam os processos grupais com finalidades diversificadas, como: agregar e concentrar as pessoas no contexto da terapia ocupacional, deixando fora do *setting* terapêutico a sobrecarga de ansiedade, fadiga e preocupação; preparar a musculatura, o ritmo respiratório e o controle postural para as atividades de reformulação do modo operatório; desenvolver a consciência corporal por meio dos estímulos proprioceptivos, do toque superficial e da nominação dos segmentos corporais; orientar a seleção das sensações corporais mórbidas, de difusas para diferenciadas.

Associam-se técnicas de dessensibilização tátil pelo contato direto e indireto com diferentes texturas de móveis, objetos e materiais em diversas partes do corpo, inclusive regiões onde se concentra o quadro álgico e que antes das sessões de terapia ocupacional sequer eram tocadas em posição defensiva, ou eram constantemente estimuladas por esfregões e massagens, como se fosse possível retirar dali a dor. A dessensibilização tátil permite aumentar a irrigação periférica e, com a sensação de maior conforto, mapear, localizar, qualificar e graduar a dor em diferentes regiões corporais, que serão, em seguida, objeto de discussões e vivências em atividades grupais.

A consciência corporal também se desenvolve pela melhora do condicionamento físico com alongamentos, fortalecimento muscular e aumento da resistência à fadiga com o desenvolvimento de algumas séries de exercícios cinesioterápicos que são vivenciados, informados quanto à natureza das exigências e controle de cada um, treinamento e correção da execução para que sejam, depois de aprendidos, incorporados à rotina diária individual. A bola suíça em contexto terapêutico ocupacional é substituída por um banco ou outro móvel similar para o desenvolvimento dos mesmos exercícios cinesioterápicos em casa. A relação das atividades desenvolvidas ao longo de cada dia será objeto de discussões, esclarecimentos, informação e vivências durante as sessões de terapia ocupacional.

Recursos de acupuntura e hidroeletrotermoterápicos, como banhos de contraste, hidroterapia ou turbilhão, ultra-som, TENS, *biofeedback* e gelo, dependem das possibilidades técnicas do serviço de saúde, do ponto de vista dos recursos materiais e pessoais de formação específica na grade curricular de graduação do terapeuta ocupacional ou de educação continuada complementar do terapeuta ocupacional especialista em terapia de mão, terapia de membros superiores, saúde e trabalho, entre outras[38,51]. O trabalho em equipe é importante para as ações complementares ao programa da terapia ocupacional, principalmente nos serviços e clínicas de dor.

Na busca do equilíbrio entre as atividades diárias, na retomada das atividades de trabalho, na minimização dos sintomas de adoecimento e da dor, a terapia ocupacional reapropria o sentido da ocupação humana em situações reais de trabalho ou em simulações nos *settings* terapêuticos ocupacionais e o aprendizado pela vivência, com incorporação do conhecimento no cotidiano de cada pessoa com dor do trabalho. Com dança, jogos de mesa e corporais, culinária e artesanato, além de propiciar o aumento da auto-estima a partir de atividades previamente analisadas e planejadas para o resultado de sucesso, modela novas relações individuais com o trabalho. A terapêutica do fazer/trabalho, princípio norteador da terapia ocupacional, possibilita a reorganização do comportamento humano e favorece o reconhecimento e a compreensão do trabalhador sobre o seu processo de adoecimento[53].

Autonomia, controle sobre ferramentas e materiais, concretização do resultado do trabalho sem sofrimento e sem dor, emancipação na busca de outras formas de sobrevivência pelo esforço da produção com a preservação do aparelho psíquico e físico ocorrem em cada sessão de terapia ocupacional, em cada etapa superada, em cada informação que se transforma em conhecimento e se incorpora às pequenas e grandes tarefas do dia-a-dia. Os desafios são enormes e a abrangência da intervenção terapêutica ocupacional também, da minimização da dor imediata às novas formas de sobrevivência pela produção do trabalho.

978-85-7241-726-6

Estágio de Reação e de Alarme

978-85-7241-726-6

As reações de alarme caracterizam a fase inicial da dor, em que o organismo mobiliza suas defesas biológicas para resistir às demandas ambientais, com altos níveis de liberação de energia, tensão muscular e aumento dos batimentos cardíacos[54]. Conceitos e estratégias de raciocínio clínico para entender a experiência e as necessidades da pessoa com dor e observação dos comportamentos disfuncionais, como apoio do segmento corporal comprometido, rigidez ou contração exagerada de grupos musculares não envolvidos no movimento, esfregar ou abraçar em posturas pouco comuns alguma região do corpo, iniciam a aproximação com a terapia ocupacional.

Estabelecidos os objetivos imediatos de controle da dor, a intervenção voltada ao indivíduo se inicia com informações de conservação de energia, proteção articular e preparação muscular para ações ocupacionais, estabelecimento de ritmo e pausas durante a execução dos exercícios cinesioterápicos, na interação cotidiana com os cuidados pessoais e de vida doméstica e, nos casos de não afastamento do trabalho, no modo operatório das diferentes tarefas exigidas durante a jornada de trabalho. A intervenção voltada à pessoa com dor no ambiente de trabalho prevê o afastamento das atividades que provocam o quadro álgico, mesmo que não se afastem do trabalho, incluindo diminuição do ritmo de solicitações corporais e pausas para a recuperação da área corporal com dor, dissipando o processo inflamatório.

A associação dos fatores psicossociais afeta diretamente: a carga física de trabalho, com a pressão do tempo aumentando a aceleração de movimentos e posturas inadequados; as estratégias de *coping* para o controle do estresse, que resultam em aumento da contração muscular e desenvolvimento da exacerbação dos sintomas; e a sensibilidade à dor, baixando o limiar de percepção[7,53]. Qualquer intervenção deve incluir os fatores psicossociais, além da atenção ao quadro físico, em particular buscando conhecer a representação do trabalho para a pessoa que sente dor.

A imobilização em períodos alternados durante a execução de tarefas produtivas ao longo do dia de trabalho é uma alternativa que deve ser analisada a partir do acometimento específico e da compreensão da pessoa com dor quanto à utilização de órtese de repouso, além dos cuidados com os acometimentos proximais ou em vários segmentos dos membros superiores por causa do estresse provocado pela imobilização. Em casos de dor lombar, cervical, ou dorsal, pode ser necessária a indicação de equipamentos de auxílio postural, apoios em encostos de cadeiras e colchões, ou imobilizações, principalmente o colar cervical[7,27,52].

As sessões individuais de terapia ocupacional são dirigidas aos alongamentos passivos, assistidos e ativos para recuperação ou preservação das amplitudes de movimento, tanto articular quanto muscular, em geral após a utilização de calor local por manuseio ou aplicação de material quente, o que permitirá o aumento da elasticidade do tecido muscular para os alongamentos. Nos casos da presença de edemas ou cicatrizes, poderão ser utilizadas técnicas de automassagem ou aparelhos para redução do acúmulo linfático na região com dor. Todas as manobras de alongamento, redução do edema e massagem devem ser ensinadas para a pessoa com dor, explicando-se sua ação e importância na redução do processo álgico e os riscos da manutenção das posturas antálgicas viciosas de proteção[7,53].

O relaxamento voltado à melhora da consciência corporal, intercalado com o repouso necessário nos períodos de dor intensa, propicia melhor localização da dor, ou minimização da dor difusa, típica dos quadros álgicos relacionados ao trabalho. As atividades de aumento da tolerância à fadiga pela demanda gradual das exigências das tarefas são intercaladas com variáveis como tempo de execução, complexidade das etapas, exigência de amplitudes de movimentos gradativamente crescentes, além da solicitação de força muscular e resistência física geral[7]. Técnicas como *stress load* podem ser utilizadas nos casos de afecções próximas, como a síndrome do impacto, pois além de aumentarem a propriocepção pela aproximação das estruturas articulares, maximizam a circulação da região auxiliando na dissipação da dor.

A preparação para o trabalho é desenvolvida por atividades programadas de simulação de tarefas com as mesmas exigências do trabalho real, também progressivamente organizadas em ritmo, exigência de amplitude de movimento, força e tolerância à fadiga. A análise do posto e das exigências do trabalho *in loco*, seja pela metodologia ergonômica franco-belga – análise ergonômica da atividade de trabalho –, seja pelas dimensões físico-ambientais como a advinda dos fatores humanos ou ergonomia anglo-saxônica, é fundamental para o sucesso da intervenção direcionada à pessoa com dor[20,22]. Sem analisar e modificar as exigências do trabalho não há possibilidade de sanar o processo álgico de quem sente dor proveniente do trabalho.

As mudanças no modo operatório, ou seja, mudanças de comportamento cognitivamente incorporadas à forma de desempenhar cada tarefa do cotidiano, dependem da sincronia com as alterações das exigências do trabalho, nas relações interpessoais e nas demandas de produção e de significação desse trabalho para a organização e para o indivíduo, buscando potencializar a saúde com o aumento da participação nas atividades gerais e de trabalho[19]. Os protocolos específicos por acometimento patológico são seguidos dentro da programação geral que envolve a consciência corporal, a dessensibilização tátil, as vivências de atividades reais e simuladas e a intervenção ergonômica na organização e no posto de trabalho.

978-85-7241-726-6

Estágio de Resistência ou Adaptação

978-85-7241-726-6

A reação perante os agentes estressores ou causadores da dor mantém o indivíduo em reação de adaptação se a exposição ao estressor for permanente. Os sinais corporais característicos de uma reação de alarme desaparecem virtualmente e a resistência exigida para o desempenho do trabalho e das atividades cotidianas é muito acima do normal ou esperado. A efetividade da terapia ocupacional ao atuar com pessoas com dor crônica depende do alcance das mudanças nas estratégias e estilos de *coping* ou enfrentamento das situações estressantes que causam ou agravam a dor[7]. O processo de cronicidade da dor no trabalho é rápido, por tudo que o trabalho representa e por todas as dificuldades de demonstrar adoecimento em situações em que há risco de perda do emprego, da trabalhabilidade e da empregabilidade. Infelizmente, a maioria dos atendimentos em terapia ocupacional clínica convencional não consegue receber as pessoas na fase inicial do processo de dor, limitando as possibilidades de intervenção e de sucesso nas ações dirigidas à dor do trabalho.

Aparece assim um primeiro desafio na compreensão do processo de adiamento na busca por cuidados de saúde e da representação da dor e do sofrimento após a costumeira peregrinação por vários profissionais de saúde sem conseguir sanar, minimizar, ou contornar a dor. O processo de cronicidade da dor e a efetividade das intervenções da terapia ocupacional com base nos procedimentos cognitivo-comportamentais foram estudados pela revisão sistemática da prática com base em evidência no período de 1978 a 1998, com apresentação de 29 artigos com resultados positivos em comparação a casos não tratados por essa metodologia, em particular para percepção e controle da intensidade da dor[52]. Embora não tenham sido consideradas as terapias alternativas, a intervenção terapêutica ocupacional pautou-se no controle das condições que incluíam nível de atividade, depressão e cognição.

A especificidade da metodologia com base na abordagem cognitivo-comportamental para pessoas com dor crônica do trabalho está voltada para objetivos cognitivos, afetivos e fisiológicos para ajudá-las a recontextualizar suas próprias habilidades de controle da dor em consonância com as alterações organizacionais e do trabalho. Com perspectiva multimodal, inclui métodos e técnicas motivacionais e com metas definidas, assim como prática e consolidação das estratégias de *coping* ou enfrentamento das situações de estresse no trabalho e outras atividades cotidianas[7,52,53].

A atitude e a motivação são essenciais para o sucesso do programa de terapia ocupacional, somadas aos componentes relativos à representação do adoecimento e da dor para a pessoa com quadro de dor crônica do trabalho e da gravidade da morbidade estabelecida[7]. As intervenções cirúrgicas agendadas, ou a freqüência ao exame pericial do INSS, que ocorre a cada três meses, são desencadeantes de agravamento do estresse e podem regredir o processo terapêutico de evolução. A preparação pré-operatória e da visita ao perito são parte integrante das discussões grupais, incluindo informações sobre legislação do trabalho e da previdência com o intuito de melhorar os recursos pessoais e coletivos dos trabalhadores afastados que recebem benefício acidentário.

O retorno ao trabalho, no entanto, é o principal desafio na condução dos grupos na terapia ocupacional, seja pela impotência de atuar amplamente e interferir no contexto produtivo para alterar as condições de trabalho, seja pela constatação dos limites da legislação e da realidade de exclusão social. As alternativas produtivas passam a ser uma das saídas que esses grupos elaboram e encontram por si, estimulados pelo terapeuta ocupacional, demonstrando que as estratégias de enfrentamento das adversidades e da dor se consolidaram e fazem parte desse novo cotidiano construído na terapia ocupacional.

978-85-7241-726-6

A partir dos novos prazos para concessão de benefícios acidentários e revisão dos processos de afastamento por adoecimento, em que predomina a dor do trabalho, como os DORT e as afecções da coluna, com fixação máxima de dois anos para o retorno ao trabalho ou a aposentadoria, cada vez mais os pareceres da terapia ocupacional ganham representatividade junto ao governo, pelo INSS, junto aos SESMT das empresas e até mesmo com as seguradoras privadas. Mais uma vez é importante o registro das avaliações credenciadas pela padronização de suas medidas, tanto para registrar os diferentes graus de incapacidade funcional quanto para o acompanhamento e a abertura dos processos de intervenção na organização do trabalho.

Quanto mais imediatamente as sessões de terapia ocupacional introduzirem o retorno ao trabalho, mais possível se torna o contato com a organização empregadora e com a perícia do INSS. O sentido da ocupação toma forma com o confronto da realidade de trabalho e as pessoas com dor passam a valorizar o significado do trabalho desenvolvido com sentido além do financeiro, deixam de lado os automatismos na execução dos processos das tarefas próprias da função e passam a sentir menos temor quanto ao afastamento e ao retorno ao trabalho na mesma empregadora. O sentido coletivo dos grupos instrumentaliza o sentido coletivo do trabalho e, mesmo que não haja homogeneidade entre trabalhadores de uma mesma corporação, sempre há similaridade nos processos e na relação com a produção que podem se transferir para a realidade de trabalho.

Mesmo assim o sucesso das intervenções é relativo, bem abaixo do que se gostaria de apresentar, pois os fatores ambientais, como atitudes no contexto do trabalho, exigências de produção e facilidade de substituição da mão-de-obra nacional, impedem os investimentos na recuperação das pessoas com dor crônica. Muitas vezes, a sessão de terapia ocupacional é o melhor momento da semana daquele trabalhador, inclusive com o risco de causar dependência e sintomas de hospitalismo, o que tem sido contornado com programas com tempo de intervenção pré-definidos e maior integração entre os diferentes serviços de atenção à saúde desses trabalhadores.

978-85-7241-726-6

Estágio de Exaustão

Diante de longas e continuadas exposições aos mesmos estressores, aos quais o corpo tenta se ajustar, os sinais de reação de alarme reaparecem, se tornando irreversíveis e deixando seqüelas permanentes no corpo físico e no aparelho psíquico. A exaustão emocional refere-se a sentimentos de fadiga e esgotamento energético emocional, em que o indivíduo se sente superexigido e reduzido nos seus recursos emocionais, na dimensão pessoal[54]. É acompanhada por atitudes negativas, de dureza e isolamento, ou de distanciamento excessivo do contexto de trabalho e das pessoas, na dimensão interpessoal. Acrescenta-se ainda a diminuição da realização pessoal, que retrata o sentimento de incompetência à percepção de um desempenho insatisfatório nos serviços de saúde, procedimentos terapêuticos e de trabalho.

Mas como o trabalho trata da busca de um sentido diário, do pão de cada dia, de reconhecimento, de dinheiro, de surpresa ao invés de torpor, em suma, de um tipo de vida e não morte de segunda a sexta-feira, o trabalhador continua tentando e é na potencialização dessas tentativas que a terapia ocupacional atuará para construir um contexto inclusivo de trabalho[54]. A eliminação de barreiras físico-ambientais, atitudinais e sociais é o primeiro de muitos passos na reconstrução do trabalho.

Na medida em que o indivíduo com dor diminui o esforço por sofrer altos níveis de dor e sensação de desespero, esperam-se piora no desempenho e sentimentos de abatimento, com pouca propensão a se comprometer com a organização de trabalho. O afastamento prolongado agrava ainda mais as atitudes insensíveis e despreocupadas com o trabalhador com dor grave. As novas perspectivas das corporações de trabalho e do sistema de previdência social no Brasil são: identificação das melhores alternativas pessoais e profissionais; identificação das habilidades já desenvolvidas e de novas habilidades e as limitações funcionais; identificação dos recursos necessários para que o indivíduo alcance seus objetivos pessoais e profissionais; possibilidade da vivência *in loco* de uma função inexistente nas oficinas de profissionalização, na própria empresa empregadora[55]. Integram as ações da terapia ocupacional de recolocação no trabalho e reabilitação profissional: atitude de aceitação e de compreensão da dor e de suas conseqüências por meio de programas de conscientização e de sensibilização junto a outros trabalhadores e empregadores; assistência ao trabalhador na identificação das modificações necessárias e eliminação de barreiras; análise e proposta de reestruturação ou modificação do trabalho, incluindo máquinas e equipamentos; assessorias para a manutenção de vagas e empregos.

978-85-7241-726-6

Discussão

A tolerância da nossa cultura para algum grau de dor é relativamente alta e as queixas são, em geral, vistas como fraqueza, principalmente em situação de trabalho. A dor é classificada de várias maneiras, inclusive por diagnósticos específicos, como dor neuropática, cefaléia, ou dor lombar. Mesmo não sendo vital nem sinal, desde o final dos anos de 1990 a dor vem sendo considerada "o quinto sinal vital", incluída nos exames clínicos rotineiros após temperatura, pulsação, pressão arterial e respiração. A duração da dor é a classificação simples que distingue dor aguda de dor crônica. As escalas unidimensionais quantificam a gravidade ou a intensidade da dor, utilizadas em especial na dor aguda, ao passo que os instrumentos multidimensionais medem indicadores distintos de respostas e suas interações sensoriais, efetivas e avaliativas.

A partir da cultura geral e familiar e da interação com o ambiente, a dor é vivenciada com emoção, compreensão e comportamento diferenciados. As expectativas, os valores, as diferentes fases e ciclos da vida influenciam atitudes, emoções, motivação e adesão nas intervenções clínicas e organizacionais para o controle do processo de adoecimento. A dor vivenciada física e afetivamente apresenta sensações corporais externas, internas e afetivo-emocionais, como medo, raiva e tristeza. A conjugação da dor e do trabalho remete também à representação social e de formação e manutenção da identidade adulta.

A evolução do processo de dor aguda para a cronicidade segue os estágios: de reação de alarme, quando o indivíduo se volta à agressão corporal e usa seus recursos de enfrentamento contra o processo patológico proporcional à liberdade e à autonomia vivenciada na organização de trabalho; de resistência ou adaptação à vivência da dor no cotidiano da execução do seu ofício, modificando o modo operatório e refazendo a estrutura e o estilo de enfrentamento da dor; e de exaustão, quando a tolerância toma proporções próximas ao insuportável, causando o afastamento das atividades produtivas, sociofamiliares e socioeconômicas.

A terapia ocupacional organiza sua atuação diferenciada para o acompanhamento, a intervenção e a adaptação das pessoas e do ambiente em contextos produtivos e clínicos. O conhecimento técnico propicia a elaboração, a condução e o gerenciamento dos seguintes programas: de promoção da saúde para que a dor mantenha sua função fisiológica de alarme às agressões; de prevenção de acidentes e adoecimento durante a execução de suas atividades de trabalho, com equilíbrio entre os cuidados pessoais e a vida doméstica; de cuidado e recuperação da saúde atingida pelo processo álgico nas diferentes patologias diagnósticas, incluindo as intervenções organizacionais da ergonomia e da reabilitação profissional.

O campo de atuação se confunde com a própria história original da terapia ocupacional, agregando a produção contínua de conhecimento produzido na área e nas relações multi, inter e transdisciplinares, complexas como a dor e como o trabalho.

978-85-7241-726-6

Considerações Finais

A ocupação é a essência da terapia ocupacional e é a reapropriação do sentido dado ao trabalho que resgata a dignidade humana por meio da saúde e não do adoecimento. A dor representa o limiar de destituição da ocupação no desenvolvimento histórico e pessoal do trabalho de cada um, impondo a reflexão sobre os valores, os limites e a motivação da vida em sociedade. Tratar a dor do trabalho como adoecimento traumático ou sistêmico indiferenciado é o mesmo que destituir a terapia da ocupação, da representação única do fazer humano identitário e completo.

Este capítulo não pretende esgotar o assunto nem dar profundidade aos quadros sindrômicos próprios da dor no trabalho, mas volta-se principalmente à contextualização e à diferenciação no trato com a dor do trabalhador, diferenciada tanto na sua origem quanto nas representações que envolve.

Agradecimentos

Agradecemos às organizadoras do livro pelo convite para participar desse grande desafio que é escrever sobre a terapia ocupacional, atuando nos cuidados a quem sente dor e podendo contextualizar a representação do trabalho histórica e socialmente.

Agradecemos aos nossos departamentos dos cursos de terapia ocupacional, Departamento de Terapia Ocupacional (DTO) da Universidade Federal de Minas Gerais (UFMG) e Departamento de Terapia Ocupacional da Escola Bahiana de Medicina e Saúde Pública (EBMSP) da Fundação Bahiana para Desenvolvimento das Ciências, por nos possibilitarem participar da construção do conhecimento em terapia ocupacional.

Agradecemos às nossas famílias pela compreensão nas ausências, pelo amor e pela vida.

Referências Bibliográficas

978-85-7241-726-6

1. GAUDÊNCIO, O. *Dessubstancialização do psicopatológico*. In: VI Congresso Brasileiro de Psicopatologia Fundamental, 2002. Recife. 11p. Disponível em http://www.unicap.br/pathos/vicongresso/anais/Co74.pdf. Acesso em: 18/abr/2006.

2. LIEBER, R. R.; ROMANO, N. S. *Saúde, ambiente, produção e o enfoque de risco*. In: V Encontro da ABET: Associação Brasileira de Estudos do Trabalho, 1997. Rio de Janeiro. 14p. Disponível em http://www.saudeetrabalho.com.br/download_2/saude-ambiente-renato_r_lieber.pdf. Acesso em: 18/abr/2006.

3. MENEGASSO, M. E. *O Declínio do Emprego e a Ascensão da Empregabilidade: Um Protótipo para Promover a Empregabilidade na Empresa Pública do Setor Bancário*. Santa Catarina, 1998. Tese (Doutorado) – Universidade Federal de Santa Catarina. Disponível em http://www.eps.ufsc.br/teses98/ester.html. Acesso em: 18/abr/ 2006.

4. RAMAZZINI, B. *As Doenças dos Trabalhadores*. 3. ed. São Paulo: Fundacentro, 2000. 325p.

5. BOLTANSKI, L. *As Classes Sócias e o Corpo*. 3. ed. São Paulo: Paz e Terra, 2004. 179p.

6. DEJOURS, C. *A Loucura do Trabalho: estudo da psicopatologia do trabalho*. 5. ed. ampliada. São Paulo: Cortez, 2001. 168p.

7. NUNES, C. M. P. Dor neuromusculoesquelética. In: CAVALCANTI, A.; GALVÃO, C. *Terapia Ocupacional: fundamentação & prática*. São Paulo: Guanabara Koogan, 2006.

8. FIGUEIRÓ, J. A. B.; ANGELOTTI, G.; PIMENTA, C. A. M. *Dor & Saúde Mental*. São Paulo: Atheneu, 2005. 209p.

9. TEIXEIRA, M. J.; TEIXEIRA, W. G. J.; SANTOS, F. P. S. et al. Epidemiologia clínica da dor musculoesquelética. *Revista de Medicina* (São Paulo), v. 80, ed. esp., pt. 1, p. 1-21, 2001. Disponível em http://www.revistademedicina.com.br/Artigos/80s_01.pdf. Acesso em: 05/maio/2006.

10. FILHO, J. L. B. Síndromes dolorosas. In: SOCIEDADE BRASILEIRA PARA ESTUDO DA DOR; ASSOCIAÇÃO BRASILEIRA DE CUIDADOS PALIATIVOS E SOCIEDADE BRASILEIRA DE ONCOLOGIA CLÍNICA. Consenso Nacional de Dor Oncológica. São Paulo: Editora de Projetos Médicos, 2002. p. 43-50.

11. O'NEILL, B.; FALLON, M. ABC of palliative care: principles of palliative care and pain control. Brit. Med. J., 31 Jan. 1998. p. 316-390. Disponível em http://bmj.bmjjournals.com/cgi/content/full/. Acesso em: 5/maio/2006.

12. MACIEL, M. G. S. A Dor crônica no contexto dos cuidados paliativos. *Rev. Prát. Hospitalar* (São Paulo), ano 6, n. 35, set./out. 2004. Disponível em http://www.praticahospitalar.com.br/pratica%2035/paginas/materia%2005-35.html Acesso em: 10/maio/2006.

13. ORGANIZAÇÃO MUNDIAL DA SAÚDE – OMS; Organização Pan-Americana de Saúde – OPS. *CIF: Classificação Internacional de Funcionalidade, Incapacidade e Saúde*. São Paulo: Edusp, 2003. 326p.

14. INSTITUTO NACIONAL DE PREVIDÊNCIA SOCIAL – INSS. *Acidentes do trabalho registrados por CID em 2004 (Brasília)*. Disponível em http://creme.dataprev.gov.br/temp/gconsulta63641138p.html. Acesso em: 05/maio/2006.

15. LANCMAN, S. Construção de novas teorias e práticas em terapia ocupacional, saúde e trabalho. In: LANCMAN, S. *Saúde, Trabalho e Terapia Ocupacional*. São Paulo: Roca, 2004. p. 71-83.

16. TAMAYO, M. R.; TRÓCCOLI, B. T. Burnout no trabalho. In: MENDES, A. M.; BORGES, L. O.; FERREIRA, M. C. *Trabalho em Transição, Saúde em Risco*. Brasília: UnB, 2002. p. 43-62.

17. KATZ, J.; MELZACK, R. Mensuração da dor. In: *Clínicas Cirúrgicas da América do Norte – Controle da Dor no Período Perioperatório*. Rio de Janeiro: Reichmann & Affonso, 1999. v. 79, n. 2, p. 213-232.

18. CAVALCANTE, V. O. Fisiopatologia da dor. In: FIGUEIRÓ, J. A. B.; ANGELOTTI, G.; PIMENTA, C. A. M. *Dor & Saúde Mental*. São Paulo: Atheneu, 2005. p. 23-32.

19. OLIVEIRA, A. J. Terapia ocupacional: perspectiva para a educação em saúde do trabalhador. In: LANCMAN, S. *Saúde, Trabalho e Terapia Ocupacional*. São Paulo: Roca, 2004. p. 1-17.

20. NUNES, C. M. P. Saúde do trabalhador e ergonomia. In: CAVALCANTI, A. & GALVÃO, C. *Terapia Ocupacional: fundamentação & prática*. São Paulo: Guanabara Koogan, 2007. cap. 9, p. 54-69.

21. CHIAVENATO, I. *Gestão de Pessoas: o novo papel dos recursos humanos nas organizações*. Rio de Janeiro: Campus, 1999. 457p.

22. NUNES, C. M. P. Avaliação das atividades produtivas e de trabalho. In: CAVALCANTI, A.; GALVÃO, C. *Terapia Ocupacional: fundamentação & prática*. São Paulo: Guanabara Koogan, 2007. cap. 29, p. 278-290.

23. SILVA, J. A.; RIBEIRO-FILHO, N. P. *Avaliação e Mensuração de Dor: pesquisa, teoria e prática*. Ribeirão Preto: FUNPEC, 2006. p. 467.

24. GILLILAND, R. P. *Fibromyalgia*. WebMD e-medicine. July, 2005. Disponível em http://www.emedicine.com/pmr/topic47.htm. Acesso em: 05/maio/2006.

25. PISETSKY, D. S.; GRUDIER, J. P.; GILKESON, G. S. A role for immunogenic DNA in the pathogenesis of Systemic Lupus Erythematosus. *Arthritis and Rheumatism*, v. 33, n. 2, p. 153-159. Feb. 1990. Acesso em: 05/Out/2007. Disponível em: http://www.hffcf.org/images/18points.jpg.

26. ASSUNÇÃO, A. A.; ALMEIDA, I. M. Doenças osteomusculares relacionadas com o trabalho: membro superior e pescoço. In: MENDES, R. *Patologia do Trabalho*. 2. ed. São Paulo: Atheneu, 2003. v. 2, p. 1502-1539.

27. HALL, C. M.; BRODY, L. T. *Exercício Terapêutico na Busca da Função*. Rio de Janeiro: Guanabara Koogan, 2001. 708p.

28. ANGELOTTI, G.; SARDA Jr. J. J. Avaliação psicológica da dor. In: FIGUEIRÓ, J. A. B.; ANGELOTTI, G.; PIMENTA, C. A. M. *Dor & Saúde Mental*. São Paulo: Atheneu, 2005. p. 51-65.

29. PINHEIRO, F. A.; TRÓCCOLI, B. T.; CARVALHO, C. V. Validação do Questionário Nórdico de sintomas osteomusculares como medida de morbidade. *Rev. Saúde Públ.*, v. 36, n. 3, p. 307-312, 2002.

30. OLIVEIRA, C. A.; NUNES, C. M. P.; FERREIRA, G. N. O uso do Fibromyalgia Impact Questionnaire para verificar o impacto da Fibromialgia na vida diária norteando o programa da Terapia Ocupacional. *XIII Semana de Iniciação Científica da UFMG*. 2004. Disponível em: http://www.ufmg.br/prpq/CDAnais/trabalhos/Unidades_Unidade = 10090.html. Acesso em: 05/maio/2006.

31. TUOMI, K.; ILMARIEN, J.; JAHKOLA, A. et al. *Índice de Capacidade para o Trabalho*. Trad. FISHER, F. M. et al. *Helsinki: Institute of Occupacional Health*. São Paulo: FSPUSP, 1997.

32. NUNES, C. M. P. *Análise ergonômica e capacidade para o trabalho no setor serviço*. São Paulo. In: I SIMPÓSIO INTERNACIONAL DE SAÚDE, TRABALHO E TERAPIA OCUPACIONAL, Junho 2004. São Paulo. *Anais do I Simpósio Internacional de Saúde, Trabalho e Terapia Ocupaciona*, 2004.

978-85-7241-726-6

33. WALSH, I. A. P.; CORRAL, S.; FRANCO, R. N. et al. Capacidade para o trabalho em indivíduos com lesões músculo-esqueléticas crônicas. *Rev. Saúde Públ.*, v. 38, n. 2, p. 149-156, 2004.

34. GRUNET, B. Avaliação psicológica dos distúrbios crônicos do membro superior. In: RANNEY, D. *Distúrbios Osteomusculares Crônicos Relacionados ao Trabalho*. São Paulo: Roca, 2000. p. 221-232.

35. MARINUS, J.; HILTEN, J. J. V. Clinical expression profiles of Complex Regional Pain Syndrome, Fibromyalgia and a-specific Repetitive Strain Injury: more common denominators than pain? *Disability and Rehabilitation*, v. 28, n. 6, p. 351-362, Mar. 2006.

36. YENG, L. T.; KAZIYAMA, H. H. S.; TEIXEIRA, M. J. Síndrome complexa de dor regional. In: TEIXEIRA, M. J. (ed.). *Dor: contexto interdisciplinar*. Curitiba: Maio, 2003. p. 219-230.

37. GIRALDES, A. L. A. Síndrome de dor complexa regional (SDCR). In: SAKATA, R. K.; ISSY, A. M. *Guias de Medicina Ambulatorial e Hospitalar – DOR. UNIFESP/Escola Paulista de Medicina.* Barueri: Manole, 2004. p. 109-116.

38. COOPER, C. Deficiências da mão. In: TROMBLY, C. A.; RADOMSKI, M. V. *Terapia Ocupacional para Disfunções Físicas.* 5. ed. São Paulo: Santos, 2005. p. 927-963.

39. KASCH, M. C.; NICKERSON, E. Lesões nas mãos e nos membros superiores. In: PEDRETTI, L. W.; EARLY, M. B. *Terapia Ocupacional: capacidades práticas para as disfunções físicas.* São Paulo: Roca, 2005. p. 875-910.

40. HELFENSTEIN Jr., M.; FELDMAN, D. *Prevalência da síndrome da Fibromialgia em pacientes diagnosticados como portadores de Lesões por Esforços Repetitivos (LER). Rev. Bras. Reumatol.*, v. 38, n. 2, p. 71-77, Mar/Abr 1998. Disponível em http://www.revbrasreumatol.com.br/pdf/380205.pdf. Acesso em: 01/maio/2006.

41. SAKATA, R.K.; ISSY, A. M.; VLAINICH, R. Cervicobraquialgias. In: SAKATA, R. K.; ISSY, A. M. (eds.). *Guias de Medicina Ambulatorial e Hospitalar – UNIFESP/Escola Paulista de Medicina: dor*. Barueri: Manole, 2004. p. 57-69.

42. TEIXEIRA, M. J.; BARROS FILHO, T.; YENG, L. T. et al. Cervicalgias. *Rev. Med. (São Paulo)*, v. 80, ed. esp., pt. 2, p. 307-316, 2001.

43. RANNEY, D. *Distúrbios Osteomusculares Crônicos Relacionados ao Trabalho.* São Paulo: Roca, 2000. p. 130-142.

44. BRAUN, W. Lombalgias. In: TEIXEIRA, M. J. *DOR: Contexto Interdisciplinar*. Curitiba: Maio, 2003. p. 463-472.

45. SAKATA, R. K.; ISSY, A. M. Lombalgia e lombociatalgia. In: SAKATA, R. K.; ISSY, A. M. (eds.). *Guias de Medicina Ambulatorial e Hospitalar – UNIFESP/Escola Paulista de Medicina: dor*. Barueri: Manole, 2004. p. 45-56.

46. GAL, P. L. M.; GAL, P. L. M.; TEIXEIRA, M. J. et al. Dor torácica. *Rev. Med. (São Paulo)*, v. 80, ed. esp., pt. 2, p. 341-350, 2001.

47. GAL, P. L. M.; TEIXEIRA, M. J.; BRAGA, A. M. et al. Dor torácica. In: TEIXEIRA, M. J. *DOR: Contexto Interdisciplinar*. Curitiba: Maio, 2003. p. 481-492.

48. SAPER, J.R. Cefaléias. *Clín. Méd. Am. Norte: Dor Crônica (Rio de Janeiro)*, v. 83, n. 3, p. 627-649, maio 1999.

49. TEIXEIRA, M. J.; GALVÃO, A. C. R. Cefaléias e algias craniofaciais. In: TEIXEIRA, M. J. (ed.). *DOR: contexto Interdisciplinar*. Curitiba: Maio, 2003. p. 397-417.

978-85-7241-726-6

50. ROMANO, M. A.; TEIXEIRA, M. J.; OLIVEIRA, P. R. Dor em afecções reumatológicas. *Rev. Med. (São Paulo)*, v. 80, ed. esp. pt. 2, p. 128-134, 2001.

51. ENGEL, J. M. Controle da dor. In: PEDRETTI, L. W.; EARLY, M. B. *Terapia Ocupacional: capacidades práticas para as disfunções físicas*. São Paulo: Roca, 2005. p. 519-525.

52. LAW, M; STEWART, S.; POLLOCK, N. et al. The effectiveness of cognitive-behavioral intervention with people with chronic pain: A critical review of the literature by the Occupational Therapy Evidence-Based Practice Research Group. *The Occupational Therapy Evidence-Based Practice Guide*. McMaster University: Ontario, 1998.

53. NUNES, C. M. P. Método Cognitivo Comportamental e a Terapia Ocupacional no Controle da Dor Crônica. Goiânia (GO). In: X CONGRESSO BRASILEIRO DE TERAPIA OCUPACIONAL, 2007. Goiânia. *Anais 081 do X Congresso Brasileiro de Terapia Ocupacional*, 2007, 8p.

54. TERKEL, S. *apud* COOPER, C. l. A natureza mutante do trabalho: o novo contrato psicológico e os estressores associados. In: ROSSI, A. M; PERREWÉ, P. L.; SAUTER, S. L. *Stress e Qualidade de Vida no Trabalho: perspectivas atuais da saúde ocupacional*. São Paulo: Atlas, 2005. p. 3-8.

55. DAKUSAKO, R. Y. *De Deficiente a Trabalhador – reabilitação profissional na perspectiva da pessoa com deficiência – um estudo de caso*. São Carlos, 1998. 162p. Dissertação (Mestrado) – Engenharia de Produção Universidade Federal de São Carlos.

978-85-7241-726-6

Terapia Ocupacional, Dor e Cuidados Paliativos na Atenção à Infância

Capítulo *11*

LUZIA IARA PFEIFER
ROSA MARIA DE ARAUJO MITRE

ÍNDICE DO CAPÍTULO

INTRODUÇÃO

Ao lidar com dor e cuidados paliativos na infância, é necessário levar em conta as especificidades que envolvem o trabalho com crianças. Entendem-se como cuidados paliativos a provisão de auxílio apropriado e suporte para o desconforto físico e psicológico na

978-85-7241-726-6

impossibilidade de cura. Não sentir dor houver existirem meios para evitá-la e ter uma morte digna, junto a seus familiares, quando esgotados todos os recursos terapêuticos são direitos constitucionais, assegurados pela Declaração dos Direitos da Criança e do Adolescente Hospitalizados[1].

A dor pode ser definida como uma sensação desagradável indicando dano potencial ou real de alguma estrutura corporal, incluindo sensações generalizadas ou localizadas[2]. A percepção da dor é possível desde as primeiras horas de vida, de forma tão individual quanto a percepção do som, do cheiro e do sabor, pois os sistemas anatômico, funcional e neuroquímico já estão desenvolvidos[3,4].

Pode ser classificada de acordo com a duração de sua manifestação como aguda, crônica ou recorrente.

A dor aguda se manifesta de modo transitório durante um período relativamente curto, podendo variar de minutos a algumas semanas, como decorrência de lesões em tecidos ou órgãos, ocasionadas por inflamação, infecção, traumatismo, ou outras causas, desaparecendo normalmente quando a causa é diagnosticada e tratada de maneira correta. A dor crônica tem duração prolongada (meses ou anos) e está quase sempre associada com um processo de doença crônica, ou é conseqüência de uma lesão previamente tratada. Por fim, a dor recorrente apresenta períodos de curta duração, mas que se repetem com freqüência, podendo ocorrer durante toda a vida do indivíduo, mesmo sem associação com um processo específico[5].

Segundo Puccini *et al.*, a dor crônica pode evoluir para persistente ou recorrente, definida pela presença de pelo menos três episódios durante um período mínimo de três meses, com intensidade suficiente para prejudicar as atividades diárias infantis[6]. Esses autores destacam ainda que a dor persistente é rara em crianças e que a dor recorrente evolui em surtos com períodos assintomáticos.

978-85-7241-726-6

No entanto, a dor possui também um caráter subjetivo que não pode ser desprezado, sobretudo em crianças. Sendo uma experiência sensorial e emocional, envolve mecanismos físicos, psíquicos e culturais em sua percepção[3,7]. Portanto, não está apenas relacionada aos estímulos desencadeadores, mas é influenciada por variáveis como o estado emocional da criança, seus interesses na situação e a interação com o contexto de dor em geral[3].

A dor tem seu componente orgânico/biológico decorrente de uma perturbação sensorial/fisiológica, ao passo que o sofrimento encontra suas raízes na perda da integridade da pessoa e está associado à perda da qualidade de vida[8].

O tratamento da dor quando não realizado de forma efetiva desencadeia prejuízos para a vida do indivíduo com conseqüente impacto em sua saúde. Segundo a Organização Mundial da Saúde (OMS), define-se saúde como o completo bem-estar físico, mental e social e não a simples ausência de doença. Assim, a dor compromete a saúde.

Dessa forma, a dor deve ser considerada e respeitada e seu tratamento engloba não apenas a parte medicamentosa, para o alívio, mas também os cuidados paliativos, para minimizar os comprometimentos que causa.

É importante lembrar que tudo o que acomete a criança repercute em sua família. Quando a dor acompanha um processo de adoecimento e hospitalização, tal situação se potencializa. Todas essas questões são importantes para se pensar quando essa clientela é atendida na terapia ocupacional.

A terapia ocupacional estuda e age sobre o fazer humano. Dessa forma, como o brincar é a ação básica da criança, torna-se um elemento valioso para o terapeuta ocupacional, pois tanto pode ser usado como meio (recurso) quanto como fim em si mesmo (objetivo)[9].

978-85-7241-726-6

Percebendo a Criança

Usando o modelo da ocupação humana como orientação, a criança é vista como um sistema aberto e que, portanto, necessita de um ambiente propício para seu desenvolvimento, onde possa interagir com os que a cercam para que ocorram trocas entre ela e o meio. Esse sistema compõe-se de três subsistemas organizados de modo hierárquico na seguinte ordem: volição, habituação e desempenho[10].

A *volição* (vontade) consiste na motivação e na espontaneidade, ou seja, o desejo inato da exploração; o *desempenho* (habilidade) consiste nas habilidades necessárias para promover a ação e exige funções simbólicas e fisiológicas; e a *habituação* (papéis, regras) trata da organização do comportamento em padrões, portanto, este subsistema promove a integração do indivíduo com o meio[11].

A organização desses subsistemas depende da relação entre o homem (sistema) e o ambiente, orientada por um processo que envolve: *input* (entrada de informações de pessoas, fatos e objetos vindos do meio); *throughput* (processamento das informações recebidas que servirão de base para ações futuras); *output* (ação do indivíduo sobre o meio); e *feedback* (retorno ao sistema das informações sobre o resultado das ações)[10].

A essa relação entre o homem e o meio chamamos de interação, processo fundamental para construção de conhecimento, desenvolvimento de habilidades e estabelecimento de todas as relações entre o indivíduo e o mundo. Na criança, a interação começa no momento em que nasce. Inicialmente, é uma ação direta, por meio da exploração do próprio corpo e sofistica-se de modo gradativo com a utilização de instrumentos e signos, até a internalização do pensamento.

A criança percebe no toque da figura materna, na sensação de fome que sente e no aconchego que recebe quando chora a existência de um mundo exterior a ela e gradativamente descobre que pode agir e reagir sobre ele. Para isso, vai lançar mão dos movimentos e das ações que puder, tais como: o olhar, a sucção, a exploração pelas mãos e o deslocamento do corpo no espaço.

Durante o desenvolvimento da criança, são freqüentes situações desencadeadoras de dor, como pequenas quedas, alguns arranhões, pequenos cortes, etc., fazendo assim parte do cotidiano infantil. No entanto, no caso de adoecimento ou de hospitalização, a criança pode se deparar com experiências desconhecidas e que potencializam sua percepção da dor. A ansiedade, o medo e a expectativa gerados pelo processo de adoecimento ou por intervenções podem exacerbar a dor e ampliar a resposta ao estresse.

A dor é um evento interno e particular e, portanto, não pode ser observado diretamente e sim por meio do relato da própria criança sobre sua intensidade, sensação e localização[12]. Existem diversas maneiras de a criança demonstrar que sente dor, pois o conceito, a percepção, a resistência e a forma de expressão da dor variam ao longo da vida.

Um recém-nascido responde a estímulos dolorosos mediante expressões faciais, movimentos corporais e choro e aos dez meses amplia sua resposta olhando em direção ao procedimento doloroso, busca aconchego no colo da mãe e toca o local afetado[3]. A criança maior pode demonstrar pelo seu comportamento até conseguir se expressar verbalmente. Além dos aspectos comportamentais, é possível detectar evidências cardiorrespiratórias e hormonais[4].

Assim, a dor é influenciada por aspectos do próprio desenvolvimento infantil, por fatores emocionais e ambientais, sendo uma sensação única para cada indivíduo.

978-85-7241-726-6

Singularidade da Dor e do Processo de Adoecimento

Segundo Barros, pesquisas evidenciaram que a dor persistente ou intensa nos primeiros meses de vida pode desencadear alterações de comportamento e persistência da percepção da dor ao longo da vida, em virtude de ser um período de grandes conexões sinápticas[13].

Esse conhecimento é fundamental para se repensar uma mudança na realização dos procedimentos invasivos com recém-nascidos e crianças, além dos cuidados paliativos que devem ser oferecidos a eles, buscando minimizar a sensação de dor e de desconforto.

Até alguns anos atrás, ainda se encontravam conceitos e procedimentos equivocados sobre sensibilidade e percepção da dor na criança, principalmente bebês. Acreditava-se que a criança muito pequena sentiria menos dor e não registraria em sua memória as experiências dolorosas[14]. Felizmente, essa conduta se modificou e cabe a todos os profissionais envolvidos com a saúde da criança estarem atentos a isso.

De modo geral, os tratamentos de quadros clínicos agudos (ferimentos, lesões, etc.), doenças crônicas (lúpus eritematoso, artrite reumatóide, fibromialgia, câncer, síndrome de imunodeficiência adquirida [AIDS, *acquired immune deficiency syndrome*], etc.) e mesmo de estados recorrentes (cefaléia, dor abdominal, dor do crescimento) envolvem a utilização de procedimentos invasivos, os quais geram dor aguda.

Os procedimentos invasivos são técnicas empregadas para diagnósticos ou para tratamento, em geral com instrumental específico, podendo envolver penetração de tecido corporal, introdução em orifícios e/ou restrição de movimentos[4].

Assim como a dor envolve componentes orgânicos e subjetivos, tornando-a uma experiência singular, também o adoecer é percebido e vivido de diferentes maneiras por cada indivíduo, de acordo com seus valores e experiências. A elaboração da experiência do adoecer não é um processo apenas individual, mas está ligado também ao meio social e à cultura a que cada um está vinculado. O fato de pertencer a uma cultura fornece ao indivíduo o quadro no qual se operam as interpretações que estão ligadas aos fenômenos do corpo e, em particular, ao adoecimento e seus sintomas, aí incluída a dor[15].

Trabalhando com o conceito de saúde como um estado que dá o sentimento de segurança na vida e possibilita criar valores e instaurar normas vitais, pode-se dizer que uma das maneiras de sentir o estado de saúde é percebê-lo como o equilíbrio necessário à realização de suas atividades de forma plena e à manutenção das relações harmônicas com o meio social[16].

A partir desse conceito mais amplo de saúde, a OMS apresenta a Classificação Internacional de Funcionalidade, Incapacidade e Saúde (CIF), que engloba os componentes da saúde, cujo núcleo central é a atividade humana[17].

A saúde compreendida pela CIF engloba as *estruturas do corpo*, que são suas partes anatômicas, as *funções do corpo*, que são as funções fisiológicas dos sistemas orgânicos, a *atividade*, que é a execução de uma tarefa ou ação, e a *participação*, que é o envolvimento em uma situação de vida[18].

A partir dessa classificação, a dor está inserida nas funções do corpo, portanto, a partir de uma lesão real ou em potencial em uma ou mais estruturas do corpo, desencadeia um processo doloroso (função corporal) que prejudicará a atividade e a participação da criança, comprometendo ainda mais sua saúde.

O conceito de doença também vai depender de um julgamento de valor do próprio paciente. É o indivíduo doente que vai dar significado à doença, em virtude das limitações ou alterações que lhe traz[16,15]. Isso pode significar sentir-se estigmatizado, incapaz, socialmente desvalorizado, excluído, ou sem forças. Mesmo a criança pequena, ainda sem condições de verbalização, pode vivenciar essas sensações.

978-85-7241-726-6

O sentimento de estar doente não é só em relação a ser diferente dos outros, mas em estar diferente de como se era anteriormente. A doença e a dor revelam que uma estrutura individual se encontra modificada. Os sintomas e as alterações orgânicas só se organizam como uma entidade denominada doença quando passam a alterar a vida do doente e sua identidade social. Essa alteração se potencializa quando a criança apresenta uma doença crônica e/ou precisa ser hospitalizada.

Ao adoecer, a criança considera a saúde como algo importante, pois percebe que é o que lhe dá condições de fazer o que quiser, inclusive brincar, associando-a diretamente a sentimentos de liberdade e bem-estar[19].

A presença da dor enfatiza ainda mais o processo do adoecimento, já que a dor representa uma fonte de debilidade física, limitação funcional, estresse emocional e instabilidade social[20].

978-85-7241-726-6

Dor e Doenças Crônicas

As doenças crônicas podem ser definidas como enfermidades de longa duração, com instalação e evolução lentas, podendo levar anos de evolução natural, e em geral não estão relacionadas a sinais e sintomas muito proeminentes, mas que podem se tornar agudos por algum fator interno (fisiológico) ou externo (psicossomático)[21,22]. São doenças que muitas vezes não apresentam cura e podem produzir seqüelas e limitações na vida cotidiana.

Dentre as várias doenças crônicas com as quais o terapeuta ocupacional vai se deparar em sua prática, podemos citar: lúpus eritematoso sistêmico, artrite reumatóide, febre reumática, fibrose cística (ou mucoviscidose), síndrome de imunodeficiência adquirida (AIDS), *osteogenesis imperfecta* e câncer, entre tantas outras. Essas doenças podem provocar dores crônicas e dores agudas, tanto em virtude do processo de evolução de cada uma quanto em decorrência das técnicas e procedimentos invasivos constantes, que são necessários para o tratamento e o controle do quadro clínico.

O lúpus eritematoso é uma doença auto-imune de caráter sistêmico e inflamatório com produção de anticorpos contra o próprio organismo, o que desencadeia quadros álgicos. Os principais sinais e sintomas são: fadiga, anemia, febre, perda de peso, dor nas articulações, artrite, erupção tipo borboleta e fotossensibilidade, podendo provocar distúrbios renais, neurológicos e hematológicos[23].

A artrite reumatóide é uma doença inflamatória crônica grave, de causa desconhecida, debilitante, com localização variada, mais comum nas articulações sinoviais e tecidos periarticulares, com dores e deformidades progressivas[24]. Apesar de ser mais freqüente em mulheres entre 30 e 50 anos de idade, também acomete crianças.

A febre reumática é uma doença inflamatória, de base imunológica, que em geral acomete crianças com idade entre 5 e 15 anos[25]. Costuma aparecer após um quadro de amigdalite, caracterizando-se pelo aparecimento de dores articulares, acompanhadas de sinais de inflamação e incapacidade de utilizar a articulação em decorrência da dor. As primeiras articulações acometidas costumam ser punhos, tornozelos e joelhos, mas as dores e a inflamação migram para outras articulações. Também podem aparecer manifestações cardíacas, como falta de ar, cansaço e sopro, além de comprometimento do sistema nervoso central, com o aparecimento de movimentos incoordenados e involuntários de braços ou pernas[26].

A fibrose cística ou mucoviscidose é uma doença hereditária autossômica recessiva que se caracteriza pelo aumento na produção de muco, em especial no pulmão[27]. Os sintomas mais comuns incluem o desenvolvimento de doença pulmonar obstrutiva crônica (com destruição do parênquima pulmonar), insuficiência do pâncreas, com problemas de má-absorção dos alimentos e conseqüente desnutrição[28]. Apesar de não produzir quadros álgicos como as doenças reumáticas, a fibrose cística interfere notadamente na qualidade de vida de seus pacientes e os procedimentos inerentes ao tratamento exigem intensa participação e dedicação[29]. Os exercícios respiratórios, principalmente, são vigorosos e invasivos e alguns são dolorosos e desconfortáveis ao extremo, pois as complicações respiratórias são as principais causas de mortalidade e morbidade nessa doença[30]. É bastante comum que essas crianças sejam oxigênio-dependentes e façam pneumonia de repetição, o que em geral resulta em internações sistemáticas e freqüentes.

A *osteogenesis imperfecta* é uma doença de origem genética que provoca falha no colágeno (tecido formador do osso) e seus portadores se caracterizam por apresentarem estrutura óssea extremamente frágil, sujeita a fraturas contínuas. Nos casos mais graves, essas fraturas podem ocorrer antes mesmo do nascimento, ou na simples manipulação da criança. Em decorrência disso, pode haver diversas deformidades, inclusive com comprometimento de órgãos, e a dor se torna uma constante na vida dessas crianças.

Com o avanço das pesquisas em saúde, a sobrevida de indivíduos portadores de câncer e AIDS tem aumentado. Antes consideradas doenças fatais e agudas, passaram a ser tratadas como crônicas, sendo passível de cura no caso do câncer.

No entanto, mesmo assim, a partir do diagnóstico a criança com câncer irá se defrontar com a possibilidade de morte e de várias perdas. O processo de tratamento é longo, penoso, realizado em ambiente hospitalar, além de muitas vezes ser mutilante, considerando-se os procedimentos invasivos como importantes elementos estressores[32,31].

978-85-7241-726-6

A criança portadora de câncer experimenta a dor de três formas: associada ao tumor; decorrente dos procedimentos terapêuticos; e coincidente com a patologia, como dor de cabeça e ferimentos[20].

O câncer pode prejudicar a criança em diversos aspectos, como o físico, os sociais, os familiares e os emocionais, e se vier acompanhado da dor, o sofrimento é ampliado. A dor no câncer pode ser causada pelos próprios danos desencadeados pela doença, ou pelos efeitos colaterais desencadeados pelos procedimentos terapêuticos[33].

Por ter uma síndrome de imunodeficiência, a criança portadora de AIDS pode apresentar inúmeras manifestações clínicas. O tratamento baseia-se principalmente na terapêutica anti-retroviral, a qual tem por objetivo controlar efetivamente a replicação viral, preservar e/ou restaurar a integridade do sistema imune, postergar e/ou diminuir as conseqüências da infecção e proporcionar maior sobrevida com qualidade de vida. Entretanto, essa terapia pode causar intolerância, provocando náuseas, dores de cabeça, vômitos e dores abdominais[34].

978-85-7241-726-6

Muitas vezes, a dor nessas crianças é subdiagnosticada e pode ser causada tanto por infecções e doenças oportunistas como por procedimentos diagnósticos e terapêuticos[35].

Compreende-se que essas doenças limitam várias vezes as atividades de auto cuidado, as atividades educativas, as atividades de lazer e brincar e a participação social, seja em decorrência da debilidade física, seja pela restrição de movimentos, seja pela limitação causada pelos estados dolorosos. Essas crianças vivem a dualidade entre o sofrimento de se perceberem acometidas por uma doença que faz ou fará parte de suas vidas por um longo período, modificando suas rotinas, e a necessidade de se submeterem a determinadas situações e/ou procedimentos, que apesar de dolorosos e desagradáveis, podem resultar em melhora futura[22].

As crianças portadoras de doenças crônicas muitas vezes são encaminhadas ao serviço ambulatorial de terapia ocupacional a fim de compensar e adaptar essas situações, possibilitando o desenvolvimento dos papéis ocupacionais.

Essas crianças, nos períodos de surtos sintomáticos, necessitam de internação hospitalar para abrandar os sintomas, ou para tratamento de seqüelas provenientes da evolução da doença à medida que esta progride.

É evidente reconhecer que a hospitalização oferece benefícios ao estado de saúde da criança, mas não se podem desconsiderar as conseqüências que acarreta, como estresse, traumas e comprometimento do desenvolvimento[36]. Isso se dá, entre outros motivos, porque a hospitalização costuma aumentar o contato com intervenções dolorosas, já que as crianças ao experimentarem a dor, na maioria das vezes, podem acabar desenvolvendo medo e ansiedade[37].

Dor e Hospitalização

978-85-7241-726-6

Quando uma criança é hospitalizada, sofre uma série de modificações em sua vida que merecem atenção especial por parte dos profissionais envolvidos com a área de saúde da criança, em especial os terapeutas ocupacionais. Em geral, a hospitalização ocorre em um contexto de crise, por agravamento de doença crônica, por um quadro agudo, ou por complicações de outras patologias[38]. Também pode haver internações programadas, para determinados procedimentos clínicos ou cirúrgicos de maior complexidade previamente agendados. Entretanto, é sempre uma situação em que a criança estará vivenciando uma experiência diferenciada.

É importante destacar que, independentemente de diagnóstico ou sintomas, cada criança vai viver de modo singular o processo de adoecimento e hospitalização. Para cada uma, o adoecimento traz conseqüências e limitações que extrapolam os sinais e sintomas físicos.

A hospitalização provoca na criança diversas alterações na sua rotina de vida, bem como modificações subjetivas. A internação hospitalar pode ser considerada um evento traumático quando não se leva em conta a complexidade humana[38]. Em geral, o modelo clínico vigente, em que grande parte dos profissionais de saúde foi formada, privilegia a doença, encarando a criança apenas como um corpo que adoece. É necessário levar em conta todos os aspectos que envolvem o processo de adoecimento e internação hospitalar quando trabalhamos com crianças. A dor da hospitalização é muito maior do que a oriunda do quadro clínico.

As rotinas mais simples são alteradas com a hospitalização. Mudam-se horários e hábitos, o sono às vezes é interrompido para as rotinas da enfermaria, como medir a temperatura, a pressão arterial, auscultar e tomar medicações.

Hábitos comuns, como alimentação e higiene, também sofrem modificações. A alimentação por vezes é restrita – ou até mesmo suspensa temporariamente – em virtude do quadro clínico ou de procedimentos (exames, punções, cirurgias e outros) e nem sempre o que a criança pode comer é o que gosta ou quer. Pode ocorrer a alimentação via sonda ou pela gastrostomia. Nessa última situação, a criança é alimentada de modo direto por um orifício aberto cirurgicamente em seu estômago, perdendo o prazer do paladar.

Os hábitos de higiene mudam de horário e até mesmo de lugar. Alguns pacientes passam a ter que fazer uso de sondas, "comadres" ou fraldas. O banho, em certas situações, tem de ser dado no leito. Tais mudanças podem causar desconforto, irritação e constrangimento, principalmente em crianças maiores.

Essas sensações podem ser aumentadas pelo fato de que é comum a criança ter que dividir o mesmo espaço, sem qualquer privacidade, com outras crianças e

978-85-7241-726-6

seus acompanhantes. Pensando que cada qual tem seus hábitos e necessidades peculiares, algumas coisas simples, como assistir à televisão ou ouvir música, podem se transformar em situações de conflito.

Além disso, apesar da preocupação com a ambiência, ainda é comum que em enfermarias pediátricas o ambiente físico seja repleto de estímulos estressores e pobre em estímulos adequados à clientela infantil. Aparelhos desconhecidos e barulhentos (luzes artificiais, monitores, alarmes, suportes de soro e outros apetrechos) compõem, em geral, um cenário desconhecido e de aspecto pouco acolhedor, contrapondo-se ao espaço lúdico de liberdade e lazer, necessário ao bom desenvolvimento infantil.

Em algumas enfermarias não há janelas ou iluminação natural, apenas luzes artificiais, ligadas durante 24h, alterando a percepção temporal, tanto de pacientes quanto de acompanhantes e profissionais. No caso da internação infantil, não é apenas o paciente que fica submetido à arquitetura do hospital. O acompanhante, em geral a mãe, também se "interna"* junto e acaba por sentir-se "aprisionado" em um ambiente que às vezes parece tão distante da vida cotidiana. Isso contribui para gerar uma angústia ainda maior nesse acompanhante, que em geral já está dividido entre a preocupação com a criança doente e com outras situações, como os outros filhos que ficaram em casa, o emprego abandonado, a falta de suporte de um companheiro ou da família.

Tais questões refletirão de modo direto na relação estabelecida entre paciente e acompanhante, relação esta que, principalmente no momento da internação, precisa ser capaz de servir de suporte para a criança poder vivenciar melhor o período de adoecimento e hospitalização.

Além de tudo isso, a criança é afastada de sua família, amigos, brinquedos e escola, enfim, de sua vida. Esse período pode tornar-se uma lacuna em sua vida, em que tudo parece ficar entre parênteses. O cotidiano fica tão distante que alguns pacientes perdem seus referenciais de espaço e tempo. Como ilustração disso, certa vez um menino em atendimento perguntou se no hospital tinha porta de sair e elevador de descer. A sensação de confinamento era tão grande que para ele parecia só haver a entrada.

O medo, a ansiedade e a angústia são alguns dos sentimentos mais freqüentes que acompanham o processo de internação.

O hospital é para a criança um ambiente estranho e pouco acolhedor, onde passa a conviver com a vertente deficitária de seu próprio corpo e com situações

---

* Segundo o Estatuto da Criança e do Adolescente, em seu artigo 12, destaca-se que "os estabelecimentos de atendimento à saúde deverão proporcionar condições para a permanência em tempo integral de um dos pais ou responsável, nos casos de internação de criança ou adolescente"[39].

novas, desagradáveis e por vezes assustadoras. Algumas vezes, presencia a morte, em outras, teme a própria morte. Vivencia de modo intenso o seu sofrimento, o de sua família e o de outras crianças, o que pode desencadear fantasias de culpa e punição e o medo do abandono e da morte.

Nesse ambiente, de modo geral pouco acolhedor e por vezes desconhecido, a criança passa a ser submetida a situações nas quais não tem qualquer escolha. Além da disposição do espaço e dos objetos, outros agentes estressores estão presentes durante o processo de internação hospitalar.

O desconforto e a dor são características comuns da hospitalização, tanto como sintomas de determinados quadros clínicos quanto em alguns procedimentos invasivos. Esses procedimentos costumam desencadear dor aguda, de duração relativamente breve, normalmente por estímulo nocivo bem definido[4].

978-85-7241-726-6

Os procedimentos invasivos, embora necessários ao restabelecimento ou à manutenção da saúde, desencadeiam medo e ansiedade e tendem a ser vistos pelas crianças como punição ou agressão[40]. É importante destacar que mesmo que sejam pequenos, quando realizados de forma repetitiva, podem se tornar traumáticos e estressantes para a criança[3].

Como exemplos, podem ser citadas a punção venosa, procedimento bastante comum em uma internação em razão da necessidade de medicação de efeito mais imediato e efetivo, a mudança de curativos e a colocação de drenos, de cateteres, ou de sondas. Esses procedimentos, além de invasivos, limitam a movimentação e a exploração por parte da criança, rompendo ainda mais com seu papel ocupacional.

De modo geral, crianças menores de cinco anos de idade tendem a generalizar as respostas de estresse para todas as situações médico-hospitalares, mesmo as não invasivas ou de pequeno porte[3]. Dependendo da idade em que a criança se encontra, algumas reações são prevalentes. Segundo Rossit e Kovács, os bebês submetidos a longos períodos de hospitalização tendem a apresentar atraso no desenvolvimento neuropsicomotor, as crianças entre dois e três anos consideram a hospitalização como um abandono por parte dos pais e as crianças maiores tendem a apresentar condutas de regressão (chupar o dedo, enurese), depressão e ansiedade, tornando-se mais queixosas ou muito passivas[41].

Para a criança portadora de alguma doença crônica e/ou grave, esse quadro se potencializa, pois em geral as internações acontecem com freqüência e para determinadas crianças o hospital faz parte da rotina de vida. Alguns pacientes internam-se várias vezes em um ano, outros permanecem longos meses na enfermaria. Há ainda os que vão e voltam com tanta freqüência, que passam mais tempo no hospital do que em casa.

É comum saberem da gravidade de seus quadros, mesmo que isso não lhes tenha sido dito de forma clara. A preocupação com a morte existe e aparece de diferentes maneiras. Alguns brincam com isso, outros comentam sobre outras crianças que morreram.

Kudo e Pierri apontam que entre os fatores que influenciam de modo direto a maneira como a criança vai reagir a um processo de hospitalização estão: o tipo de vínculo afetivo entre mãe e filho estabelecido antes da internação, a personalidade da criança, a duração da internação, a atitude da equipe hospitalar e a idade da criança[42].

No entanto, é importante ressaltar que cada criança é única e, portanto, esse tipo de critério não deve ser utilizado como regra. Por exemplo, nem sempre crianças que fazem internações curtas respondem melhor do que as que ficam mais tempo hospitalizadas.

O que se deve considerar sempre é que a hospitalização pode prejudicar o desempenho e os papéis ocupacionais da criança e é dentro desses aspectos que o terapeuta ocupacional insere sua atuação. Segundo a American Occupational Therapy Association (AOTA), a atuação terapêutica ocupacional ocorre em sete áreas de desempenho: atividades de vida diária (AVD), atividades de vida diária instrumentais, atividades de jogos e brincadeiras, atividades educativas, atividades de trabalho, participação social e atividades de lazer[43].

A atividade lúdica oferece à criança a oportunidade de lidar com sentimentos como medo, angústia e ansiedade, possibilitando que saia da passividade assumida com freqüência diante da hospitalização[32,42,44-46]. O brincar é lugar e tempo para a possibilidade de ser do sujeito. Deve-se, portanto, cuidar para que esse espaço continue a existir apesar da doença[47].

978-85-7241-726-6

O Brincar

Na terapia ocupacional, o brincar é visto como uma ocupação infantil significativa e fundamental e em geral é utilizado como recurso terapêutico para promover o desenvolvimento de habilidades físicas, cognitivas, emocionais, relacionais e sociais[48].

Para alguns autores, é tão importante para uma criança quanto o trabalhar para um adulto. Vários teóricos da terapia ocupacional apontam que o papel ocupacional da criança é o de brincar[10,11,49,50].

Para Reilly, o brincar atua como um sistema multidimensional de adaptação ao ambiente, movido pelo impulso da curiosidade[49]. É por meio do brincar que a criança aprende as regras sensitivo-motoras do mundo à sua volta e adquire regras, habilidades e hábitos que a tornarão competente para desempenhar outros papéis ocupacionais.

Os papéis ocupacionais são as funções e as realizações que os indivíduos vão adquirindo ao longo da vida, os papéis produtivos que desempenham. Relacionam-se às diferentes fases e necessidades da pessoa, ao que o ambiente lhe oferece para desempenhar seus papéis e ao que a sociedade espera dela. Modificam-se ao longo da vida, contribuindo na organização das rotinas, acrescentando novas experiências e habilidades, somando-se para construir a identidade social do indivíduo[49,51].

Nessa perspectiva, as crianças aprendem habilidades e desenvolvem interesses por meio do brincar e isso afeta suas futuras escolhas e o sucesso no trabalho e no lazer. A atividade lúdica é intrínseca, espontânea, divertida, flexível, envolvente, revigorante e desafiadora, a criança brinca pelo prazer de brincar. Por meio dela se desenvolve o entendimento do mundo e a competência para interagir com ele. O modo como as crianças brincam revela capacidades físicas e cognitivas, de interação social, imaginação, independência e imitação[42,52].

Isso ocorre porque o brincar é uma atividade espontânea e prazerosa que envolve oportunidades de descoberta, mistério, criatividade e auto-expressão, possibilitando o desenvolvimento da coordenação motora, da cognição, da linguagem e das interações sociais e contribuindo com o desenvolvimento infantil[52-54].

Ao brincar, a criança exercita também sua capacidade de vivenciar o simbólico, transmite suas necessidades, angústias, intenções e vontades. O brincar possibilita a ação e a integração de aspectos motores, psicológicos, perceptivos e cognitivos.

Segundo Piaget, a construção do conhecimento infantil ocorre por meio do exercício do brincar[55]. Isso pode ser observado desde as primeiras explorações do bebê e também quando as crianças estão no período pré-escolar e o faz-de-conta torna-se presente nas brincadeiras infantis, até o início dos jogos com regras.

Na idade pré-escolar, o brincar faz-se indispensável na medida em que proporciona estímulos para o desenvolvimento de várias áreas, como a motora, a social, a emocional, a cognitiva e a de linguagem[56]. Pela brincadeira, a criança aprende sobre si mesma e sobre o mundo ao seu redor e, por ser uma atividade espontânea, possibilita que ensaie, experimente, sinta e oriente a si mesma no mundo real[54,57].

É fundamental poder pensar o brincar como recurso e objetivo de tratamento da terapia ocupacional, pois durante muito tempo ficou relegado como recurso meramente recreativo.

No início da história da terapia ocupacional, o brincar era valorizado e utilizado como recurso terapêutico. No entanto, em razão da ambigüidade e da inconsistência conceitual com que era usado, acabou sendo desconsiderado como atividade terapêutica com fins próprios. Junto a isso, a própria terapia ocupacional, no período da Segunda Guerra Mundial, passou por uma grande transformação, afastando-se de sua natureza ocupacional, em decorrência de uma forte pressão por uma "postura científica" e preocupações "tecnicamente orientadas"[48].

978-85-7241-726-6

Por conta dessa transformação, na terapia ocupacional pediátrica os aspectos mais valorizados passaram a ser as técnicas neuromusculares, a destreza no uso das mãos, as adaptações, a capacidade motora e as funções sensitivo-perceptivas. Pouco se falava de "ocupação" ou do brincar como atividade primordial da infância[48].

Foi Mary Reilly quem resgatou a questão do brincar para o estudo da terapia ocupacional ao destacá-lo como o principal papel ocupacional na infância[49]. Postulou que por meio do brincar e do trabalho se desenvolvem capacidades, habilidades, interesses, hábitos de competição e cooperação necessários à "competência" na vida adulta[48,49].

978-85-7241-726-6

De acordo com Kielhofner e Barrett, os papéis ocupacionais são dinâmicos e se iniciam na criança com o papel do brincar, sendo a atividade lúdica a essência da existência humana[11,58].

Acreditam que cabe à terapia ocupacional proporcionar a indivíduos não adaptados a possibilidade de assumirem um comportamento ocupacional para manter, reabilitar, organizar e/ou desenvolver habilidades e motivação, de forma que consigam desempenhar seus papéis ocupacionais[58].

Atualmente, o brincar é entendido como essencial ao desenvolvimento infantil e a atuação do terapeuta ocupacional junto a crianças deve ser direcionada às ocupações diárias do brincar e do lazer[59]. Isso é fundamental, pois é por meio da experimentação oriunda do brincar que a criança constrói seu conhecimento e se constitui como sujeito[55,60,61].

O brincar mostra sua importância no processo de desenvolvimento global da criança, pois reúne experiências da própria criança e de seus pares sociais. A criança revela uma parte de si mesma, como pensa, como se vê e como vê os outros e dessa forma o processo de repetir, imitar, representar e inventar é mais do que um ato de brincar[46].

A brincadeira é uma forma de relação da criança com o mundo, pois segundo Takatori, a observação da criança durante seu brincar permite obter elementos que possibilitam direcionar as ações de um processo terapêutico[47].

O brincar é uma das principais atividades para o desenvolvimento infantil, pois permite à criança oportunidades para exercitar as funções psicossociais e experimentar desafios, explorando o mundo que a cerca de maneira natural e espontânea[62]. Durante o brincar, a criança vivencia aspectos do cotidiano, adquirindo habilidades sociais como regras, princípios morais e sociais, habilidades cognitivas como resolução de problemas, atenção e concentração e habilidades motoras de coordenação motora global e de coordenação motora fina[63].

As vivências da criança influenciam de forma ímpar o conteúdo de seu brincar. À medida que surgem novos conflitos, estes geram uma demanda interna, um desejo de entender, solucionar, expressar essas questões, que são levadas para o faz-de-conta, em que não há limites entre o real e o imaginário.

Vygotsky afirma que durante a idade pré-escolar, quando surgem desejos e necessidades que não podem ser concretizados ou esquecidos, a criança entra em um mundo imaginário e ilusório em que seus desejos e necessidades se realizam e a esse mundo denominou brinquedo[60]*.

Durante a brincadeira de faz-de-conta, a criança reproduz suas experiências de vida diária, possibilitando novas formas de interpretar e representar a realidade de acordo com as necessidades, os desejos e as afeições infantis[46].

Por isso, é importante que durante o atendimento de terapia ocupacional se constitua um momento em que a criança tenha espaço para criar e construir histórias e, dessa maneira, ao contá-las, possa cada vez mais emergir como sujeito de sua história[64].

É fundamental não esquecer que no processo terapêutico o brincar é uma forma de estar com a criança, adentrar seu mundo, compartilhar suas necessidades, desejos, fantasias e expectativas, criar vínculos. A partir dessa relação empática, podem-se guiar as intervenções, pois ao perceber as necessidades do outro, percebe-se também as próprias necessidades como terapeutas, atentos a uma construção de assistência ideal e singular.

A brincadeira, quando livre, espontânea e desenvolvida de forma prazerosa, permite à criança uma maneira de estar no mundo, de falar de si mesma e de se desenvolver[47]. Considera-se como brincadeira não apenas o brincar com brinquedos, mas também todas as atividades que possibilitem à criança sua inserção e manutenção na realidade social de forma única, como a música (cantar e ouvir), as atividades de vida diária (comer, tomar banho) e as atividades expressivas (desenhar, pintar, conversar)[47].

A partir do anteriormente exposto, não se pode ignorar a importância do brincar como recurso terapêutico e atividade fundamental da infância. Diante disso, a seguir pretende-se discutir as formas de atuação terapêutica ocupacional para auxiliar a criança a passar por experiências dolorosas mediante a utilização de atividades.

978-85-7241-726-6

Brincar como Recurso Para Trabalhar a Dor

Uma criança que tem sua vida limitada pela dor experimentará menos o mundo à sua volta se não forem criadas alternativas para que essa interação aconteça de forma prazerosa.

---

* Alguns autores não diferenciam os termos brinquedos e brincadeiras.

Diante disso, a dor não tem sido mais abordada apenas de modo farmacológico e cirúrgico, mas também por meio de estratégias cognitivas e comportamentais, que têm por objetivo aumentar as habilidades de enfrentamento, reduzindo a percepção de dor e o nível de estresse, tornando a criança participante ativa no processo do manejo da dor e aumentando sua percepção de controle da situação[4,65]. É nesse contexto que se insere a terapia ocupacional.

978-85-7241-726-6

A terapia ocupacional não pretende assumir papel isolado no combate à dor, ou substituir outras abordagens, mas sim oferecer intervenções alternativas e complementares de forma a contribuir para a melhora da qualidade de vida da criança afetada.

A manifestação da dor também está associada com comportamentos sociais: dependendo da cultura, da família e da religião, o indivíduo pode ser recompensado, ignorado, ou punido ao emitir um comportamento de dor e assim o terapeuta ocupacional deve considerar esse contexto de desempenho[12].

Segundo Borges, as estratégias cognitivas envolvem diversas técnicas, como a distração (direcionar a atenção da criança para outros estímulos não vinculados à dor), a imaginação (encorajar a criança a imaginar experiências incompatíveis com a dor, ou desenvolver uma imagem em que a dor é enfrentada de forma heróica ou relaxante), a parada de pensamento (estimular a criança a bloquear os pensamentos negativos e substituí-los por outros positivos), a hipnose e a informação preparatória (fornecimento de informações simples, objetivas, claras e honestas à criança quanto aos procedimentos a serem realizados)[4].

Na prática terapêutica ocupacional fica difícil separar a atuação nessas técnicas sugeridas anteriormente, pois as atividades propostas muitas vezes se encaixam em mais de uma técnica.

Assim, o terapeuta ocupacional pode direcionar a atenção da criança para atividades que não estejam vinculadas aos estímulos dolorosos. A escolha da atividade dependerá de diversas variáveis, como idade, interesse, limitações físicas e/ou cognitivas da criança, se a atividade será grupal ou individual, se será realizada no leito, no chão ou em ambiente apropriado, se durante um procedimento invasivo ou não, quanto tempo terá disponível, etc.

Uma atividade que se adapta à maioria das limitações apresentadas anteriormente é a caixa de histórias, consistente em uma caixa que contém elementos (personagens e objetos do cenário) usados pelo terapeuta para contar a história e ilustrar essa atividade. Essa história pode ser um clássico infantil, ou uma história criada pelo próprio terapeuta a partir das necessidades da população atendida[66]. Ao término da história, o terapeuta possibilita que as crianças explorem os elementos da caixa, de forma que possam brincar e até recontar a história. A grande diferença entre essa atividade ser contada por um terapeuta ocupacional e por um contador de histórias encontra-se no fato de que durante o processo dessa narração o terapeuta pode modificar sua ação em virtude de intercorrências, sejam por parte das crianças, sejam por parte da equipe, etc. Na experiência desenvolvida no Hospital das Clínicas da Faculdade de Medicina de Ribeirão Preto da Universidade de São Paulo (HC-FMRP-USP), tem-se observado que as crianças, mesmo durante procedimentos como medicação, tapotagem e inalação, participam dessa atividade e acabam enfrentando melhor os processos dolorosos.

Outra prática bastante interessante é permitir que a criança crie histórias a partir de sua experiência, possibilitando que expresse seus sentimentos de forma lúdica. Dentro dessa mesma proposta o terapeuta ocupacional pode sugerir novos encadeamentos nessa história, possibilitando um novo fim para ela e que a criança passe a visualizar novas formas de conduta perante o processo de dor pelo qual está passando.

Outra possibilidade é estimular a criança a brincar, de forma livre e espontânea, permitindo que escolha de que, com quem e como brincar. Esse tipo de abordagem parte do princípio de que o brincar é uma atividade que também tem um fim nela mesma e é fundamental para auxiliar as crianças na elaboração de experiências e sensações desconhecidas, ameaçadoras e/ou dolorosas. Nessa perspectiva, o local de brincadeiras, que tanto pode ser o leito quanto um *setting* montado na própria enfermaria, auxilia a criança a perceber que pode transformar objetos e situações por meio da brincadeira.

Esse mesmo objetivo terapêutico pode também ser alcançado pelo do jogo do faz-de-conta, em que a criança, a partir de objetos, pode verbalizar e demonstrar seus medos e suas ansiedades. Nesse contexto, o terapeuta ocupacional pode entrar no jogo por meio de um personagem e permitir que a criança converse e interaja com esse personagem de maneira que suas experiências dolorosas sejam expressas e reelaboradas.

Segundo Borges, as estratégias comportamentais envolvem técnicas de reforço por contingência (reduzir ou extinguir os comportamentos de dor por meio de elogios, troféus, adesivos e pequenos brinquedos diante da emissão de tais comportamentos), relaxamentos (visando modificar as respostas fisiológicas que acompanham os estados de ansiedade e tensão), estimulação cutânea, *biofeedback* (leva o paciente a perceber a medida quantitativa de algumas atividades orgânicas, possibilitando obter o controle sobre elas), modelação (fornecer modelos comportamentais pela observação de outras crianças e de personagens de filmes e/ou livros), dessensibilização sistemática (exposição progressiva a objetos e situações que causam ansiedade), ensaio comportamental (colocar em prática estratégias de enfrentamento que deverão ser empregadas em determinada si-

978-85-7241-726-6

tuação) e terapia da arte e do jogo (para aliviar o estresse das crianças nas horas que antecedem ou precedem os procedimentos invasivos)[4].

Como o terapeuta ocupacional utiliza como recurso a atividade, algumas estratégias comportamentais são muito empregadas em nossa prática. A confecção de medalhas, troféus, ou mesmo de um brinquedo de sucata pode ser um incentivo ao enfrentamento das dores e limitações que a criança sofre. Durante a confecção desses objetos, muita coisa pode ser expressa pela criança e deve ser trabalhada pelo terapeuta ocupacional, como medo, insegurança, ruptura do cotidiano, perdas, entre outros, o que torna o processo da confecção muitas vezes mais importante que o próprio produto. Dessa maneira, a criança pode perceber que apesar de estar em contato direto com a vertente deficitária de seu corpo, também é capaz de ter potencialidades e construir algo de positivo.

O relaxamento pode ser introduzido na terapia propiciando uma redução das tensões musculares provocadas pelo processo doloroso. É uma prática pouco utilizada com crianças, pois acabam apresentando dificuldades de concentração e abstração aos comandos verbais normalmente empregados para conduzir o processo de relaxamento. Entretanto, pode-se utilizar a técnica de relaxamento de Michaux, que consiste em segurar o segmento corporal da criança e realizar movimentos de flexão e extensão, pronação e supinação, adução e abdução e rotação (quando a articulação permitir esse movimento), vagarosamente, mas de forma ritmada, iniciando por mãos, antebraços, braços, ombros, pés, pernas, coxas, quadris, pescoço e cabeça, terminando com pequenas pressões digitais em toda a face[67].

978-85-7241-726-6

Dentre as modalidades de estimulação cutânea no manejo da dor, podem-se destacar a estimulação nervosa elétrica transcutânea, a massagem, a termoterapia (calor), a crioterapia (gelo) e a vibração[12]. Entretanto, cabe ressaltar que esses recursos seriam utilizados inicialmente para reduzir a experiência dolorosa e posteriormente para se atingir os objetivos terapêuticos ocupacionais, que são as áreas de desempenho ocupacional.

O *biofeedback* é uma técnica que consiste em fazer com que a criança acompanhe, perceba e controle, por meio de monitores, algumas atividades de seu organismo, como: batimentos cardíacos, pressão arterial, nível de oxigenação, etc[68]. No entanto, a criança precisa ter certa maturidade para poder interpretar os sinais e não gerar um efeito inverso, ou seja, aumentar sua ansiedade e desconforto ao perceber a alteração de alguns sinais vitais. De modo geral, ainda é um recurso pouco utilizado por necessitar de equipamentos importados, o que acaba dificultando o acesso a essa técnica.

Modelação, dessensibilização sistemática e ensaio comportamental podem ser trabalhados pelo jogo do faz-de-conta, com bonecos e equipamentos médicos, ou com fantoches e criação de histórias de enfrentamento, com a possibilidade de se realizar um trabalho em grupo em que cada criança traz suas vivências, seus medos e anseios e trocam, por meio dessas brincadeiras, informações sobre formas de condutas perante os processos dolorosos.

A modelação também pode ser trabalhada por meio da imitação de modelos comportamentais com a observação do comportamento de outra criança que reage de forma favorável perante um procedimento invasivo, fornecendo um modelo de conduta tranqüila, o que pode favorecer um comportamento adequado quando for submetida a esse procedimento[65].

A dessensibilização sistemática implica em expor gradativamente a criança a situações ou objetos causadores de ansiedade, conforme aprendem estratégias para relaxar, controlar e compreender a presença desses agentes estressores[68]. Por agentes estressores pode-se compreender não só os procedimentos em si, mas a própria presença da equipe de saúde e o ambiente hospitalar. Assim, o terapeuta ocupacional, após a instalação de um vínculo terapêutico, pode propor situações lúdicas que permitam à criança ir tomando contato com esses agentes estressores de forma gradativa, a fim de minimizar a ansiedade e os temores.

O ensaio comportamental, terminologia usada pela área de psicologia, consiste em estimular a criança a reproduzir os procedimentos ou as situações em brinquedos ou no terapeuta, à medida que vai treinando estratégias de enfrentamento[4].

Essa última técnica se assemelha ao que se costuma chamar de brinquedo terapêutico, em que a criança é encorajada a realizar em bonecos os procedimentos pelos quais vai passar, bem como a manusear equipamentos e materiais (de brincadeira ou reais, se forem seguros para a criança), como termômetro, seringas, estetoscópio, soro, esparadrapo, etc.

978-85-7241-726-6

Dessa forma, podem-se utilizar esses materiais para mostrar à criança as etapas dos procedimentos a que será submetida, permitindo que antecipe suas dúvidas e receios por meio dessa vivência, minimizando os temores durante os procedimentos reais. Essa técnica permite também à criança reproduzir o que está vivenciando e reelaborar seu processo de doença.

A prática mais conhecida pelos terapeutas ocupacionais é o uso de jogos e brincadeiras junto a crianças. Assim, as técnicas propostas por Borges são de modo geral bastante familiares à atuação desses profissionais[4].

As atividades lúdicas propiciam à criança o resgate de seu papel ocupacional de brincador*, a elaboração de suas experiências e a recuperação da sensação de prazer, possibilitando que afaste sua atenção, mesmo que momentaneamente, da

* Apesar de se preferir o termo brincante, optou-se pelo que foi usado na tradução de Parham e Primeau[48] para preservar o conceito de Reilly.

situação em que se encontra. Os familiares, muitas vezes "internados" junto às crianças, devem ser orientados e encorajados a brincarem com elas, mostrando-lhes a importância desse processo para a saúde infantil. Esse brincar pode facilitar também a relação entre o familiar e a criança, transmitindo segurança e bem-estar e favorecendo a evolução do quadro clínico.

Conforme dito anteriormente, a escolha da atividade a ser oferecida à criança deve levar em conta suas particularidades, seus interesses e suas limitações. O trabalho em grupo possibilita a socialização e esse objetivo deve ser considerado, pois propicia a continuidade da interação e o estabelecimento de alianças entre as crianças, mesmo após o término da terapia.

É importante o terapeuta ocupacional propor atividades que possibilitem a interação entre as crianças e os cuidadores, de forma que sejam mantidas mesmo em sua ausência, melhorando o ambiente físico e interpessoal do hospital.

978-85-7241-726-6

Cuidados Paliativos Junto à População Pediátrica

É um termo utilizado para os cuidados no fim da vida, não vinculado a uma doença específica, embora tradicionalmente ligado à oncologia. Com o avanço das terapias medicamentosas, a AIDS transformou-se em uma doença tratável, associando-se assim com os cuidados paliativos de maneira tênue[69].

Segundo a OMS, os cuidados paliativos têm como objetivo melhorar a qualidade de vida de familiares e pacientes que enfrentam doenças com risco de morte[8].

Apesar da grande evolução da medicina, crianças ainda adoecem e morrem. Tal situação provoca grande impacto não apenas nas famílias, mas também nos profissionais de saúde, o que pode gerar comportamentos ambíguos e dificuldade de aceitar que não existam mais recursos a serem empregados.

A morte sempre causa sensação de perda e impotência. Entretanto, a morte na infância assinala uma ruptura da seqüência lógica do desenvolvimento humano, que se apresenta como nascimento, infância, adolescência, vida adulta, velhice e morte.

Acompanhar uma criança que está morrendo configura-se em importante desafio pessoal e profissional, mas significa também a oportunidade de manter um vínculo que foi estabelecido anteriormente, o que tanto para as crianças quanto para as famílias é profundamente reconfortante[70]. No entanto, é fundamental que seja uma escolha consciente de cada profissional, a partir do conhecimento de seus limites e resistências.

Muito além das intervenções clínicas, os cuidados paliativos envolvem principalmente a relação entre as pessoas que cuidam e as que são cuidadas[69].

Trabalhar com cuidados paliativos é reconhecer a importância da qualidade de vida, não apenas para a criança em fase terminal, mas para todas aquelas acometidas por alguma enfermidade que as impedirá de chegarem à vida adulta. Nesse processo, a ação do terapeuta ocupacional é fundamental.

Muitas crianças, em virtude de sintomas e quadros clínicos, enfrentam graves restrições e obstáculos físicos, funcionais e intelectuais, sendo condenadas de certa forma a uma "morte precoce", pois não conseguem ter acesso a qualquer tipo de ação ou atividade. Esse é um grande desafio para a terapia ocupacional, fazer com que a vida desses pacientes seja mais do que simplesmente batimentos cardíacos e respiração. Descobrir e reconhecer em cada uma as possibilidades de continuar sendo um sujeito de ação e de direito.

Embora as predições sobre o desenrolar de uma doença muitas vezes sejam imprecisas, existem situações em que se percebe claramente que a criança está entrando em fase terminal. O controle da dor nessa fase é fundamental para reduzir o sofrimento não apenas da criança, mas também da família e dos profissionais[70].

É comum nessa etapa da vida a presença intensa de dor e a necessidade de uso constante de analgésicos ou sedativos, o que pode impossibilitar a participação das crianças de forma ativa no processo de terapia ocupacional.

Assim, a ação terapêutica ocupacional, nesses casos, enfoca mais os pais e familiares, oferecendo-lhes suporte e contribuindo para que essa passagem seja cercada de dignidade, humanismo e compaixão e livre de sofrimento físico.

Deve-se evitar a distanásia* , pois quando não houver mais recursos terapêuticos disponíveis, a criança terá o direito a uma morte digna junto aos seus familiares[72].

A decisão da equipe médica e da família em não prolongar a vida por meio de intervenções clínicas, como manobras de ressuscitação, remoção, ou restrição de medidas de suporte de vida, que apenas postergarão a morte, baseia-se em princípios morais e religiosos[73].

Esses princípios morais e religiosos são particulares e devem ser respeitados seguramente. É necessário que a família compreenda a real situação clínica da criança para que possa tomar uma decisão, a qual é definitiva.

A morte de uma criança, dentro da cultura ocidental, desencadeia um dos processos de luto mais dolorosos[74]. O luto de pessoas que apresentam uma crença religiosa parece ser resolvido mais cedo do que o de pessoas sem religião[75].

Para a criança terminal, muitas vezes o medo da separação dos pais, familiares e amigos, ou mesmo a ansiedade quanto ao que virá após a morte, também pode ser reconfortado por referências religiosas ou espirituais. Talvez bebês e pré-escolares não se beneficiem diretamente dos rituais religiosos, mas será grande o conforto dos pais ao saberem que isso foi possibilitado ao filho. Entretanto, para escolares e adolescentes os rituais religiosos terão um grande valor[73].

978-85-7241-726-6

* É a manutenção da vida à custa de grande sofrimento por tratamentos fúteis ou desproporcionais[71].

É fundamental que a família se sinta incluída no processo decisório, receba ajuda para chegar a um consenso e receba informações claras, de qualidade, na quantidade e no momento adequados[76].

A família necessita de um profissional de referência, com quem possa colocar suas dúvidas, apreensões e angústias, podendo o terapeuta ocupacional assumir esse papel. É importante que se utilize uma linguagem clara e adequada ao nível sociocultural do familiar para que possa compreender o quadro. Além disso, uma postura de acolhimento facilita esse processo.

É importante também que o profissional esteja atento à necessidade de descanso da família. Alguns cuidadores podem ficar naturalmente sobrecarregados, principalmente no caso de crianças dependentes de alta tecnologia ou com quadros complexos que se estendem por tempo prolongado. A família deve ser tranqüilizada de que se saiu bem, mesmo em circunstâncias tremendamente difíceis[70].

Segundo Garros, para se proporcionar uma morte digna na pediatria, deve-se considerar: o controle da dor e dos sintomas de desconforto físico; a preparação para a morte (rituais); a oportunidade de revisar sua própria vida, relembrar momentos importantes e a chance de se despedir; a presença da família nesse instante; o direito à privacidade e a um ambiente adequado; e o acompanhamento após a morte[73].

Nesse momento, muitas vezes o terapeuta ocupacional pode receber os irmãos, junto com outros profissionais, para esclarecer suas dúvidas em um ambiente adequado, onde possam se expressar não apenas de forma verbal, mas também por meio de atividades.

Uma atenção especial deve ser destinada aos irmãos. Em razão do forte estresse a que a família é submetida, os irmãos podem sentir-se negligenciados, desencadeando alterações de comportamento e de rendimento escolar e sentimentos de culpa por serem saudáveis[70]. É importante que o terapeuta ocupacional e toda a equipe envolvida estejam atentos ao realizarem intervenções específicas no sentido dos irmãos sentirem-se integrados e participantes do processo.

978-85-7241-726-6

Os cuidados paliativos envolvem também a possibilidade do paciente vivenciar emoções intensas, de fazer e/ou escutar revelações e dar ou receber o perdão de pessoas próximas[69]. Cabe então ao terapeuta ocupacional o desenvolvimento de atividades individualizadas e/ou em conjunto com a criança e/ou com os familiares para proporcionar a expressão dessas emoções e interações.

Os sentimentos da criança enferma tornam-se confusos e algumas vezes contraditórios e assim o paciente pode apresentar sentimentos de depressão, raiva e tristeza associados com a esperança[69].

A restrição ao hospital, na maioria dos casos, possibilita a ampliação desses sentimentos negativos. Assim, o terapeuta ocupacional pode propiciar, sempre que possível, atividades fora do leito, seja na brinquedoteca* do hospital, seja em espaços externos como *playground*, ou apenas para um banho de sol. Essas atividades devem ser orientadas para que os cuidadores as desenvolvam de modo independente da presença do terapeuta ocupacional, sempre que a equipe médica autorizar a saída do leito.

Estando o brincar e o lazer em uma área de desempenho ocupacional infantil, essa limitação pode agravar ainda mais o quadro emocional, desencadeando uma piora no quadro geral da criança.

A maneira de se trabalhar a questão da morte com a criança adoecida irá variar de acordo com a idade, o vínculo anterior entre criança e terapeuta, os aspectos emocionais, culturais e cognitivos de cada criança e de acordo com o conceito que a criança tenha sobre doença e morte.

Em uma criança, a percepção da morte vai depender de seu reconhecimento da universalidade (todos os seres vivos morrem um dia), da irreversibilidade (pessoas que morrem não voltam a viver), de que as funções do corpo deixam de funcionar e da causalidade (existem causas objetivas que provocam a morte e não o pensamento mágico)[70].

Crianças menores de seis anos de idade têm dificuldade em perceber alguns desses conceitos, como a irreversibilidade e o não funcionamento corporal[70]. Podem achar que morrer é dormir, o que pode provocar temores em relação a pegar no sono. Podem também correlacionar a proximidade da morte ao fato de terem ficado zangadas e desejado algo "ruim". Nesse sentido, podem achar que ela ou outros (no caso dos irmãos) estão sendo castigados e morrerão por esse motivo. A causalidade é o último desses conceitos que a criança adquire em seu desenvolvimento.

978-85-7241-726-6

As crianças em idade escolar já são capazes de entender o conceito de morte e o terapeuta ocupacional pode trabalhar esses sentimentos por meio de desenhos, jogos, histórias e faz-de-conta, para que suas angústias, dúvidas e receios possam ser expressos e elaborados. Para algumas crianças, inclusive, é mais fácil expressarem seus temores e anseios de maneira não verbal.

O terapeuta ocupacional pode também encorajar os pais a trazerem álbuns de fotografias, estimular a lembrança de experiências prazerosas, como férias e viagens, além de propiciar a confecção em conjunto (pais, familiares e criança) de algum objeto como uma última lembrança.

Os adolescentes, por sua vez, podem adotar um comportamento mais arriscado ou desafiador, por acharem-se indestrutíveis e capazes de modificar situações

---

* A Lei nº 11.104 dispõe sobre a obrigatoriedade de instalação de brinquedotecas nas unidades de saúde que ofereçam atendimento pediátrico em regime de internação[77].

irreversíveis[70]. Por outro lado, podem regredir a condutas mais infantilizadas. Na realidade, crianças e adolescentes gravemente enfermos podem se apresentar de maneira diversa da esperada para a idade cronológica[78].

Independentemente da faixa etária, o profissional deve oferecer à criança e ao adolescente oportunidades de expressão e elaboração de seus medos e dúvidas sobre a situação que está enfrentando e orientar a família para isso. Mesmo a criança muito pequena, quando gravemente adoecida, tem noção de sua condição e precisa ter a chance de se manifestar sobre isso, pois a proximidade ou a possibilidade de morte é vivenciada pela criança como perda total de controle[78].

Pode ocorrer também que a criança e/ou o adolescente se sintam culpados pelo trabalho e a apreensão que o adoecimento está causando à família. Uma comunicação aberta e honesta, adequada ao estágio de desenvolvimento da criança e do adolescente esclarece-os e tranqüiliza-os[70].

A família deve ser convidada pela equipe a participar dos momentos finais (estando próxima ao leito, falando, tocando, ou segurando a criança no colo), mas cabe a ela decidir se quer estar presente ou não.

Após a morte de uma criança em uma unidade de terapia intensiva (UTI) pediátrica, muitos pais se sentem abandonados e sozinhos, pois a equipe médica deixa de fazer parte de seu cotidiano, tornando-se necessário um acompanhamento de apoio para assisti-los nessa experiência dolorosa[73].

Torna-se importante que o terapeuta ocupacional proponha atividades grupais com os familiares para que estes possam trabalhar os sentimentos de perda, além de propiciar um ambiente de apoio entre as várias famílias que enfrentam problemas semelhantes. Como o terapeuta ocupacional não esteve envolvido com intervenções terapêuticas invasivas e acompanhou a criança e o adolescente por meio de condutas mais voltadas à escuta e a práticas prazerosas, torna-se um profissional de referência no resgate de lembranças alegres nos momentos finais de vida.

978-85-7241-726-6

Considerações Finais

A presença da dor e de cuidados paliativos na infância é desgastante tanto para a criança e sua família quanto para os profissionais envolvidos no atendimento. Confrontar-se com a finitude da vida e com o sofrimento não é uma tarefa fácil, principalmente quando se trabalha com crianças, já que a infância, *a priori*, parece ser o oposto da idéia de dor, adoecimento e morte.

Por se tratar de um fenômeno complexo e que envolve componentes subjetivos, a dor tem sido tratada de forma inadequada por diversos profissionais da saúde, principalmente em relação às crianças, as quais muitas vezes são incapazes de relatar de modo claro sua percepção dolorosa, tornando difícil a identificação dos elementos que desencadeiam, melhoram, ou pioram as sensações álgicas.

Existem diversas formas da criança perceber, manifestar e significar a dor, bem como sua tolerância a ela. Essa percepção é fundamental quando se pensa a criança como um sistema aberto, que influencia e é influenciada pelo meio e dessa forma tem seu desenvolvimento afetado por qualquer intercorrência que altere esse processo.

Assim, em um processo de adoecimento, a presença da dor como sinal clínico ou de sensações dolorosas decorrentes de procedimentos invasivos pode ter repercussões graves e duradouras na vida de uma criança se não for adequadamente trabalhada, inclusive de forma preventiva.

O terapeuta ocupacional, diante dessa problemática, irá atuar em casos de dores agudas, crônicas e/ou recorrentes, em atendimentos ambulatoriais ou hospitalares. Torna-se importante verificar se as crianças encaminhadas ao setor de terapia ocupacional apresentam comportamento álgico e se este atrapalha ou impede suas atividades cotidianas, tanto as atividades básicas de vida diária, as atividades educativas e as atividades de lazer e brincar quanto sua participação social. É importante que o terapeuta ocupacional perceba que a dor pode ser limitadora não apenas de funções motoras, mas de todo tipo de interação.

978-85-7241-726-6

Essa verificação permite avaliar o grau da sensação de dor, pois mesmo se a criança não puder verbalizar claramente seu estado álgico, demonstra isso por meio de seu comportamento e de suas atividades.

É preciso que o terapeuta ocupacional que trabalha junto a essa clientela reconheça as limitações que envolvem essa problemática e repense os modelos de atendimentos oferecidos. É fundamental estar atento às diferentes demandas infantis, pois pela compreensão da saúde como um conceito amplo e complexo, não se pode tratar apenas do corpo que adoece, mas sim de um indivíduo específico, no caso, a criança.

Na prática, a criança costuma surpreender pela capacidade que tem, de modo geral, de se apropriar do brincar. Mesmo em condições adversas, em um ambiente aparentemente não muito propício para isso, afastada de seu círculo familiar, doente e limitada fisicamente, a criança é capaz de brincar.

O uso que os terapeutas ocupacionais podem fazer desse brincar é uma questão que merece reflexão: mera recreação, ou instrumento terapêutico?

Relegar a atividade lúdica apenas ao papel de distração ou ocupação de tempo é desprezar um valioso e eficiente recurso terapêutico ocupacional. Considerando que o brincar é o principal papel ocupacional e atividade fundamental da infância, além de recurso utilizado como meio e fim da terapia ocupacional, deverá ser o principal instrumento perante a problemática da dor infantil.

Por suas múltiplas funções e características, o brincar pode ser usado para contribuir com o processo diagnóstico, como um cuidado paliativo e também para resgate do desempenho ocupacional adequado de cada criança.

Nessa perspectiva, pode-se considerar o brincar como uma possibilidade de dar espaço ao exercício da vida, afastando, ainda que momentaneamente, a dor, suas restrições e mesmo a morte.

Em relação ao tratamento da dor e cuidados paliativos na infância, o exercício da terapia ocupacional permite compartilhar com as crianças atividades que se configuram como não invasivas, indolores e prazerosas. Tal situação certamente coloca o terapeuta ocupacional em um lugar "privilegiado", no sentido de facilitar a aproximação e a criação de vínculos com pacientes e famílias. Quando se oferece a essas crianças a possibilidade de uma ação terapêutica, mediante inúmeras atividades com o objetivo de melhorar sua qualidade de vida, oferece-se também a oportunidade de acompanhá-las durante todo o período de adoecimento até o momento da morte, resgatando ao máximo as áreas de desempenho ocupacional, mesmo que estejam restritas a alguns aspectos das atividades de vida diária, ao brincar, ao lazer e à participação.

Com cada criança e adolescente o terapeuta ocupacional estabelece diferentes vínculos, sendo possível, por meio de sua conduta profissional, auxiliá-los a construir uma história que é singular, sua própria história de vida.

978-85-7241-726-6

Referências Bibliográficas

1. BRASIL. Ministério da Justiça. Conselho Nacional dos Direitos da Criança e do Adolescente. Brasília, 1995. Resolução 41.
2. ORGANIZAÇÃO MUNDIAL DE SAÚDE – OMS. Centro colaborador da OMS para a família de classificações internacionais (ed.). *Classificação Internacional De Funcionalidade, Incapacidade e Saúde*. São Paulo: Edusp, 2003. 325p.
3. GUIMARÃES, S. S. A dor na infância. In: CARVALHO, M. M. M. J. *Dor: um estudo multidisciplinar.* São Paulo: Summus, 1999. p. 248-264.
4. BORGES, L. M. Manejo da dor pediátrica: a dor na infância. In: CARVALHO, M. M. M. J. *Dor: um estudo multidisciplinar*. São Paulo: Summus, 1999. p. 265-297.
5. SOCIEDADE BRASILEIRA PARA O ESTUDO DA DOR – SBED. Dor: classificação, Disponível em http://www.dor.org.br/dor_classificacao.asp. Acesso em: 06/jan/2005.
6. PUCCINI, R. F.; BRESOLIN, A. M. B. Dores recorrentes na infância e adolescência. *J. Pediatria*, v. 79, supl. 1, p. 65-76, 2003.
7. VILELA FILHO, O. Prefácio. In: CARVALHO, M. M. M. J. *Dor: um estudo multidisciplinar.* São Paulo: Summus, 1999. p. 7-8.
8. PESSINI, L. Humanização da dor e sofrimento humano na área de saúde. In: PESSINI, L.; BERTACHINI, L. (eds.). *Humanização e Cuidados Paliativos*. São Paulo: Edunisc/Loyola, 2004, p. X-Y.

9. NEGRÃO, I. M. C.; BRITO, P. A. *O Terapeuta Ocupacional Utilizando o Brincar como Estímulo aos Aspectos Cognitivos na Pré-escola*. Belém, 2001. 80f. Trabalho de Conclusão de curso (Graduação) curso de Terapia Ocupacional, Universidade do Estado do Pará.

10. HAGEDORN, R. *Fundamentos da Prática em Terapia Ocupacional*. São Paulo: Dynamis, 2001. 200p.

11. KIELHOFENER, G.; BURKE, J. P. Modelo de ocupação humana: parte I. *Rev. de Terap. Ocupac. da USP*, v. 1, n. 1, p. 54-67, ago. 1990.

12. ENGEL, J. M. Tratamento para os componentes psicossociais: controle da dor. In: NEISTADT, M. E.; CREPEAU, E. B. *Willard & Spackman – Terapia Ocupacional*. 9. ed. Rio de Janeiro: Guanabara Koogan, 2002. p. 422-426.

13. BARROS, N. Alívio da dor na criança, uma prioridade. *SBED,* ano 5, p. 2, 3. trimestre 2005.

14. CARVALHO, P. R. A.; CECCIM, R. B. Comentando os direitos da criança e do adolescente hospitalizados. In: CARVALHO, P. R. A.; CECCIM, R. B. *Criança Hospitalizada: atenção integral como escuta à vida*. Porto Alegre: Editora da Universidade, 1997. p. 185-191.

15. ADAM, P.; HERZLICH, C. *Sociologia da Doença e da Medicina*. Bauru: Edusc, 2001.

16. CANGUILHEM, G. *O Normal e o Patológico*. Rio de Janeiro: Forense Universitária. 1995.

17. QUARENTEI, M. S. Atividade humana e saúde: a classificação internacional de funcionalidade – CIF/OMS e a Terapia Ocupacional. In: IX CONGRESSO BRASILEIRO DE TERAPIA OCUPACIONAL, 2005. Recife. *Anais do IX Congresso Brasileiro de Terapia Ocupacional*, 2005. (CD-rom).

18. CORDEIRO, J. J. R. Classificação internacional de funcionalidade incapacidade e saúde (OMS): implicações para a terapia ocupacional. In: IX CONGRESSO BRASILEIRO DE TERAPIA OCUPACIONAL, 2005. Recife. *Anais do IX Congresso Brasileiro de Terapia Ocupacional,* 2005. (CD-ROM).

19. MOREIRA, P. L.; DUPAS, G. Significado de saúde e doença na percepção da criança. *Rev. Lat-Am. Enferm.,* v. 11, n. 6, p. 757-762, 2003.

20. LORDELLO, S. R. M. O profissional de saúde e a percepção da dor de câncer infantil. In: CARVALHO, M. M. M. J. *Dor: um estudo multidisciplinar*. São Paulo: Summus, 1999.

21. CASTRO, E. K.; PICCININI, C. A. Implicações da doença orgânica crônica na infância para as relações familiares: algumas questões teóricas. *Psicol. Refl. Crit.*, v. 15, n. 3, p. 625-635, 2002.

22. VIEIRA, M. A.; LIMA, R. A. G. Crianças e adolescentes com doença crônica: convivendo com mudanças. *Rev. Lat.-Am. Enferm.*, v. 10, p. 552-560, 2002.

23. FORTE, W. C. N.; ALMEIDA, R. I. M.; BIZUTI, G. S. C. et al. Fagocitose por neutrófilos no lúpus eritematoso sistêmico. *Rev. Assoc. Méd. Bras.*, v. 49, n. 1, p. 35-39, 2003.

24. SOUZA, R. A. S.; SOUZA, H. F. S.; RANGEL, L. V. et al. Observação de anemia hemolítica auto-imune em artrite reumatóide. *Rev. Bras. Hem. Hemoter.*, v. 25, n. 4, p. 247-249, 2003.

25. TANAKA, A. C. Febre reumática: critérios diagnósticos e tratamento. In: TIMERMAN, A.; CÉSAR, L. A. M.; FERREIRA, J. F. M. et al. *Manual de Cardiologia*. São Paulo: SOCESP/Atheneu, 2000. p. 271-327.

26. BORGES, F.; BARBOSA, M. L. A.; BORGES, R. B. et al. Características clínicas demográficas em 99 episódios de febre reumática no Acre, Amazônia Brasileira. *Arq. Bras. Cardiol.*, v. 84, n. 2, p. 111-114, 2005.

978-85-7241-726-6

27. FIATES, G. M. R., BARBOSA, E.; AULER, F. et al. Estado nutricional e ingestão alimentar de pessoas com fibrose cística. *Rev. Nutr.*, v. 14, n. 2, p. 95-101, 2001.

28. FURTADO, M. C. C.; LIMA, R. A. G. O cotidiano da família com filhos portadores de fibrose cística: subsídios para a enfermagem pediátrica. *Rev. Lat.-Am. Enferm.*, v. 11, n. 1, p. 66-73, 2003.

29. SCATOLLIN, I.; BEIER, S.; BLACHER, J. et al. Desenvolvimento da atenção integral à criança com fibrose cística. In: CARVALHO, P. R. A.; CECCIM, R. B. *Criança Hospitalizada: atenção integral como escuta à vida*. Porto Alegre: Editora da Universidade, 1997. p. 90-95.

30. RAMSEY, B. W. Management of pulmonary disease in patients with cystic fibrosis. *N. Engl. J. Med.*, n. 335, p. 179-188, 1996.

31. GREGIANIN, L. J.; PANDOLFO, A. C.; ESTULLA, C. et al. Atendimento interdisciplinar da criança com câncer e sua família. In: CARVALHO, P. R. A.; CECCIM, R. B. *Criança Hospitalizada: atenção integral como escuta à vida*. Porto Alegre: Editora da Universidade, 1997. p. 96-102.

32. MOTTA, A. B., ENUMO, S. R. F. Brincar no hospital: Estratégia de enfrentamento da hospitalização infantil. *Psicologia em Estudo*, v. 9, n.1, p. 19-28, 2004.

33. MICELI, A. V. P. Dor em crianças com câncer. *Rev. Dor*, v. 6, n. 3 p. 606-613, 2005.

34. BRASIL. Ministério da Saúde – *Guia de tratamento clínico da infecção do HIV em crianças*. Brasília, 2001. Disponível em: http://www.aids.gov.br/final/programa/treina/75. Acesso em: 10/jan/2005.

35. SILVA, C. L. O.; HORTA, V. F.; GALVÃO, N. A. M. A criança HIV positiva e/ou com SIDA hospitalizada. In: CARVALHO, P. R. A; CECCIM, R. B. *Criança Hospitalizada: atenção integral como escuta à vida*. Porto Alegre: Editora da Universidade, 1997. p. 130-140.

36. DOMINGUES, A. C. G.; MARTINEZ, C. M. S. Hospitalização infantil: buscando identificar e caracterizar experiências de terapia ocupacional com crianças internadas. *Cad. Terapia Ocupac. da UFSCar*, v. 9, n. 1, p. 16-28, 2001.

37. BARBOSA, S. M. M. A importância do atendimento diferenciado e dores pediátricas. *J. Dor*, 2005.

38. SANTA ROZA, E. Um desafio às regras do jogo. In: SANTA ROZA, E.; REIS, E. *Da Análise na Infância ao Infantil na Análise.* Rio de Janeiro: Contra Capa, p. 161-188, 1997.

39. BRASIL. *Estatuto da Criança e do Adolescente.* 1990.

40. JAY, S. M.; ELLIOT, C. H.; OZOLINS, M. et al. Behavioral management of children's distress during painful medical procedures. *Behavior Res. Ther.*, v. 23, n. 5, 1985, p. 513-520.

41. ROSSIT, R. A. S.; KOVÁCS, A. C. T. B. Intervenção essencial de terapia ocupacional em enfermaria pediátrica. *Cad. Terap. Ocupac. UFSCar*, v. 7, n. 2, p. 58-67, 1998.

42. PIERRI, S. A.; KUDO, A. M. Brinquedo e brincadeiras no desenvolvimento infantil. In: KUDO, A. M. et al. *Fisioterapia, Fonoaudiologia e Terapia Ocupacional em Pediatria*. 2. ed. São Paulo: Sarvier, 1994. p. 247-252.

43. AMERICAN OCCUPATIONAL THERAPY ASSOCIATION – AOTA. Occupational therapy practice framework: domain and process. *Am. J. Occupat. Ther.*, v. 56, p. 609-639, 2002.

44. PRADO, M. M. R. Des-cobrindo o lúdico. *Rev. Terap. Ocupac. USP*, v. 2, n. 4, p. 157-163, 1991.

45. MITRE, R. M. A.; GOMES, R. A promoção do brincar no contexto da hospitalização infantil como ação de saúde. *Ciên. Saúde Colet.*, v. 9, n. 1, p. 147-154, 2004.

978-85-7241-726-6

46. SILVA, L. S. P. Brincadeira de faz-de-conta: caminho para conhecer o mundo. *Temas sobre o Desenvolvimento,* v. 11, n. 64, p. 42-47, 2002.

47. TAKATORI, M. *O Brincar no Cotidiano da Criança com Deficiência Física: reflexões sobre a clínica de terapia ocupacional.* São Paulo: Atheneu, 2003.

48. PARHAM, L. D.; PRIMEAU, L. A. Recreação e terapia ocupacional. In: PARHAM, L. D.; FAZIO, L. S. *A Recreação na Terapia Ocupacional Pediátrica*. São Paulo: Santos, 2000. p. 2-22.

49. REILLY, M. *Play as Exploratory Learning*. Beverly Hills: Sage, 1974.

50. FLOREY, L. Disfunção psicossocial na infância e adolescência. In: NEISTADT, M. E.; CREPEAU, E. B. *Willard & Spakman – Terapia Ocupacional.* 9 ed. Rio de Janeiro: Guanabara Koogan, 2002. p. 580-591.

51. FERRARI, M. A. C. Kielhofner o modelo de ocupação humana. *Rev. Terapia Ocupac. USP (São Paulo)*, v. 2, n. 4, p. 216-219, 1991.

52. KNOX, S. H. Tratamento das áreas de desempenho ocupacional. In: NEISTADT, M. E.; CREPEAU, E. B. *Willard & Spackman: terapia ocupacional.* 9. ed. Rio de janeiro: Guanabara Koogan, 2002. p. 356-361. seção 5.

53. HUIZINGA, J. *Homo Ludens.* São Paulo: Perspectiva, 1980.

54. FERLAND, F. *Play, Children With Physical Disabilities and Occupational Therapy: the ludic model.* Ottawa: University of Ottawa, 1997. 172p.

55. PIAGET, J. *A Formação do Símbolo na Criança*. 2. ed. Rio de Janeiro: Zahar, 1975.

56. EMMEL, M. L. G.; OLIVEIRA, A. A. E.; MALFITANO, A. P. S. Brinquedoteca: um espaço experimental para o desenvolvimento infantil. *Rev. Estudos Univers. (Sorocaba)*, v. 26, n. 2, p. 141-156, dez. 2000.

57. KNOX, S. Desenvolvimento e uso corrente da escala lúdica pré-escolar de Knox. In: PARHAM, L. D.; FAZIO, L. S. *A Recreação na Terapia Ocupacional Pediátrica*. São Paulo: Santos, 2000. p. 35-51.

58. KIELHOFNER, G.; BARRETT, L. O modelo da ocupação humana. In: NEISTADT, M. E.; CREPEAU, E. B. *Willard & Spackman: terapia ocupacional.* 9. ed. Rio de Janeiro: Guanabara Koogan, 2002. p. 490-492.

59. STAGNITTI, K. Understanding play: the implications for play assessment. *Austr. Occupat. Therapy J.*, v. 51, p. 3-12, 2004.

60. VYGOTSKY, L.S. *A Formação Social da Mente*. São Paulo: Martins Fontes, 1984.

61. WINNICOTT, D. W. *O Brincar e a Realidade*. Rio de Janeiro: Imago, 1975.

62. BRACCIALLI, L. M. P.; MANZINI, E. J.; REGANHAN, W. G. Contribuições de um programa de jogos e brincadeiras adaptados para a estimulação de habilidades motoras em alunos com deficiência física. *Temas sobre Desenvolvimento*, v. 13, n. 77, p. 37-46, 2004.

63. GUIMARÃES, A. A. E. O.; PEREIRA, E. C.; EMMEL, M. L. G. A brincadeira simbólica nas situações lúdicas de crianças com necessidades especiais e crianças normais. *Temas sobre Desenvolvimento*, v. 11, n. 62, p. 5-13, 2002.

64. GOULART, C. M. T.; SPERB, T. M. Histórias de criança: as narrativas de crianças asmáticas no brincar. *Psicol. Reflex. Crit. (Porto Alegre)*, v. 16, n. 2, 2003.

65. TENGAN S. K. Tratamento psicológico da dor na infância. In: TEIXEIRA, M. J.; BRAUM FILHO, J. L.; MARQUEZ, J. O.; YENG, L. T. et al. *Dor: contexto interdisciplinar.* Curitiba: Maio, 2003. p. 739-742.

978-85-7241-726-6

66. PFEIFER, L. I.; SILVA, M. B. D. C.; NEGRINI, S. F. B. M. et al. *Projeto Caixa de História*. Ribeirão Preto, 2005. 10p. Projeto de pesquisa apresentado ao comitê de ética do HCFMRP – Universidade de São Paulo.

67. LOUREIRO, M. B. S. Métodos de relaxação e relaxamento psicomotor. In: *Apostila Base de Psicomotricidade*. São Paulo: Organizacion Internationale de Psychomotricité et Relaxation (Delegação Nacional), s.d. p. 163-173.

68. GORAYEB, R.; RANGÉ, B. Metodologia clínica: técnicas comportamentais. In: LETTNER, H. W.; RANGÉ, B. *Manual de Psicoterapia Comportamental*. São Paulo: Manole, 1987. p. 73-84.

69. SIMONI, M.; SANTOS, M. L. Considerações sobre o cuidado paliativo e trabalho hospitalar: uma abordagem plural sobre o processo de trabalho de enfermagem. *Psicol. USP*, v. 14, n. 2, p. 169-194, 2003.

70. LIBEN, S. Assistência pediátrica paliativa: a assistência de crianças com uma doença que limita a vida. In: BEHRMAN, R. E. *Tratado de Pediatria*. Rio de Janeiro: Guanabara Koogan, 2005. p. 130-134.

71. KIPPER, D. J.; MARTIN, L.; FABBRO, L. Decisões médicas envolvendo o fim da vida – o desafio de adequar as leis às exigências éticas. *J. Pediatria*. v. 76, p. 403-406, 2000.

72. NÚCLEO INTERINSTITUCIONAL DE BIOÉTICA. Diretrizes, normas e leis em assistência à saúde e códigos de ética profissionais. Porto Alegre: UFRGS, 2003.

73. GARROS, D. Uma "boa" morte em UTI pediátrica: isso é possível? *J. Pediatr.*, v. 79, s. 2, p. 243-254, 2003.

74. SHELDON, F. ABC of paliative care: bereavement. *BMJ*, v. 316, n. 7129, p. 456-458, 1998.

75. WALSH, K.; KING, M.; JONES, L. et al. Spiritual beliefs may affect outcome of bereavement: prospective study. *BMJ*, v. 324, n. 7353, p. 1551, 2002.

76. HEYLAND, D. K.; ROCKER, G. M.; DOECK, P. M. *et al.* Family satisfaction with care in the intensive care unit: results of a multiple centre study. *Crit. Care Med.*, v. 30, n. 7, p. 1413-1418, 2002.

77. BRASIL. Presidência da República. Lei 11.104. Brasília, Março de 2005.

78. ZAVASCHI, M. L.; BASSOLS, A. M. S.; PALMA, R. B. A criança frente à doença e à morte: aspectos psiquiátricos. In: CARVALHO, P. R. A; CECCIM, R. B. *Criança Hospitalizada: atenção integral como escuta à vida*. Porto Alegre: Editora da Universidade, 1997. p. 159-169.

978-85-7241-726-6

Terapia Ocupacional, Dor e Cuidados Paliativos no Processo de Envelhecimento

Capítulo 12

KÁTIA MAGDALA LIMA BARRETO
VALÉRIA MOURA MOREIRA LEITE

*Antes a morte, se possível,
construída, casa invisível
de onde se pode ver melhor
o outro lado da vida.
Affonso Romano de Sant'anna*

ÍNDICE DO CAPÍTULO

978-85-7241-726-6

978-85-7241-726-6

Introdução

O envelhecimento da população é um fenômeno mundial e que no Brasil ocorre em ritmo acelerado. A distribuição etária da população brasileira se alterou. No começo do século passado, 52,3% dos brasileiros estavam na faixa etária de 15 a 59 anos e os idosos (60 anos e mais) constituíam somente 3,3% da população. A proporção de idosos aumentou gradativamente: 4,1% em 1940; 5,1% em 1960; 6,1% em 1980; 7,1% em 1991, e 8,6% em 2000[1]. As projeções indicam uma população de aproximadamente 30,9 milhões de pessoas com 60 anos e mais em 2020[2].

O envelhecimento populacional gera demandas e importantes implicações socioeconômicas, relacionadas, principalmente, ao sistema de previdência social, aos arranjos familiares para o suporte dos idosos e à assistência à saúde da população[3]. Na área da saúde, a mudança do perfil de morbi-mortalidade com o crescimento das doenças crônicas não transmissíveis apresenta-se como o grande desafio a ser enfrentado pelos profissionais da gerontologia. Essas doenças, em sua maioria, não têm prevenção eficaz e podem acarretar perda da independência e da autonomia dos idosos, uma vez que geram incapacidades e dependência para realização das atividades de vida diária (AVD)[3,4]. Para tais doenças que evoluem com sofrimento até a morte do idoso, ainda não existe tratamento curativo, mas sim um controle, que evita complicações e seqüelas graves[5].

O terapeuta ocupacional é um dos profissionais que integram a equipe multiprofissional que atende a idosos com doenças terminais. Nessa equipe, auxilia o idoso a encontrar atividades significativas para viver o presente e abordar o processo de morrer.

Este capítulo se divide em cinco partes. A introdução é seguida pela definição de cuidados paliativos a idosos e pela apresentação das possibilidades de intervenção da terapia ocupacional. Na terceira parte, discute-se a dor no idoso e as contribuições da terapia ocupacional. As estratégias de enfrentamento das dificuldades pelos terapeutas ocupacionais são abordadas na quarta parte. Na quinta parte, apresentam-se as considerações finais.

Cuidados Paliativos a Idosos

978-85-7241-726-6

Definição de Cuidados Paliativos

Para algumas doenças, há limite para o tratamento e a cura, mas nunca para o cuidado[5]. Este, no que diz respeito a pacientes com doenças terminais, é conhecido como cuidado paliativo e enfatiza o controle dos sintomas, a qualidade de vida e a ajuda para se preparar para a morte[6].

A Organização Mundial da Saúde (OMS) define cuidados paliativos como o cuidado total e ativo de pacientes cuja doença não é mais responsiva a tratamento curativo, em que o controle da dor e de outros sintomas, bem como dos problemas psicológicos, sociais e espirituais, é a base desse tratamento. Sua meta é a melhor qualidade de vida para os pacientes e seus familiares. O cuidado paliativo integra as ações médicas, de enfermagem, psicológicas, nutricionais, sociais, espirituais, de reabilitação e de assistência aos familiares[5,7].

Os indivíduos com quadro demencial, os pneumopatas crônicos, os seqüelados de isquemia cerebral, os pacientes com esclerose lateral amiotrófica, além daqueles que sofrem de outras doenças neurológicas degenerativas e progressivas, estão entre as pessoas que necessitam de cuidado paliativo[7]. Esses pacientes apresentam sintomas diversificados como: dor, fadiga, anorexia, dispnéia, constipação, náusea, vômito, tosse, confusão mental, tristeza, depressão, ansiedade, agitação, insônia, disfagia, hemorragia, emagrecimento, diarréia e feridas[8].

A base do cuidado paliativo é a filosofia do *hospice*, ou seja, filosofia de cuidado que trata as pessoas e não as doenças e visa minimizar a dor e controlar os sintomas[7,9]. Muitas pessoas não compreendem esse termo e acreditam que *hospice* se refere simplesmente a um lugar aonde as pessoas vão para morrer.

Essa filosofia de cuidado surgiu na idade medieval, nos monastérios. Mais tarde, em 1905, em Londres, surgiu um *hospice* que incluía o cuidado a pacientes de longa permanência, com o foco do trabalho centrado na morte. O movimento moderno manifestou-se em 1969, também em Londres, proposto por Saunders, e propunha o controle de sintomas com ênfase na qualidade de vida[10-12]. No Brasil, a primeira iniciativa ocorreu em 1983, no Hospital de Clínicas de Porto Alegre (RS)[7].

Como não se refere a um lugar específico, mas a um conceito de cuidado, na maioria dos casos é fornecido na residência do indivíduo, mas também pode ocorrer em hospitais, instituições de longa permanência e em centros de cuidado-dia. Independentemente do local onde é prestado o cuidado, a missão primária do *hospice* é ajudar a pessoa a morrer e auxiliar os familiares a lidarem com a morte. A manutenção da dignidade do paciente é o principal interesse[12].

Nesse conceito de cuidado, o trabalho é desenvolvido por uma equipe de profissionais constituída por médico, enfermeira, assistente social, terapeuta ocupacional, fisioterapeuta, psicólogo, fonoaudiólogo, nutricionista, orientador espiritual e voluntários. Essa equipe deve se comunicar regularmente e trabalhar junta para o benefício do idoso.

978-85-7241-726-6

Papel do Terapeuta Ocupacional no Cuidado Paliativo a Idosos

Os idosos com doenças terminais são atendidos pelo terapeuta ocupacional em diferentes estágios da doença: inicial, intermediário e final. No estágio inicial, algumas vezes, é possível utilizar as estratégias da reabilitação para manter as funções pelo maior tempo possível. Devem-se ter parâmetros realistas e respeitar os limites do paciente.

No estágio intermediário da doença, podem-se utilizar estratégias compensatórias para manter a função e aumentar a segurança do idoso. Com a utilização de equipamentos e adaptações, o idoso pode manter sua qualidade de vida quando as funções começarem a declinar.

No estágio final são utilizadas as estratégias paliativas para segurança e cuidado. O terapeuta trabalha com a família e com a equipe de saúde, visando à qualidade de vida do paciente e da família e a melhor condução do cuidado nesse estágio[6].

Qualquer proposta de intervenção deve ser precedida por um processo de avaliação, que pode ser definido como o momento de obter e de interpretar os dados necessários para a intervenção terapêutica[13]. O terapeuta deve estar atento ao tipo de avaliação escolhida, uma vez que o idoso com doença terminal pode se sentir cansado, exausto e frustrado durante um longo processo de avaliação. Existem inúmeros protocolos padronizados para avaliar a capacidade funcional do idoso, mas no cuidado paliativo uma entrevista informal pode ser um bom recurso, realizada por meio de várias visitas curtas a ele[6]. A entrevista, realizada no ambiente do paciente, de forma confortável e segura, possibilita colher dados sobre as suas diferentes necessidades e sobre seu estado funcional e construir uma relação terapêutica. O terapeuta deve pesquisar o que mais interessa ao idoso nessa fase da vida, com o objetivo de priorizar alguns aspectos entre as múltiplas necessidades.

O processo de avaliação deve incluir também uma entrevista com os familiares e/ou cuidadores do idoso e com os outros membros da equipe profissional que possam fornecer informações fundamentais para complementar as informações levantadas com o paciente. No encontro com os familiares e os cuidadores, pode-se solicitar que descrevam, com detalhes, a rotina do idoso. Tal descrição possibilitará ao terapeuta conhecer o nível de assistência requerido nas atividades cotidianas, as principais dificuldades encontradas para a realização dessas atividades e as técnicas de cuidado empregadas pela família e pelo cuidador[14]. Essa entrevista com os familiares e/ou cuidadores possibilita ainda identificar suas ansiedades e preocupações em relação ao cuidado prestado para subsidiar posteriores orientações.

O processo deve incluir ainda a avaliação do ambiente do paciente como um todo; mas atenção especial deve ser dispensada ao quarto, uma vez que idosos com doença terminal poderão passar muito tempo no leito, e também ao banheiro com o intuito de proporcionar maior conforto e facilitar ao máximo o cuidado.

Os objetivos da intervenção devem se centrar no paciente e na família e visam atender aos desejos e necessidades individuais do idoso e ao mesmo tempo solucionar dificuldades e problemas. Os idosos são capazes de definir objetivos relacionados ao tempo de vida restante, mas muitos encontram dificuldades para identificar propósitos além do cuidado médico. O intenso envolvimento com o atendimento médico nas doenças terminais muitas vezes faz com que o paciente perca de vista as atividades que gostava de realizar anteriormente. O terapeuta deve discutir com o paciente seus gostos e desgostos, interesses, dificuldades e problemas, bem como suas atividades preferidas[14].

Os idosos freqüentemente desejam realizar atividades simples, como caminhar pelo jardim, fazer as refeições com a família, ouvir rádio na varanda. Outros podem almejar ficar livres da dor para sentar e assistir à televisão com os filhos, passear de carro com a família, visitar o túmulo do cônjuge pela última vez, escrever uma carta de despedida para um amigo ou familiar distante, ou ainda confeccionar um objeto – um porta-retratos, um álbum de fotografias, um livro de memórias, a gravação de mensagens em fitas, CD e vídeos – para presentear seus familiares, para que se lembrem dele. Atender a esses desejos ajuda o paciente a se preparar para a morte.

978-85-7241-726-6

Uma manifestação comum identificada entre vários idosos hospitalizados é ir para casa para morrer. Demandam passar seus últimos dias em um ambiente familiar e na companhia das pessoas que amam. Mas outros preferem passar seus últimos dias no hospital e assim escolhem voltar para o lar por um curto período de tempo e depois retornam ao hospital. Portanto, sempre que possível, com base na discussão entre idosos, familiares e equipe, os desejos e as vontades do paciente devem ser respeitados e atendidos[15].

O terapeuta deve auxiliar o paciente a identificar metas por meio da apresentação de opções e possibilidades, mas deve evitar fazer suposições sobre os tipos de atividade que são importantes para o paciente. Os projetos devem ser abordados em curto prazo, visando garantir ao paciente o senso de sucesso. A realização do que foi previsto pode auxiliar o paciente a lidar com sua finitude e a se preparar para a morte. O terapeuta precisa perguntar ao paciente o que ele gostaria de fazer com seu tempo remanescente e seguir as suas solicitações.

Durante a intervenção, que pode ocorrer em diferentes lugares, como na própria residência do idoso, nas instituições de longa permanência e nos hospitais, o terapeuta ocupacional deve selecionar e implementar atividades apropriadas às necessidades do paciente, aos objetivos do tratamento e à fase da doença.

Esses pacientes com doenças terminais perdem a habilidade de realizar as atividades cotidianas, a habilidade de viver de modo independente e a autopercepção de competência. Os papéis sociais também podem ser perdidos. A auto-estima, a imagem corporal e a confiança são abaladas. O terapeuta ocupacional e os profissionais da equipe devem trabalhar em conjunto para atender aos objetivos do paciente, abordando os problemas e, em conseqüência, maximizando suas habilidades de participar da vida e de lidar com seu processo de morte.

A avaliação e o estabelecimento dos objetivos permitem aos terapeutas formular planos de intervenção direcionados aos problemas identificados e aos resultados desejados. As estratégias de intervenção utilizadas incluem:

- Suporte emocional ao idoso no seu processo de morte.
- Construção de recursos internos do paciente.
- Facilitação de suportes externos para compensar as perdas experimentadas nas diferentes fases da doença e aquelas que ainda virão[6,11].

978-85-7241-726-6

Suporte Emocional

O suporte emocional pode ser propiciado por meio de atividades significativas e da abertura de diálogos sobre a morte e o morrer[11]. O terapeuta ocupacional deve auxiliar o idoso a se engajar em atividades significativas que lhe possibilitem viver o momento presente enquanto se prepara para a proximidade da morte. As atividades podem favorecer a abordagem de questões relacionadas à morte, como abandonar antigos papéis sociais, aceitar novas atribuições e encontrar um sentido para o fim da vida.

O terapeuta deve identificar no histórico ocupacional do idoso atividades realmente significativas e prazerosas que possam ser desenvolvidas[14]. Devem ser adaptadas para realização em curto prazo, visando satisfazer as necessidades emocionais do idoso. Nos estágios mais tardios da doença, projetos como um livro de memórias e a gravação de mensagens ganham destaque na terapia. A realização desses projetos poderá conferir ao idoso aumento da auto-estima e autoconhecimento. Durante a realização das atividades, é fundamental a manutenção do conforto do idoso para melhor qualidade de vida.

A comunicação efetiva entre o terapeuta e o idoso é parte fundamental da intervenção terapêutica ocupacional. O terapeuta deve encorajar o idoso a se expressar, inclusive os sentimentos de raiva, culpa e medo, e deve escutar atentamente seus relatos, suas questões e demandas. O profissional deve dar tempo para o idoso falar, não interromper ou finalizar as sentenças e propiciar períodos de silêncio confortável. Caso o paciente não possa se expressar verbalmente, o terapeuta pode auxiliá-lo a escrever em um pequeno quadro ou em uma folha de papel. No caso de o idoso ser analfabeto, tentar compreender ao máximo o que está manifestando. É importante também se sentar próximo a ele, face a face, à altura dos seus olhos, falar de maneira simples e concisa, evitando jargões médicos. As orientações devem ser oferecidas ao idoso de modo gradativo, evitando-se muitas informações em uma única visita[12].

Falar sobre a morte auxilia não só a pessoa que está morrendo, mas também seus familiares. Embora muitos idosos queiram comentar suas experiências com o processo de morrer, há também aqueles que não querem conversar sobre os seus sentimentos em relação à morte. Nesses casos, o terapeuta deve deixar aberta a possibilidade de abordar a questão quando o paciente assim o desejar.

Recursos Internos

978-85-7241-726-6

O terapeuta ocupacional pode usar a educação e o treinamento funcional para desenvolver recursos internos. Assim, o idoso ganha conhecimento e habilidades para lidar com a doença e com seus efeitos colaterais, gerenciar o estresse, conservar a energia durante as atividades e melhorar a força física e a resistência.

O ensino de técnicas de relaxamento e a orientação sobre a conservação de energia são enfatizados, uma vez que possibilitam maior participação nas atividades que muitas vezes não podem ser realizadas em virtude da dor, da fadiga e da fraqueza.

A conservação de energia capacita o paciente a preservar suas energias para tarefas fundamentais ou para partes do dia que demandam mais energia. Deve-se estimular o idoso a realizar as tarefas na posição sentada em vez de em pé, alternar períodos de atividade e repouso, manter boa postura e priorizar tarefas[16].

O relaxamento é utilizado para aumentar a energia e para diminuir a dor e o estresse. Técnicas de relaxamento e de gerenciamento do estresse podem ser ensinadas aos pacientes e aos cuidadores.

É importante instrumentalizar o paciente para lidar, compensar, ou adaptar suas habilidades às perdas que está vivenciando. O terapeuta deve eleger estratégias individuais adequadas a esse paciente. Assim, as estratégias tradicionais de terapia podem demandar muitas modificações quando direcionadas ao cuidado paliativo. Por exemplo, na adaptação do domicílio ou do local onde o idoso vive, o terapeuta ocupacional deve priorizar soluções temporárias, a curto prazo, para resolver os problemas rapidamente e com baixo custo, uma vez que, com a evolução da doença, as necessidades tendem a mudar com maior freqüência.

Outra prioridade é garantir segurança em relação ao ambiente físico, pois pode se tornar desafiador para idosos que apresentam alterações motoras e sensoriais, dor e fadiga. Dessa maneira, o ambiente e todo o seu mobiliário e objetos podem ser adaptados – pode-se melhorar a iluminação, colocar material antiderrapante no piso e corrimãos em cores contrastantes com a parede em todos os cômodos. Em relação ao mobiliário, deve ser redistribuído visando-se aumentar a área de circulação e a funcionalidade do espaço e ter a altura de cadeiras e sofás aumentada facilitando o assentar e o levantar do idoso. Do mesmo modo, quanto aos objetos, podem-se providenciar números maiores para o telefone para facilitar a sua visualização.

A indicação de equipamentos de auxílio para as atividades de autocuidado também pode ser temporária, mas deve ser enfatizada pelos terapeutas ocupacionais[11]. A indicação de dispositivos, como um pegador com cabo longo, ou um adaptador universal, por exemplo, é muitas vezes suficiente para aumentar o controle do idoso sobre o ambiente e, conseqüentemente, propiciar conforto e elevar sua auto-estima.

O terapeuta ocupacional indica adaptações também para viabilizar as atividades de lazer, como os seguradores de cartas do baralho, os dispositivos para passar as páginas dos livros, as lupas para facilitar a leitura, entre outros[14]. Portanto, as adaptações são utilizadas para melhorar a segurança, compensar e/ou manter as habilidades funcionais e proporcionar conforto ao idoso.

Outro exemplo em relação às modificações das estratégias tradicionais de terapia refere-se ao exercício terapêutico. Pode ser realizado com base no princípio do "pouco e sempre", a fim de compensar os baixos níveis de resistência do paciente. As técnicas utilizadas devem ser constantemente revistas e ajustadas às necessidades da abordagem paliativa, considerando-se a dor, os níveis de fadiga durante a terapia, e a ênfase na qualidade de vida mais do que na independência funcional.

978-85-7241-726-6

Suportes Externos

Quanto aos suportes externos, é necessário construir uma rede de apoio humano, composta pelos profissionais da equipe, cuidadores, familiares e amigos. Os cuidadores e os familiares devem receber amparo emocional e informações necessárias para propiciar a assistência adequada ao paciente. Por exemplo, podem-se citar esclarecimentos sobre a importância da conservação de energia, a necessidade de mobilidade no leito, as técnicas de transferência, o sistema de comunicação com o idoso e a sua segurança.

É importante destacar que o plano de intervenção do terapeuta ocupacional e as mudanças necessárias ao longo do processo devem ser discutidos com toda a equipe, de modo a evitar a sobreposição de tarefas e a favorecer a melhor qualidade de vida do idoso.

978-85-7241-726-6

Considerações sobre os Cuidados Paliativos a Idosos no Estágio Avançado da Demência

O cuidado a idosos no estágio avançado da demência requer flexibilidade e foco nas respostas do paciente. O terapeuta necessita explorar o lugar da atividade na vida da pessoa dessa faixa etária e assim estabelecer pontos de encontro com ela, de maneira harmoniosa. Tais pontos podem se tornar possíveis por meio de uma fotografia, um livro, uma música, uma história, pequenos passeios pela casa, quintal, jardim. A comunicação continua nesse estágio por meio de palavras, do toque e de músicas. É importante estimular o contato visual antes do início da comunicação e da realização de uma atividade e estar atento às tentativas de comunicação não-verbais do idoso[9].

A realização das AVD é um momento de cuidado que demanda grande atenção e respeito, porque o paciente em estágio avançado deve se sentir seguro e aceito nesse momento. Devem ser realizadas com gentileza, considerando-se que o idoso pode apresentar contraturas, rigidez e resistência involuntária, o que contribui para torná-las desconfortáveis e dolorosas.

A hora das refeições é um momento importante em que o trabalho conjunto de terapeuta ocupacional, nutricionista, enfermeiro e fonoaudiólogo possibilitará adequar a sua freqüência, o tipo/consistência dos alimentos, o posicionamento do idoso e o manejo dos utensílios utilizados. As refeições, a promoção da nutrição adequada e a hidratação tornam-se freqüentemente as atividades centrais do dia e, de acordo com elas, o esquema diário poderá ser alterado. O terapeuta poderá utilizar sua criatividade e capacidade de resolução de problemas para equacionar as necessidades de mudança e de adaptação.

Entre as intervenções que podem propiciar melhor nutrição nos estágios avançados da demência, destacam-se: alternância de alimentos quentes e frios, doces e salgados, com consistência pastosa e, ainda, a utilização de colheres revestidas de borracha, quando o idoso tem tendência a travar os dentes[9].

O cuidador deve ser orientado a estar atento ao barulho e à presença excessiva de estímulos no ambiente, bem como à adequação da iluminação e da ventilação[17]. A atitude do cuidador é decisiva para o sucesso da atividade de alimentação e assim deve estar orientado, por exemplo, em relação às adaptações que serão utilizadas durante a refeição, ao posicionamento dos utensílios – prato ou copo à frente do idoso e não do cuidador – e ao lugar adequado para se assentar, uma vez que é importante manter o contato visual com esse paciente[9]. Enquanto for possível, o idoso deve ser estimulado a participar da atividade e deve receber orientação sobre as etapas que serão executadas.

As atividades de higiene pessoal devem ser desenvolvidas, se possível, no lugar apropriado e deve-se preservar a privacidade da pessoa, adaptando-se o ambiente para manter a sua dignidade. Para o banho, deve-se estimular o uso de equipamentos, como esponjas de cabos longos e assentos para se banhar, visando aumentar o conforto do idoso e favorecer a eficiência do processo. Para fazer a barba do idoso, pode-se utilizar um barbeador elétrico e o cuidador deve colocar sua mão em cima da dele, para guiá-la pelo rosto. Algumas vezes, aspergir loção de barba antes da atividade é uma pista que auxilia a motivar o paciente à atividade. Da mesma maneira, a escovação dos dentes pode ser facilitada se for usada uma escova de tamanho menor, o que possibilitará diminuir o medo de ter um objeto estranho na boca. E pode-se ainda aplicar a pasta de dente na escova, previamente, para simplificar a sua tarefa[9].

O terapeuta deve também estar atento ao vestuário do idoso, criando possibilidades de conforto e preservando sua auto-estima nessa fase. O estilo de vida do paciente, as preferências e os gostos devem, sempre que possível, ser preservados. Visando maior segurança, as atividades de se vestir e se despir devem ser realizadas na posição sentada.

Nas diferentes tarefas diárias, é fundamental que o terapeuta ocupacional propicie ao idoso o senso de normalidade e que facilite o senso de controle sobre sua vida[6]. Além das atividades cotidianas, o terapeuta ocupacional deve preocupar-se em possibilitar ao idoso, quando possível, a participação em atividades de lazer, como ouvir uma música que marcou uma fase de sua vida, fazer um pequeno passeio em companhia de um familiar, dar uma volta de carro pelo bairro. O suporte espiritual também tem lugar de destaque. A pessoa dessa faixa etária, considerando-se sua história de vida, deve ter acesso a rituais, símbolos, leituras e músicas religiosas.

978-85-7241-726-6

Dor em Idosos

A dor é o sintoma que causa desconforto físico e psíquico e sua abordagem na população idosa tem importância destacada, uma vez que é freqüente na prática clínica[5,8,18,19].

A Associação Internacional para o Estudo da Dor a define como uma experiência sensorial e emocional desagradável. Caracteriza-se por ser subjetiva, modulada por vários aspectos pessoais, como idade, atenção, medo, ansiedade, experiências prévias, entre outros, refletindo em experiência sensorial e resposta afetiva e cognitiva individual[7,18].

Vieira descreve que as dores podem ser agudas, crônicas, surdas, tensivas e pulsativas. No caso de idosos, é comum ser observada dor crônica, de caráter contínuo ou intermitente, de longa duração, podendo ser superior a seis meses e que, entre outras conseqüências, aumenta a necessidade de cuidados de saúde[15]. Estudos apontam que 25 a 50% desses pacientes sofrem com dor e 45 a 80% desses padecem de dor musculoesquelética[18,20,21].

Byers-Connon e Vann enfatizam a importância de considerar a percepção que o idoso tem da dor[12]. A sensação a esse respeito pode estar localizada ou aparecer espalhada pelo copo inteiro. As informações do idoso contribuem para que a equipe médica ajuste melhor a medicação e as outras abordagens.

Vieira destaca que os idosos podem apresentar uma diminuição da sensibilidade para a dor. Segundo Santos, ainda não se sabe se nesse tipo de paciente o que ocorre é diminuição da sensibilidade à dor, ou aumento da tolerância à dor[15,18].

No idoso, a resposta à experiência dolorosa é heterogênea e, principalmente nessa população, ultrapassa os limites individuais, podendo produzir impacto negativo em outras pessoas do seu meio, criar ocasionalmente problemas familiares, alterar seu ambiente emocional e ainda incidir em sua situação econômica[22].

Esse padecimento afeta a homeostase nos idosos, levando em conta que apresentam diminuição da capacidade funcional de reserva de todos os sistemas e, como a dor impõe ao organismo grande demanda dessa reserva, pode descompensar frágeis equilíbrios em sistemas anteriormente alterados e possivelmente não relacionados com o agravo inicial que provocou a dor[22,23].

Para a equipe intervir no controle e alívio desse sofrimento, é necessária avaliação detalhada dos aspectos sensorial, afetivo, cognitivo e comportamental. É importante salientar que aspectos como humor, moral e significação da dor devem também ser avaliados, pois modulam a percepção desse sintoma e interferem na sua avaliação[7,18,20].

Adotar um roteiro de avaliação da dor é muito útil para a equipe. São diversos os protocolos existentes para esse fim, já validados para a população brasileira. Recomenda-se que, para o atendimento diário, sejam utilizadas escalas mais simples e de fácil aplicação por parte da equipe[7,18,20]. A avaliação da dor está descrita em um capítulo específico neste livro.

Quando o paciente consegue relatar o seu desconforto, torna-se mais fácil identificar a possível causa da dor e assim proceder ao tratamento. No entanto,

978-85-7241-726-6

há casos em que esse relato não é factível, especialmente em idosos, já que esses, quase sempre, apresentam comorbidades que dificultam sua expressão e ainda podem ter limitações na comunicação, causadas por doenças de base, como a depressão, as demências e as seqüelas de acidente vascular cerebral[7].

Uma situação especial são os idosos com demência. O terapeuta, assim como familiares e cuidadores orientados, deve buscar reconhecer e interpretar as mensagens de dor que o paciente transmite. No mal de Alzheimer, o idoso perde a habilidade de comunicação por meio de palavras no estágio final da doença e, sendo assim, não a demonstra. Por isso, um gemido, um choro, ou uma inquietação podem ser informações de que está sentido dor. Todas as demonstrações devem ser bem exploradas pelo terapeuta. Tais mensagens podem incluir: sons negativos ou barulhos de angústia; expressões faciais, como ficar carrancudo, fazer caretas, manifestar tristeza; aumento da inquietação quando estiver assentado ou no leito. São ainda demonstrações de desconforto esfregar e puxar as partes do corpo, manter as mãos fechadas, aumentar a rigidez e as posturas em extensão no posicionamento do corpo, e apresentar piora geral do comportamento[9].

978-85-7241-726-6

Outras situações muito freqüentes são as fraturas de fêmur, que podem consumir por completo um idoso, que é capaz de compreender a dor e de mostrar sua existência com vocalizações, movimentos corporais e respostas faciais. Em idosos no processo avançado de demência, a fratura pode demorar a ser percebida. Por isso é importante que a equipe de profissionais seja bem treinada para distinguir pistas sutis de dor em diferentes situações e para atuar de maneira apropriada, utilizando a terapia medicamentosa, ou outras abordagens.

Por outro lado, outras mensagens indicam que o idoso está bem e sem dor: sons de contentamento; respostas faciais de relaxamento; sentar e deitar com as partes do corpo relaxadas, ou com movimentos mínimos e tônus muscular normal; e olhar pacífico.

A intervenção em relação à dor é feita de forma medicamentosa e não medicamentosa. Tradicionalmente, usam-se os medicamentos em suas variações e indicações para o enfrentamento da dor, quando entendida na sua dimensão neurofisiológica. No entanto, como já referido nos conceitos atuais de dor, além desse aspecto, a dor está contextualizada em outros aspectos pessoais e culturais, que modulam a sua percepção, ou seja, atribuem-lhe significado e, portanto, intensidade. Dessa forma, abordagens não medicamentosas, como psicoterapia, técnicas cognitivo-comportamentais, técnicas de relaxamento e de reabilitação, ganham importância no tratamento do idoso que sofre de dor[7].

Intervenção do Terapeuta Ocupacional

A dor, como já foi destacado, apresenta alta prevalência entre idosos, limitando seu desempenho funcional, psíquico e social. Na equipe de profissionais que atuam com o idoso com dor, o terapeuta ocupacional foca sua atenção na capacidade funcional, visando à autonomia desse paciente.

Os sintomas dolorosos repercutem de forma negativa na qualidade de vida e na independência funcional do idoso. Quando a dor é diária, aparece associada com a diminuição da força muscular e do desempenho físico, interferindo nas atividades do cotidiano[19,24,25].

Assim, a intervenção terapêutica ocupacional direciona-se ao controle dos sintomas dolorosos, de acordo com as necessidades do idoso e de seus familiares. Os pontos, a seguir, sugerem ações que podem ser realizadas nesse sentido:

- Educação para o cuidado e o autocuidado, em que são trabalhadas as várias dimensões da doença e da dor do idoso, de modo que possam ser desenvolvidas estratégias para o seu enfrentamento.
- Elaboração de uma rotina de atividades, visando facilitar a realização das tarefas e a adesão por parte do idoso, dos familiares e dos cuidadores às orientações feitas pela equipe. Deve-se identificar o rol de atividades que necessitam ser realizadas diariamente pelo paciente e organizá-las ao longo do dia, dividindo as tarefas entre os envolvidos no cuidado. Podem incluir, por exemplo, deslocamentos para sessões de reabilitação, horários de medicação, atividades de higiene pessoal, de lazer, entre outras, que podem estar descritas em um quadro de fácil visualização, visando aumentar a orientação do idoso. O terapeuta poderá orientar como prevenir e/ou reduzir contraturas, transferências, posicionamento, técnicas de conservação de energia e de proteção das articulações durante as atividades de rotina.
- Planejamento e adaptação ambiental, considerando domicílio, instituições de longa permanência, hospitais, etc. Devem-se identificar os ambientes mais utilizados pelo idoso e as atividades que necessita ou deseja realizar em cada um. Desse modo, pode-se proceder às intervenções, como reorganizar a disposição do mobiliário, aumentar a iluminação, colocar corrimão e rampa. Deve-se priorizar a segurança e o conforto, tornando esse ambiente o mais funcional possível.
- Orientação, treino e suporte aos familiares e aos cuidadores são ações que ajudam a minimizar os conflitos inerentes a situações de doença e dor nas famílias. Deve-se identificar o que pode ser desenvolvido no domicílio com

978-85-7241-726-6

tranqüilidade e segurança por familiares e cuidadores, mantendo o idoso em casa, evitando deslocamentos e despesas desnecessários e o risco de institucionalização. É importante que haja espaço para tirar dúvidas e abordar as dificuldades percebidas pelos familiares e pelos cuidadores.

- Estimular e promover a participação em atividades de socialização e lazer, respeitando-se a história ocupacional do idoso, suas preferências e habilidades, bem como identificando novos interesses viáveis de realização no contexto atual da vida dessa pessoa.

A abordagem do idoso com dor na terapia ocupacional pode ser individual ou em grupo. No caso daqueles mais fragilizados, há necessidade de uma atenção mais individualizada, já que se torna difícil para o paciente interagir com outros, em razão das prováveis incapacidades associadas com as comorbidades[20].

Quando os idosos necessitam de socialização e contam com condições motoras e cognitivas mínimas para a interação pessoal, a intervenção pode ocorrer em grupo, situação em que obterão grandes benefícios[20].

Outros aspectos da reabilitação que devem ser considerados pelos terapeutas ocupacionais em relação à dor no idoso são:

- Mecânica corporal e treinamento de postura.
- Imobilização.
- Adaptações/tecnologia de assistência.

978-85-7241-726-6

Mecânica Corporal e Treinamento de Postura

Muitos idosos apresentam perda significativa das funções que colaboram para o controle postural, como alteração do equilíbrio, diminuição da função dos sistemas neural e musculoesquelético, diminuição da função sensorial – sensações vibratória, tátil, visual e vestibular. A alteração vestibular pode causar tontura e instabilidade em ambientes com informações sensoriais conflitantes.

Outro fator que chama a atenção é o comprometimento de mecanismos antecipatórios no envelhecimento, que somados ao déficit do controle postural alteram a seleção de estratégias sensoriais e motoras adequadas e necessárias à realização de uma atividade ou ao posicionamento em determinado ambiente. Dessa forma, o controle postural inadequado e a alteração dos mecanismos antecipatórios podem provocar quedas, posturas impróprias e deformidades articulares e musculares e em conseqüência aumentam a chance de o idoso sentir dor.

Os programas de treinamento de força com grande resistência apresentam bons resultados funcionais, sendo mais pronunciados nos idosos frágeis[26,27]. O treinamento do equilíbrio e da orientação sensorial contribui para prevenir e minimizar problemas que causam processos dolorosos no idoso. No caso da disfunção visual, deve-se treiná-lo para usar a visão remanescente de maneira mais eficiente, manipulando o ambiente com cores contrastantes e incluindo o treinamento no uso de aparelhos ópticos. No caso da disfunção tátil, pode-se trabalhar com vários tipos de textura, principalmente nas áreas cutâneas dos dedos, na palma da mão e nos artelhos, que em geral são superfícies da pele que interagem com o ambiente externo[28,29].

978-85-7241-726-6

Imobilização

Entre as várias formas de imobilização, o uso das talas é um dos mais importantes para limitar ou reduzir a dor, como por exemplo, a tala de descanso, que pode ser utilizada na fase posterior a processos cirúrgicos, processos inflamatórios, esforço excessivo e após um acidente vascular cerebral. No entanto, para a obtenção de bons resultados em idosos deve-se observar, principalmente, a sua capacidade cognitiva e perceptiva para seguir um programa de uso de tala ou de um cuidador responsável. Deve-se ainda observar as condições da pele e a intolerância a qualquer pressão por causa da cútis demasiadamente fina e frágil[30,31].

Adaptações/Tecnologia de Assistência

Mesmo que o repouso seja indicado para minimizar a dor, a atividade terapêutica, o fortalecimento muscular e a reeducação sensorial podem ser inseridos de modo gradativo, pois sua realização diminui a probabilidade de intensificação da dor[32]. Também podem ser introduzidas paulatinamente as atividades de vida diária e as atividades instrumentais de vida diária. Assim, as adaptações podem contribuir com a realização dessas atividades com o mínimo possível de dor.

O primeiro passo é avaliar as demandas de cada idoso em seu ambiente, realizando análise da tarefa e observando em quais momentos da tarefa se refere à limitação e dor. Por exemplo, se o idoso refere dor ou fadiga na deambulação, o terapeuta pode indicar a utilização de cadeira de rodas, andadores, muletas ou bengalas para realizar a tarefa ou em intervalos adequados. Com freqüência, os idosos apresentam deformidades dolorosas dos pés[33]. Assim, a utilização de adaptação no calçado, como sapato com solado antiderrapante, confeccionado com material confortável e bem ajustado, possibilita diminuição da dor e da limitação funcional da marcha[34]. Caso o idoso apresente restrição ou dor nos membros superiores, especificamente no momento da preensão de objetos, deve-se orientar para que não empregue mais força que a suficiente para segurar esses objetos, sendo importante também aumentar o cabo de preensão, já que dessa forma a pressão é melhor distribuída sobre a superfície e essas adaptações permitem menor exigência muscular e articular do membro e, conseqüentemente, diminuição da dor[35].

978-85-7241-726-6

Estratégias de Enfrentamento das Dificuldades pelos Terapeutas Ocupacionais

A atuação com idosos com doenças terminais e dor demanda conduta profissional abrangente e para que seja bem desenvolvida pelos terapeutas ocupacionais é necessário o desenvolvimento de duas estratégias: educação e suporte.

A educação dos profissionais visa abordar os conhecimentos técnicos sobre os diferentes tipos de doença terminal, com seus cursos e tratamentos disponíveis; oferecer oportunidades para explorar o significado da vida e compreender o processo da morte e o morrer, com os distintos sentimentos que podem acompanhá-lo, como dor, frustração e desconforto; e abordar o impacto causado por lidar com pacientes com doenças terminais[6,36]. Assim, esse processo é complexo, uma vez que envolve competências, habilidades, valores e crenças pessoais e também se deve levar em conta que esses profissionais receberam uma formação com foco na prática e em recursos fortemente relacionados à vida e não ao processo de morrer. Apesar disso, os desafios atuais demandam dos profissionais atenção e reconhecimento das necessidades de formação específica para atuar com idosos que sofrem de doenças terminais e dor.

Um estudo realizado por Prochnau, Liu e Boman abordou a experiência dos terapeutas ocupacionais que trabalham com cuidados paliativos[37]. Os resultados desse estudo apontaram a satisfação como um forte sentimento dos participantes, que resultava da apreciação e gratidão expressa pelos pacientes e por seus familiares. Por outro lado, os resultados também indicaram certa dificuldade dos profissionais em lidar com o grande número de mortes de pacientes em um curto período de tempo, o que causa um acúmulo de sentimento de tristeza e sofrimento e, em algumas situações, um forte impacto emocional, dependendo da relação estabelecida com o paciente. O estudo ressalta também a necessidade de os profissionais que trabalham com pacientes nesse estágio reavaliarem os critérios para qualificar uma terapia bem-sucedida.

O trabalho citado aponta ainda a inevitabilidade de suporte aos profissionais. É importante que tenham espaços para abordar suas dúvidas e inquietações quanto à condução dos cuidados paliativos e também suas angústias e tristezas. A regularidade de reuniões com a equipe multiprofissional para analisar as atitudes tomadas, aprofundar as discussões sobre as escolhas e suas conseqüências, compartilhar as dificuldades na condução das intervenções e promover a troca de experiências e conhecimentos é fundamental[38].

Lidar diariamente com pessoas que estão morrendo pode gerar sentimentos variados que os profissionais necessitam expressar e trabalhar. Assim, o espaço para a própria terapia é essencial. A criação desses espaços de abordagem de dificuldades é importante para fornecer suporte aos terapeutas que atuam nessa área da paliação.

978-85-7241-726-6

Considerações Finais

O envelhecimento populacional traz inúmeros desafios, como o aumento das doenças crônicas não transmissíveis, que comprometem a qualidade de vida dos idosos. Os profissionais da área da saúde que se dedicam ao estudo do processo de envelhecimento devem se preparar para lidar com as necessidades desses pacientes com doenças progressivas em fase terminal, que demandam cuidados paliativos, e para lidar com a dor em idosos, cuja prevalência é alta.

Os cuidados paliativos e a dor demandam abordagem multidimensional e complexa, que deve ser desenvolvida por uma equipe multiprofissional. Nessa equipe, o terapeuta ocupacional, por meio de atividades significativas, possibilita o suporte emocional ao idoso no seu processo de morrer, a construção de recursos internos e o apoio externo. Na abordagem do idoso com dor, os objetivos do terapeuta são direcionados ao controle dos sintomas dolorosos, mediante intervenções na dinâmica corporal, no treinamento postural, na conservação de energia e proteção articular, nas técnicas de imobilização e na utilização de adaptações.

Profissionais capacitados e preparados para prestar ao idoso o cuidado paliativo e intervir nos sintomas dolorosos certamente contribuirão para tornar o processo de morrer mais humanizado. Esse é o nosso desafio.

Referências Bibliográficas

1. CAMARANO, A. A.; KANSO, S.; MELLO, J. L. Como vive o idoso brasileiro? In: CAMARANO, A. A. (ed.). *Os Novos Idosos Brasileiros Muito Além dos 60?* Rio de Janeiro: IPEA, 2004. cap. 1, p. 25-73.
2. BELTRÃO, K. I.; CAMARANO, A. A.; KANSO, S. *Dinâmica Populacional Brasileira na Virada do Século XX*. Rio de Janeiro: IPEA, ago. 2004. (Texto para Discussão, 1034).
3. CAMARANO, A. A. Envelhecimento da População Brasileira: uma contribuição demográfica. In: FREITAS, E. V. de et al. *Tratado de Geriatria e Gerontologia*. Rio de Janeiro: Guanabara-Koogan, 2002. p. 58-71.

4. RAMOS, L. R. A mudança de paradigma na saúde e o conceito de capacidade funcional. In: RAMOS, L. R. *Guia de Medicina Ambulatorial e Hospitalar*. Barueri: Manole, 2005. p. 1-7.

5. BURLÁ, C. Paliação: cuidados ao fim da vida. In: FREITAS, E. V. de. *Tratado de Geriatria e Gerontologia*. Rio de Janeiro: Guanbara Koogan, 2002. p. 732-739.

6. BYE, R. A.; LLEWELLYN, G. M.; CHRISTL, K. E. The end of life. In: BONDER, B. R.; WAGNER, M. B. *Functional Performance in Older Adults*. Philadelphia: Davis, 2001. p. 500-519.

7. CHIBA, T. Dor e Trauma. In: FREITAS, E. V. de. *Tratado de Geriatria e Gerontologia*. Rio de Janeiro: Guanabara Koogan, 2002. p. 718-731.

8. VIEIRA, E. B. *Manual de Gerontologia: um guia teórico-prático para profissionais, cuidadores e familiares*. 2. ed. Rio de Janeiro: Revinter, 2004.

9. HELLEN, C. R. *Alzheimer's Disease – Activity-focused care*. Boston: Butterworth Heinemann, 1998. 436p.

10. LEWIS, S. C. *Elder Care in Occupational Therapy*. Thorofare: Slack Incorporated, 2003. 507p.

11. RAHMAN, H. Journey of Providing Care in Hospice: perspectives of occupational therapists. *Qualit. Health Res.*, v. 10, n. 6, p. 806-818, Nov. 2000.

12. BYERS-CONNON, S.; VANN, J. Working with elders in hospice. In: LOHMAN, H.; PADILHA, R. L.; BYERS-CONNON, S. *Occupational Therapy with Elders*. St. Louis: Mosby, 1998. p. 281-290.

13. TIRADO, M. G. A. Intervenção terapêutica ocupacional junto ao idoso com distúrbios cognitivos. In: TAVARES, A. *Compêndio de Neuropsiquiatria Geriátrica*. Rio de Janeiro: Guanabara Koogan, 2005. p. 571-578.

14. BARRETO, K. M. L.; TIRADO, M. G. A. Terapia Ocupacional. In: FREITAS, E. V. de et al. *Tratado de Geriatria e Gerontologia*. Rio de Janeiro: Guanabara Koogan, 2002. p. 866-871.

15. VIEIRA, E. B. *Manual de Gerontologia: um guia teórico-prático para profissionais, cuidadores e familiares*. 2. ed. Rio de Janeiro: Revinter, 2004.

16. FERRARO, R. Disfunção cardiopulmonar em adultos. In: NEISTADT, M. E.; CREPEAU, E. B. *Willard & Spackman: terapia ocupacional*. Rio de Janeiro: Guanabara Koogan, 2002. p. 648-659.

17. TIRADO, M. G. A. Reabilitação e manutenção da capacidade funcional. In: SALDANHA, A. L.; CALDAS, C. P. *Saúde do Idoso – a arte de cuidar*. Rio de Janeiro: Interciência, 2004. p. 144-151.

18. SANTOS, F. Manejo da Dor. In: RAMOS, L. R. (eds.). *Guia de Geriatria e Gerontologia*. São Paulo: Manole, 2005. p. 183-191.

19. ONDER, G. Association between daily pain and physical function among old-old adults living in the community: results from the study. *Pain*, n. 121, p. 53-59, 2006.

20. SILVA, A. et al. Reabilitação do idoso com dor persistente. In: RAMOS, L. R. (ed.). *Guia de Geriatria e Gerontologia*. São Paulo: Manole, 2005. p. 229-242.

21. CIPHER, D. J. et al. Behavioral manifestations of pain in the demented elderly. *J. Am. Med. Dir. Assoc.*, 2006.

22. GALINDO, G. E. El dolor en ancianos. In: PEREZ, E. A. et al. (eds.). *La Atención de Los Ancianos: un desafío para los años noventa*. Washington: OPAS, 1994. p. 235-243.

23. HAYFLICK, L. *Como e Por que Envelhecemos*. Rio de Janeiro: Campus, 1997.

978-85-7241-726-6

24. TSAI, Y. et al. Depressive symptoms, pain experiences, and pain management strategies among residents of taiwanese public elder care homes. *J. Pain Symptom Manage*, n. 30, p. 63-69, 2005.

25. NICKEL, M. K. et al. Change in instrumental activities of daily living disability in female senior patients with musculoskeletal pain: A prospective, randomized, controlled trial. *Arch. Gerontol. Geriat.*, p. 1541-1549, 2005.

26. FIATARONE, M. A.; MARKS, E. C.; RYAN, N. D. et al. Intensity strength training in nonagenarians: effects on skeletal muscle. *JAMA*, n. 263, p. 3029-3034, 1990.

27. FIATARONE, M.; O'NEILL, E.; DOYLE, R. et al. Exercise training and nutritional supplementation for physical frailty in very elderly people. *N. Engl. J. Med.*, n. 339, p. 1769-1775, 1994.

28. BENTZEL, K. Avaliando Habilidades e Capacidades: a sensibilidade. In: TROMBLY, C. A.; RADOMSKI, M. V. *Terapia ocupacional para disfunções físicas*. São Paulo: Santos, 2005. p. 159-177.

29. QUINTANA, L. A. Avaliando Habilidades e Capacidades: visão, percepção visual e práxis. In: TROMBLY, C. A.; RADOMSKI, M. V. *Terapia Ocupacional para Disfunções Físicas*. São Paulo: Santos, 2005. p. 177-197.

30. BELKIN, J. Uso de Talas Manuais: princípios, prática e decisões. In: PEDRETTI, L. W.; EARLY, M. B. *Terapia Ocupacional: capacidades práticas para as disfunções físicas*. São Paulo: Roca, 2004. p. 558-587.

31. YASUDA, L. Dispositivos para suspensão do braço e apoios móveis para o braço. In: PEDRETTI, L. W.; EARLY, M. B. *Terapia Ocupacional: capacidades práticas para as disfunções físicas*. São Paulo: Roca, 2004. p. 587-595.

32. ENGEL, J. M. Controle da Dor. In: PEDRETTI, L. W.; EARLY, M. B. *Terapia Ocupacional: capacidades práticas para as disfunções físicas*. São Paulo: Roca, 2004. p. 518-525.

33. PAULA, A. P.; LIMA, R. A. C.; MOTA, L. M. H. Sinais e sintomas musculoesqueléticos. In: GUIMARÃES, R. M.; CUNHA, U. G. V. *Sinais e Sintomas em Geriatria*. 2. ed. São Paulo: Atheneu, 2004. p. 237-247.

34. CREEL, T. A. Mobilidade: locomoção funcional. In: PEDRETTI, L. W.; EARLY, M. B. *Terapia Ocupacional: capacidades práticas para as disfunções físicas*. São Paulo: Roca, 2004. p. 184-190.

35. IYER, M. B.; PEDRETTI, L. W. Avaliação sensorial e tratamento de disfunções sensoriais. In: PEDRETTI, L. W.; EARLY, M. B. *Terapia Ocupacional: capacidades práticas para as disfunções físicas*. São Paulo: Roca, 2004. p. 443-444.

36. GONÇALVES, L. H. T. Aprendendo a cuidar de pessoas em condição terminal. In: PY, L. (ed.). *Finitude: uma proposta para reflexão e prática em gerontologia*. Rio de Janeiro: NAU, 1999. p. 143-148.

37. PROCHNAU, C.; LIU, L.; BOMAN, J. Personal-professional connections in palliative care occupational therapy. *Am. J. Occupat. Ther.*, v. 54, n. 2, p. 196-204, Mar./Apr. 2003.

38. GIACOMIN, K. C. Cuidados paliativos. In: TAVARES, A. *Compêndio de Neuropsiquiatria Geriátrica*. Rio de Janeiro: Guanabara Koogan, 2005. p. 535-570.

978-85-7241-726-6

Terapia Ocupacional na Atenção Domiciliar a Pacientes com Dor e em Cuidados Paliativos

Capítulo
13

SILMARA NICOLAU PEDRO DA SILVA
ANA CLAUDIA TROMBELLA BARROS KOVACS

Aqueles que tiverem força e amor para ficar ao lado de um paciente moribundo com o silêncio que vai além das palavras saberão que tal momento não é assustador nem doloroso, mas um cessar em paz do funcionamento do corpo.
Elizabeth Kübler-Ross[1]

ÍNDICE DO CAPÍTULO

978-85-7241-726-6

Introdução

Envelhecer bem, ter uma boa velhice, prolongar a juventude e retardar a morte têm sido ideais permanentes do ser humano. Nos últimos anos, a medicina, a ciência e a tecnologia moderna têm conseguido cada vez mais controlar a maioria das doenças crônico-degenerativas ou aquelas consideradas "doenças terminais" fora das possibilidades de cura.

O impacto positivo dessa importante realização é que uma grande parte das pessoas nascidas pode esperar viver por muito tempo. O impacto negativo de um tempo de vida mais longo é o potencial de se apresentarem doenças relacionadas ao envelhecimento, como por exemplo, cegueira, surdez, osteoporose, diabetes, hipertensão, doenças cardíacas e acidente vascular cerebral, o que muitas vezes torna questionável se a vida pode ser aproveitada completamente nessas condições mórbidas que limitam as atividades, pioram a qualidade de vida e podem causar muito sofrimento, não só para o paciente, como para toda a sua família.

Para Jacob Filho, estima-se que existam 32 a 33 milhões de pessoas com mais de 60 anos de idade e que 13% dos idosos entre os 64 e os 69 anos necessitem de algum auxílio nas atividades do cotidiano[2].

O envelhecimento populacional é um fenômeno mundial que se deve a alguns fatores, como melhor controle das doenças transmissíveis, contenção de afecções crônicas, surgimento de novas drogas, melhora das condições sanitárias e redução da fertilidade, mas nota-se maior probabilidade de cuidados de longa duração em razão da maior prevalência de doenças crônico-degenerativas, com conseqüentes incapacidades.

No Brasil, até o ano de 2020 teremos aproximadamente 14 milhões de pessoas com mais de 60 anos de idade, o que representa um aumento de 15% da população idosa quando comparada ao ano de 1950[3]. Assim como cresce o número de idosos, cresce a necessidade de desenvolver serviços que os assistam de modo adequado, não só durante a internação, mas também após a alta, no domicílio.

Se viver mais significa que há uma chance maior de se viver doente, é ético que os cientistas continuem a buscar caminhos para aumentar o tempo de vida humana?

Este capítulo introduz algumas das questões fundamentais envolvidas na assistência domiciliar, em especial quanto ao paciente com dor e em cuidados paliativos. Acreditando ser importante para a formação do terapeuta ocupacional que atua nessa área, vamos aqui detalhar alguns aspectos que envolvem o processo da morte e seus efeitos no papel que desempenhamos. Todos esses aspectos focados a partir do âmbito da terapia ocupacional, como integrante de uma equipe multidisciplinar.

978-85-7241-726-6

Ser paliativista hoje significa ser um grande desafiador. Há que romper alguns conceitos que estão incrustados na consciência de uma geração formadora de novos profissionais. Ensinar o novo e promover uma revisão de conceitos é tarefa infindável[4].

Cuidados Paliativos e Dor

A morte ainda constitui um acontecimento medonho, pavoroso, um medo universal, mesmo sabendo que podemos dominá-la em vários níveis, por meio de sedações, corações artificiais, ou aparelhos que mantêm a "vida", mas o fato de nos concentrarmos em aparelhos e medicações nos faz esquecer do ser humano que está vivenciando tudo isso, muitas vezes de maneira consciente, e nos faz esquecer que temos limitações e que somos seres mortais.

Assim, para atuarmos nessa área, precisamos olhar de modo honesto dentro de nós mesmos, propensos a um maior amadurecimento e cientes de que temos que refletir sobre nossa própria morte[1].

Muitas doenças, como câncer, vírus da imunodeficiência humana (HIV, *human immune deficiency virus*)/síndrome de imunodeficiência adquirida (AIDS, *acquired immunodeficiency syndrome*), cardíacas, renais, neurológicas progressivas, doenças crônicas, podem causar dor muito intensa, além de sintomas físicos e sofrimento emocional e espiritual tão profundo que tornam a vida insuportável. Nesse momento, o controle da dor e de outros sintomas e o cuidado dos problemas de ordem psicológica, social e espiritual é o que mais importa. O alívio dos sintomas e da dor está no centro das preocupações dos cuidados paliativos.

Cuidados Paliativos

978-85-7241-726-6

O objetivo do cuidado paliativo, dentre outros, é conseguir a melhor qualidade de vida possível para os pacientes e suas famílias, além de diminuir o medo do desconhecido (processo de morrer), melhorar o sono, diminuir a ansiedade e a depressão, aumentar a autoconfiança, diminuir a culpa, trabalhar o luto e ressignificar alguns conceitos.

Desde a Idade Média, na Europa, peregrinos e viajantes, doentes e necessitados podiam procurar abrigo e cuidado em instituições chamadas *hospices*, que eram instituições religiosas em que o foco do trabalho era o cuidado dos que estavam morrendo. À medida que a medicina se desenvolveu e o hospital se tornou o lugar central onde os médicos praticavam a ciência da cura, os pacientes na fase final tornavam-se um símbolo de "impotência" no prolongamento da vida e dessa forma a medicina evidenciou suas limitações não desenvolvendo respostas apropriadas às necessidades daquelas pessoas.

Os *hospices* continuaram a prestar apoio e cuidados espirituais, mas os cuidados especiais (paliativos) só vieram em 1950, com Cecily Saunders, fundadora do St. Christopher Hospice, descrevendo a filosofia dos cuidados paliativos, que envolve basicamente quatro princípios abrangendo o conceito de dor total: dor física, psicológica, social e espiritual. Tais princípios são alicerces para aliviar o sofrimento, auxiliar as pessoas a aprimorarem sua qualidade de vida e a se concentrarem no viver com dignidade. Curar não é mais o objetivo. O foco que dirige as ações é a experiência da pessoa e da sua família de viver o processo de morrer[5]. É o conceito de dor total que revolucionou o tratamento a pacientes gravemente enfermos.

978-85-7241-726-6

Para a Dra. Cecily Saunders, a grande referência contemporânea em medicina paliativa, a visão e o compromisso envolvem o *cuidar* no momento final da vida e relacionam-se a: quero que você sinta que me importo pelo fato de você ser você, que me importo até o último momento de sua vida e faremos tudo o que estiver ao nosso alcance, não somente para ajudá-lo a morrer em paz, mas também para você viver até o dia de sua morte[6].

O desafio da prática de cuidados paliativos é o de considerar a questão da morte para além da dimensão físico-biológica e do contexto médico-hospitalar, ampliando o horizonte e integrando a dimensão emocional, social e espiritual. Existe muito a fazer no sentido de levar a sociedade a compreender o processo de morrer com dignidade.

Já nos anos de 1960, Elizabeth Kübler-Ross, psiquiatra (Estados Unidos), e Cecily Saunders, enfermeira (Reino Unido), estabeleceram as bases da humanização do ato médico e lançaram mão do método mais antigo: a comunicação e ouvir os pacientes em fase terminal.

Os cuidados paliativos entendem a morte como um processo fisiológico que integra a relação doença-doente em que se evidenciam o curso natural da doença (moléstia) e a repercussão do estado emocional nas manifestações mórbidas e no processo, demandando assistência integral fundada na visão holística multidisciplinar[7,8].

Os cuidados paliativos exprimem a multidisciplinaridade no campo da saúde. Sob esse aspecto, tentam manter certa qualidade de vida a um paciente para quem os recursos médicos tendem a se limitar à luta contra o sofrimento, notadamente mediante analgésicos e sedação, e certa atenção ao contexto familiar e humano do paciente.

A medicina paliativa definida pela Organização Mundial da Saúde (OMS) constitui-se em uma abordagem que melhora a qualidade de vida do paciente e de seus familiares, perante problemas associados com a doença com risco de morte, por meio de prevenção e alívio do sofrimento, mediante identificação precoce, implacável avaliação e tratamento da dor e de outros problemas físicos, psicossocias e espirituais. Paliar significa *manta* ou *coberta* no vocabulário latino, assim, quando a causa não pode ser curada pode-se tapá-la com a coberta, com tratamento paliativo.

Na prática, isso significa no mínimo estar presente no momento do desespero, da raiva, da alegria, da tristeza. Ser continente para o medo, o grito, dar amor e suporte. Ter compaixão, humildade, honestidade e lembrar que nem sempre se tem resposta para tudo. Devemos tentar ajudar a compreender as necessidades dos doentes e ajudar os parentes nessa situação, com uma orientação construtiva para diminuir a culpa, a vergonha, ou o medo do castigo. A ajuda mais significativa que podemos dar a qualquer parente, criança ou adulto, é partilhar seus sentimentos e deixarmos perceber que estamos prontos e dispostos a partilhar algumas de suas preocupações. Vários pacientes se mostram trancados e isolados até conversarmos com eles. Prejudicamos mais evitando tocar no assunto do que aproveitando e encontrando tempo para sentar à cabeceira, ouvir e compartilhar[1].

978-85-7241-726-6

As abordagens não devem ser iniciadas quando "não há nada a ser feito", mas sim ainda no início do curso da doença, no momento do diagnóstico, preparando as pessoas diante do processo, apoiando-as, respondendo às questões que surgirem, esclarecendo dúvidas e diminuindo a ansiedade, os sintomas de depressão e a angústia[5].

Quando não há cura possível para a doença de base, sempre há alguma medida que, intervindo nos sintomas agudizantes, desconfortáveis ou dolorosos, propiciará uma sensação de alívio, melhorando a qualidade de vida do paciente até sua morte[9].

Para Burlá e Py, é imprescindível o cultivo de três elementos fundamentais nos cuidados paliativos: compaixão, humildade e honestidade. Todos em contexto e visão multidisciplinares[9].

O trabalho de Cecily Saunders traz novas luzes para a questão do fazer, afirma a importância de cuidar dos sintomas, mas sem esquecer do isolamento social, do sofrimento psíquico e espiritual que a doença provoca.

Para pensarmos nos cuidados paliativos na assistência domiciliar, devemos levantar questões importantes que envolvem toda a equipe, a família e o paciente, incluindo o seu grau de dependência, os recursos existentes no domicílio, pessoais e financeiros, a competência da equipe em abordar esses fatores e as adaptações necessárias para recebê-lo em seu domicílio.

Na filosofia dos cuidados paliativos, as dimensões físicas, psicológicas, sociais e espirituais são valorizadas na mesma intensidade de importância, considerando a pessoa na sua integridade. Um dos princípios dos cuidados paliativos é a atuação em equipe multidisciplinar, na qual cada profissional, respeitando-se a sua competência, tem como meta comum o alívio do sofrimento independentemente da dimensão e do preparo para a morte digna.

978-85-7241-726-6

Dor

A dor é uma das experiências mais desagradáveis que o indivíduo pode sentir e o sintoma mais freqüente em todos os quadros patológicos, inclusive nas doenças degenerativas e naquelas consideradas fora de possibilidade de cura.

Não existe uma única definição para dor, mas sabe-se que sua presença constante pode mudar a conformação dos neurônios, provocando um quadro de dor crônica, que causa grande sofrimento físico e mental, diminuindo as capacidades funcionais e em conseqüência as atividades ocupacionais do indivíduo.

Embora a capacidade de sentir dor seja um sinal de que estamos vivos e nos proteja, pois nos alerta de que algo está errado em nosso organismo, precisa ser controlada nos casos de clientes que sofrem de dor crônica e são portadores de doenças graves, incluindo aqueles que recebem cuidados paliativos[10].

São muitas as formas de sentir de dor e são várias as sensações que os pacientes referem, tornando difícil a compreensão e a interpretação, dificuldade que se reflete no tratamento. Em razão disso, a abordagem nos cuidados paliativos deve se dar por meio de uma equipe multidisciplinar que alcance todos os níveis de cuidados.

A atuação da terapia ocupacional na assistência domiciliar contribui elevando os níveis de participação e atuação dos papéis sociais e ocupacionais dentro do escopo familiar e, em alguns casos, profissional.

Para Tiggest *et al.*, o objetivo central da terapia ocupacional nos *hospices* é o de resgatar a "dor da perda do papel ocupacional", talvez porque a dor física já esteja controlada com medicação e tratamentos coadjuvantes[11].

Primeiramente, devemos avaliar o impacto da dor sobre as funções cotidianas e de interesse, ou seja, o quanto a dor impede de realizar as atividades. Essa análise vai nos ajudar a conhecer melhor o paciente e, juntamente com outras intervenções dos profissionais da equipe, resgatar papéis que foram perdidos ou esquecidos. Essa atuação também necessita da ajuda familiar, principalmente daqueles que estão envolvidos nesses papéis.

Após conhecermos o impacto da dor sobre a vida do paciente, podemos propor intervenções de acordo com o quadro clínico e as capacidades físicas que apresenta naquele momento, nunca minimizando sua queixa ou seu sofrimento, dizendo: "não chore, não precisa ficar assim". Essas intervenções variam desde técnicas de relaxamento e automassagem, adaptações para proteção articular e conservação de energia, participação em atividades que envolvam concentração, até a elaboração de um produto final, que pode representar a superação de uma fase na qual só se pensa na dor e em sensações ruins, passando-se para uma fase de conquistas e com motivação[12].

978-85-7241-726-6

EQUIPE

A equipe multidisciplinar deve atender o binômio família-paciente e o enfoque-controle da dor e de outros sintomas, apoiar as necessidades emocionais, psicológicas, sociais, espirituais, ocupacionais e físicas, sensibilizar-se pela vulnerabilidade do paciente, flexibilizar rotinas para atender as necessidades do paciente e da família, chorar com o outro, partilhando de seu sofrimento, tornar-se parceiro dos outros profissionais, lutando para que sejam preservados os direitos e a dignidade do paciente até o final.

A educação dos profissionais da saúde ainda presta pouca atenção às questões da morte e do morrer. Isso resulta em profissionais qualificados com restrito entendimento das necessidades da pessoa em estado terminal e de sua família. Essa educação precisa enfatizar o treinamento em cuidados domiciliares na comunidade, levando-se em conta que nos países em desenvolvimento é no domicílio que a maioria das pessoas é cuidada[5].

Sua importância é também no sentido de ensinar o profissional a valorizar e a promover a coesão dos membros da família em torno das necessidades do idoso e de providências que melhorem o seu bem-estar[13].

Há uma especificidade na formação dos profissionais que se destinam a prestar esses cuidados (ao fim da vida de pacientes idosos). Todo o conteúdo teórico deve articular-se à práxis que rege a relação profissional-paciente-familiares.

Para Gimenes, qualquer pessoa pode preencher esse papel, pois a essência consiste em auxiliar a pessoa a encontrar um bem-estar psíquico e emocional, ao mesmo tempo em que procura facilitar que sua alma se vincule a Deus[8].

Aos profissionais cabe romper com o reducionismo proveniente do conhecimento para poder resgatar a visão de homem como ser total, postura caracterizada pelo trabalho em equipe.

Os profissionais devem reconhecer a fadiga como o sintoma prevalente e extremamente debilitante nas situações de doença crônica em fase avançada e se prepararem para auxiliar esses doentes a lidarem com ela.

Um outro conceito central é a equipe multidisciplinar. A idéia dessa abordagem é muito importante para os cuidados paliativos e dor porque implica em demonstrar que nenhuma pessoa tem todas as respostas corretas para o enfrentamento de uma determinada situação, permitindo assim a sinergia de habilidades para assegurar o melhor cuidado e um olhar para os "problemas" do paciente e da família, não somente sob uma única perspectiva.

Uma equipe não é representada apenas pela junção de vários profissionais com seus conhecimentos específicos, mas sim pelo seu trabalho em prol de um objetivo comum em que seus conhecimentos específicos são complementares e não concorrentes entre si[3]. Trata-se de papéis diferentes, mas igualmente importantes no cuidado do paciente-família.

Faz parte do papel da equipe realizar boa avaliação física, observando presença de dor, dispnéia, náusea, vômito, boca seca, feridas, dificuldades para engolir, agitação, inquietação, confusão mental, cuidados da pele, incontinência ou retenção urinária, constipação intestinal, respiração estertorosa, mioclonia, complicações irreversíveis e outras doenças concomitantes (diabetes, hipertensão, cardiopatia)[14].

É imprescindível a comunicação freqüente entre todos os membros da equipe sobre a evolução do enfermo e é necessário que sejam amplamente discutidas até que se chegue a um consenso quanto à melhor opção para cada situação, que deverá ser escolhida em conjunto[14].

A equipe inteira não deve hesitar em comunicar a toda a família os conhecimentos e todo o apoio emocional e técnico às funções do cuidador[8]. As orientações devem ser individualizadas e relacionadas ao contexto apresentado, cabendo a todos os envolvidos no processo responsabilidades que devem ser clarificadas e estabelecidas como necessárias para se atingirem as metas previstas.

Finalizando, devemos proporcionar ao paciente, à sua família e principalmente ao seu cuidador muito mais do que conhecimentos e técnicas necessários para o tratamento. Devemos trazer alento e esperança para que todos aqueles que estejam diretamente envolvidos no processo de reabilitação possam oferecer as melhores condições de vida ao paciente e à sua família[15].

978-85-7241-726-6

CUIDADOR

O cuidador é personagem importantíssimo em cuidados paliativos, uma vez que compete a ele exercer ou auxiliar na execução das atividades diárias do seu familiar.

De acordo com a Política Nacional de Saúde do Idoso, o cuidador[16]

> *é a pessoa, membro ou não da família, que, com ou sem remuneração, cuida do idoso doente ou dependente no exercício das suas atividades diárias, tais como alimentação, higiene pessoal, medicação de rotina, acompanhamento aos serviços de saúde e demais serviços requeridos no cotidiano – como a ida a bancos ou farmácias –, excluídas as técnicas ou procedimentos identificados com profissões legalmente estabelecidas, particularmente na área de enfermagem.*

Considerando-se que o cuidador "é aquela pessoa com algum grau de parentesco com o dependente, sem formação específica, que passa a ser o responsável pelas ações relativas às demandas de cuidados" (Yuaso), devemos estar alertas, pois ao conciliarem as atividades familiares, pessoais e até profissionais ao cuidado com o dependente, sofrem o risco de se sobrecarregarem[17].

De acordo com Pavarini e Neri, cuidar de um dependente é geralmente uma tarefa desempenhada por um único membro da família, sobrecarregando-o[18]. Segundo Pupo, a sobrecarga ocorre quando o cuidador assume mais responsabilidades do que está preparado ou do que consegue dar conta e/ou quando não recebe ou propõe divisão para os papéis e funções desempenhadas[19].

Tornar-se cuidador é um processo que ocorre de modo gradual ou explícito, de acordo com a patologia do dependente, e que em geral obedece a alguns fatores como parentesco (freqüência maior para cônjuges), gênero (predominância para mulheres), proximidade física (considerando-se que vive com a pessoa) e proximidade afetiva (maior destaque para as relações conjugais e entre pais e filhos)[20,21].

De acordo com Neri e Sommerhalder, o apoio a idosos pode ocorrer de maneira progressiva, considerando-se doenças crônico-degenerativas e neoplasias, que envolvem exigências crescentes de acordo com as necessidades do idoso[22]. Assim, os tipos de ajuda normalmente ofertados são: ajuda material (financeira), instrumental (ajuda direta na execução das atividades básicas de vida diária: banho, higiene pessoal, vestuário; e instrumentais de vida diária: dar remédios, fazer exercícios, levar ao médico e a laboratórios, preparar refeições, limpar a casa, fazer compras), socioemocional (fazer companhia, conversar, ouvir, consolar), cognitivo-informativa (explicar, ajudar a tomar decisões) e atividades de lazer dentro e fora de casa.

978-85-7241-726-6

O cuidador pode assumir tal função por instinto, por vontade, por capacidade ou por conjuntura. Quando pertencente ao contexto familiar, assume funções para as quais não foi previamente preparado e as executa muitas vezes sem interrupções e/ou substituições. É o grande depositário das orientações da equipe interprofissional responsável pelo atendimento domiciliar[3]. Segundo Cerqueira e Oliveira, os cuidadores apresentam taxas mais elevadas de depressão e ansiedade, mais problemas de saúde, menor participação em atividades sociais, mais problemas no trabalho, maior freqüência de conflitos familiares, problemas psicológicos ou emocionais, problemas financeiros, diminuição da liberdade, da autonomia e da independência e alteração dos planos pessoais[23]. Floriani acrescenta também isolamento afetivo e social, perda da perspectiva de vida, distúrbios do sono e maior uso de psicotrópicos[20].

Os sintomas apresentados pelos cuidadores sobrecarregados são: distúrbios de sono, perda de energia, fadiga crônica, isolamento, dificuldades de concentração, problemas físicos, uso abusivo de substâncias, alterações da memória, baixa concentração[23].

Travensolo observou em seu estudo que a maior parte dos cuidadores, perante o envolvimento na tarefa de cuidar de seus familiares, via seu tempo diminuído com parentes, amigos e atividades de lazer[24]. Ainda de acordo com a mesma autora, observavam-se sentimentos de solidão quanto à responsabilidade sobre o parente cuidado, tornando a tarefa mais onerosa para o cuidador, que se via impossibilitado de descansar e ter atividades de lazer, fundamentais para uma boa qualidade de vida. Apesar de considerarem o lazer fundamental, ao assumirem a função de cuidador o lazer é facilmente perdido.

Em geral, idosos assumem os cuidados, sendo possíveis candidatos a doenças crônico-degenerativas associadas com a velhice[19]. De acordo com Gonçalves *et al.*, ao assumir os cuidados de outro idoso, o estado de saúde do idoso cuidador pode tornar-se pior que o do dependente[25]. Os cuidadores freqüentemente pertencem à mesma geração dos dependentes, sendo "velhos jovens independentes" cuidando de "velhos-velhos dependentes". De acordo com Mendes, a preocupação com a saúde de cuidadores idosos pauta-se no pressuposto de que "cuidar de um adulto dependente implica ter condicionamento físico capaz de dar conta de tarefas pesadas, como a locomoção do paciente e outras tarefas do dia-a-dia, além de exigir poder de recuperação rápida para, por exemplo, uma noite mal dormida[21]. As condições biológicas e físicas desse cuidador não são compatíveis com a estressante tarefa que tem que desempenhar".

Por meio da pesquisa realizada por Karsch, foi possível notar que idosos cuidadores exerciam tarefas superiores às suas possibilidades, realizando automedicação ao sentirem-se doentes, o que provavelmente acarretava prejuízo à própria saúde[26]. De acordo com Mendes, o cuidador negligencia sua saúde em virtude dos cuidados com o dependente, pois seu tempo está tomado pelo outro[21].

978-85-7241-726-6

Outro fator que torna onerosa a atividade de cuidar de um dependente é o financeiro. Segundo Karsch, o cuidador percebe seu orçamento comprimido pelas inesperadas despesas com hospitais, medicação, transportes, equipamentos, considerados fatores de sobrecarga para essas famílias[26]. De acordo com Reis *et al.*, as dificuldades financeiras aliadas à sobrecarga com os cuidados com o paciente impõem intenso desgaste emocional ao cuidador.

De acordo com Mendes, "o dia-a-dia do cuidador é construído de acordo com as necessidades do outro. Lidar com esse novo cotidiano é muito difícil e absorvente. O sujeito que se transforma em cuidador foi surpreendido pela doença"[21].

Assim, para que o cuidador sobreviva e se adapte ao novo cotidiano, a literatura especializada da área aponta para a criação de programas de apoio a cuidadores, entendendo que as dificuldades enfrentadas são passíveis de prevenção. Para Floriani, é importante planejar intervenções de orientação, suporte e apoio aos cuidadores, diante da estafante e estressante atividade de cuidados diários e ininterruptos[20].

De acordo com Reis *et al.*, é imprescindível oferecer ao cuidador domiciliar treinamento adequado à necessidade do doente, como: administração de medicação, realização de curativos, higiene pessoal e relacionamento com o paciente[27]. Ainda segundo os autores, "o cuidador vivencia uma intensificação do seu desgaste pessoal que habitualmente já cresce à medida que o agravo da saúde do doente se instala". Para Floriani, se não for instituído um processo de educação continuada para cuidadores, as medidas de cuidados fracassarão[20].

Segundo Py, os cuidadores necessitam de informação e instrumentalização para cuidar do paciente, bem como de reflexão sobre a situação que vivenciam, para o que precisam criar viabilidades no contexto familiar e refletir sobre os sentimentos que emergem no cuidado diário de pacientes sob cuidados paliativos[28].

Se pudermos ter claro o referencial do cuidar sempre em lugar da obstinação em curar, sempre poderá haver diminuição do fator de risco para o estresse do cuidador.

Vale lembrar que oferecer suporte ao cuidador e estar atento às suas necessidades significa proporcionar condições para que atenda melhor às necessidades do paciente, reforçando a idéia de que é essencial "cuidar de quem cuida".

978-85-7241-726-6

Assistência Domiciliar e Sua Influência na Qualidade de Vida

A abordagem de cuidados paliativos no domicílio permite que o paciente interaja com o ambiente dentro dos limites de suas potencialidades, permite que se desenvolvam melhor suas relações entre os familiares e possibilita um maior contato com sua própria identidade.

A assistência domiciliar é muito versátil e permite, dentro das condições de saúde do indivíduo, diversas ações para o controle da dor e de outros sintomas. Para melhorar sua qualidade, existem regulamentações criteriosas para diferenciar uma internação domiciliar de um atendimento domiciliar. Na primeira situação, o cliente se encontra em uma situação delicada, necessitando de diversos cuidados, como medicação intravenosa e outros aparelhos de ventilação mecânica, e nesse caso é necessário cumprir uma série de particularidades ditadas pela Agência Nacional de Vigilância Sanitária[29].

A situação mais comum dentro dos cuidados paliativos é o atendimento domiciliar, em que o paciente se encontra clinicamente estável. Normalmente, nessa situação realiza-se o controle da dor com medicação prescrita pelo médico da equipe e cada integrante faz suas visitas periodicamente, de acordo com a necessidade da família e do cliente.

Ambas as situações descritas devem ser discutidas entre a equipe, o paciente e a família-cuidador para manter o melhor possível suas condições de saúde, com mais conforto e bem-estar para todos. É imprescindível que a equipe de assistência domiciliar também programe ações aos cuidadores, tratando de sua saúde física, emocional e espiritual. Em alguns serviços, é possível manter o cliente internado por um tempo limitado, com o objetivo de proporcionar ao cuidador um período de descanso.

Neste capítulo, é de especial interesse mostrar a significativa contribuição que a abordagem de cuidados paliativos na assistência domiciliar pode fazer pela qualidade de vida e saúde do paciente e de seu(s) familiar(es)/cuidador(es).

Quando entramos na casa do paciente, levamos a ele e sua família uma grande expectativa, uma esperança, o conhecimento técnico e o apoio psicológico. Além disso, aprendemos a observar o ambiente físico, a interação familiar e social, as alegrias e tensões da família, os cuidados higiênicos, a adesão ao tratamento, o grau de escolaridade, as manifestações culturais, enfim, a maneira como vivem e como viverão os últimos dias ou meses. É de grande significado saber que são as nossas orientações que determinarão a qualidade de vida não só para o paciente, mas para toda a família nos últimos momentos de vida. Dentro desse âmbito, não se consegue pensar que "não há nada a fazer" nos últimos dias de vida.

Existe muito a fazer na linha do cuidado, da dimensão da mortalidade e da finitude humanas, expressas nas necessidades físicas, psíquicas, sociais e espirituais, com especial atenção à qualidade de vida e ao controle dos sintomas como prioridades fundamentais[6].

Cuidar paliativamente requer, muitas vezes, um tratamento mais ativo, mais abrangente e mais complexo. Ao nos dedicarmos a essa forma de cuidado, aprendemos a respeitar a condição humana, a dimensionar o quão frágeis são nossos próprios egos, planos e sonhos. Saber que somos capazes de ajudar alguém a se sentir melhor, sem tecnologia e máquinas e somente com duas mãos, o coração e a mente é o maior privilégio de que podemos usufruir[6].

978-85-7241-726-6

Terapia Ocupacional na Assistência Domiciliar ou Nesse Contexto

O terapeuta ocupacional é o profissional de saúde com as habilidades necessárias para ajudar o paciente a esclarecer, confrontar, explorar e entender os seus sentimentos e os sentimentos de familiares e outros.

Poucos terapeutas ocupacionais tratam de pessoas em processo de morte. Aprender esse papel e essa função parte da premissa de que a pessoa precisa tomar contato com os seus próprios sentimentos sobre a morte e o morrer antes de trabalhar efetivamente com o paciente terminal, pois pensamentos sobre a morte provocam ansiedade em forma de medo: medo do desconhecido, da mudança, do isolamento. Em um esforço para evitar essa ansiedade, a maioria das pessoas imagina que sua morte será rápida e espontânea. Entretanto, é muito mais provável que a maioria das pessoas fique perante uma lenta terminalidade para a qual não pôde se preparar[30].

O objetivo da terapia ocupacional nos cuidados paliativos é prover sistemas de suporte que ajudem os pacientes a viverem do modo mais ativo possível até a morte, enfatizando o "fazer independente" e ajudando a pessoa a viver e morrer com dignidade e auto-estima.

O terapeuta ocupacional deve avaliar as capacidades do paciente para independência de vida e fornecer sugestões práticas para favorecer a participação do cliente perante o domicílio e sua família e, se necessário, prover equipamentos de suporte como órteses, ajustes de *seating* e adaptações domiciliares.

Falkenstein sugere que o papel do terapeuta ocupacional inclui facilitar os ajustes físicos e emocionais que a família, as crianças e o paciente possam ter, oferecendo suporte, encorajamento, exploração de sentimentos e lazer[31].

Em países onde é aplicada a filosofia dos *hospices*, a terapia ocupacional tem o papel tradicional de promover atividades no sentido de encontrar as necessidades dos pacientes, procurando maximizar seu potencial para independência de vida, tradicionalmente concentrado na transição entre o hospital e o domicílio[32].

978-85-7241-726-6

O uso da atividade como recurso pode ajudar o paciente a falar e refletir, além de criar um ambiente de escuta. O profissional deve ajudá-lo a encontrar a oportunidade para falar sobre as coisas que deseja ou sente necessidade de verbalizar. O silêncio pode ocorrer e um toque ou um abraço podem ser muito mais significativos do que palavras técnicas que não façam sentido algum no contexto. O uso das atividades nos auxilia a compreender o que o paciente sente naquele momento, o que deseja fazer e que conceitos ou sentimentos deseja explorar.

A motivação tem uma influência forte no desempenho das atividades e, às vezes, está relacionada com o papel histórico ou de vida do paciente, se tem interesse por algo que fazia e não por algo que nunca fez e agora tem que fazer[33].

Cabe a nós estarmos atentos a essas questões, contribuindo para que todos alcancem o melhor nível de bem-estar no vivenciar desses momentos. Ouvir mais, clarificar as mensagens, respeitar os sentimentos e desenvolver um profundo autoconhecimento relacionado às questões do viver e do morrer.

Quando o paciente atinge o estágio final da doença e não se comunica de maneira inteligível ou confortável, os profissionais se deparam com um conflito:

o que o paciente deseja fazer nessas circunstâncias? Como posso atuar? Quando isso ocorre, devemos conversar longamente com toda a equipe e os familiares sobre o que está acontecendo, colocando-nos à disposição para conversar e esclarecer o que for possível sobre esse estágio da doença e oferecer suporte emocional aos cuidadores e demais membros da família.

Às vezes, o paciente quer ficar sozinho. É um permitir-se partir, não um isolamento, que devemos respeitar promovendo a união e auxiliando a transformar esses momentos finais em ocasiões de encontro. Não é uma tarefa fácil, é um desafio.

Morrer em casa deve ser uma opção muito bem trabalhada com todos, paciente e família, periodicamente reavaliada durante o processo. Muitas vezes, é o desejo do paciente, mas a família não possui suporte emocional para enfrentar tal situação. Isso deve ser muito ponderado e o auxílio profissional nesses casos é fundamental[2].

Gammage, McMahom e Shanahan entrevistaram quatro terapeutas. A principal técnica descrita para atuar com doenças terminais foi a escuta ativa em um esforço para preencher por completo a necessidade da pessoa de falar sobre a morte com alguém[30]. A experiência confirma a ênfase de Kübler-Ross e outros que o profissional pode trabalhar de maneira efetiva com o paciente terminal somente para ajudá-lo a se confrontar com a sua inevitável morte[34,35]. Nesse momento, as intervenções propostas baseiam-se na interação profissional-paciente-familiares destinada a otimizar a autonomia do paciente no processo de tomada de decisões sobre seu cuidado, que podem incluir:

978-85-7241-726-6

- Orientações à família e ao cuidador com relação às atividades de vida diária do paciente (higiene pessoal, alimentação, transferência, comunicação, vestuário), para que sejam realizadas de maneira adequada, visando proteção articular e economia de energia, tanto do paciente quanto do seu cuidador, melhorando sua auto-estima e auxiliando-o no processo de reinserção em seu papel social.
- Promoção da independência do paciente em relação às atividades básicas e instrumentais de vida diária por meio do uso de recursos adaptativos (engrossadores, alongadores, órteses funcionais).
- Prevenção de deformidades, com o auxílio de órteses seriadas, tala fixa, órteses de repouso, entre outras.
- Adequação, de maneira individualizada, da postura do paciente na cadeira de rodas, no leito e na cadeira de banho. Esse processo deve ser pensado dentro da equipe, em conjunto com o fisioterapeuta, promovendo a maior funcionalidade e independência possível ao paciente.

- Avaliação de barreiras arquitetônicas da casa, tanto internas como externas, propondo alternativas em relação a acesso, locomoção, iluminação e ventilação, quando necessárias.
- Análise da história de vida do paciente, resgatando interesses e desejos de realizações.

978-85-7241-726-6

Recursos de Terapia Ocupacional

Vimos a necessidade de o terapeuta ocupacional compreender os processos que envolvem os cuidados paliativos na assistência domiciliar para prover uma melhor qualidade de vida ao paciente e seus familiares.

O ambiente doméstico se torna um elemento crucial na promoção dos cuidados e na melhora da qualidade de vida.

Mais especificamente com relação à adequação ambiental, sabemos que o terapeuta ocupacional deve reorganizar o ambiente do idoso, favorecendo a sua independência, promovendo, mantendo e restaurando a saúde, mediante o desenvolvimento de adaptações que visem a autonomia e a independência. Tal intervenção deve ser planejada com a participação do idoso e de sua família e é imprescindível a formação do vínculo terapêutico para que isso ocorra de maneira integrada e não invasiva.

As intervenções têm como alvo ajudar a manter e a implementar o bem-estar físico, emocional e cognitivo dos idosos, ajudar a família a superar os conflitos gerados, a tomar providências e promover a sociabilidade, uma vez que a maioria dos pacientes terminais passa a maior parte do tempo isolada no quarto.

Cumming *et al.* avaliaram a aderência às modificações ambientais realizadas por terapeutas ocupacionais nas casas de 178 pessoas[36]. Um ano depois, visitaram as mesmas casas para avaliação da aderência às orientações. Os resultados mostraram que as modificações ambientais foram recomendadas em 150 casas, sendo as mais usadas: remover tapetes, trocar de calçado, usar tapete antiderrapante no banheiro. Em 121 casas, depois de 12 meses, 419 modificações tinham sido recomendadas, mas encontraram-se apenas 216 com parcial ou completa aderência. Concluíram que a maior barreira para a aderência quanto à adequação ambiental é que muitos idosos não acreditam que modificações domésticas possam auxiliá-los.

A modificação ambiental representa a oportunidade de maximizar a independência, tem um impacto profundo no comportamento do paciente e de sua família e favorece no processo de reabilitação[37].

Um dos grandes desafios para uma adequação ambiental bem-sucedida é reconhecermos necessidades diferentes que compartilhem de um mesmo espaço, ou seja, o paciente tem necessidades específicas dentro de um ambiente comum a seus familiares, que por sua vez não podem se sentir prejudicados ou limitados com as modificações instauradas. Muitas pessoas não aceitam a idéia de mudarem seu domicílio, ou de que alguém que pouco conhecem proponha mudanças estruturais e outros acreditam que ficará parecido com hospital ou instituição asilar.

As adequações ambientais que em geral são necessárias para melhorar a qualidade de vida do indivíduo no seu domicílio e aumentar a capacidade de autocuidado são: aumentar a largura das portas para favorecer a circulação com cadeiras de rodas; instalar rampas, barras de apoio verticais, horizontais e diagonais no banheiro e grades removíveis no leito para prevenir quedas; em alguns casos, a indicação de cadeira de banho também favorece a atuação do cuidador e promove sensação de bem-estar no cliente que pode então passar a tomar banho de chuveiro de uma maneira menos desgastante; retirada de tapetes e colocação de piso antiderrapante[37]. Além disso, devem-se retirar objetos desnecessários, deixar o ambiente bem iluminado e ventilado, deixar à mostra relógios e calendários para orientação temporal e, nos casos de pessoas acamadas, discutir com a família o uso de cama hospitalar para favorecer os cuidados.

Enfim, para obter adesão às propostas é necessário que haja uma relação terapêutica de confiança e que o profissional tenha habilidade e bom senso para propor e adequar o ambiente sem anular a identidade dos que residem na casa, explicar a todos os moradores a importância das modificações, propor que sejam feitas primeiramente mudanças temporárias e ajustá-las de acordo com os custos com que a família puder arcar.

Ainda é preciso educar a população e alertar sobre as vantagens da modificação ambiental, como a diminuição de quedas, alertar também os convênios médicos e as seguradoras de saúde quanto aos benefícios, capacitar profissionais da saúde e da área de construção civil e integrá-los, desenvolver protocolos de avaliação, seguimento e reavaliação das modificações[37].

978-85-7241-726-6

Considerações Finais

Compor a equipe que presta cuidados paliativos não é tarefa fácil. É preciso formação para enfrentar o processo de preparação para a morte.

Para isso, é necessário que as questões relacionadas à morte e ao morrer estejam bastante claras para os profissionais que cuidam de pacientes terminais ou fora das possibilidades de cura. É necessário respeitar a si mesmo, às nossas limitações, nossas capacidades de apenas com um olhar ou um toque confortarmos o paciente e/ou os familiares, ouvi-los, importar-se com eles, com suas angústias, sofrimentos, dores, raivas e sentir a emoção de perceber nos seus olhares a gratidão por estarmos ali ao seu lado, sabendo que nossa participação em um momento tão crucial de suas vidas foi significativa e representou uma força para sobreviver a toda a tempestade que as doenças graves e incuráveis representam em suas vidas.

A atuação do terapeuta ocupacional é bastante abrangente, pois engloba os cuidados com o paciente, seu cuidador e seus familiares. São vários os aspectos trabalhados, desde a dimensão física até a espiritual.

Favorecer a autonomia, aumentar a participação dos pacientes nas atividades rotineiras, favorecer o envolvimento dos familiares, reforçar a importância em manter a autonomia e a tomada de decisões do paciente e trabalhar o processo de aceitação são tarefas que podemos desempenhar.

É essencial que o paciente e os familiares percebam que estamos ao seu lado, inteiros, e que sejamos francos quando não tivermos respostas para determinadas questões, pois temos nossas limitações. Prometer somente aquilo que podemos cumprir também garante a confiança do paciente e dos familiares em nossa atuação.

Respeitar, estar ao lado, oferecer suporte e confortar são algumas ações que representam muito na vida dos pacientes e familiares e que os terapeutas ocupacionais têm condições de oferecer, juntamente com técnicas que propiciem melhor qualidade de vida.

Manter a privacidade, ter a chance de se expressar, tempo para discutir passado, presente e futuro, oportunidades de redescobrir o espiritual, tempo e oportunidades para gozar a vida, se divertir, questionar e ter respostas diretas, oportunidade de ter o melhor controle possível dos sintomas, tudo isso constitui a dignidade na vida da pessoa no programa de cuidados paliativos.

978-85-7241-726-6

Referências Bibliográficas

1. KÜBLER-ROSS, E. *Sobre a Morte e o Morrer*. São Paulo: Martins Fontes, 2005. 296p.
2. JACOB FILHO, W. Envelhecimento e atendimento domiciliário. In DUARTE, Y. A. O.; DIOGO, M. J. E. *Atendimento Domiciliar: um enfoque gerontológico*. São Paulo: Atheneu, 2000. cap. 2, p. 19-26.
3. GONÇALVES, L. H. T.; ALVAREZ, A. M.; SANTOS, S. M. A. Cuidadores leigos de pessoas idosas. In: DUARTE, Y. A. O.; DIOGO, M. J. E. *Atendimento Domiciliar: um enfoque gerontológico*. São Paulo: Atheneu, 2000. cap. 9, p. 102-114.
4. MACIEL, M. G. S. *Prática Hospitalar*. ano 8, n. 43, p. 7, jan.-fev. 2006.
5. MCCOUGHLAN, M. A necessidade dos cuidados paliativos. In PESSINI, L.; BERTACHINI. L. *Humanização e Cuidados Paliativos*. São Paulo: Loyola, 2004. cap. 11, p. 167-180.
6. PESSINI, L.; BERTACHINI, L. Introdução: cuidados paliativos – uma necessidade emergente e urgente na área da saúde. In PESSINI, L.; BERTACHINI, L. *Humanização e Cuidados Paliativos*. São Paulo: Loyola, 2004. p. 5.

7. KÜBLER-ROSS, E. *A Morte: um amanhecer*. São Paulo: Pensamento, 1997. 112p.

8. GIMENES, M. G. G. A Passagem entre a Vida e a Morte: uma perspectiva psico-espiritual em cuidados paliativos domiciliares. *O mundo da Saúde (São Paulo)*, v. 27, ano 27, n. 1, p. 153-158, jan./mar., 2003.

9. BURLÁ, C.; PY, L. Humanizando o Final da Vida em Pacientes Idosos: manejo clínico e terminalidade. In PESSINI, L.; BERTACHINI,, L., *Humanização e Cuidados Paliativos*. São Paulo: Loyola, 2004. cap. 8, p. 125-134.

10. HOFFERT, M. J. The neurophisiology of pain. *Neurol. Clin.*, v. 7, p. 183-203, 1989.

11. TIGGEST, K. N.; SHERMAN, L. M.; SHERWIN, F. S. Perspectives on the Pain of the Hospice Patient: the roles of the occupational therapist and physician. *Occupat. Therap. Health Care*, v. 1, p. 55-68, 1984.

12. STRONG, J. Chronic Pain: the occupational therapist's perspective. New York: Churchill Livingstone, 1996. 171p.

13. NERI, A. Qualidade de vida na velhice e atendimento domiciliário. In: DUARTE, Y. A. O.; DIOGO, M. J. E. *Atendimento Domiciliar: um enfoque gerontológico*. São Paulo: Atheneu, 2000. cap. 4, p. 33-47.

14. KOSEI, N. M. Oncologia: cuidados com pacientes terminais no domicílio. In DIAS, E. L. F.; WANDERLEY, J. S.; MENDES, R. T. *Orientações para Cuidadores Informais na Assistência Domiciliar*. Campinas: Unicamp, 2002. cap. 8, p. 77.

15. SZRAJER, J. S. Como adaptar o ambiente familiar aos cuidados necessários. In: DIAS, E. L. F.; WANDERLEY, J. S.; MENDES, R. T. *Orientações para Cuidadores Informais na Assistência Domiciliar*. Campinas: Unicamp, 2002. cap. 4, p. 39.

16. MINISTÉRIO DA SAÚDE. Portaria n. 1395, dez 1999. Institui a Política Nacional de Saúde do Idoso. *Diário Oficial da República Federativa do Brasil*, Brasília dez 1999. (237E) Seção 1, p. 20.

17. YUASO, D. R. Cuidar de cuidadores: resultados de um programa de treinamento realizado em domicílio. In: NERI, A. L. *Cuidar de Idosos no Contexto da Família: questões psicológicas e sociais*. Campinas: Alínea, 2002. cap. 10, p. 165-201.

18. PAVARINI, S. C. I.; NERI, A. L. Compreendendo Dependência, Independência e Autonomia no Contexto Domiciliar: conceitos, atitudes e comportamentos. In: DUARTE, Y. A. O.; DIOGO, M. J. E. *Atendimento Domiciliar: um enfoque gerontológico*. São Paulo: Atheneu, 2000. cap. 5, p. 49-70.

19. PUPO, M. C. *Investigação da Sobrecarga de Cuidadores de Familiares com Síndromes Demenciais*. São Paulo, 2001, 97p. Trabalho de conclusão de curso como exigência para Graduação no curso de Psicologia. Pontifícia Universidade Católica de São Paulo.

20. FLORIANI, C.A. Cuidador Familiar: sobrecarga e proteção. *Rev. Bras. Cancerol.*, v. 50, n. 4, p. 341-345, 2004.

21. MENDES, P. B. M. T. *Cuidadores. Heróis Anônimos do Cotidiano*. São Paulo, 1995, 195p. Dissertação (Mestrado) – Pontifícia Universidade Católica de São Paulo.

22. NERI, A. L.; SOMMERHALDER, C. As várias faces do cuidado e do bem-estar do cuidador. In: NERI, A. L. *Cuidar de Idosos no Contexto da Família: questões psicológicas e sociais*. Campinas: Alínea, 2002. cap. 1, p. 9-63.

23. CERQUEIRA, A. T. A. R.; OLIVEIRA, N. I. L. Programa de Apoio a Cuidadores: uma ação terapêutica e preventiva na atenção à saúde dos idosos. *Rev. Psicol. USP (São Paulo)*, v. 13, n. 1, 2002.

978-85-7241-726-6

24. TRAVENSOLO, C. F. *Qualidade de Vida de um Grupo de Cuidadores Familiares de Portadores de Doença de Alzheimer*. São Paulo, 2003, 178p. Dissertação (Mestrado) – Pontifícia Universidade Católica de São Paulo.

25. GONÇALVES, L. H. T. et al. Os cuidadores leigos de pessoas idosas. In: DUARTE, Y. A. O.; DIOGO, M. J. E. *Atendimento Domiciliar: um enfoque gerontológico.* São Paulo: Atheneu, 2000. cap. 9, p. 101-110.

26. KARSCH, U. M. S. *Envelhecimento com Dependência: revelando cuidadores*. São Paulo: Educ, 1998. 248p.

27. REIS, T. C. S. et al. Relato de Caso: cuidar do paciente e do cuidador. *Rev. Bras. Cancerol.*, v. 50, n. 4, p. 328-329, 2004.

28. PY, L. Cuidar do Cuidador: transbordamento e carência. *Rev. Bras. Cancerol.,* v. 50, n. 4, p. 346-350, 2004.

29. AGÊNCIA NACIONAL DE VIGILÂNCIA SANITÁRIA – ANVISA. Atenção domiciliar ganha regras. Disponível em http://www.anvisa.gov.br/divulga/noticias/2006/300106.htm. Acesso em: 01/fev/2006.

30. GAMMAGE, S. L.; McMAHOM, P. S.; SHANAHAN, P. M. The occupational therapist and terminal illness: learning to cope with death. *Am. J. Occupat. Ther.*, v. 30, n. 5, May/Jun, p. 294-299, 1976.

31. FALKENSTEIN, J. *Health Professional's Feelings About Death*. Indiana: Indiana University, 1974. (Unpublished research study).

32. WOOF, R.; CARTER, Y.; FAULL, C. *Palliative Care: the team, the services and the need for care. Handbook of Palliative Care*. Oxford/London: Blackwell Science, 1998. cap. 2, p. 13-32.

33. GITLIN, L. N. Measuring performance in instrumental activities of daily living. In: LAW, M.; BAUM, C.; DUNN, W. *Measuring Occupational Performance Supporting Best Practice in Occupational Therapy*. New Jersey: Slack Incorporated, 2001. cap. 11, p. 161-182.

34. KUBLER-ROSS, E. *On Death and Dying*. New York: MacMillan, 1971. 112p.

35. NEALE, R. E. *The Art of Dying*. New York: Harper & Row, 1973.

36. CUMMING, R. G. et al. Adherence to Occupational Therapist: recommendations for home modifications for fall prevention. *Am. J. Occupat. Ther.*, v. 55, n. 6, p. 641-648, Nov./Dec. 2001.

37. JON PYNOOS, J.; OVERTON, J. A charging environmental. *Rehab. Manag.*, v. 16, n. 2, p. 38-42, Mar. 2003.

978-85-7241-726-6

Índice Remissivo

978-85-7241-726-6

As letras *f*, *q* e *t* que se seguem aos números de páginas correspondem, respectivamente, a *figuras*, *quadros* e *tabelas*.

978-85-7241-726-6